한국 근대 여성지식인

한국 근대 여성지식인

김 성 은 지음

경인문화사

책을 내면서

한국근대사를 전공분야로 삼아 격동의 시대를 살았던 여성인물의 삶과 활동에 관심을 가지고 논문을 써 오면서 이들에 대한 개별 논문을 묶어서 책으로 내면 좋겠다고 생각했다. 저자가 한국여성인물에 대해 관심을 갖게 된 것은 근현대 한국여성문학을 전공한 어머니와 어머니의 글을 열심히 읽어주던 아버지, 모교인 이화여대의 학풍에서 받은 영향이 큰 것 같다. 본격적으로 여성인물에 관한 논문을 쓰기 시작한 것은 서강대학교 박사과정에 있을 때부터이다.

이 책에서 서술한 여성지식인은 대한제국시기와 식민지시기에 활동했던 인물을 중심으로 선정했다. 이들은 당대뿐 아니라 오늘날의 기준으로도 상당히 높은 수준의 고등교육과정을 이수했다. 국내로 말하면 경성여자고등보통학교·이화학당(이화여자고등보통학교)·정신여학교·숭의여학교 등 중등교육과정을 이수했고, 이화학당 대학과 또는 이화여자전문학교에서 고등교육과정을 이수했다. 지방 출신으로 학구열에 몰입해 용감하게 상경했던 서울유학생이었으며 나아가 바다 건너 해외유학까지 감행했던 일본유학생과 미국유학생이었다. 특히 미국유학생들은 학사를 넘어 석사학위와 박사학위까지 취득했다. 하란사는 한국여성 최초의 문학사, 황애덕·박인덕은 석사, 김활란·고황경은 한국여성으로서 각각 두 번째·세 번째로 박사학위를 취득했다. 윤정원·황신덕·장선희·방신영은 일본유학생 출신이고, 하란사·황애덕·임영신·고황경은 일본유학을 한 다음 다시 미국유학을 했으며, 차미리사는 중국유학을 한 다음 미국유학을 했다. 김활란과 박인덕은 미국유학생이며, 최선화는 이화여전 문과를 졸업한 국내파였다. 황신덕의 경우 해방 후 미국 연수를 다녀오긴 하지만 식민지시기에는 일본유학을 다녀왔다.

무엇보다도 이들은 당대를 대표하는 여성지식인으로서 교사직에 종사하며 활발한 사회활동을 전개했다. 대부분이 중등학교 이상에서 교사를 했고, 일부는 학교를 설립하고 학교 행정과 재정을 운영하는 설립자·교장에 이르렀다. 차미리사는 야학에서 출발하나 학교를 중등과정 덕성여자실업학교까지 성장시키며 설립자 겸 교장을 역임했고, 김활란은 이화여전에서 학감·교감을 거쳐 교장까지 역임했으며, 임영신은 중앙보육학교를 인수해 학교 부지 확보·건물 신축·재단 설립으로 학교를 발전시켰다. 장선희는 조선여자기예학원, 박인덕은 덕화여숙, 황신덕은 경성가정의숙을 설립하고 교장을 역임했다. 하란사는 이화학당 대학과 교수, 황애덕은 협성여자신학교 교수, 방신영과 고황경은 이화여전 가사과 교수, 최선화는 이화여전 문과 교수를 역임했다.

이들은 독립운동에 적극적으로 참여했다. 황애덕·박인덕·임영신은 3·1운동 때 체포되어 몇 개월 동안 옥고를 치렀다. 황애덕과 장선희는 대한민국애국부인회의 핵심 간부로 활동하다 조직이 발각되면서 3여 년의 옥고를 치렀다. 최선화는 중국으로 건너가 독립운동가 양우조와 결혼했고 대한민국 임시정부 가족들과 함께 움직이며 중경 한국애국부인회를 조직하고 항일독립운동에 참여했다.

이외에도 김활란과 황애덕은 YWCA(조선여자기독교청년회연합회), 황신덕·방신영은 근우회, 황애덕은 경성여자소비조합·조선직업부인협회·가정부인협회, 박인덕은 조선직업부인협회 조직의 핵심이자 활동의 중심이었다. 고황경은 언니 고봉경과 함께 한 마을공동체 특히 여성을 위한 복지사업을 실시하기 위해 경성자매원을 설립했다.

여성 지식인들은 해외유학을 통해 학력과 실력을 기르고 견문을 넓혔고,

직업을 가지고 생계를 꾸렸으며, 민족문제와 사회문제, 여성문제에 지속적
으로 관심을 갖고 단체를 조직하여 적극적으로 사회활동을 전개했다.

이 글은 크게 4부로 구성했다. 여러 여성지식인의 업적과 활동이 한 분
야에 국한된 것은 아니었지만 나름대로 중점을 두어 다음과 같이 분류해
보았다. 최초의 신여성, 민족(독립)운동, 농촌운동, 교육운동, 여성운동, 사
회사업으로 범주화해 제1부는 최초의 신여성으로 불리는 하란사와 윤정원
의 삶과 활동을 살펴보았다. 제1부 근대교육과 여성지식인의 등장에서 하
란사와 윤정원을 통해 강조하고자 한 바는 여성의 근대교육과 사회활동,
독립운동이다.

제2부는 민족운동을 중심 주제로 하여 먼저 최선화의 망명생활과 독립
운동, 장선희의 대한민국애국부인회 활동과 기예(技藝)교육을 살펴보았다.
최선화와 장선희의 독립운동에 비중을 두고자 했다. 이와 함께 농촌계몽운
동과 농촌여성지도자 양성에 초점을 두고 황애덕과 박인덕의 활동을 살펴
보았다. 이들은 농촌계몽운동 이외에 독립운동, 기독교운동, 여성단체 조
직과 활동의 핵심세력이기도 했다. 황애덕은 대한민국애국부인회, YWCA
(조선여자기독교청년회연합회), 경성여자소비조합, 조선직업부인협회, 가
정부인협회 조직의 주역이었고, 박인덕은 조선직업부인협회를 조직했다.
제2부에서는 이들의 농촌사업 및 농촌계몽운동에 보다 더 비중을 두고자
했다.

제3부에서는 교육을 주제로 차미리사·임영신·김활란·방신영의 삶과 활
동을 살펴보았다. 차미리사는 근화여학교(덕성여자실업학교)를 설립했고,
임영신은 중앙보육학교를 인수해 발전시켰으며, 김활란은 이화여전과 이
화보육학교의 교장으로 여성고등교육을 총괄하는 자리에까지 올랐다. 방
신영은 『조선요리제법』을 저술해 베스트셀러·스테디셀러 작가로 이름을
날렸고, 이화여전 가사과 교수로 한국음식문화의 전수와 계승에 힘을 기울
였다.

제4부 여성운동 및 사회복지사업에서는 기독교인이었다가 사회주의 사상가로 변신해 근우회 조직의 주축으로 활동했던 황신덕, 한 마을공동체 특히 여성을 위한 사회복지사업으로 경성자매원을 설립해 운영한 고황경을 중심으로 살펴보았다.

이들은 당대 남성지식인이나 오늘날 여성과 비교해도 손색이 없는 뛰어난 인재였으며, 학력과 경력, 활동부터가 남달랐던 선각자였다. 한말에서 일제강점기 여성지식인은 일본의 지배로 억압받고 착취당하는 가난한 식민지 모국을 해방하여, 독립 국가를 건설하고, 열악한 여성의 지위를 극복하고자 노력했다. 민족의 독립과 민족운동을 여성의 지위 향상을 위한 여성운동보다 앞세우기도 했다. 한편 반민족일제협력행위에 대해 비판을 받는 인물도 있다. 다만 이들의 공과를 제대로 살피지 않은 채 일방적으로 친일파 이미지로만 알려져 있는데 문제의식을 가지게 되었다. 정작 이들이 무슨 생각을 했고 어떤 활동을 했는지에 대한 전모를 구체적으로 밝힌 연구는 찾아보기 어려웠다. 아무도 관심을 두지 않고 연구하고 싶어 하지 는 것 같았다. 연구할 가치가 있는 인물일까. 정말 극악한 친일파였나, 어느 정도로 어떤 일제협력행위를 했나. 선각자로서 무엇을 생각했고 어떻게 살았을까. 이들의 전반적인 삶과 활동이 궁금했고 공부해봐야겠다는 생각이 들었다. 일제 지배 하의 감시와 가부장적 사회 분위기에서 결혼하고 아이들을 키우면서, 어떻게 가정과 직업, 여성단체 활동을 병행할 수 있었을까. 독신여성은 그들대로 어떻게 그 어려운 일들을 해냈을까. 여성 리더십에 대한 궁금함이 여성지식인에 관한 연구를 지속하게 하는 힘이었던 것 같다.

연구의 목적은 대한제국시기에서 식민지시기에 걸쳐 개별 여성지식인의 현실인식과 사회활동에 관한 연구를 통해 한국 근대 지성사와 한국 근대 여성사의 맥락을 파악하는데 있다.

연구의 필요성과 중요성은 다음과 같다.

첫째, 내외법과 조신함을 지고의 선으로 여겼던 조선시대 여성상에서 벗어나 때로는 현실의 파도와 싸우고 때로는 시대의 물결을 타고 재빠르게 나아가는 근대 여성지식인의 실상에 대한 연구가 필요하다. 이들은 근대 여성지식인의 출발점이기 때문이다.

둘째, 해방 후 남한의 정계, 교육계, 사회단체 곳곳에서 맹렬하게 활동했던 여성지식인의 이전 상황을 살펴볼 필요가 있다. 식민지시기 이들의 인맥과 경험은 해방 이후 이들의 행보와 활동에 상당한 영향을 주었을 것이기 때문이다.

이 책의 특징은 한국 근대 여성지식인을 심층적으로 연구하고 집대성한 연구서라는데 있다. 각주 없이 여러 명의 한국 근대 여성인물에 대한 개요를 모아놓은 책자나 한 인물에 대한 전기류는 다수 있지만, 각주와 함께 자세하고 다양한 자료를 제시해 근거가 명확한 연구논문으로 구성된 책은 이번이 처음이 아닐까 한다.

책을 출판할 수 있도록 격려하고 지원해주신 선생님들, 동료들, 친구들, 출판사 분들, 여러 번 원고를 읽고 보완해주신 김형목 선생님에게 진심으로 감사드립니다. 책이 나오기를 고대하셨을 90세 아버지와 어머니, 아이들을 키우며 학업을 지속할 수 있도록 격려하고 도와준 남편, 자기 할 일을 스스로 해낸 믿음직한 민기·정현에게 정말 고맙고 감사한 마음을 전해 드립니다.

2023년 7월
경산 삼성산 기슭 연구실에서

김성은

목 차

책을 내면서

제 1 부

1900년대 외국유학파 신여성의 등장

제1장 하란사(김난사)의 해외유학과 사회활동

하란사河蘭史(일명 金蘭史)[1]는 박에스더, 윤정원과 함께 신여성계의 선구자이다. 이들의 해외유학은 격동의 시기를 배경으로 하고 있다. 1894년 청일전쟁에서 일본의 승리와 함께 친일내각이 수립되고, 이들이 1895년 갑오개혁으로 근대화 정책을 추진하다 실각하며, 1896년 아관파천으로 친러와 친미 정책이 추진되고, 1897년 대한제국이 선포되었다. 당시 대다수 여성들이 문맹이었던 상황에서도, 이들은 더 나은 세상을 열망하며 일찍이 해외로 눈을 돌려 외국유학을 떠났던 선각자였다. 하란사가 해외유학 후 귀국했던 1906년은 국가의 존립이 위기에 처하고 이를 극복하기 위해 애국계몽운동이 전개되던 시기였다.

애국계몽운동가들은 국민의 한 사람으로서 여성의 자각과 교육을 촉구했으며, 여성교육은 여권향상뿐만 아니라 국권회복의 길로 간주되어 매우 중요한 의미를 띠게 되었다. 하란사는 이 시기 한국여성의 근대교육(중등~

---

1) 본성은 김이고 본관은 김해이며, 평안남도에서 태어났다. 남편인 하상기의 성을 따라 하란사라고 불렸다. 「三愛國女史의 追悼會」,『독립신문』1920년 1월 22일자에서 이화숙은 고 하란사를 추도하며 안주 출생이라고 회고했다. 반면 정충량, 『이화80년사』, 1967, 661쪽에는 평양 출생이라고 기술되어 있다. 이처럼 자료에 따라 출생지뿐 아니라 출생년도에도 차이가 있다. 『이화80년사』에 의하면 하란사는 1875년 출생이고, 학부대신 이완용의 보고서에 의하면 1895년에 28세였으므로 1868년 출생이다('여학생 金蘭史를 관비유학생의 例로 감독해 줄 것을 照會' (발송일 개국오백사년윤월이일, 발송자 학부대신 이완용, 수신자 외부대신 김윤식, 1895). 하란사에 관한 서술은 김성은, 「신여성 하란사의 해외유학과 사회활동」『사총』77, 2012을 중심으로 하였다.

고등교육)을 담당할 만한 학식과 자격을 지닌 소수의 여성지식인이었다. 우리나라 최초의 여성교육기관인 이화학당에서 교사(총교사, 사감)로 활동하며 선각자로서 사명감을 가지고 교육일선에서 한국여성의 근대교육을 담당했다. 그러나 교육을 통해 국가를 위기에서 구하고자 했던 애국계몽운동가들의 노력은 1910년 강제병합으로 좌절되었다. 이후 하란사는 궁중에 출입하며 고종과 의친왕의 뜻을 받들어 독립운동의 방안을 모색했다.

하란사와 같이 해외유학을 통해 근대교육을 받고 귀국하여 여성교육과 사회활동, 독립운동을 전개했던 초기 여성지식인이 있었음에도 이들에 대한 본격적인 학술연구는 아직 없는 형편이다. 정충량의 『이화80년사』(1967)와 최은희의 『한국개화여성열전』(1985)에서의 초기 연구 이후, 여성인물사 서술에서 간단하게 언급되는 정도에 불과하다. 최근 이덕주의 개정증보판 저서에 하란사의 고등교육론에 대한 내용이 보충된 경우를 제외한, 대부분의 경우 이전의 내용이 반복적으로 언급될 뿐이고 연구에 진전이 없던 형편이었다. 또한 이제까지 여성인물사 서술에는 출처와 근거가 거의 밝혀져 있지 않다는 한계가 있었다.[2] 따라서 기존 서술에 대한 검증과 사실 확인, 새로운 자료와 사실 발굴, 근거와 출처를 밝힌 연구가 필요한 실정이다.

먼저 하란사에 대한 기존 서술은 출생년도, 고향, 이화학당 재학년도, 일본유학시기, 미국유학시기, 학위취득 및 귀국시기가 틀리는 등 혼선을 빚고 있다. 이에 대한 사실 확인 작업이 필요하다. 무엇보다 하란사가 한국여성 최초의 일본유학생이며, 조선의 엘리트(국비유학생)들과 함께 게이오의숙(慶應義塾)에서 공부했음을 밝히고 부각할 필요가 있다. 또한 이제까지 하란사의 죽음은 독살로 알려졌지만, 이를 병사로 보았던 당대인도 있었다.

---

2) 정충량, 『이화80년사』, 1967 ; 최은희, 『한국개화여성열전』, 정음사, 1985(「도큐멘터리 개화여성열전」 『여성중앙』, 1982년 3월~1983년 7월 연재 기사) ; 이덕주, 「해방과 변혁의 상징-한국인 최초 미국대학 문학사 하란사」, 『한국 교회 처음 여성들 : 개화기 여성 리더들의 혈전의 역사』, 홍성사, 2007.

하란사의 일본유학과 미국유학, 여성교육관, 교육활동, 차별인식, 미국에서의 활동, 왕실과의 인맥, 독립운동에 대한 새로운 사실의 발굴과 보완이 필요한 실정이다. 또한 하란사에 대한 당대의 인식과 평가 곧, 황실, 조정, 사회유지, 여성계, 후배, 제자, 선교사, 안창호와 재미교포사회, 상하이 대한민국 임시정부 인사가 하란사를 어떻게 보았는지 조명해볼 필요가 있다. 그런 다음에야 당대 하란사의 위상과 의의를 보다 명확하게 규정지을 수 있을 것이기 때문이다.

1. 일본유학과 미국유학

1885년 최초의 개신교 선교사 일단이 조선에 입국했다. 이들 가운데 메리 스크랜튼(Mary Scranton)은 1886년 조선여성을 대상으로 교육선교활동을 시작했는데, 이것이 이화학당의 기원이다. 이화학당의 초기 여학생들 가운데는 박에스더(아명 김점동), 여메레(일명 여메례황, 황메리, 양메례), 하란사河蘭史(본명 金蘭史) 등이 있었다.[3]

1895년 한국여성 최초로 해외유학생이 나왔다. 둘 다 이화학당 출신이었다. 1895년 하란사는 딸이 있음에도 남편을 설득하여 혼자 일본유학을 떠났고, 같은 해 박에스더는 귀국하는 로제타 홀(Rosetta Sherwood Hall) 선교사를 따라 남편과 함께 미국유학길에 올랐다.[4] 이 두 사람은 최초의 여자해외유학생이었다. 하란사는 한국여성 최초의 일본유학생, 박에스더는 한국여성 최초의 미국유학생이었다.[5] 하란사는 1895년 일본유학에 이어,

---

3) Louisa C. Rothweiler, "Our Work in Korea," *The Korea Mission Field*, 1909.10.
4) '여학생 金蘭史를 관비유학생의 例로 감독해 줄 것을 照會' (발송일 개국오백사년 윤월이일, 발송자 학부대신 이완용, 수신자 외부대신 김윤식, 1895) ; '일본 관비유학생 金蘭史 감독의 건에 대한 照覆' (발송일 개국오백사년윤월사일, 발송자 외부대신 김윤식, 수신자 학부대신 이완용, 1895), 「學部來去文」, 『각사등록 근대편』.
5) 박에스더와 여메례는 모두 영어를 잘 해 보구여관(미북감리회 여선교사들이 세운

1897년 미국유학을 갔고 오하이오 웨슬리안대학에 입학하여 신학을 연구
했다.[6] 하란사는 어린 딸이 있었음에도 해외유학을 단행할 만큼 고등교육
에 대한 열정과 의지가 강했다.[7]

'최초의 여학사 하란사'는 미국유학 전까지만 해도 '김난사'라는 이름으
로 더 많이 지칭되었다. 미국유학을 갔다 온 다음부터는 미국식으로 남편
의 성을 따라 하란사 또는 '하부인'으로 더 많이 알려졌다. 하란사는 어린
나이에 당시 별감이었던 하상기와 결혼했다.[8] 박인덕은 자서전에서 자신
의 선배인 하란사가 평양 기생 출신이며, 기생이 되려면 예쁘고 똑똑하고
매력적이어야 한다고 기술했다.[9] 하란사가 미모와 함께 학문적 자질과 열
정을 가지고 있었으며, 새로운 사조를 수용하는데 적극적일 수 있었음을
말해준다. 그는 결혼 후에도 가정생활에 안주하지 않았고, 근대식 여성교
육에서 삶의 전기를 찾고자 이화학당의 문을 두드렸다. 당시 이화학당 당
장은 프라이(Lulu E. Frey) 선교사였는데, 기혼여성의 입학을 허용할 수 없
다며 하란사의 입학을 거절했다. 그러나 하란사는 포기하지 않고 재차 프
라이 당장을 찾아가서, 이화학당에 입학시켜 줄 것을 요청했다. 깜깜한 밤
에 가지고 간 등불을 불어 끄고는 자신을 비롯한 조선여성들이 교육을 받
지 않아 깜깜한 어둠 속에 있는 것과 같다며 "우리에게 밝은 학문의 빛을

조선 최초의 여성진료소 겸 여성병원)에서 미국인 여선교사 로제타 홀, 메리 커틀
러 등 의사의 통역 겸 조수로 일했다. 이들이 이화학당에 진학하여 영어를 익히고
미국인 여선교사들과 만난 경험은 이후 이들이 미국에 가는 계기가 되었다.

6) '朝鮮人 河相驥夫人 歸國에 관한 건', 발송자 來栖三郎(시카고영사), 발송일 1917
년 09월 19일, 수신자 本野一郎(외무대신), 수신일 1917년 10월 10일, 機密 제10호
受 10995호, 「不逞團關係雜件-朝鮮人의 部-在歐米(3)」, 일제외무성기록, 국사편
찬위원회 ; 정충량, 『이화80년사』, 이대출판부, 1967, 662쪽에 의하면 하란사는
1900년 오하이오 웨슬리안대학 문과에 입학했다.

7) Induk Pahk, *September Monkey*, 1954, pp.71~72의 하란사에 대한 회고.

8) 하상기는 전실 부인이 별세한 뒤의 재혼이었고, 전실 소생의 자녀(1남 3녀)들이 있
었다.

9) 박인덕, 『구월원숭이』, 인덕대학, 2007, 77쪽.

열어 주시오.'라고 간청했다. 이에 감동한 프라이 당장이 결국 하란사의
입학을 허락했다고 하는 유명한 일화가 있다. 이는 한국여성사에서 주목할
만한 사건이었다. 이리하여 하란사는 1894년 전후 이화학당에서 1년간 공
부하며 근대교육을 이수했다.[10] 하란사는 등불이 어둠을 밝히듯 교육이 조
선여성의 지위와 상태를 개선할 수 있다고 생각했음을 알 수 있다.

이화학당에서 1년간 공부한 뒤 1895년 3월 하란사는 일본유학을 떠났다.
'한국여성 최초의 일본유학생'이었다. 그의 이화학당 입학과 일본 및 미국
유학은 본인의 결단과 굳은 의지와 함께, 남편 하상기의 지지와 후원이 있
었기에 가능했다.[11] 이에 대해 박인덕은 하란사가 여덟 달 된 딸이 있음에
도 불구하고 남편을 설득하여 유학을 떠났다고 기술했다.[12] 최은희 역시
하란사가 이화학당 재학 중에 딸을 낳았으며, 어떤 부인에게 젖을 부탁하
고 유학을 떠났다고 기술했다. 이로써 그가 출산하고 얼마 지나지 않아 일
본유학을 떠났음을 알 수 있다.[13] 젖먹이를 떼놓고 해외유학을 단행할 정
도로, 근대교육과 학문에 대한 하란사의 열정은 집요했다. 이화숙은 하란
사의 일본유학 동기에 대해 다음과 같이 말했다.[14]

(하란사가) 淸日戰爭 後에 小日本이 大中華와 戰爭하야 勝利함을 聞하
고 異常한 感想이 起하야 其原因을 問한즉 國民의 自覺과 敎育의 發達

---

10) 『신가정』, 1936.7, 45쪽 ; 정충량, 『이화80년사』, 661~662쪽 ; 최은희, 『한국개화여성
    열전』, 99~100쪽에는 이 일화가 프라이 당장의 수기에 적혀 있다고 기술되어 있다.
11) 「三愛國女史의 追悼會」, 『독립신문』 1920년 1월 22일.
12) 박인덕, 『구월원숭이 September Monkey (1954)』, 78쪽.
13) 최은희, 『한국개화여성열전』, 100~101쪽에 의하면 하란사의 딸 하자욱은 젖이 떨
    어진 후에는 전실 아들인 하구룡의 아내가 양육했다. 이화학당 중등과(대학 예과)
    졸업반 재학 중인 18세에 세상을 떠났다.
14) 이화숙은 이화학당 대학과 제1회 졸업생(1914)으로, 상하이에 망명하여 독립운동
    을 전개했다. 1920년 상해 대한애국부인회 회장으로 '애국여성추도회'를 개최했다
    (김성은, 「상해 임정시기 여성 독립운동의 조직화와 특징」 『여성과 역사』 29,
    2018.12 참조).

함에 在하다 함을 聞하고 甚히 愁心中에 在하엿더니 河相驥氏가 其故
를 問한 後 卽時 梨花學堂에 入學식엿다가 更히 日本留學生이 되야 日
本 東京慶義應義塾에 一年餘을 工夫하고 歸國하엿스며[15)]

이에 의하면 하란사는 '청일전쟁(1894~1895년)에서 소국인 일본이 대국
인 청을 이길 수 있었던 주요인이 일본인의 국민으로서의 자각과 근대교
육의 힘 덕분'임을 알게 되었고, 이를 계기로 근대교육에 관심을 가지고
이화학당에 입학했고 이어 일본유학을 가게 되었다.[16)]

이리하여 1895년 3월 하란사가 자비로 일본유학을 단행한 지 불과 몇
개월 뒤, 5월에 조선정부의 정책에 따라 100여 명의 대규모 관비유학생이
일본에 파견되었다. 정부는 게이오의숙에 이들의 교육을 위탁했고, 이들의
학비·의복비·식비·잡비 등 일체를 게이오의숙 설립자이자 숙장이었던 후
쿠자와 유키치(福澤諭吉)가 관리하도록 했다. 이에 게이오의숙은 조선유학
생을 위해 별도의 학사일정을 만들었는데, 수업연한은 보통과 1년, 고등과
8개월을 합해 1년 8개월이었다.[17)] 이러한 상황을 배경으로 하란사는 학부
대신 이완용李完用에게 자신이 이들 관비유학생과 같은 감독을 받기 원한
다고 청원했다. 이에 이완용은 하란사의 공부하고자 하는 뜻(勸學之義)을
차마 거절할 수 없다며 그 청을 받아들였다. 하란사의 청원 내용을 외부대
신 김윤식金允植에게 알리고 이를 다시 일본공사에게 전하도록 하여, 하란
사가 관비유학생의 예例로 감독받을 수 있도록 조처했다. 이에 따라 하란
사는 관비유학생에 준하는 편의와 대우를 받게 되었다.[18)] 이 조처가 하란

---

15) 「三愛國女史의 追悼會」, 『독립신문』 1920년 1월 22일.
16) 하란사의 일본유학 동기가 청일전쟁에서 일본이 승리한 요인을 찾아서라는 설명
    은 1894년 이화학당에 입학해 1여년 수학하고 1895년 3월 일본유학을 떠났다는 기
    록으로 볼 때 청일전쟁 중에 일본의 승리를 의미한다.
17) 이강렬, 『꿈을 찾아 떠난 젊은이들 : 한국사 유학생 열전』, 황소자리, 2007, 235~
    237쪽.
18) 발송자 학부대신 이완용, 수신자 외부대신 김윤식, '여학생 金蘭史를 관비유학생

사에게 학비 등을 지급한다는 의미는 아닌 것으로 보인다. 그래도 이 덕분에 하란사는 게이오의숙에서 조선인 남자유학생들과 함께 공부할 수 있었다. 하란사의 일본유학 기간은 1여 년이었다.[19] 이를 통해 하란사가 게이오의숙에서 조선인 유학생을 위한 보통과 1년 과정을 이수했을 것이라고 추측해 볼 수 있다. 하란사의 일본유학 기간이 짧았던 것은 당시 국내 정세의 변화와 관련이 있을 것으로 생각된다. 1895년 7월 내무대신으로서 대규모 일본유학생 파견을 주도했던 박영효 이하 친일 관료들이 정계에서 축출되고, 김홍집·박정양 연립 내각이 구성되면서 친미, 친러 정책을 취했다. 이로 인해 일본유학생 가운데 40여 명이 일시에 소환되었고, 1896년 말 일본유학생 파견이 중지되었다.[20]

일본유학에 연이어, 1897년 하란사가 미국유학을 떠난 데에는 이상과 같은 정세변화의 영향도 있었을 것이다. 또한 하란사의 미국유학 배경으로 이화학당 미국인 선교사들의 영향, 박에스더의 미국유학을 들 수 있겠다. 이화숙에 의하면 하란사는 "徐載弼氏가 貞洞禮拜堂에서 美國人男女의 活動하난 狀態를 演說함을 듯고 크게 感動을 밧어 美國에 留學하기로 決心"하게 되었다고 한다.[21] 식민지시기 미국유학생이었던 오천석은 하란사가 "미국인 여선교사의 생활과 교훈에서 암시를 얻어 야심과 용기를 가지고 미국유학을 떠나게 되었다."고 기술했다.[22] 그리고 하란사가 미국학교 가운데

의 예로 감독해 줄 것을 照會', 「學部來案 第一號」, 개국오백사년(1895) 윤오월 이일, 조선 외부 편, 『學部來去文』; 발송자 외부대신 김윤식, 수신자 학부대신 이완용, '일본 관비유학생 金蘭史 감독의 건에 대한 照覆', 개국오백사년(1895) 윤오월 사일, 朝鮮 外部 편, 『學部來去文』, 『각사등록 근대편』.

19) 「三愛國女史의 追悼會」, 『독립신문』 1920년 1월 22일의 당시 상해 대한애국부인회 회장 이화숙이 낭독한 고 하란사의 약력 ; 최은희, 『한국개화여성열전』, 100쪽.
20) 이강렬, 『꿈을 찾아 떠난 젊은이들 : 한국사 유학생 열전』, 237쪽.
21) 「三愛國女史의 追悼會」, 『독립신문』 1920년 1월 22일.
22) 「반도에 기다 인재를 내인 영·미·로·일 유학사 : 오천석, '미국유학생사'」, 『삼천리』 제5권 1호, 1933.1.

오하이오주 웨슬리안대학에 진학하여 신학을 전공했던 데에는 이 학교가
미감리교회가 운영하는 기독교계 학교라는 점과 함께 이화학당 당장 프라
이 선교사의 모교라는 사실이 고려되었을 것이다. 프라이 선교사가 하란사
에게 자신의 모교인 웨슬리안대학으로의 유학을 추천했을 가능성도 생각
해 볼 수 있다. 그러나 선교사의 추천을 받았다면 학교로부터 장학금을 지
급받았을 것인데, 하란사는 그렇지 못했던 것 같다. 왜냐하면 주미공사가
한국정부에 미국유학생들의 학비와 식비 지급을 간절하게 요청한 일이 있
는데, 그 명단에 하란사의 이름이 있었기 때문이다.[23] 당시 다른 미국유학
생들처럼 하란사도 부족한 유학자금으로 인해 어려움을 겪었음을 알 수
있다. 따라서 정충량이 기술했듯이 하란사는 자비유학생이었을 가능성이
많다.[24]

   미국유학을 통해 1900년 박에스더가 한국여성 최초로 의학사(M.D.)가
되어 귀국한 이후, 1906년 하란사가 한국여성 최초로 학사학위(B.A.)를 취
득하고 귀국했다. 고등교육에 대한 이들의 열정과 의지는 해외유학으로 구
체화되었고, 여성의 고등교육과 학문적 성취에 새 장을 열었다. 여성은 초
등정도의 보통학교 교육만 받아도 교육을 많이 받았다고 간주되었던 그
시대에, 이들은 고등교육을 열망하며 대학에 진학하기 위해 바다를 건넜
다. 이들의 행적은 후학들에게 여성의 고등교육과 해외유학, 사회활동을
열망하는 새로운 이정표가 되었다.[25]

---

23) '미국유학생 김규식 등의 학비와 식비 지급 요청' 照會 第十七號, 발송일 光武五
   年八月三日(1901.8.3), 발송자 議政府贊政外部大臣 朴齊純, 수신자 議政府贊政
   學部大臣 閔泳韶 閣下, 결재자 主任 會計 局長 課長大臣 協辦 : 1898년 주미공
   사 이범진은 미국유학생들의 학비와 식비 지급을 정부에 요청하는 보고서(10호)를
   보냈다. 이어 1901년 주미공사 조민희의 보고를 받은 의정부 외부대신이 학부대신
   에게 하란사를 포함한 미국유학생들의 학비와 식비 지급을 요청한 보고서(17호)를
   보냈다. 재정이 부족했던 정부는 이 요청에 부응하지 못했다.
24) 정충량, 『이화80년사』, 662쪽.
25) 「광무 융희시대의 신여성 총관」, 『삼천리』 15, 1931.5.1, 66~71쪽 ; 허영숙, 「특집

2. 현실인식과 사회활동

1) 여성교육관과 교육활동

개화의 물결 속에서 스스로의 향상과 자아실현을 열망했던 초기 신여성들은 해외유학을 통해 그들의 꿈을 펼치기 시작했다. 이들의 성취와 사회활동은 애국계몽기 부강과 문명을 목표로 여성교육을 장려했던 황실과 조정, 지식인·여성계·유지 등 사회일반의 인정을 받기에 이르렀다. 하란사는 이화학당 총교사 겸 기숙사 사감으로 부임하여 이화학당의 실무 총책을 맡았고, 1910년 이화학당에 대학과가 개설되면서 대학과 교수로 활동했다. 1886년 이화학당이 처음 개교하여 여성교육이 시작된 지 20여 년만에 여성들은 해외유학으로 고등교육까지 이수했고, 사회적 지위를 가지고 명실상부한 지도자가 되어 있었다.

1909년 4월 28일 서궐(경희궁)에서 대한부인회, 자혜부인회, 한일부인회, 서울시내 각 여학교가 연합하여 해외에서 유학하고 돌아온 하란사·박에스더·윤정원에 대한 환영회를 개최하고 세 여성에게 '기념장記念章(최은희의 기록에 의하면 은메달)'을 증정했다. 이 자리에는 고종과 순종, 조정관료, 사회유지 등이 부인을 동반하고 참석하여 이들을 치하했다고 한다. 이 행사를 축하하고 지켜보기 위해 참석한 인원은 700~1000명이었다. 이 가운데 이옥경·어메례황·이아가다 부인이 있었고, 외국인 선교사들도 초정되었다. 이 자리에서 남성지식인인 유성준·지석영·최병헌 등이 차례로 환영연설을 했다. 이어 세 여성의 답사, 주악과 여학생들의 축하노래, 다과잔치가 있었다.[26]

최초의 여성들 : 여의사 박에스터, 서양인술의 박사」, 126쪽.
26) 「歡迎의 紀念章」, 『황성신문』 1909년 4월 24일 ; 김윤식, 『續陰晴史』 卷十三, 隆熙3年 己酉 四月, 1909.4.28 ; 「彙報」, 『대한흥학보』 3, 1909.5, 67쪽 ; 최은희, 『한국개화여성열전』, 102쪽.

언론에서는 이 환영회에 대해 큰 의미를 부여하며 다음과 같이 보도했다. "其歷史와 順序를 觀ㅎ건디 我國五百有餘年 婦人界에서 外國에 留學ㅎ야 文明흔 智識으로 女子를 敎育흠은 初有흔 美事라 女子學業이 從此 發達됨은 可히 讚賀ㅎ깃도다."[27] 해외유학을 통해 고등교육을 받고 귀국하여 교사와 의사로 활동하는 이들 여성에 대한 환영회가 궁궐에서 개최되었고 이 행사에 각계 인사가 참가했다는 것은 여성고등교육의 효과와 여성인재를 사회적으로 인정하고 등용함을 의미했다. 실제로 이들 세 여성은 각자의 분야에서 중책을 맡았다. 윤정원은 일본유학과 서구유학에서 귀국하여, 1909년 9품 관직에 해당하는 관립한성고등여학교 교수로 임명받았다. 박에스더는 미국유학에서 의학을 전공하여 의사 자격을 취득했고, 1900년 귀국 후 서울 보구여관과 평양 광혜여원 의사로서 의료활동을 펼쳤다.

세 여성의 학문적 성취와 사회활동은 여성고등교육의 필요성과 유용성을 공식적으로 입증하는 증거가 되었다. 이화학당 당장 프라이 선교사는 이러한 한국사회의 변화와 여성계의 발전을 눈여겨보았다. 1910년 프라이가 시기상조라는 주위의 반대와 우려 속에서도, 이화학당에 대학과를 설치하고 국내 여성고등교육을 추진할 수 있었던 배경에는 한국사회의 이러한 동향에 힘입은 바 컸다.[28]

다음은 이 환영회 행사에 참석했던 진명여학교 학생 허영숙의 회고이다.

"장하도다 장하도다 이 세 분의 공로여"라고 시작되는 노래를 부르면서 우리 학생들은 몹시 흥분했었다. 어떻게 서양까지 가서 어려운 공부를 다 했을까하는 선망과 호기심에서였다. 그 중에서도 검정 투피스에 모자까지 쓰시고 고종황제의 훈장까지 받으신 박에스터 선생은 어린 내 마음을 한없이 설레게 해 주었다. 나도 커서 꼭 저분같이 되어야겠다는

---

27) 「歡迎會盛況」, 『황성신문』 1909년 5월 5일.
28) Miss Frey, "Higher Education for Women in Korea," *The Korea Mission Field*, 1910.7.

생각을 했다. 사실 그 후 내가 의학을 택한 것은 그 날 박에스터 선생께 받은 영향이 절대적으로 컸었다.[29]

이들 세 선구자의 사회적 성취와 이에 대한 사회일반의 인정과 흠모는 환영회에서 직접 이들을 보고 현장의 분위기를 체험했던 여학교 여학생들에게 고등교육의 꿈과 열망을 심어주는 계기가 되었다.

사회의 기대에 부응하여 하란사는 윤정원, 여메레와 함께 장학회를 조직하여 여성교육 장려에 실제적으로 도움이 되고자 했다. 1909년 6월 하란사·김인숙·김인화金仁和(동덕여자의숙 숙장)·이옥경·이달경·이숙·임청하 등의 발기로 관·사립 각 여학교가 연합하여 '여자장학회'를 조직하고 그 취지서를 발표했다. 그리고 진명여학교에서 여학교연합장학회 총회를 열고 임원을 선발했다. 회장 여메레(진명여학교 교사), 부회장 윤정원(관립한성고등여학교 교수), 총무 하란사(이화학당 교사)로 선정되었다.[30] 여자장학회 조직은 한국여성의 힘으로 여성인재를 양성하기 위해 조직적으로 기금을 마련하고 지원할 수 있는 체계를 갖추고자 했다는데 의의가 있다.

다음은 하란사의 여성고등교육관에 대해 살펴보고자 한다. 하란사는 미국유학에서 학사학위를 취득했고, 1910년 신설된 이화학당 대학과에서 학생들을 가르쳤던 까닭에 '여성고등교육의 필요성과 목표'에 대한 인식이

---

29) 당시 황제는 순종이었다. 허영숙이 고종이라고 회상한 것은 오류이다(허영숙, 「특집 최초의 여성들 : 여의사 박에스터, 서양 인술의 박사」, 126쪽). 허영숙은 이때 받았던 감동을 계기로 일본에 유학하여 의학을 전공하게 된다. 허영숙은 박에스더에 이어 두 번째 의학전공 여자해외유학생, 한국여성 최초의 의학전공 일본유학생이었다. 교육받은 신여성의 대부분이 교사가 되었던 시기에 허영숙이 신여성으로서는 희귀한 직업이었던 의사가 되기까지에는 박에스더라는 선구적인 신여성의 존재가 큰 영향을 미쳤음을 알 수 있다. 또한 허영숙 이후 의학을 전공하는 여자 일본유학생이 점차 늘어났음을 볼 때 허영숙도 후배들에게 역할모델이 되었다.

30) '京城婦人들의 女子奬學會組織推進 件,' 憲機第一一六三號, 발송일 明治四十二年六月四日(1909.6.4), 「憲兵隊機密報告」 『統監府文書』 6권 ; 「女校聯合」, 『황성신문』 1909년 6월 5일 ; 「奬學會任員」, 『황성신문』 1909년 6월 10일.

뚜렷했다. 1911년 선교회 여학교에서 실시하는 중등·고등교육을 적극 옹호하는 글을 기고했는데, 이는 윤치호가 선교회 여학교의 교육을 비판했던 데 대한 반박의 성격이 강했다.

1911년 윤치호尹致昊는 선교잡지에 '여성교육에 대한 제언'을 기고했다.

> 현대적 의미에서 여성교육은 조선에서 새로운 것이다. 조선인의 도덕적, 지적인 향상을 위한 다른 운동들처럼 조선은 여성교육의 이념에 대해서는 선교사에게 감사해야 한다. 오늘날 조선인들이 그들의 딸을 안심하고 보내는 학교들은 여선교사들의 유능한 관리 아래 있는 학교들이다.
>
> 기독교 여학교의 복지에 관심을 가지는 좋은 의도에서 몇 가지 제언을 하고자 한다. 몇 년 전부터 여성교육이 아주 일반적인 것이(유행이) 되어서 조선 사회의 구호(표어)가 되었다. 그러나 지금 여성교육이 추구하는 결과-더 나은 아내, 더 나은 며느리, 더 나은 주부임을 증명하는 젊은 여성 세대, 즉 그들의 어머니보다 더 나은 여성-를 배출하는데 실패했다는 모호한 느낌이 있다. 불평을 요약하면 다음과 같다.
>
> 1. 새 학교 여학생은 요리할 줄 모른다.
> 1. 바느질할 줄 모른다.
> 1. 천을 어떻게 자르고 씻고 다리는지 모른다.
> 1. 어떤 경우 시어머니에게 순종하지 않는다.
> 1. 일반적으로 가사 일을 모른다.
> 1. 전혀 학교에 다니지 않은 소녀들처럼 어려운 손작업을 할 준비가 되어 있지 않은 것 같다.
>
> (그러나 이런 비평은 한 학교나 두 학교에만 해당된다. 왜냐면 나는 여러 학교에서 요리와 옷 만들기, 자수를 가르치고 있다는 것을 알기 때문이다.)
>
> 나는 여학교 학습 과정이 지체 없이 개정되어야 한다고 강하게 주장한다. 여학교를 위한 제안을 하자면 다음과 같다.
>
> 1. 목적 : 지적인 아내, 다정한 며느리, 좋은 주부를 만드는 것
> 1. 과정…

앞의 제안은 더 넓고 높은 교육과정을 밟아야 하는 소녀들이 있다는 사실을 간과한 것은 아니다. 그러나 이런 경우는 예외적인 것이다. 나는 보통의 소녀들의 필요성에 대해 다루고 있다.

또 다른 불만은 선교회 여학교에서 과정이 너무 자주 꽉 짜여져 있어서 오직 30·40분이 한 과목에 배당된다는 것이다. 나는 과목의 수를 줄이고 각 과목의 시간을 늘일 것을 제안한다.[31]

한국인으로서 선교회 여학교의 여성교육에 감사하지만, 여성의 중등교육이 상급학교(대학과정) 진학을 위한 이론이나 학문에 치우치기보다는 '졸업 후 가정의 실생활에서 유용하게 쓸 수 있는 실업교육, 기술교육을 보완하고 강화해야 한다.'고 주장하는 내용이었다. 대학과정으로 진학하는 여학생은 소수이고, 대부분이 졸업 후 가정으로 들어가는 현실을 고려해야 한다는 취지였다. 한국사회의 여론을 반영해 이화학당에 했던 주문 또는 건의사항이었다.

하란사가 이화학당을 대표해 반격에 나섰다. 이화학당 여선교사들은 윤치호가 이화학당을 염두에 두고 이 글을 썼다는 사실을 알아차렸고 매우 난처했다. 이제 막 시작한 이화학당 대학과의 여성고등교육이 타격을 받지 않을까 우려했기 때문이다. 특히 이화학당 당장으로서 대학과 설치를 주도했던 프라이(Lulu E. Frey) 선교사로서는 이 글이 자칫 한국인과 한국사회에 여성고등교육의 필요성과 유용성을 부인하거나 의심하는 뜻으로 잘못 받아들여질 수 있다는 생각을 했을 것이다. 윤치호가 한국사회와 기독교계의 유력자였기에 더욱 그러했다. 그러나 프라이를 비롯해 미국인 선교사들이 직접 나서서 이를 반박하지는 않기로 했다. 대신 미국에서 대학을 졸업하고 귀국해 이화학당 교사로 여성교육을 담당하고 있던 하란사가 이화학당의 입장을 대변하고 나섰다. 윤치호의 글을 반박하는 하란사의 글은 신랄하고 단호한 논조로 전개되었다.[32]

---

31) T. H. Yun, "A Plea for Industrial   Training," *The Korea Mission Field*, 1911.7.

하란사는 먼저 윤치호가 이화학당의 여성교육에 대해 "잘못 알고 있거나 편견"을 가지고 있으며, 따라서 글의 내용이 터무니없고 당치 않다고 언명했다. 이화학당의 교과과목에 요리, 바느질이 들어있지 않는 것은 사실이지만, 학생들은 학교 다니는 동안 충분히 요리와 바느질을 익히고 있다는 점을 강조했다. 학생들이 몇 년 동안의 기숙사생활을 통해 자신들의 손으로 음식을 준비하고 빨래하고 옷을 지어(천을 자르고 재봉하고 다림질해) 입어야 하기 때문에, 일반적인 가정에서 하는 음식 만들기나 재봉 정도는 훈련이 되어 있다고 강조했다.

다음으로 하란사는 선진국의 여성교육 사례를 들어 '여성교육의 목표'가 무엇인지를 분명히 알아야 한다고 지적했다. 미국이나 유럽에서 '고등학교 교육의 목표는 요리와 바느질을 잘 하는데 있지 않다'는 것이다. 여성교육의 목적이 요리사, 애보는 보모, 재봉사를 만드는데 있지 않으며, 따라서 고등학교를 졸업한 여성 곧 중등교육을 받은 여성에게 단지 요리와 바느질에 능숙하기를 기대하지 말아야 한다고 일갈했다. 하란사가 이렇게 논지를 전개한 것은 윤치호가 근대여성교육을 받은 여성들이 요리와 바느질에 서툴고 시부모를 잘 모시지 못한다고 지적했기 때문이었다. 윤치호는 교육받은 여성들이 그들의 어머니보다 더 나은 여성 곧 "더 나은 아내, 더 나은 며느리, 더 나은 주부"가 되어야 한다고 생각했다. 그리하여 여성교육의 목표가 "지적인 아내, 다정한 며느리, 좋은 주부"를 만드는 것이어야 한다고 강조했다. 반면 하란사는 여성교육의 목적이 "현명한 어머니, 충실한 부인, 문명화된 주부"가 될 "신여성"을 만드는데 있다고 강조했다. 무엇보다도 특징적인 점은 교육받은 신여성의 역할에 대한 두 사람의 기대가 달랐다는 점이다. 윤치호는 "다정한 며느리"를 요구한 반면, 하란사는 "현명한 어머니"의 역할을 기대했다.

마지막으로 하란사는 근대교육을 받은 여성이 시어머니에게 불순종한

---

32) Nansa K. Hahr, "A Protest" *The Korea Mission Field*, 1911.12.

다는 평판을 듣는 것은 미신을 강요하는 시어머니로부터 자기 자신과 신앙을 지키기 위해서 불가피한 경우라고 변호했다. 이는 하란사가 신여성의 역할, 곧 여성교육의 목표 및 기대효과에 "다정한 며느리"는 항목을 포함하지 않은 이유이기도 했다.

당대 최고의 지식인이자 재산가·명망가·기독교계 지도자였던 윤치호의 여성교육론에 대항하여, 공개적으로 자신의 논리를 표명하고 윤치호의 논리를 조목조목 반박하는 데에는 평소의 소신에 더하여 상당한 용기가 필요했을 것이다. 그럼에도 자신의 소신을 피력하는데 주저하지 않았다.

이화학당의 선교사들은 여성교육의 목적을 교사 양성과 여성지도자 양성에 두었다. 하란사 스스로도 결혼하고 어린 아이가 있었음에도 가사와 육아보다는 해외유학과 고등교육, 교직과 사회활동을 택했다. 이전의 여성들과는 다른 위상과 성격을 띤, 그야말로 신여성을 양성하는 것이 이화학당의 여성교육정신이었던 것이다. 이 과정에서 하란사는 미국유학 후 자신의 외모부터 변화시켰다. 양장을 했던 것이다. "긴 소매가 끝에 가서 좁혀 주립 잡히고 목둘레도 꼭 여며진 웃저고리에 발뒷굽까지 내려오는 긴 스커트를 입고 채양이 넓은 둥근 모자에 검은 망사 그물 베일로 얼굴을 가리고" 다녔다고 한다.[33]

하란사는 미국유학에서 귀국 후 궁중에 자주 드나들며 순헌황귀비 엄비(고종의 비)에게 여러 가지 헌책을 했다. "사숙을 폐지하고 근대적인 학교를 많이 세워야한다."고 주장하여 엄비가 숙명여학교와 진명여학교를 창설하는데 숨은 공을 세웠다.[34]

다음은 하란사의 선교활동과 함께 외국인 선교사의 동역자로서 활약을 살펴보고자 한다. 하란사는 귀국 후 메리 스크랜튼(Mary Scranton) 여선교사와 함께 달성이궁達城離宮에 거주하면서 상동예배당(남대문교회)에 여자

---

33) 정충량, 『이화80년사』, 663쪽.
34) 양재창(다동 양옥여관 주인) 담 ; 정충량, 『이화80년사』, 663쪽.

영어반을 개설했다.[35] 이 교육과정을 통해 신알버트·손메례·양우러더 등 신여성 선각자들이 배출되었다.[36] 또한 하란사는 알버슨(Millie M. Albertson) 여선교사와 함께 이화학당 근처에 부인성서학교(Bible Woman's Training School)를 창설하고 3년 동안 운영했다. 전도사업에도 힘써, 멀리 떨어진 서울 근교의 9개 교회의 주일예배에 돌아가며 정기적으로 참례했다. 몇 년 동안 1426호를 개별 방문하여, 1911년 한 해에만도 250명을 전도했다. 1912년 하란사는 터틀(Ora M. Tuttle) 여선교사와 함께 미북감리교 여성해외선교회 산하 서울지구에 있는 여러 보통학교를 지도했다. 그리고 보통학교 안에 15명 내외의 어머니모임(12개) 또는 어머니교실을 조직하고, 이를 넷으로 묶어 월4회씩 한글 및 육아법을 가르치고 선진국의 문명을 소개했다. 이 과정을 통해 어머니들은 해당 학교 교직원들로부터 매일 밤 보통학교 초급 정도의 과정을 배웠다. 일종의 부인야학강습회였다. 결국 외국인 여선교사와 함께 했던 하란사의 선교활동도 교육활동이었음을 알 수 있다.

미국에서 신학을 전공했던 하란사는 이화학당에서 영어와 성경을 가르치는 한편, 기숙사 사감 총교사(1912~1919)로서 여학생들을 지도했다. 언어가 달라 의사소통이 원활하지 못한 선교사들과 학생들 사이에서, 믿음직한 의논상대가 되었다. 신구가 교체되는 과도기에 처한 학생들이 자신들의 문제와 걱정을 의논하는 친구이자 어머니 역할을 담당했다. 이화학당 당장 프라이 선교사는 "하란사가 세계감리교 총회 참석차 미국에 가있던 기간(1916~1917)동안 학생들이 엄청나게 하란사를 기다렸으며, 이화학당 여학생의 생활지도와 한국인 여교사들을 지휘하고 총괄함에 있어서 하란사가 매우 중요한 역할을 하고 있다."고 강조했다.[37] 하란사가 이화학당의 교육

---

35) M. F. Scranton, "Sang Dong and Southern District", *Reports read at the 9th Annual Session of the Korea Woman's Conference of the Methodist Episcopal Church held at Seoul*, 1907.6, p.8.

36) 이들은 이후 여자청년회·여자절제회·전도사업 등에서 여성지도자로 활동했다.

과정에서 외국인 선교사가 할 수 없는 역할을 전담하여 수행하고 있었음을 알 수 있다.

사감의 직책을 맡고 있었던 하란사는 '호랑이 어머니'라는 별명으로 불릴 만큼 학생생활지도에 매우 엄격했고, 단체생활의 규범을 중하게 여겨 규칙생활을 특히 강조했다. 기숙사생에게 오는 편지를 일일이 검열하여 남자에게서 온 편지가 있으면 결코 내어주지 않았고, 해당 학생이 모르는 사이에 품행 점수를 60점 이하 40점까지 깎는 일도 있었다고 한다. 그러면서도 당시 이화학당 중등과 재학생이던 서은숙에게는 참고로 읽어보라며 분홍봉투의 두툼한 연애편지를 가져다주는 융통성을 발휘하기도 했다. 다만 이 경우에도 "학교를 졸업할 때까지는 남자친구를 만들지 말라."는 충고를 잊지 않았다. 또한 사감으로서 하란사는 기숙사생의 건강에 남다른 배려를 아끼지 않았으며, 기숙사생의 식사에의도 일일이 신경 써서 바로잡아 주었다고 한다. 하란사와 서은숙의 일화에서 보듯, 하란사에게는 허약한 여학생의 건강을 배려하는 자상하고 융통성 있는 면모도 있었다. 이는 이화학당 중등과에 다니다 병사한 딸을 떠올렸기 때문인 것으로 보인다. 어떻든 하란사는 몸이 약한 서은숙에게 특별한 정을 베풀었고, 이런 연유로 서은숙에게 '천사'의 이미지로 남았다. 이외에 하란사는 이화학당 교사 이성회와 함께 이문회 등 학생회 활동을 지도하며 학생자치활동을 뒷받침해 주었다.[38] 이와 같이 하란사가 총교사 겸 사감으로 이화학당에서 교육과 학생생활지도 전반을 책임지고 있었음을 알 수 있다.

---

37) Lulu E. Frey, "Report of work in Ewha Hakdang for the year closing March 5, 1912", *14th Annual Report of the Korea Woman's Conference of the Methodist Episcopal Church, Seoul*, 1912.3, p.40 ; Lulu E. Frey, "Ewha Hakdang : Dormitory", *20th Annual Report of the Korea Woman's Conference of the Methodist Episcopal Church, Seoul*, 1918.6.

38) 정충량, 『이화80년사』, 662~663쪽 ; 최은희, 『한국개화여성열전』, 101~103쪽 ; 김정자 편저, 『우리 서은숙 선생님』, 이화여대출판부, 1987, 39~43·47~48쪽.

이상과 같이 하란사가 매우 엄격했던데 대해 민숙현·박해경·김징자는 "서양을 가장 빨리 익힌 하란사가 한국인의 뒤떨어진 것이 어떤 것이며 무엇이 원인인가도 잘 파악하고 있었기 때문에 학생들에게 엄격할 수밖에 없었다."고 기술했다. 다음은 최매지(이화학당 대학 예과, 1914)의 회상이다.

> 선생님들 중에서도 하란사 선생님은 제일 엄격하고 무서웠지요. 그 분은 일찍 미국유학을 하고 와서 우리나라 여성교육이 너무도 유치한 것을 안타까와 했지요. 외국선생들이 우리를 업수이 여기는 언사가 있을 때는 항의를 하던 일을 기억합니다.[39]

이와 같이 하란사는 선구자의 사명의식을 가지고 한국여성교육 향상을 위해 노력했다. 이화학당에서 우리말에 서투르고 한국인에 대한 이해가 부족한 미국인 여선교사들과 한국여학생 사이에 의사소통을 담당하는 중재자이자, 여학생들을 바른 길로 이끄는 인도자, 믿음직한 보호자 역할을 했다. 한국여학생에 대한 미국인 여선교사의 차별이나 오해·편견에 적극 항의로 대응할 만큼 당당했고 민족의식 또한 뚜렷했다.

미국유학 동안 공부하느라 인종차별을 느낄 새도 없었던 하란사는 이화학당 미국인 선교사들의 차별적 언사를 목격하면서 선교사의 우월의식과 부당함, 차별을 의식하기 시작했다. 그러다가 1916년 2차 도미 때 미국방문을 후회할 정도로 심하게 인종차별을 당하며 차별문제를 뚜렷하게 의식하게 된다.[40] 이와 같은 국내외 경험들이 맞물리면서, 하란사는 '한국인이 경영하는 기독교사업' '한국여성에 의한 한국여성교육'이라는 비전을 가지

---

39) 민숙현·박해경, 『한가람 봄바람에 : 이화 100년 야사』, 지인사, 1981, 445쪽.
40) 하란사는 1차 도미 때는 공부에 집중하느라 인종차별을 의식하지 못했는데, 2차 도미 때는 재방문을 후회할 정도로 인종차별을 매우 심각하게 느꼈다고 한다(『尹致昊日記』 8卷, 1920년 8월 21일).

게 되었다. 1916년 하란사는 뉴욕주 사라토가에서 열린 세계감리교 총회에 한국기독교감리회 평신도 대표로 참석하기 위해 다시 미국을 방문했다. 이 때 한국감리교회 감독으로 마침 미국에 들어와 있던 해리스의 소개로 시 카고 일본영사(來栖三郎)를 만나게 되었고, 여러 번 회담을 했다. 이때 나 눈 대화의 내용은 대체로 다음과 같다.

> 과거의 경험으로 볼 때 외국선교사를 보조하는 사업에서 성과가 있을 때는 그 공적을 모두 외국선교사에게 뺏기고, 실패했을 경우에는 그 책 임이 보조자인 한국인에게 돌아오는 경향이 있다. 따라서 장래 한국인 에 대한 기독교 전도는 한국인 스스로 담당하는 것이 좋겠다는 의견을 가지게 되었다. 그러나 종래의 관계를 생각할 때 곧바로 이화학당과 관 계를 끊을 수는 없다. 장래 '적당한 시기'에 청년 2~3인을 보조자로 하 여서 독립적으로 한국인에게 전도와 기독교사업을 전개하기 위해서는 유력자의 후원을 얻어야 한다.[41]

하란사는 장차 외국인 선교사가 경영하는 이화학당 교육사업에서 독립 하여 독자적으로 한국여성교육을 위해 사립학교를 설립하려는 계획을 가 지고 있었다.[42] 1920~30년대 기독교 여성지식인들 사이에서 여전히 공감대 를 형성했던 이슈는 한국인 여교사에 의한 한국여성교육을 넘어 '한국인 여교장에 의한 한국여성교육'을 실현하는 것이었다. 차미리사·신알베트·

---

41) '朝鮮人 河相驥夫人 歸國에 관한 건', 발송자 來栖三郎(시카고영사), 발송일 1917 년 09월 19일, 수신자 本野一郎(외무대신), 수신일 1917년 10월 10일, 機密 제10호 受 10995호, 「不逞團關係雜件-朝鮮人의 部-在歐米(3)」, 일제외무성기록, 국사편 찬위원회.

42) 일본영사는 하란사가 이상적 경향이 있고, 종교적 신념이 확고하며, 자기가 하는 일(사업)이 일본정부의 오해를 받을까 염려하고 있다고 보고했다. '朝鮮人 河相驥 夫人 歸國에 관한 건', 발송자 來栖三郎(시카고영사), 발송일 1917년 09월 19일, 수신자 本野一郎(외무대신), 수신일 1917년 10월 10일, 機密 제10호 受 10995호, 「不逞團關係雜件-朝鮮人의 部-在歐米(3)」, 일제외무성기록, 국사편찬위원회.

김활란·임영신이 여학교를 설립하거나 인수·운영하면서 점차 한국여성교
육에 대한 주도권을 가지게 되었다.

2) 독립운동과 해외활동

미국유학에서 귀국 후 하란사는 덕수궁에 자주 드나들며 고종의 통역을
담당하는 한편, 고종과 엄비의 자문에 응하며 "조선이 독립하려면 일본을
멀리하고 미국과 친해야 한다."고 주장하는 등 여러 가지 헌책을 했다.[43]
이렇게 할 수 있었던 것은 하란사가 오하이오 웨슬리안대학에 다니면서
같은 학교에서 유학하고 있던 의친왕과 친분이 있었기 때문이다.[44] 다음은
신흥우申興雨의 증언이다.

> 하란사씨가 미국에서 유학할 때부터 의친왕하고 친했습니다. 오하이오
> 델라웨어에서 얼마동안 같이 있었습니다. 그래서 하란사씨가 의친왕하
> 고 매일 연락하다시피 했습니다. 어떤 때는 궁중에 있는 궁녀라고 할는
> 지 나인이라고 할는지 하는 사람이 심부름해서 만났는데, 우리의 요구
> 는 일본사람이 찾으려고 해도 못 찾고 있던 1882년에 우리나라와 미국
> 이 맺은 한미조약의 원문을 찾으면 그것을 가지고 파리에 가서는 윌슨
> 대통령에게 보이면서, 미국이 우리에게 대해서 이런 조약을 맺었소, 제
> 3국에서 우리 두 나라 중 어떤 나라를 침략하면, 아들 나라가 청할 것
> 같으면 도와준다고 했소. 왜 일본이 우리나라를 합병할 때 그냥 무시해
> 버렸소. 하자는 것이었습니다.… 그래서 매일매일 덕수궁에서 소문이
> 나왔습니다. 고종께서 그것을 찾고 있다고. 그 때가 섣달쯤 되던 때인
> 데… 어느 날 오후에 이화학당 서양교수들의 식당에서 교장(필자 주-프

---

43) 정충량, 『이화80년사』, 663쪽 ; 최은희, 『한국개화여성열전』, 102쪽.
44) 의친왕 이강은 1877년생으로 1894년 일본으로 갔다가 1896년까지 영국·프랑스·독
   일·러시아·이탈리아·미국 등지를 방문했다. 이후 1900년 미국유학길에 올라 오하이
   오 웨슬리안대학(Wesleyan University)과 버지니아주 로노크대학(Roanoke College)에
   서 수학했다.

라이 선교사)하고 나하고 차를 마시는데 누구가 문을 두들겨서 들어오라고 그랬더니 하란사씨가 문을 여는데 얼굴이 그냥 새파랗단 말이에요. 침이 말라서 말을 못하다가 하는 말이 '태황제께서 돌아가셨습니다.' 그래요. 그 말을 듣고 참 기가 막혔습니다. 그토록 여러 날을 두고 고대하고 희망하고 궁금해서 사람을 보내서 알아보고 하던 것이 '그렇게 되니까 문득 마음 속에 아마 고종께서 그것을 내어 보내려고 하는 그때에 (의친왕이 가지고 나오기로 했었습니다.) 아마 일본사람에게 발견되어서 해를 당했나보다.'하는 것이 우리 마음속에 문득 들어갔던 것입니다. 그래서 의심을 많이 했습니다.[45]

이상에서 하란사가 고종과 의친왕과 긴밀하게 연락하며 독립운동에 뜻을 모으고 구체적 방법을 의논하고 있었음을 알 수 있다. 이들 모두가 독립에 대한 강한 의지로 독립운동을 시도하고자 했음을 알 수 있었다. 그러나 한편으로 1905년의 가쓰라·태프트 밀약을 생각할 때 황실이 이렇게 순진하고 어리숙하게 외교와 국제역학관계를 몰랐을까하는 생각이 들기도 한다. 어떻든 신흥우의 증언을 토대로, 고종과 의친왕이 독립에 대한 최후의 희망이라도 잡으려고 노력했고, 그 과정에서 하란사의 역할이 일정하게 작용했음을 알 수 있다.

이외에도 하란사는 독립운동가들과 긴밀하게 연락하며 독립운동을 계획했다. 하란사는 1917년 9월말 미국을 출발해 귀국길에 오르며 김춘기를 비롯하여 청년 여러 명과 동행했다.[46] 이를 통해 하란사가 미국유학 및 세계감리교 총회 참석으로 2차에 걸쳐 미국에 머무르며, 미국유학 중이었던 의친왕과 김춘기(의친왕의 처남, 의친왕의 비의 동생)를 알게 되었음을 알

---

45) 전택부, 『인간 신흥우』, 기독교서회, 1971, 124~125쪽.
46) '朝鮮人 河相驥夫人 歸國에 관한 건', 발송자 來栖三郎(시카고영사), 발송일 1917년 9월 19일, 수신자 本野一郎(외무대신), 수신일 1917년 10월 10일, 機密 제10호 受 10995호, 「不逞團關係雜件-朝鮮人의 部-在歐米(3)」, 일제외무성기록, 국사편찬위원회.

수 있다. 그리고 위에서 인용한 신흥우의 증언과 1919년 11월 의친왕의 망명에 김춘기가 개입했던 점으로 미루어, 하란사는 고종·의친왕·김춘기 등과 함께 이전부터 의친왕의 해외망명과 해외에서의 독립운동을 논의하고 계획했음을 알 수 있다.[47] 최은희가 신흥우에게 직접 들은 바에 따르면 "궁중의 발표가 있기 전 하란사가 국상을 먼저 알고 비밀리에 소식을 전할 걸 보면 의친왕을 통해 독립운동자들끼리 긴밀한 연락을 하며 크게 활약하고 있었음을 짐작할 수 있다."고 한다.[48] 하란사는 을사늑약과 강제병합

---

47) 김춘기는 의친왕의 비(덕인당 김비, 연안 김씨, 김수덕)의 동생으로 의친왕 망명계획의 주요 인물이었다. 의친왕은 1919년 11월 탈출을 기도했으나 실패했다. 김춘기는 일찍 미국에 유학했는데 중단하고 귀국했다가 다시 도미하려고 했다. 그러나 여비를 마련하지 못해 재도미하지 못하고 있었다. 대동단의 전협은 이런 김춘기를 만나 상하이의 상황을 말해주고 의친왕과 귀족 가운데 신망 있는 사람들을 상하이로 건너가게 하여 임시정부를 옹호하고 독립운동 세력을 확장하려고 계획했다. 의친왕이 이를 허락하자 전 법부대신 김가진을 대동단의 고문으로 삼고, 왕의 뜻을 문서로 작성하여 임시정부 국무총리 안창호에게 보내고 상하이로 가려는 뜻을 설명했다(박은식, 『한국독립운동지혈사』, 소명출판사, 2008, 332쪽). 조선총독부는 내부적으로 의친왕을 불령선인으로 간주하고 면밀하게 감시했다. 그는 본색을 감추기 위해 주색으로 소일했으나 일제의 감시는 집요했다. 국내활동에 발이 묶인 의친왕은 해외망명을 계획했다. 그는 평소 뜻이 통하는 처남 김춘기를 통해 임정요원 강태동에게 연락해 먼저 상하이로 탈출한 귀족 출신 김가진에게 망명의 뜻을 전했다. 김가진은 즉시 임정요인 이종욱을 서울로 파견했다. 서울에 도착한 이종욱은 강태동의 소개로 의친왕의 처남 김춘기를 만났다. 김춘기는 의친왕의 상하이 탈출을 위해서는 20원만 원 정도의 자금이 필요하다고 말했다. 이종욱은 대동단의 힘을 빌리기로 하고 단장인 전협을 만났다. 이종욱은 의친왕의 탈출계획을 전협에게 알리고 도움을 청했다(이덕일, 『우리 역사의 수수께끼』 3, 김영사, 2004, 233쪽).

48) 일본영사의 보고에 의하면, 하란사는 한국인이 공연히 격한 감정에 사로잡혀 일본의 시정에 반항하는 것은 기독교주의상으로나 동양문명 진보상으로나 한국인의 장래 복리상으로나 전혀 도움이 되지 않는다고 보았다. 또한 장래 국내에서 지위를 확고히 하고 한국인의 신망을 두텁게 하되 일본정부의 꼭두각시라는 오해를 받지 않도록 하는 것이 좋다고 생각했다. 이후 하란사는 재미동포 사이에서 점차 신망을 얻었으며, 이들에게 조선의 현상을 설명하는 한편 종래 일본인에 대해 비우호적이었던 태도를 고치도록 설득했다. 이 결과 한국인들이 각종 증명서 발급 등

의 부당성과 일제의 악정을 세계에 호소하려는 고종의 뜻을 받들어, 궁중 패물을 군자금으로 하여 파리강화회의에 참석하려고 했다. 이 계획은 고종의 승하로 중단되었다가 의친왕에 의해 다시 재개되었다. 하란사는 의친왕의 은밀한 부탁을 받고 1919년 1월 말 독립운동자들과 비밀리에 연락하여 베이징에 도착하여 파리강화회의에 참석할 준비를 했다.[49] 그러다 베이징에서 갑자기 별세했다. 하란사의 급사가 친일파 앞잡이 배정자에 의한 독살이라는 설은 하란사의 장례에 참가했던 미성공회 베커 선교사의 말을 인용하여 최은희가 제기한 것이었다.[50] 그런데 독립운동가 현순의 기술과 이화숙의 전언에 의하면, 하란사는 유행성 감모(감기 또는 독감)에 걸려 고생하다가 1919년 4월 10일 45세의 나이로 병사했다고 한다. 이후 남편 하상기가 중국으로 건너가 중국인 예배당에서 하란사의 장례식을 거행하고 베이징성 밖에 안장했다.[51] 신여성의 선구자로서 학문적 성취와 교육활동 뿐 아니라, 독립운동에서 하란사가 왕실에 끼친 정치적 영향력과 역할, 그의 급작스런 죽음은 이화숙·신마실라·박인덕·최은희 등 여성지식인에게 깊은 인상을 남겼다.[52]

기타 용무를 가지고 일본영사관에 오는 경우가 증가했다고 한다('朝鮮人 河相驥 夫人 歸國에 관한 건'). 이로 미루어 하란사가 겉으로는 일본에 순응하는 태도를 보이고, 안으로는 의친왕 등과 함께 독립운동을 도모했음을 알 수 있다.

49) 「三愛國女史의 追悼會」, 『獨立新聞』 1920년 1월 22일.

50) 최은희, 「최초의 외국유학생」, 『한국일보』 1962년 5월 8일 ; 정충량, 『이화80년사』, 664쪽.

51) Soon Hyun, 「3·1운동과 我의 사명」, *My Autobiography*, 연세대 현대한국학연구소 편, 「통합정부수립기 문서(1919)」, 『대한민국임시정부자료집』 8, 125~132쪽(영문), 291~300쪽(국문) ; 「三愛國女史의 追悼會」, 『獨立新聞』 1920년 1월 22일 ; 「하란사 부인은 중로에서 별세」, 『신한민보』 1919년 4월 24일. 주목할 점은 상하이에 있었던 독립운동가들이 하란사의 발병에서부터 병사, 매장까지 베이징에서 일어난 일에 대해 자세히 알고 있었다는 점이다. 그런데 문제는 하란사의 사인에 대해 성공회 선교사 베커가 했던 말과 남편 하상기가 한 말이라고 돌아다니는 소문을 기록한 최은희의 서술이 너무 다르다. 왜 정반대의 설(시각)이 있을까 의문을 가질 필요가 있다.

이화숙과 신마실라는 모두 이화학당 대학과 제1회 졸업생(1914)으로,
3·1운동 직후에 중국에 건너갔다. 이화숙은 상하이 임시정부에 합류하여
상하이 대한애국부인회와 적십자사 등에 참여하여 독립운동을 했다. 1920
년 애국부인회 회장 자격으로 하란사 등 3명의 여성독립운동가를 기리며
'애국여성추도회'를 개최했다.[53] 신마실라는 3·1운동 직전에 중국에 건너
갔고, 중국을 거쳐 미국에 입국했다. 그는 하란사의 죽음에 충격을 받았으
며, 이 영향으로 독립운동을 하기 위해 미국에 오게 되었다고 인터뷰했
다.[54] 박인덕은 자신의 회고록에서 가장 기억에 남는 한국여성인물로 하란
사를 꼽고 그에 대해 서술했다. 최은희는 처음으로 하란사에 대해 자세한
기록을 열전으로 남기며 그를 "여걸"이라고 불렀다.[55]

한편 하란사는 1916년 뉴욕주 사라토가에서 열린 세계감리교 총회에 신
흥우와 함께 평신도 대표로 참석했다. 당대 기독교 청년지도자였던 신흥우
에 필적되는 여성기독교지도자의 위상을 가졌음을 알 수 있다. 그런데 당
시 한국감리교회는 훌륭한 새 감독이 부임하길 기다리고 있었다. 이전의
해리스 감독이 친일적 인물로 한일감리교회의 감독을 겸직하며 주로 일본
에 거주했기에 더욱 그러했다. 한국감리교계의 열망을 고려하여, 신흥우와
하란사는 한국감리교회의 감독에 당시 오하이오 웨슬리안대학 총장 웰치
(Herbert Welch)가 적임자라고 생각했다. 하란사가 유학했던 오하이오 웨슬
리안대학의 총장이 웰치였다[56] 회의에 참석한 신흥우와 하란사는 웰치에

---

52) 의아한 점은 김활란의 절친한 후배인 서은숙은 물론 선배인 박인덕의 회고에도 등
    장하는 하란사가 김활란의 회고나 글 어디에도 전혀 언급되어 있지 않다는 점이다.
53) 「삼애국여사의 추도회」, 『독립신문』 1920년 1월 22일.
54) 「신마실라 여사의 활동」, 『신한민보』 1919년 7월 26일.
55) 최은희, 『한국개화여성열전』, 정음사, 1985.
56) '朝鮮人 河相驥夫人 歸國에 관한 건', 발송자 來栖三郎(시카고영사), 발송일 1917
    년 9월 19일, 수신자 本野一郎(외무대신), 수신일 1917년 10월 10일, 機密 제10호
    受 10995호, 「不逞團關係雜件-朝鮮人의 部-在歐米(3)」, 일제외무성기록, 국사편
    찬위원회.

게 한국감리교 감독으로 와 달라고 요청했다. 웰치가 한국감리교 감독으로
올 수 있었던 배경에는 이들의 교섭과 유대관계가 있었다.[57]

1개월간의 회의가 끝난 뒤, 하란사는 1여년간 교포를 대상으로 순회강
연을 하며 미국에 머무르다 1917년 가을에 귀국했다. 하란사의 순회강연으
로 모은 자금과 하와이교포의 주선으로, 마침내 1918년 이화학당에 파이프
오르간이 설치되었다.[58] 이 과정에서 하란사는 독립운동가이자 한인교포
사회의 지도자 안창호에게 파이프오르간 구입을 위한 모금에 재미교포들
의 도움과 지지를 요청하는 편지를 보냈다. 안창호와 하란사는 하란사가
미국에서 유학할 때부터 알게 된 이후 20여년간 알고 지낸 사이였다. 이에
안창호는 오하이오(Ohio) 콜럼부스(Columbus)에 있는 동지들에게 하란사를
소개하며 적극 추천했다. 안창호에 의하면 하란사는 "동포를 생각하는 사
람이고, 신뢰할 수 있는 사람이며, 도와줄 만한 사람"이었다.[59] 또한 『신한
민보』에도 여러 차례 하란사의 모금운동과 이에 대한 후원을 당부하는 기
사가 보도되었다.[60] 하란사가 미국교포사회에서 신망을 바탕으로 모금운
동을 전개했음을 알 수 있다.

이상에서 하란사의 출생(년도, 고향), 이화학당 재학, 일본유학과 미국유
학, 여성교육관과 여성교육활동, 차별에 대한 인식과 대응, 황실과 인맥,
독립운동과 해외활동, 하란사에 대한 당대인의 인식과 평가를 살펴보았다.

---

57) 전택부, 『인간 신흥우』, 기독교서회, 1971, 119쪽.
58) 정충량, 『이화80년사』, 663쪽.
59) '시카고에 있는 金蘭史(Nansa Kim Hahr)가 로스앤젤레스에 있는 安昌浩(C. H.
   Ahn)에게 보낸 서신(1916.12.31)에 안창호가 다시 글을 써서 보낸 영문 편지', 안창
   호문서, 독립기념관.
60) 「부인 하란사씨의 청연, 내지 교회의 오르간」, 『신한민보』 1916년 12월 7일 ; 「부인
   하란사씨의 연조 청하는 글, 경성 미이미교회에 파이프오르간을 기부하심을 권함」,
   『신한민보』 1916년 12월 21일 ; 「부인 하란사씨의 편지, 많은 동정을 감사」, 『신한민
   보』 1917년 2월 15일 ; 「오르간을 사 놓고」, 『신한민보』 1917년 9월 20일 ; 「하란사
   씨의 오르간 청연」·「페아불로 동포의 자선심」, 『신한민보』 1917년 9월 20일 ; 「오
   르간 연조」, 『신한민보』 1917년 10월 4일.

이를 통해 1895년부터 시작된 신여성의 해외유학과 귀국 후 활동, 그 영향력을 파악할 수 있었다. 본고에서 주목할 점과 의의는 다음과 같다.

첫째, 새로운 자료를 확보하고 확인 작업을 통해 지금까지 잘못 알려진 부분을 정정하고 사실을 밝혔다. 우선 하란사의 출생 시기에 대한 두 가지 설, 사인에 대한 두 가지 설을 모두 제시하여 정리했다. 다음으로 이화학당 재학, 일본유학, 미국유학과 학위취득, 귀국 시기를 바로잡았다.

둘째, 하란사가 한국여성 최초의 일본유학생이며, 스스로 조정(학부대신)에 청원하여 국비유학생으로 일본에 유학한 조선엘리트들과 함께 일본 근대교육의 명문 게이오의숙에서 국비유학생에 준하는 대우를 받으며 공부했음을 조명했다. 또한 미국유학에서 한국여성 최초로 학사학위를 취득했음을 살펴보았다.

셋째, 하란사가 두 차례에 걸친 미국방문과 귀국을 계기로, 황실인사(의친왕, 고종, 김춘기)와 독립운동가들과 인맥을 구축했고, 이 기반 위에서 독립운동을 시도했음을 살펴보았다. 하란사는 의친왕과 오하이오 웨슬리안대학에서 만난 인연을 바탕으로 황실과 신뢰관계를 구축해왔다. 또한 독립운동가 안창호가 재미교포들에게 하란사의 오르간 구입비용 모금을 적극 도와주라는 추천편지를 썼을 정도로 하란사와 20여 년에 걸쳐 유대관계를 유지하고 있었음을 조명했다. 이 두 사람은 평안남도 출신이라는 공통된 배경을 가지고 있었다.

넷째, 하란사가 한국인에 대한 미국인(선교사 포함)의 차별대우를 점차 강하게 의식하게 되었고 이에 대응했음을 조명했다. 그는 2차 미국방문 때 심한 인종차별을 경험하며 차별대우를 뚜렷하게 인식하게 되었다. 같은 맥락에서 하란사는 이화학당의 외국인 선교사들이 우월의식이나 편견을 가지고 이화학당 여학생들을 업신여기는 언사를 할 경우 바로 나서서 항의했다. 이로 미루어 하란사가 학생들을 엄하게 교육했던 것이 낙후된 우리의 여성교육을 향상시켜 남에게 얕보이지 않기 위함이었다. 또한 하란사가 교육이나 전도 등 선교사업에서 공적은 선교사들이 다 차지하고 실패는 한국인에게 책임을 전가하는 미국인 선교사들의 행태에 비판의식을 가지게 되었고, 이를 계기로 한국인에 의한 선교사업과 여성교육기관 설립을 꿈꾸기 시작했음을 조명했다.

다섯째, 하란사에 대한 당대인의 인식과 평가를 살펴봄으로, 하란사가 당대인에게 미친 영향력과 그의 위상을 가늠해보았다. 당대 하란사의 교류 범위는 황실·조정대신·독립운동가·지식인·여성계·기독교계·선교사·학생 등으로 사회전반에 광범위하게 영향력을 미치고 있었다. 또한 당대 그의 이미지는 최초의 여학사라는 학문적 성취, 이화학당 총교사와 이화학당 대학과大學科 교원이라는 직업적 성취를 넘어, 독립운동가로 깊이 각인되어 있었다.

여섯째, 새로운 세계에 대한 비전을 가지고 소신을 밀어붙이는 하란사의 용기와 당당함에 주목했다. 이에 따라 그가 신여성의 선구자답게 용기 있게 새로운 분야에 도전했으며, 실력과 자신감을 가지고 사회에 진출하여 제 목소리를 내었음을 살펴보았다. 그는 기혼여성의 입학을 거절하는 이화학당 당장 프라이를 수차례 찾아가 결국 입학을 허락받았고, 남편을 설득해 어린아이를 집안여성에게 맡기고 일본유학과 미국유학을 감행했을 정도로 고등교육과 새로운 세상을 갈구했다. 나아가 일본유학 당시 학부대신에게 서신을 발송하여 자기도 조선의 국비유학생에 준하는 대우를 받게 해달라는 청원할 정도의 패기와 열의를 가진 여학도였다. 또한 당대 기독교계 원로이자 유력자였던 윤치호의 여성실업교육론에 정면으로 반기를 들고 조목조목 반박할 정도로 한국여성고등교육의 필요성과 목표에 대한 소신이 있었다. 또한 선교사가 학생에게 차별적 언사를 하는 경우 이화학당 조직의 상급자이자 외국인임을 개의치 않고 그 부당함을 지적하고 항의했다.

일곱째, 1909년 경희궁에서 여성단체와 시내 여학교 주최로 개최된 '해

외에서 유학하고 돌아온' 하란사·박에스더·윤정원 환영회의 의미를 부각
했다. 이 환영회는 궁궐에서 개최되었고, 고종과 순종 황제를 비롯해 정부
관료, 사회유지들이 부부동반으로 참석했으며, 남성지식인들이 축사를 했
다. 외국인 선교사들도 초대되었으며, 일반관중이 운집했다. 이는 황실과
정부 차원에서 여성교육을 강조하는데서 나아가 고등교육을 받은 여성을
나라에서 공식적으로 인정하고 높이 평가한다는 의미였다. 이러한 분위기
는 이화학당 당장 프라이가 한국여성고등교육이 시기상조라는 주변의 우
려와 반대에도 이화학당 내 대학과 설립을 관철할 수 있었던 원동력이 되
었다.

여덟째, 이상과 같은 연구를 통해 하란사가 당대 최고의 여성지식인이
자 전문직 여성이고, 황실이 신뢰하는 자문역이자 독립운동가였으며, 기독
교 평신도 여성대표로 여성계의 선구자이자 지도자의 롤모델이었음을 살
펴보았다. 최초의 해외유학생, 최초의 여학사, 신여성계의 선구자로서 하
란사의 업적과 의의는 개인의 성취에서 나아가 시대적 사명감과 책임의식
을 가지고 여성교육과 민족독립을 위해 헌신했다는데 있다.

제2장 윤정원의 현실인식과 사회활동

윤정원尹貞媛[61]은 하란사·박에스더와 함께 대한제국시기 애국계몽운동을 주도한 대표적인 여성지식인이자 최초의 신여성, 제1세대 신여성으로서 의의가 있는 인물이다. 초기 여자해외유학생으로 일본 메이지여학교(明治) 보통과와 고등과를 졸업했고, 이후 관심분야를 확대해 영어·음악·간호·공예 등 다방면에 걸쳐 근대교육을 이수했다. 그리고 유럽 여러 나라를 여행하며 견문을 넓혔다. 조정의 부름을 받고 귀국했으며 우리나라 최초의 관립여학교인 한성고등여학교 교수로 부임해 여성교육의 일선에서 활동했다. 순종의 비인 윤비와 교감하는 등 왕실과 조정, 지식인사회의 기대를 받으며 여성교육전문가로서 자신의 뜻을 펼치고자 했지만, 한일병합 후 교직을 사임했다. 이후 중국으로 망명했으며, 베이징에서 민족유일당운동에 참여했다. 이처럼 윤정원은 한국여성사·근대교육사·지성사에서 중요한 위치를 차지하는 인물이다. 그럼에도 윤정원에 대한 기술은 최은희의 『한국개화여성열전』에 있는 내용 이외에는 관련 연구논문 하나 없는 형편이다. 게다가 최은희의 저술 가운데는 정확하지 않은 부분이 적지 않고, 근거 또는 출처가 표기되어 있지 않아 사실 확인에 어려움이 있다.

이러한 문제의식을 바탕으로 신여성 윤정원의 삶과 해외유학, 여권의식

---

[61] 1883년 서울 창신동(일명 조양루, 55간 기와집) 출생. 아호는 남휘, 윤효정의 딸이다(최은희, 『한국개화여성열전』, 정음사, 1985, 86·89쪽 ; 최은희, 「도큐멘터리 개화여성열전」, 『여성중앙』, 1982.3~1983.7 연재 기사). 윤정원에 관한 서술은 김성은, 「신여성 尹貞媛의 현실인식과 사회활동」, 『한국근현대사연구』 67, 2013을 중심으로 하였다.

과 현실인식, 교육활동과 독립운동을 조명하고자 한다. 특히 신문과 잡지,
통감부와 총독부 자료 등 새로운 자료를 발굴해 기존 연구에서 빠지거나
잘못된 사실을 보완하고자 했다. 또한 잡지에 게재된 그의 글을 통해 그
의 인식을 좀 더 분명하게 분석하고, 베이징에서 대독립당조직북경촉성회
회원으로 민족유일당운동을 지지하고 참여했던 점을 새롭게 조명하고자
한다.

1. 해외유학과 신문물 수용

윤정원은 1898년(광무 2년) 일본으로 망명하는 아버지 윤효정[62]과 함께
일본에 건너갔다. 1895년 하란사(일본유학)와 박에스더(미국유학)가 한국
여성 최초로 해외유학을 떠난 지 3년 뒤의 일이다. 그러나 유학을 떠날 당
시 하란사가 21세, 박에스더가 20세로 기혼이었던데 비해, 윤정원은 16세
미혼으로 가장 어린 나이였다.[63] 또한 해외유학 이전에 하란사와 박에스더
는 이화학당에서 수학하며 영어와 서구문물을 접할 수 있었다. 반면 윤정
원은 학교에서 신교육을 받은 적은 없지만 10세 전후로 가정에서 소학·효
경·열녀전·내칙을 배워 한문 실력과 함께 상당한 유학적 소양을 가지고
있었다. 가정에서 교육받으며 성장하던 윤정원의 삶에 변화가 찾아오게 된
계기는 아버지 윤효정의 일본망명이었다. 윤효정은 16세가 된 딸 윤정원에
게 일본유학을 권유하며 다음과 같이 말했다.

---

62) 호 운정(雲庭), 본명 사성(士成)으로 1894년(고종 31) 갑오개혁 후 탁지부주사로
근무했다. 1898년 독립협회 간부로 활동할 때 고종양위음모사건(황태자 대리청정
기도)에 관련되어 일본으로 망명. 귀국 후 1905년 헌정연구회, 1906년 대한자강회,
1907년 대한협회 조직, 1931년부터 『동아일보』에 「풍운한말비사」를 연재했다(네
이버 한국민족문화대백과, 한국학중앙연구원 ; 차선혜, 「애국계몽운동기 윤효정의
정치활동과 그 사상」, 경희대석사학위논문, 1994 참조).
63) 김성은, 「신여성 하란사의 해외유학과 사회활동」, 『사총』 77, 2012, 112쪽.

我國도 從此로 純然ᄒ 文明程度에 到達코져 하면 敎育의 根本되ᄂ 女子敎育이 不備홈이 不可ᄒ고 女子의 敎育을 創施코져 ᄒ면 本國男子나 外國婦人의게 敎務를 專任키 難便ᄒ 事情이 不一하니 汝ᄂ 十年을 限ᄒ고 日本에 留學ᄒ야 最高等學問을 專修하야 祖國의 創有ᄒ 女子師範을 作홈으로 自任ᄒ라.[64]

이는 첫째, 문명국이 되기 위해서는 교육, 특히 여자교육이 필요하다. 둘째, 한국여자교육은 한국여성이 담당해야 한다. 셋째, 자신의 딸 윤정원이 이러한 사명감을 가지고 일본유학 10년을 목표로 고등교육을 이수하고 한국 역사상 최초의 "여자사범女子師範"이 되어야 한다는 논리였다.

한국역사상 공적으로 사부 또는 선생은 남성의 전유물이었다. 여성은 집안에서 학문을 배우고 이를 바탕으로 남동생이나 아들에게 학문을 가르칠 수 있었지만 이러한 교육활동은 사적 영역인 가정 내에 국한되었다. 그런데 윤효정은 수천 년 동안의 고정관념과 관습을 깨고 딸에게 한국 최초의 여사범이 되라는 엄청난 목표를 제시했다. 윤정원이 최초의 신여성으로서 근대교육을 통해 자아를 실현하고 국가와 사회에까지 그 인식을 넓혀가게 된 데에는 시대변화와 사회변화를 예리하게 포착하고 비전을 제시했던 아버지 윤효정의 역할이 컸다. 이에 비해 하란사는 청일전쟁에서 일본의 승리를 계기로, 박에스더는 미국인 여선교사이자 의사로 로제타 홀의 의료활동을 보조하며 여의사의 의료선교활동에서 받은 감동이 의학공부의 계기가 되어 해외유학의 필요성을 자각하게 되었다.[65] 이러한 차이는 윤정원이 이들에 비해 나이가 어렸고 학교와 병원이라는 근대문물의 경험이 없었다는데 그 요인을 찾을 수 있다.

윤정원의 아버지 윤효정은 부국강병을 위한 근대화와 문명화의 모델로 일본을 상정했다.[66] 그리하여 자신의 망명길에 윤정원을 데리고 일본으로

---

64) 紫人 洪弼周, 「別報(不可無此一言)」, 『대한자강회월보』 10, 1907.3, 59쪽.
65) 김성은, 「신여성 하란사의 해외유학과 사회활동」, 114쪽.

건너갔다. 윤정원이 일본에서 근대교육을 받고 근대여성교육의 선각자로
서 한국여성계를 이끌며 한국의 근대화와 자강에 공헌하기를 바랐기 때문
이다.

일본에 도착한 윤효정은 주한 일본공사 서리로 재직한 바 있는 아끼바
라(萩原守一)의 부인에게 딸 윤정원을 맡겼다.[67] 윤정원은 일본공사 가또
마쯔오(加藤增雄)의 부인, 영사 아끼쓰끼 사츠오(秋月左都)의 부인의 소개
를 받아 1898년 8~9월 도쿄에 있는 메이지여학교 보통과에 입학했으며
1902년 4월 우등으로 졸업했다. 연이어 메이지여학교 고등과에 입학하여
1905년 4월 우등으로 졸업했다. 당시 언론 보도에 따르면 메이지여학교의
보통과는 중학교 정도, 고등과는 대학교 정도에 해당하는 과정이었다.[68]
곧 윤정원이 대학과정에 해당하는 고등교육을 이수했음을 알 수 있다. 이
과정에서 윤정원은 평정자平貞子라는 일본풍의 이름을 썼던 것으로 보이
며 동창들 사이에서 수재로 불릴 정도로 학업성적이 뛰어났다.[69]

이후 윤정원은 1905년 10월 여자학원(영어 전문)에 입학해 영어와 서양
음악과를 전수專修했다.[70] 또는 도쿄여자음악원에서 각종 서양음악을 배웠
다. 이외에 도시샤(同志社)병원에서 간호사 업무를 견습했고, 1907년 4월
즈음에는 여자공예학교에서 각종 수예 기술을 학습했다.[71]

이상에서 윤정원은 첫째, 일본식 근대교육을 대학교 과정까지 이수했다.
이 과정에서 일본어에 능통하게 되었고, 서구문물을 접하게 되었다. 둘째,
영어와 서양음악 공부를 통해 서구문물에 대한 관심을 더욱 심화시켰다.

---

66) 홍인숙·정출헌, 「《대한자강회월보》의 운동성과 지향 연구 : 자강회 내부의 이질적
   그룹과 그 성격을 중심으로」, 『동양한문학연구』 30, 2010, 360~365쪽.
67) 차선혜, 「애국계몽운동기 윤효정의 정치활동과 그 사상」, 20쪽 각주 65.
68) 「女學界 發展期」, 『황성신문』 1907년 3월 13일 ; 紫人 洪弼周, 「別報(不可無此
   一言)」, 59쪽.
69) 「韓國의의 才媛 平貞子」, 『婦女新聞』 1907년 6월 24일.
70) 「雜錄」, 『태극학보』 3, 1906.10, 55쪽.
71) 紫人 洪弼周, 「別報(不可無此一言)」, 59쪽.

그의 영어 및 음악 실력은 이후 중국망명생활에서 레슨을 통한 수입과 생계유지를 가능하게 하는 경제적 밑받침이 되었다. 셋째, 간호교육이나 공예교육과 같은 기술교육을 적극적으로 이수해 근대교육에서 고등교육의 학문적 요소뿐 아니라 실용교육의 측면까지 겸비하고자 했음을 알 수 있다.

윤정원이 위와 같은 다양한 근대교육을 이수할 수 있었던 것은 일본인의 후원 덕분이었다. 1898년부터 1907년까지 10여 년간 윤정원의 학비는 일본의 유명한 여성교육가 하라 도미꼬(原富子, 原六郎夫人)가 전담했다.[72] 최은희에 의하면 윤정원은 일본공사 아끼쓰끼의 주선으로 하라 도미꼬의 문하에 들어갔고, 아끼쓰끼가 벨기에로 가게 된 것을 계기로 유럽유학 길에 올랐다. 특히 최은희는 '최초의 구미 5개국 유학생 윤정원'이라는 부제를 붙여 윤정원이 벨기에·영국·프랑스·독일·미주 등지를 순회하며 공부한 재원임을 강조했다.[73] 일본 언론은 윤정원이 해외의 실황을 시찰하기 위해 아끼쓰끼의 부인과 함께 1907년 6월 벨기에로 떠났다고 보도했다.[74] 반면 황현은 윤정원이 아끼바라와 함께 미국·파리·벨기에 등 구미를 두루 유람했다고 기술했다.[75] 윤정원은 1907년부터 1909년 조정의 요청으로 한성고등여학교 교수로 부임하기 위해 귀국할 때까지 약 2년 동안 유럽에 머물렀다. 이 가운데 윤정원은 일본뿐 아니라 유럽 각지에서 다양한 학습과 견문을 축적했고, 유창한 외국어 실력과 뛰어난 음악 실력을 쌓게 되었다.

---

72) 紫人 洪弼周, 「別報(不可無此一言)」, 59쪽. 하라 도미꼬가 일본여성(교육)계에서 어떤 지위였고 어떤 역할을 했는지, 윤정원에게 어떤 영향을 끼쳤는지는 알려져 있지 않다.

73) 최은희, 『한국개화여성열전』, 86쪽. 윤정원이 구미에서 무엇을 어떻게 보았고 누구를 만났으며 무슨 생각을 했는지는 알 수 없다.

74) 「韓國의の 才媛 平貞子」, 『婦女新聞』 1907년 6월 24일.

75) 황현, 『梅泉野錄』 6, 隆熙 3(1909년) 己酉 ; 황현, 『매천야록』, 국사편찬위원회, 1955, 412~413쪽.

2. 여권의식과 현실인식

윤정원은 1906년 9월, 10월, 11월, 1907년 2월 『태극학보』에 기고한 여
성교육문제, 시국인식, 국민으로서의 자세에 관한 글을 통해 자신의 정체
성과 여성교육관을 명확하고 설득력 있게 전개했다. 이즈음 그는 일본유학
생 사이에서 "품성이 고상ᄒ고 학식이 고명ᄒ야 춤 본방本邦 여자사회에 큰
모범이 될 만한" "국민적 양교사良敎師"로 거론되며 각광받기 시작했다.[76]

1907년 언론은 윤정원이 어머니상을 당해 잠시 귀국한 상황이었음에도,
윤정원의 귀국에 주목하며 관심을 표명했다. 이 해는 일제의 강압에 의한
고종과 순종의 정권교체기였으며 일제의 국권침탈에 맞서는 국채보상운동
이 전국적으로 전개된 해이기도 했다. 『황성신문』에서는 윤정원을 "女子學
界에 一大師表"가 될 인재라고 부각하고 국가적 차원에서 그와 같은 "여사
女師" 또는 "현사賢師"를 초빙해 여성교육을 진작해야 한다고 촉구했다.[77]
『대한자강회월보』 역시 윤정원을 "쇄폐鎖閉ᄒ 규문閨門에 현차문명現此文
明을 수입ᄒ기로 목적을 확정ᄒ 자"라며 근대여성교육의 지도자로 상정하
고 한국여성교육의 진흥을 촉구했다. 곧 윤정원이 장차 한국근대여성교육
을 담당하고 이끌어갈 인재라는 의미였다. 특히 홍필주는 윤정원이 일본
신문에 "東洋의 第一女師로 稱ᄒᄂ 下田歌手와 幷擧니 貞媛은 可謂 大韓婦
人의 全體를 代表ᄒ야 萬丈光耀를 顯揚"한다고 보도될 정도로 일본에서도
인정받는 인재임을 강조했다.[78] 실제로 일본 『婦女新聞』은 '한국의 재원'
윤정원을 주목하고 그 행적을 보도하기도 했다.[79]

이처럼 애국계몽운동을 전개하던 지식인사회에서 윤정원은 일본과 서
구에서 근대교육을 받고 근대문물을 경험한 인재로 한국여성교육을 담당

---

76) 「잡록」, 『태극학보』 3, 1906.10, 55쪽.
77) 「女學界發展期」, 『황성신문』 1907년 3월 13일.
78) 紫人 洪弼周, 「別報(不可無此一言)」, 59쪽.
79) 「韓國의の 才媛 平貞子」, 『부녀신문』 1907년 6월 24일.

할 적임자로 인정받고 있었다.[80] 그러나 한국의 교육현실은 아직 이러한 "대사범大師範"을 수용할 수 있는 관립여학교가 없었으며 이 정도 여성지식인에게 적합한 자리나 지위도 없었다.[81] 일본에서 학업을 마치고도 바로 귀국하지 않았으며 어머니의 초상을 치르기 위해 귀국해서도 바로 출국해 구미시찰을 떠난 윤정원의 행적은 이러한 국내 실정과도 관련이 있을 것으로 보인다. 윤정원이 귀국해 자기가 배우고 익힌 학문과 기술을 발휘하기 위해서는 스스로 또는 아버지 윤효정의 후원을 받아 여학교를 설립해야 했지만 그런 생각은 하지 못했거나 그럴 여건은 아니었던 것으로 보인다.

윤정원은 일본유학 중 『태극학보』에 몇 편의 글을 기고한 사실로 미루어 이 시기 그가 일본유학생들과 교류하는 가운데 최석하와 교감을 형성하고 있었을 것으로 짐작된다. 태극학회는 대표적인 유학생 애국계몽단체로 태극학교(일본어강습소)를 모체로 1905년 도쿄에서 서북(평안도) 출신 일본유학생을 중심으로 조직되었으며 1906년부터 기관지 『태극학보』를 발간했다. 재일본 유학생 상호간의 친목과 지식의 교환을 통한 학술연마에 주력하고, 교육을 통한 자강정신의 배양과 그 방법으로써 서구의 새로운 학문과 과학지식의 보급을 위한 매개역할을 하며 궁극적으로 외국의 침략에 대비해 국권을 수호하는데 설립 취지와 목적이 있었다.[82] 최석하는 태극학회의 핵심멤버로 발기인·평의원·부회장으로 활동했다.[83] 윤정원이 『태극학보』에 연이어 글을 싣게 된 배경에는 태극학회 특히 최석하와

---

80) 미국에서 대학을 졸업하고 학사학위를 받은 하란사가 거론되지 않았던 것은 1906년 귀국 직후부터 이미 기독교회와 이화학당에서 여성교육에 종사하고 있었기 때문일 것이다.
81) 「女學界發展期」, 『황성신문』 1907년 3월 13일 ; 紫人 洪弼周, 「別報(不可無此一言)」, 59~60쪽.
82) 이인숙, 『대한제국기의 사회체육 전개과정과 그 역사적 의의에 관한 연구』, 이화여대박사학위논문, 1993, 157쪽.
83) 정관, 『한말 계몽운동단체 연구』, 대구가톨릭대박사학위논문, 1992, 149~155쪽.

의 교류와 교감이 작용했을 것이다.

다음은 그의 글을 통해 여권의식과 여성교육, 국가에 대한 인식을 살펴보고자 한다. 우선 그의 여성관과 여권의식을 살펴보겠다. 그는 여자를 가리켜 '국민의 어머니, 사회의 꽃, 인류의 태양'이라고 규정했다. 이는 윤정원이 생각하는 여성 본연의 지위와 역할에 대한 정의이기도 했다. 그는 특히 선진문명사회에서 여성의 사회진출과 관련하여 그 역할과 여성의 자세에 대해 다음과 같이 예시했다.

> 금일 소위 문명졔국에서는 아모됴록 지덕이 겸비흔 녀즈를 교졔샤회에 ㄴ셔게 ㅎ고 그 즁에라도 지식슉덕의 츨등흔 녀즈로 교졔사회의 꼿슬 삼고 츠인의 언힝 동졍과 범빅 만스로 모범을 삼아 흠모 존듸ㅎ고 일편으로는 샤회샹에 꼿과 듕심이 된 쟈는 추호만치라도 교만지심을 두지 아니ㅎ고 (실샹은 몽듕에라도 교만지심이 잇슬 듯흔 즈는 당쵸에 이 위치에 셰우지 아니흘 듯) 아모됴록 즈긔의 품힝 지덕을 더욱더욱 놉히 닷가셔 즈긔 감화를 인연ㅎ여 만분지일이라도 샤회샹에 유익흔 바ㅣ 잇도록 진심갈력ㅎ는 테디오.[84]

이는 곧 재덕을 겸비한 여성상, 자기수양과 실력을 갖추어 사회에 기여하는 여성상을 제시한 것이다.

이와 함께 윤정원은 "여자의 힘"에 합당한 "여자의 책임"을 강조했다. 이때 여자의 힘이란 일가·사회·국가 번창의 절반 이상이 여자에게 달려있다는 뜻이었다. 이는 곧 국민의 절반을 차지하는 여성의 역할에 대한 강조이자, 국민의 일원으로서 여성의 존재를 강조하는 것이기도 했다. 윤정원은 여성의 책임을 수행하기 위한 방법에 대해 다음과 같이 기술했다.

> 여츠히 즁대흔 칙임이 녀즈의게 잇는 줄을 실노 깁히 씨닷를 디경이

---

84) 女史 尹貞媛, 「본국 졔형 졔민의게(寄書)」, 『태극학보』 2, 1906.9, 38~39쪽.

면 엇지 금일굿치 쌜닉와 다림이를 텬명지직분으로 싱각ᄒ거나 혹은
담비를 피우고 슐을 먹고 쓸딕업ᄂ 잡담으로 귀즁ᄒ 셰월을 보닐 수
가 잇ᄉ리오. 일시라도 밧비 즈금지페를 곳치고 엇지ᄒ면 실노 녀즈의
칙임을 헛되게 아니ᄒ고 즈긔의 텬명을 완연히 득달홀가 ᄒᄂ 문뎨를
긔셜ᄒ여야 될 듯ᄒ나 이 딕답에ᄂ 다만 교휵 이쑤 밧게ᄂ 업스니 대
뎌 교휵을 밧기만 ᄒ면 특별ᄒ 민족과 고딜이 잇ᄂ 사름 이외에ᄂ 년
긔의 조만과 유직무직를 불문ᄒ고 보통 디식을 엇기ᄂ 그다지 어려온
일이 아닌즉 반ᄃ시 빅만ᄉ를 제ᄒ고라도 이 크고 즁ᄒ 교휵을 밧어
야 홀 터인딕 아즉도 본국 녀즈 각위ᄂ 여츠히 싱각지 아니실 듯ᄒ 거
ᄉ 일젼에 드른즉 금번 엄대비ᄭ옵셔 셜립ᄒ신 녀학교의 학싱수가 불
과 십칠인이라 ᄒ니 이를 듯고 엇지 대경챠탄치 아니홀 쟈 잇ᄉ리오.[85]

이는 여자의 직분이 더 이상 빨래와 다듬이에 국한되지 않는다는 선언
이기도 했다. 곧 여성의 직분과 천명은 일가뿐 아니라 사회와 국가를 번성
케 하는데 있으며, 여성이 이러한 자신의 책임을 다하기 위해서는 무엇보
다도 '교육'을 받아 '보통정도의 지식'을 획득하는 것이 필요하다고 강조
했다. 이와 함께 그는 이 시기가 애국계몽기였음에도 여학교에 입학하는
여아의 수가 적은 현실을 지적하며, 이는 여성교육에 대한 인식이나 확신
이 아직 미약하기 때문이라고 분석했다. 그리하여 여성교육이 시급함에도
여성교육에 대한 호응이 낮은 원인이 부형들이 여성교육의 유익과 무익
여부에 대해 고민하고 갈등하는데 있다고 분석했다. 그리하여 이미 '동서
양제국의 모범'이 있다는 논리로써 여성교육의 시급성과 필요성을 촉구했
다. 그는 여성교육에 있어 여성 스스로의 자각도 필요하지만, 이와 함께 부
형들의 지원이 필요하다는 현실을 간파하고 있었다.
　「추풍일진」이라는 글 제목에도 드러나듯이, 윤정원은 인간사회를 갈등
과 분열의 세계로 파악했으며 그 원인을 다음과 같이 분석했다.

---

85) 女史 尹貞媛, 「본국 졔형 졔미의게(寄書)」, 40쪽.

사롬마다 심중에 량인 (선악) 지쥬가 일숨이라. 착흔 쥬인이 ㅎ고져 ㅎ
는 바ㅣ는 악흔 직ㅣ 못ㅎ게 ㅎ고 악흔 쟈ㅣ ㅎ고져 ㅎ는 바ㅣ는 착
흔 쟈ㅣ 허락지 아니ㅎ여 일인의 심중이 선악 량인의 전댱이 되여 몽
민 즁에라도 쉬지 아니ㅎ니 엇지 그 사롬이 일시라도 평화를 엇을 길
이 잇스리오. 이럼으로 일가도 평화를 부득ㅎ고 일국도 평화를 부득ㅎ
고 지어텬하도 평화를 부득ㅎ여 스스로 텬샹명월이 참담흔 것 굿치 뵈
이고 텬하추풍이 소실흔 것 굿흐나 연이나 텬샹텬하에 쟈연세계는 태
극지초브터 한 번도 그 률려됴화를 변흔 일이 업고 오즉 인간세계만 이
참담흔 형세를 현츌ㅎ는도다. 나라와 나라와는 항샹 호표굿치 싸호고
붕우친즈 형데는 어름굿치 링링ㅎ여 정히 인싱세계는 불평곤궁의 전
댱이 됨을 면치 못ㅎ는도다. 이럼으로 즈고로 허다흔 셩인군즈와 학쟈
가 이 곤궁를 제혈 방법을 연구ㅎ여 왈 종교 도덕 미슐 급 철학이라
ㅎ나 종교의 셰력은 미약불셩ㅎ고 도덕의 광치는 암연불명ㅎ며 미슐
과 철학의 스샹은 아즉 유치부득흠을 엇지 ㅎ리오. 연고로 종교가는
열심으로 전도ㅎ고 셩현은 열심으로 가르치며 학쟈는 열심으로 연구ㅎ
나 오즉 이 가온디셔 몸으로 실힝ㅎ는 쟈ㅣ는 다만 녀즈쑨이라. 쟈션
교휵 간병 전도 위셕 면려 등 슈업은 녀즈의 본분이라. 추등 슈업의 목
뎍을 십분 득달케 ㅎ는 쟈는 엇지 녀즈가 아니리오. 녀즈는 무리히 힘
쓰지 아니ㅎ드릭도 텬싱으로 여츠흔 아름다온 셩질을 가진 쟈ㅣ라.[86]

   그는 인간의 내면에 선악이 공존하며 이로 인해 인간사회의 갈등과 분
열이 생기는데, 이는 종교가·학자·성현의 종교·도덕·미술·철학으로도 해
결하지 못한 문제라고 파악했다. 그는 종교가의 전도, 성현의 가르침, 학자
의 연구에도 불구하고 오로지 실행하는 자는 여성뿐이라며, 인간사회의 갈
등과 혼란의 원인이 '실행'하지 않는데 있다고 지적했다. 이를 극복하는 방
안으로서 여성 본연의 자질과 역할을 부각했다. 그리고 자선·교육·간병,
전도·위생·면려 등이 여성에게 적당하고 여성이 잘 할 수 있는 사업이라
고 제시했다. 같은 맥락에서 윤정원은 '자혜의 마음이 기도의 공보다 낫

---

86) 女史 尹貞媛, 「추풍일단(秋書)」, 『태극학보』 3, 1906.10, 45~46쪽.

다.'고 생각했다.[87] 이와 같이 윤정원은 이제까지 가정 내에 국한되었던 여성의 역할을 넘어서서, 여성의 사회적 역할에 대한 비전을 제시하며 그 정당성을 부각하고자 했다.

그는 남성과 여성의 성품을 대비해 여성을 "즉각 실행하는 자" "무리하게 애쓰지 않아도 천성적으로 아름다운 성질을 가진 자"라고 정의했다. 그리하여 제일 적당 착실하게 그 본분을 깨닫고 지키는 자는 "여자", 제일 바르게 그 길을 밝게 하는 것이 "여학", 그 길을 쫓아 가르치는 것이 "여자교육"이라고 규정했다. 윤정원은 여성의 본성과 자질이 남성에 비해 뒤떨어지지 않으며 오히려 더 우월하다고 보았는데 이는 남녀평등의식을 넘어서 여성의 우월성을 강조했다는 면에서 큰 의의가 있다. 여성교육은 여성 본래의 우수한 본성과 자질을 사회적으로 발휘하기 위해서 필요하다는 점을 강조하고자 했다. 이상의 글은 윤정원이 10여 년간 국외에서 연구하고 생활하며 넓힌 견문과 체험, 깨달음의 산물이자, 여성으로서의 정체성과 세계에 대한 진지한 고민 끝에 나온 철학적 성찰이 집대성된 독특한 논리라는 점에서 주목할 만하다.

이상경은 윤정원의 글쓰기에 대해 여성 정론政論의 등장, 여성의 근대적 자기표현이라는 의의를 부여하면서도 윤정원이 아직 가부장제의 압제로부터 여성해방이라는 명제까지는 떠올릴 수 없는 상황이었다고 평가했다.[88] 그러나 갈등을 조장하는 남성의 자질과 능력에 반대되는 개념으로 갈등을 완화하고 선을 실행하는 여성의 자질과 사회적 역할에 의의를 부여하며, 여성의 본성과 본분에 따르자는 윤정원의 논리는 단순한 남녀평등의식을 넘어선 여성해방론 그 자체였다고 평가할 만하다.

이후 윤정원의 글은 「공겸의 정신」이라 「헌신적 정신」이란 제목에서도 드러나듯이, 여권의식이 강하게 표출된 이전의 논조에서 약간 비켜서는 모

---

87) 「慈惠婦人會幻燈」, 『황성신문』 1909년 5월 25일.
88) 이상경, 『한국근대여성문학사론』, 소명출판, 2002, 42~45쪽.

습을 보인다. 그리고 남녀 모두가 공감할 수 있는 보편적 주제인 "국가" "국민" "동포"를 전면에 내세워 국망의 위기를 극복하기 위해 '국민으로서 가져야 할 자세'를 강조하기 시작했다.

특히 윤정원은 "국민적 도덕"으로 공경과 겸손의 정신을 강조했다. 남녀를 가리지 않고 누구든 상대를 공경하고 스스로 겸손해야 한다며 재주·학식·재산·문벌에 기대어 자만과 교만하게 행동하는 것을 경계했다.

> 이 샤회에 쳐ᄒ며 일기 국민이 되여 안온무ᄉᄒ게 세월을 보ᄂᆡ고져 ᄒ며 가정을 화락게 ᄒ고 붕우친척과 교제를 깁히 ᄒ고져 ᄒ면 부득불 직희지 아니치 못ᄒᆯ 바ᄂᆞᆫ 국민적 도덕이라. 이 국민적 도덕을 남ᄌᆞ의 편으로 보면 남ᄌᆞ의 도덕이요 녀ᄌᆞ의 편으로 관찰ᄒ면 녀ᄌᆞ의 도덕이 될지라. 되뎌 부인의 도덕이라 ᄒᄂᆞᆫ 거슨 엇더ᄒᆫ 도덕인고 ᄒᄂᆞᆫ 의심이 잇슬 듯ᄒ나 이는 결단코 남ᄌᆞ의게는 쓸ᄃᆡ업스나 녀ᄌᆞ의게만 필요되ᄂᆞᆫ 특별ᄒᆫ 도덕이라 ᄒᄂᆞᆫ 거시 안나라 남ᄌᆞ의게도 필요ᄂᆞᆫ 이스나 특별히 녀ᄌᆞᄂᆞᆫ 불가불 깁혼 소양이 잇셔야 ᄒᆯ 도덕을 말ᄒᆯ 비라. 지금 이를 일일이 말ᄒᆯ 지경이면 실노 한두 가지가 안나라. 부디기수일 듯ᄒ나 긔쟈記者 역시 천ᄒ쳑협식ᄒ여 그 십쑌지일도 아지 못ᄒ나 다만 평일 연구ᄒ던 중 뎨일 우리 미형의게 필요로 싱각ᄒᄂᆞᆫ 바는 겸공恭謙의 정신일 듯. 공겸이라 함은 그 글ᄌᆞ와 갓치 공경ᄒ고 겸근ᄒ라ᄂᆞᆫ 말인즉 ᄌᆞ긔의 지뎌 학식 문벌 지산을 염두에 두지 아니ᄒ고 타인을 혈심으로 공경ᄒ고 ᄌᆞ긔를 겸손ᄒ라ᄂᆞᆫ 쯧이라. …또 그럿타고 아모 분별도 업시 전후좌우를 도라보지 아니ᄒ고 누구의게든지 머리를 숙히라ᄂᆞᆫ 말은 결단코 아니라 이ᄂᆞᆫ 겸손을 과ᄒ여 비굴ᄒᆫ 정신이라. 오직 공경ᄒᆯ 만한 쟈를 어뎌ᄉᆡ지라도 공경ᄒ고 ᄌᆞ긔를 겸손ᄒᄂᆞᆫ 듕에라도 능히 범ᄒᆯ 슈 업ᄂᆞᆫ 품격品格을 일치 말고 ᄌᆞ긔의 위엄을 보전ᄒ여 사름으로 ᄒ여곰 스스로 가히 놉힐만 ᄒ고 친ᄒᆯ만ᄒᆫ 사름이라는 감탄지셩을 발ᄒ도록 심신을 닥기에 그 목덕은 잇스나 이ᄂᆞᆫ 말노ᄒ면 대단히 쉬운 듯ᄒ여도 실힝키 지극히 어려온 바이라.[89]

---

89) 윤정원, 「공겸의 정신」, 『태극학보』 4, 1906.11, 36~38쪽.

제2장 윤정원의 현실인식과 사회활동 43

이는 여성 개인의 수양이란 차원을 넘어 여성의 사회활동을 위한 장으로 기능하는 여성단체 조직과 활동에 분열과 갈등을 보이고 있는 세태를 비판하며 '단결'을 주문한 것이었다. 막 내외법에서 벗어나 여성의 개화와 사회활동이 가능해진 시점에서 남성들의 책망이나 견제를 받을 수 있는 행동은 여성 스스로 전략적으로 삼가해야 한다는 의미였다. 이는 당시 국내에서 조직되어 활동하고 있던 한성부인학회 회원들의 분열된 행태에서 촉발된 것이기도 했다.

같은 맥락에서 윤정원은 여성이 훌륭한 본성과 자질을 가졌음에도 이를 사회에서 마음껏 발휘하지 못하는 여성계의 현실을 꼬집어 다음과 같이 지적했다.

대뎌 우리 한국녀즈의 종릭 습관이 다만 즈긔의 집좁은 안방에 드러 안져서만 셰월을 보닉고 사름 열명이라도 모힌딕 나서서 교계훈 일이 드믈고 혹은 업슬지라. 그런즁 졸디에 크나 젹으나 일긔 단톄에 드러 가 보면 허다 난쳐지스도 만을 터이요 쏘 엇지호면 회를 위ㅎ여 실노 유익홀지도 모로시ᄂᆞ 이가 잇슬 듯 ᄒᆞ나 뎨일 단톄에 드러잇ᄂᆞ 쟈의 게 필요ᄒᆞ고 아름다온 덕은 헌신덕 졍신이라 ᄒᆞ리로다. 므릇 무슴 회던지 학교던지 드러가셔ᄂᆞ 즈긔ᄂᆞ 즉 그 회나 학교의 일분즈一分子라. 즈긔의 언힝동졍과 픔힝여부가 즉졉히 그 회와 학교의 대표代表가 되고 쏘 명예셩쇠의 관계됨을 몽즁에라도 닛지말고 므릇 무슴 일을 ᄒᆞ던지 즈긔로 즁심을 슴지 말고 그 단톄로 즁심을 슴어야 할지라. 연고로 비록 즈긔의게ᄂᆞ 괴롭고 히가 되ᄂᆞ 일이라도 단톄젼톄를 위ᄒᆞ여야 홀 일이면 즈긔를 ᄇᆞ리고 ᄒᆞᄂᆞ 수도 잇슬 터히요 말므딕 기침 ᄒᆞ나라도 타인의게 방힉됨을 위ᄒᆞ여 ᄒᆞ고슙흔 써 못ᄒᆞᄂᆞ 일도 잇슬 터히라. 이ᄂᆞ 극히 스쇼흔 것굣ᄒᆞ나 그 결과ᄂᆞ 실노 큰 고로 만일 명심쥬의치 아니ᄒᆞ면 젼톄에 딕ᄒᆞ여 큰 방힉가 되ᄂᆞ지라. 외국대학교에셔ᄂᆞ 수빅명 학도가 한방에서 공부를 ᄒᆞ여도 그 방문 밧게서 드를 디경이면 사름이 하나도 업ᄂᆞ 듯시 죵용흔 거슬 흔 명예로 슴ᄂᆞ니 이ᄂᆞ 즘간 드르면 거즛말 굣ᄒᆞ나 그딕지 어려온 일이 아니요 다만 각각 조심ᄒᆞ여 칙 한

쟝을 뒤젹이ᄂᆞᆫ듸라도 소리가 아니나게 ᄒᆞ고 잡담한 ᄆᆞᆯ틀ᄅᆞᆯ 아니ᄒᆞ기
만 ᄒᆞ면 ᄌᆞ긔 공부도 되고 남의 방ᄒᆡ도 되지 아니ᄒᆞ고 ᄯᅩᄂᆞᆫ 학교의 아
름다온 풍속도 되ᄂᆞᆫ지라. 이거시 젹은 듯ᄒᆞᆫ 일이나 그 결과를 보면 엇
지 크고 즁대ᄒᆞᆫ 일이 아니리오.[90]

이상에서 윤정원은 '헌신적 정신이란 남을 위하고 자기를 버리는 마음'
이라고 정의하고, 여성들에게 이기적 마음을 버리고 단체를 위해 일하자고
촉구했다. 여성의 헌신적 자세에 대한 강조는 사회에 대한 여성의 책임을
강조하는 것이기도 했다.

무엇보다도 윤정원은 서구문명의 동력이 '헌신과 희생'에 있다고 보고,
남녀노소를 불문하고 '우리 국민들이 국가와 사회를 우선하여 헌신의 정
신으로 매사를 행하면 나라의 기초가 확고해질 것'이라고 강조했다. 구체
적으로 예를 들어 그는 기선·기차·공장으로 대표되는 서구물질문명을 지
탱하는 동력이 "석탄"이라고 지적했다. 그리고 이 석탄은 식물이 지하에
매몰되어 오랜 기간 압력을 받아 생성된 것으로 '20세기 문명은 식물 희생
의 결과'라며 그 희생에 의미를 부여했다. 같은 맥락에서, 자녀를 위해 일
생을 헌신하는 어머니를 높이 평가하며, 아이들의 생장과 입신은 모친의
혈심과 정성 덕분이라고 지적했다. 마지막으로 기독교의 예수, 불교의 석
가, 유교의 공자 역시 인류의 구제를 위해 희생하고 헌신했음을 부각했다.
이를 통해 윤정원은 '희생과 헌신'이란 가치가, 권리 없이 억압받아 왔던
여성의 전유물이 아니라, '성인의 덕목'임을 강조하며 이를 '사해동포주의'
와 연결시켰다. 그리고 다음과 같이 마무리 지었다.

비록 금은보빅와 능라금슈와 슌희단미가 잇기로셔 집이 업스면 어듸
셔 그 영화부귀를 누릴 수 잇스며 비록 집이 잇기로 그 터뎐이 남의 손
에 드러잇스면 엇지 하로를 안심ᄒᆞ고 지닐 수 잇스리요. 지금 본국ᄉᆞ

---

90) 女史 尹貞媛, 「獻身的 精神」, 『태극학보』 7, 1907.2, 12~13쪽.

세는 줍간 방심만 ᄒ면 집과 터뎐이 업서지고져 ᄒᄂ 쎠라. 만일 즈긔도 한국국민이라ᄂ 수샹이 조곰이라도 가진 쟈ㅣ면 그 수의 수정을 져ᄇ리고셔라도 이 국가젼톄의 시급지환을 구ᄒ여야 ᄒ겟다ᄂ 싱각이 잇슬지라. 하믈며 쥬야로 국가의 셩쇠를 우려불망ᄒ며 이쳔만 동포의 안위를 염녀ᄒ여 락누쟝탄홈을 마지아니ᄒᄂ 우리 동지된 쟈 엇지 국가와 동포를 위ᄒ여 리긔지정신利己之精神하나 ᄇ리기를 어렵다 ᄒ리오.[91]

이상에서 윤정원은 국망의 위기에 직면한 "한국 국민"이 국가와 동포를 위해 이기심을 버리고 헌신적 정신을 가질 것을 당부했다.

이와 같이 윤정원은 국민들의 이기적 행태를 비판하고, 헌신과 희생의 자세를 강조했다. 이와 함께 대표적인 사례로 자녀를 위해 "희생하고 헌신하는 어머니상"을 부각했다. 이 역시 여성의 본성과 자질을 옹호하는 내용으로 해석할 수 있다. 이는 여성에 비해 하등 나을 것이 없는 남성의 자질, 사회의 갈등과 혼란을 다스리지 못한 남성의 과오에 대한 비판이기도 했다. 이는 뒤집어 보면 겸허와 헌신·희생의 자세로 노력해야 할 당사자는 나라를 허약하게 만들고 국민을 국망의 위기에 빠뜨린 남자라는 논리로도 해석이 가능하다. 그리고 국민의 일원으로서 여성의 헌신적 정신과 희생적 사업을 강조한 것은 이전에 그가 가정·사회·국가·인류에 있어 여성의 책임과 사명을 강조하며 여성의 자각과 교육을 촉구한 것과 같은 맥락이었다. 이처럼 윤정원의 의식에는 국민의식과 여권의식이 공존하고 있었다.

윤정원의 여권의식에는 성별 분업(직업) 인식과 같이 전통적 요소가 남아있기는 했지만, 희생·헌신·공겸 등 여성의 성품과 잠재력을 적극적으로 해석해 사회적 역할을 강조하는 근대적 요소가 더욱 두드러져 나타났다. 윤정원은 희생·헌신·공겸 등 전통적 여성의 덕목으로 간주되었던 요소를 근대적으로 해석해 적극적으로 의미를 재부여했다. 여성의 성품과 능력에

---

91) 女史 尹貞媛, 「獻身的 精神」, 14쪽.

근대성과 적극성을 부여하며 여성의 교육과 사회활동을 적극 옹호하고 장
려했다.

　윤효정은 「여자교육의 필요」를 통해 유교적 사회원리가 국가의 자강과
독립에 악영향을 끼친다고 통박하며, 여학교와 부인회 설립으로 지식 개발
과 구습 타파를 주장했다. 의무교육을 통해 교육의 저변을 확대하고 한국
인의 의식을 근대시민사회에 적합한 의식구조로 개혁해야 한다는 윤효정
의 주장은 결국 근대화를 지향한 것이었다. 이러한 윤효정의 인식은 윤정
원에게 일정한 영향을 주었을 것이다.[92]

　어린 시절 윤정원은 가정에서 『소학』·『효경』·『열녀전』·『내칙』을 배웠
으며 실제로 황후 앞에서 논어를 강론할 정도로 상당한 유학적 소양을 가
지고 있었다. 그렇다고 그의 여권의식을 전통성과 근대성의 혼재라고 보기
는 어렵다. 희생·공겸·헌신 등의 단어는 조선시대 여성의 수동적 덕목을
연상시키지만, 문맥상 이 단어가 뜻하는 바는 정반대라는 점에 유의해야
한다. 여성의 실천성을 상징하는 이 단어들은 여성의 사회적 역할과 국가
적 공헌을 촉구하는 한편 그 공적인 가치를 인정받고자 하는 진취적이고
적극적인 의미로 해석하는 것이 더 적합하다.

　만약 국권상실의 비상상황에서 해외유학 출신의 신여성인 그가 투쟁적
인 여권의식을 드러내며 가부장제의 억압을 벗어나야 한다는 주장을 했다
면 시대와 사회를 돌아보지 않는 동떨어지고 무책임한 행동으로 비춰져
신여성을 보는 시각에 오히려 악영향을 주었을 것이다. 반대의 경우로 3·1
운동에서 여성들의 참여와 역할은 여성의 힘을 사회적으로 인정받고 상하
이 대한민국 임시정부가 남녀 동등한 국민으로서 여성의 지위와 권리를
헌장에 명시하는 주요요인으로 작용했다. 이처럼 여권향상·여성해방·남녀
동등을 달성하기 위해서는 직접적인 구호나 노이즈 마케팅도 필요하겠지
만 그보다는 실제적이고 전략적 접근으로 정당성과 타당성을 획득하며 실

---

92) 차선혜, 「애국계몽운동기 윤효정의 정치활동과 그 사상」, 32쪽.

리를 얻는 방법도 필요하다고 하겠다. 윤정원은 가장 전통적인 가치관으로
간주되던 여성의 덕목을 활용해 당면과제인 국권회복과 자강의 방안으로
제시하는 동시에 가장 근대적 이슈인 여성교육·여성해방·남녀동등과 같은
여권문제에 접근하고자 했다. 이러한 방식은 국권상실의 위기에 직면한 한
국의 정치상황이라는 특수성을 고려할 때도 적절한 대처였다고 생각된다.

윤정원의 글이 실린『태극학보』는 태극학회의 기관지로, 태극학회는 도
쿄에 본회를 두고 국내에 지회를 설치해 국내 애국계몽운동과 연계성을
가지고 활동했다. 태극학회의 발간목적도 유학생 상호의 친목 도모와 지식
의 교환뿐 아니라 우리 동포에게 새로운 학문과 과학지식을 보급하는 매
개체 역할을 통해 국권회복의 기초를 마련하는데 있었다.[93]

윤정원은 애국계몽운동기 지식인들이 그랬듯이 여성을 국민의 일원으
로 격상해 여성의 지위를 높이고자 했으며 이에 상응하는 여성의 역할 또
한 일정하게 요구했다. 그의 여성교육관과 애국주의 역시 애국계몽운동론
의 맥락에서 위치지어진다. 윤정원의 글은 남성지식인의 애국계몽운동론
이 다수를 점하던 시기, 여성의 입장에서 여성지식인의 견해를 표명해 그
자체로 여성의 지식과 능력의 실증이었으며 여성의 애국심과 여권의식을
고취하는데 일정하게 기여했다. 윤정원의 글에 반영된 여권의식은 1898년
찬양회 부인들의 '여권통문' 이후 세상에 표명된 것으로 이를 계승했다고
할 수 있다. 또한 1908년 여자교육회 기관지『여자지남』의 글에 나타난 여
학생들의 여권의식과 국가관에 일정한 영향을 끼쳤다.

3. 교육활동과 독립운동

1) 교육활동

윤정원은 1907년 3월 어머니상을 당해 잠시 귀국했다 출국한 뒤, 한성고

---

93) 이인숙,『대한제국기의 사회체육 전개과정과 그 역사적 의의에 관한 연구』, 157쪽.

등여학교 교수에 위촉되어 1909년 초 다시 귀국했다. 윤정원보다 먼저 유학을 떠났던 박에스더는 1900년 한국여성 최초로 의학사(M.D.), 하란사는 1906년 한국여성 최초로 학사(B.A.) 학위를 취득하고 귀국해 활발한 사회활동을 전개하고 있는 상황이었다.

애국계몽운동가들의 여론과 여성계의 열망을 반영하여 드디어 1908년 봄 관립고등여학교 설립이 구체화되기 시작했다. 여성의 중등교육을 위한 고등여학교령, 고등여학교령 시행규칙, 관립 한성고등여학교 학칙이 반포되었다.[94] 여기서 주목할 점은 1909년 학칙에 '수업료를 징수하지 아니함'이라고 명시했다는 점이다. 관비로 여성교육을 실시하겠다는 의미였다.[95] 이보다 10여 년 전인 1898년 여성들은 여권향상을 위한 여성교육을 목표로 찬양회를 조직하고 순성여학교(한국여성이 설립한 최초의 사립여학교)를 설립했다. 그런 뒤 재정적인 면에서 지속가능한 발전이 되도록 관립여학교로 전환해줄 것을 청원했었다. 따라서 관립 한성고등여학교의 설립과 운영은 찬양회 여성들의 숙원이 10여 년만에 성취된 것이라는 점에서 큰 의의가 있었다. 그러나 한편으로는 관립여학교 설립 단계에서부터 일본여성이 교장으로 물색되는가 하면, 학감·교원들이 일본인으로 충원되었다. 통감부가 천거하는 일본여성 교수가 임용되었다.[96] 또한 1908년 연말 즈음 『대한매일신보』에는 한성고등여학교 교장 어윤적魚允迪이 작문시간에 애

---

94) 「學部請議」, 『황성신문』 1908년 3월 13일 ; 『관보』 隆熙 2년 4월 10일, 「學部令 第9號 高等女學校令施行規則」, 『고종시대사』 6, 1908년 4월 7일 ; 「部令 高等女學校令施行規則(續)」, 『황성신문』 1908년 4월 21일 ; 「漢城高等女學校學則(續)」, 『황성신문』 1908년 4월 22일.

95) 『경기여고 100년사』, 경기여고·경기여고 동창회 경운회, 2008, 32쪽.

96) 일본인 여교장 초빙이 여의치 않아 결국 학부 편집국장으로 있던 어윤적이 관립고등여학교교장을 겸하게 되었다(「日女學監」, 『황성신문』 1908년 4월 23일 ; 「日女師叙任」, 『황성신문』 1908년 5월 5일 ; 「日人敎授」, 『황성신문』 1908년 6월 27일 ; 「일녀교수서임」, 『황성신문』 1909년 8월 27일 ; 「서임 급 사령」, 『황성신문』 1909년 9월 1일 「서임 급 사령」 ; 「중천 도한」, 『황성신문』 1910년 2월 2일).

국적 내용을 쓴 6명의 여학생을, 머리에 피도 안 마른 일개 여학생이 국가 사상을 발론함은 대단히 불가하다는 이유로, 꾸짖고 감점한 사실을 폭로하고 비판한 기사가 실렸다.[97] 이와 같이 한성고등여학교의 운영과 교육은 이미 그 출발점에서부터 한계를 내포하고 있었다.

이러한 가운데 대한제국 정부에서는 1908년 5월 윤정원을 한성고등여학교 교사로 택정하고, 일본에서 유학하고 있는 그를 소환할 계획을 세웠다.[98] 윤정원이 일본유학생으로 당대 "여학계 태두女學界 泰斗"라고 지칭될 정도로 촉망받는 인재였던 면이 크게 작용했을 것이다. 그러나 윤정원과의 연락 또는 윤정원의 귀국이 여의치 않았는지 관립 한성고등여학교 개학 직전인 1908년 6월 말, 18세 여성 이동초李東初가 한성고등여학교 부교수로 임용되었다. 한국여성 최초의 관립여학교 교수였다.[99] 윤정원의 서임은 그가 한성고등여학교 교사로 택정된 지 약 1년 뒤인 1909년 3월에야 이루어졌다. 대한제국 정부는 유럽에 있던 윤정원에게 전보를 쳐서 귀국하도록 했다.[100] 이동초·윤정원의 한성고등여학교 교수 임용은 이들 근대 신여성들이 사회에 진출하여 관등과 품계를 가진 관리(또는 공무원)로 '교수敎授'라는 공식적인 직함을 가지고 활동하기 시작했다는 면에서 큰 의의가 있었다. 또한 윤효정이 윤정원에게 제시한 일본유학의 이유와 목표에도 있듯이 한국여성교육은 한국여성이 담당한다는 면에서도 큰 의의가 있었다.

순종의 비인 순정효황후 윤비는 여성의 신교육과 보통교육을 장려하는

---

97) 「개화여성 1세대」, 『경향신문』 1985년 6월 19일.
98) 「여교사소환」, 『해조신문』 1908년 5월 10일.
99) 「東初女師」, 『황성신문』 1908년 6월 21일 ; 「女敎授相見禮」, 『황성신문』 1908년 6월 23일 ; 『대한제국 직원록』 1908년도.
100) '고등여학교교수 윤정원의 서임날짜 반포건' 通牒, 學秘機密發 제183호, 발송일 隆熙三年三月三日(1909.3.3), 발송자 學部祕書課長 李晩奎, 수신자 內閣文書課長 金明秀 座下, 「내각왕복문4」, 『각사등록 근대편』 ; '3월4일任관립한성고등여학교교수敍奏任官四等윤정원' 『관보』 제4318호 융희 3년 3월 6일 : 최은희, 『한국개화여성열전』, 88쪽.

내용의 친서 휘지徽旨를 내렸다. 정부에서 한성고등여학교를 창설하고 여자 신교육에 힘쓰기로 하였으니, 부형들은 여아를 학교에 입학시켜 보통교육을 받게 하라는 취지였다. 한성고등여학교 제1회 입학식에서는 여성교육을 장려하는 황후의 휘지가 낭독되었다.[101] 또한 황후는 윤정원을 비롯한 한성고등여학교 교수들을 만나 사찬賜饌하며 이들을 격려했다.[102] 1909년 5월 13일에는 창덕궁 내 비원 서편 광지廣地에서 개최된 한성고등여학교의 운동회에 친림해 관람했다.[103] 이어 운동회 친람 후에는 학교에 금화백원을 하사했다. 학교에서는 이 자금으로 기념 벼루를 제작해 학생들에게 나누어주었다.[104] 최은희에 따르면 윤황후는 운동회가 끝난 뒤 부럽다고 치하하며 왕실 가문家紋인 이화李花가 새겨진 벼루돌을 하사했다.[105] 한편 학부에서는 교장 어윤적의 요청을 받아들여 한성고등여학교 학생들이 관립남학교 학생들처럼 휘장 패용을 하고 다닐 수 있도록 허용했다.[106] 이는 여학생들의 자부심을 고취해 여학생들이 난관을 극복하고 더욱 공부에 매진하는 계기가 되었을 것이다. 이러한 조치들은 모두 여성교육과 여성인재 양성에 대한 황실, 정부, 지식인의 기대를 반영하는 것이었다. 여학생은 공부에 힘을 쏟아 지식과 학문을 발달시키고, 여교사는 여학생을 지도하여 여걸 나란羅蘭부인[107]과 같은 인재가 되게 함으로 국권 회복에 기여할 수

---

101) 「皇后가 徽旨를 내려 이번에 政府에서」, 『承政院日記』 『純宗實錄』, 隆熙 2년 5월 20일, 『관보』 隆熙 2년 5월 26일 ; 「女校徽旨親書」, 『황성신문』 1908년 5월 23일 ; 「徽旨」, 『황성신문』 1908년 5월 27일 ; 「女校入學式」, 『황성신문』 1908년 7월 5일.

102) 「尹貞媛入侍」, 『황성신문』 1909년 5월 6일 ; 「學大陞見」, 『황성신문』 1909년 5월 7일 ; 「陞見時賜饌」, 『황성신문』 1909년 5월 8일.

103) 「관립여교 운동」, 『황성신문』 1909년 5월 11일 ; 「尹貞媛講官內定」, 『황성신문』 1909년 5월 15일.

104) 「紀念硯 제조」, 『황성신문』 1909년 9월 3일.

105) 최은희, 『한국개화여성열전』, 88쪽.

106) 「徽章認許」, 『황성신문』 1908년 10월 4일 ; 「學徒의 徽章請求」, 『황성신문』 1908년 10월 10일.

107) 롤랑 부인(Madame Roland, 1754.3.17~1793.11.8). 프랑스 혁명의 지도자. 1754년

있다고 기대되었다.[108] 윤정원은 양규의숙(사립 여성교육기관) 제2회 졸업식에서 '여자계에 신학문의 발전'을 간절하게 권면했다.[109]

한성고등여학교 운동회는 어명에 따라 1909년 5월에 개최되었고, 황제와 황후는 운동회 경기가 진행될 때마다 미소와 가벼운 박수를 보냈다. 운동회 경기 종목에는 여학생들이 평소 훈련과 연습을 열심히 했던 달리기·뜀뛰기·공 던지기·맨손체조 외에 그네뛰기도 있었다. 여자체육이 근대체육을 중심으로 하되 전통적으로 조선여성의 놀이문화를 혼합된 형태로 진행되었다는 점을 특징으로 들 수 있다. 최은희에 따르면 이 운동회는 "12년간 일본유학과 구미유학으로 견문을 넓힌 윤정원의 지도"로 진행되었으며, 기교와 질서에서 만점으로 평가할 만큼 성공적이었다. 여학생의 체육은 이화학당 등 다른 여학교에서도 실시되고 있었지만, 어명에 의해 궁궐 내에서 황제와 황후, 남성지식인과 조정관료, 일반인이 참관하는 가운데 여학생의 운동회 경기가 진행되었다는 사실은 센세이션을 불러일으킨 일대사건이었다. 최은희 역시 이런 점에 깊은 인상을 받았는지 윤정원에 관한 글 제목을 '창덕궁의 운동회'로 썼을 정도였다.[110]

윤정원이 한성고등여학교 여학생들의 운동회를 지도했던 사실로 미루어 그가 여성체육활동에 일가견이 있었음을 알 수 있다. 여성의 체육활동은 애국계몽사상 중요한 의미가 있었다. 윤효정이 주도했던 대한자강회는

파리에서 부유한 중류 부르주아 가정에서 태어났다. 어릴 적부터 총명하여 영재교육을 받았고 루소 등 계몽 서적을 즐겨 읽었다. 1780년 26세 나이로 스무살 연상의 산업 감독관 롤랑 자작과 결혼을 했고, 이후 아내의 영향으로 롤랑은 정치에 관여하게 되었다. 1791년 37세에 파리로 이주했다. 집에 살롱을 열고 각계의 명사와 교류하며, 지롱드파를 형성했다. 그 집은 유명한 혁명 살롱이 되었고 롤랑 부인은 지롱드파의 핵심인물이 되었다(위키백과).

108) 東海滄夫 姜邁(강매), 「女子界의 進步」, 『대한흥학보』 2, 1909.4, 56쪽.
109) 『황성신문』 1909년 4월 21일자, 「閨塾盛況」 ; 황현, 『매천야록』, 국사편찬위원회, 1955, 412~413쪽.
110) 최은희, 『한국개화여성열전』, 86~88쪽.

'자강'을 위한 교육의 제1요소, 문명한 '국민의 생물학적 가치'라는 측면에서 체육을 강조하며 체육계몽활동을 전개했다. 최석하가 주도했던 태극학회는 '분투적 생활'을 위한 수단, '독립의 기초'를 위한 교육의 제1요소, 사회체육을 위한 '가정교육'의 제1요소로 체육을 강조했다.[111] 애국계몽운동단체의 자강독립론 가운데 교육진흥은 식산흥업과 정치개혁과 함께 큰 부분을 차지했다.[112] 이 가운데 여성교육, 여성교육 가운데 체육에 대한 강조는 애국계몽기에 대두된 새로운 논의였다. 이 시기 여자체육에 대한 강조는 제2세 국민을 생산하고 양육하기 위해서는 어머니의 건강한 신체가 중요하다는데서 출발했다. 모델은 스파르타의 여성들이었다.

윤정원이 한성고등여학교 여학생의 운동회를 지도했다는 것은 조선시대 이래 여성의 내외법과 소극성을 극복하기 위한 것이었을 뿐 아니라 자강과 국권회복을 위한 방책의 하나로 여자체육을 구현했다는데 의의가 있었다. 여성교육에 대한 황실 및 황후의 관심은 지대했다. 애국계몽운동기 국권회복과 부국강병을 위해서는 여성교육이 필요하다는 공감대가 형성되었고, 이런 배경에서 황후의 관심은 여성교육에 대한 지지와 지원을 의미했다. 윤정원은 때때로 순정효황후 윤비의 부름을 받고 창덕궁에 입궐해 구미 각국에서 견문한 여러 가지를 주상하고 논어 강론을 하는 등 각별한 총애를 받았다.[113] 이 과정에서 윤정원은 황후의 강관으로 내정되기도 했다.[114] 이는 윤정원이 장차 황후에게 여성교육에 대한 조언과 건의를 통해 여성교육에 지원을 받는 등 실질적 영향력이 증가했을 수도 있었음을 의미했다. 이러한 가능성은 1910년 일본의 한국 강점과 윤정원의 중국 망명

---

111) 이인숙, 『대한제국기의 사회체육 전개과정과 그 역사적 의의에 관한 연구』, 137~143·156~175쪽.
112) 김항구, 『대한협회(1907~1910) 연구』, 단국대박사학위논문, 1993 참조.
113) 최은희, 『한국개화여성열전』, 89쪽.
114) 「관립여교 운동」, 『황성신문』 1909년 5월 11일 ; 「尹貞媛 講官 內定」, 『황성신문』 1909년 5월 15일.

으로 실현되지 못했다.

고종의 비 엄비嚴妃 역시 한성고등여학교에 관심을 가졌다. 1908년 5월 28일 엄비의 휘령으로 관립 한성고등여학교의 후원, 흥학興學을 위해 황족과 대신의 부인들을 중심으로 대한여자흥학회가 조직되었다. 이처럼 명성황후 민비, 순헌황귀비 엄비, 순정효황후 윤비는 여성교육에 상당한 관심을 가지고 이를 지원하고자 했다. 여성교육에 대한 왕실여성의 관심과 지원은 여성교육발전에 일정한 역할을 했다. 이 과정에서 하란사·여메례(일명 황메례)·윤정원 등 여교사들은 왕비들과 교류하며 여성교육 방안을 건의하는 등 자문 역할을 했다. 하란사·박에스더·윤정원 등 여성선각자들은 개화의 물결 속에서 자아실현을 열망하며 해외유학을 통해 그들의 꿈을 펼치기 시작했다. 귀국 후 윤정원은 9품 관직에 해당하는 관립한성고등여학교 교수로 임명받았다. 하란사는 이화학당 총교사와 기숙사 사감으로 이화학당의 실무를 총괄했고, 1910년 이화학당에 대학과가 개설되면서 대학과의 교수로 활동했다. 1886년 이화학당이 설시되어 여성교육이 시작된 지 20여년만에 이들은 고등교육을 받고 사회적 지위를 가진 명실상부한 지도자로 성장했다. 그리고 이들의 성취와 귀국 후 사회활동은 애국계몽운동시기 부강과 문명을 목표로 여성교육을 장려하던 시대적 상황과 맞물려 황실·지식인·일반사회의 인정을 받게 되었다.

1909년 4월 28일 서궐(경희궁)에서 대한부인회·자혜부인회·한일부인회, 각 여학교의 연합으로 해외유학에서 돌아온 하란사·박에스더·윤정원 3명의 신여성을 치하하는 환영회를 개최하고 이들에게 '기념장記念章(최은희의 기록에 의하면 은메달)'을 증정했다. 이 자리에는 고종과 순종 부부도 참석했다고 한다. 이 행사는 700~800명이 참석했을 정도로 성황을 이루었다. 이옥경, 여메례황, 이아가다 부인 등 여류명사들과 여성단체, 여학교가 환영회를 주도하고 참석했을 뿐 아니라 유성준, 지석영, 최병헌 등 남성지식인이 차례로 환영연설을 했다. 그리고 하란사, 박에스더, 윤정원의 답사,

주악과 여학생들의 축하노래, 다과잔치가 이어졌다.[115] 주목할 점은 여성
들뿐 아니라 황실, 고위관료, 지식인 등 남성들이 적극적으로 참석해 이들
여성지식인의 학문적, 사회적 성취를 축하하고 격려했다는 점이다.

언론에서는 이 환영회에 큰 의미를 부여하며 다음과 같이 보도했다.

> 其歷史와 順序를 觀ㅎ건ᄃᆡ 我國 五百有餘年 婦人界에서 外國에 留學
> ㅎ야 文明흔 智識으로 女子를 敎育흠은 初有흔 美事라 女子學業이 從
> 此 發達됨은 可히 讚賀ㅎ깃도다.[116]

여성이 해외유학으로 학업을 성취한 것은 한국역사상 최초라는데 큰 의
미가 있었다. 해외유학을 통해 고등교육을 이수하고 귀국 후 교사와 의사
로 활동하는 신여성에 대한 환영회가 궁궐에서 개최되고, 이 행사에 각계
를 대표하는 남녀인사가 참가해 축하를 했다는 것은 여성고등교육과 여성
인재의 필요성을 국가 차원에서 인정하고 등용함을 의미했다. 실제로 이들
세 여성은 각자의 분야에서 중책을 맡고 있었다. 윤정원은 9품 관직의 교
수직(관립 한성고등여학교 교수)이었다. 이전 시기 여성들은 꿈도 꿀 수 없
었던 일이 실현된 것이었다. 조선시대 왕실의 내명부·궁녀·양반의 외명부
에 여성의 품계는 있었지만, 여성이 교수직으로 품계를 받은 경우는 이동
초, 윤정원이 처음이었다. 대한제국의 여성 교수직 관료의 탄생이라는 점
에서 큰 의의가 있었다. 대한제국의 조정·관료·지식인·황실·국민은 1905
년 을사늑약으로 인한 국권 상실의 위기를 타개하고 근대화를 통한 부국
강병의 방안으로 여성고등교육을 통한 여성지식인, 여성인재의 양성을 적
극 권장하고자 했다. 급박하게 돌아가는 정세와 급격한 근대화의 물살을

---

115) 「歡迎의 紀念章」, 『황성신문』 1909년 4월 24일 ; 『續陰晴史』 卷十三, 隆熙3年
己酉 四月, 1909.4.28 ; 「彙報」, 『대한흥학보』 3, 1909.5, 67쪽 ; 최은희, 『한국개
화여성열전』, 102쪽.
116) 「歡迎會盛況」, 『황성신문』 1909년 5월 5일.

타고 사회 변화와 가치관의 대전환이 진행되고 있었다. 하란사·박에스더· 윤정원 세 여성의 학문적 성취와 사회활동, 이들에 대한 환영회 개최는 여성고등교육의 필요성과 유용성을 입증하고 이를 공식적으로 인정하는 산 증거였다.[117]

윤정원·하란사·여메례는 여성교육을 장려하는데 실제적인 도움을 줄 수 있도록 장학회를 조직했다. 1909년 6월 하란사·김인숙·김인화(동덕여자의숙 숙장)·이옥경·이달경·이숙·임청하 등의 발기로 관사립 각 여학교가 연합해 '여자장학회'를 조직하고 그 취지서를 발행했다. 또한 진명여학교에서 여학교연합장학회 총회를 열고 임원을 선발했다. 회장에 여메례(진명여학교 교사), 부회장에 윤정원(관립 한성고등여학교 교수), 총무에 하란사(이화학당 교수)가 선정되었다.[118] 여자장학회는 한국여성의 힘으로 여성인재를 양성하기 위해 여성들이 조직적으로 기금을 마련하고 지원할 수 있는 체계를 갖추고자 했다는데 의의가 있다.[119] 이는 여성지식인의 출현을 환영하며 여성교육 담당자로서 적극적인 역할을 바라는 왕실과 조정, 지식인사회의 기대에 부응하는 행보이기도 했다. 무엇보다 여성교육의 진흥을 위해 가장 기본적인 바탕이 되는 경제적 문제에 주목해 교육에는 투자가 필요하다는 인식을 공유하고 행동으로 나섰다는 점에서 의의가 있다.

1910년 8월 강제병합이 진행되면서, 일제 당국은 관립 한성고등여학교 교수 윤정원의 관직 품계를 9품에서 6품으로 승격시켰다.[120] 파격적 승진

---

117) 이러한 한국사회의 변화를 포착해 국내에서 여성고등교육을 받을 수 있도록 여자대학 설립을 추진했던 이가 이화학당 당장 프라이 선교사였다. 프라이는 한국여성을 위한 고등교육기관의 설치가 시기상조라는 주위의 반대와 우려에도 불구하고, 1910년 이화학당에 대학과를 설치하고 대학교육을 실시했다(김성은, 「신여성 하란사의 해외유학과 사회활동」, 119쪽).

118) '京城婦人들의 女子獎學會 組織 推進 件,' 憲機 第一一六三號, 발송일 明治四十二年六月四日(1909.6.4), 「憲兵隊機密報告」, 『統監府文書』 6 ; 「女校聯合」 『황성신문』 1909년 6월 5일 ; 「獎學會任員」, 『황성신문』» 1909년 6월 10일.

119) 김성은, 「신여성 하란사의 해외유학과 사회활동」, 120쪽.

으로 사회적 지위의 상승, 어떤 의미에서 출세를 의미했다. 그러나 윤정원
은 곧 사직서를 제출했다.[121] 일제지배 하에서 교육에 뜻을 잃었을 뿐만 아
니라 국내에 있기가 싫어졌기 때문이었다.[122] 민족교육의 탄압과 식민지교
육의 실시가 예상되던 시점에서 교사로서 자신의 역할이 통제되고 왜곡될
수밖에 없을 것이라는 판단을 했을 것이다. 실제로 한일병합 이후 얼마 못
가 한성고등여학교 교장 어윤적이 해임되었고, 교장, 학감을 비롯해 교사
대부분이 일본인으로 재구성되었다. 이는 여성 공교육에 식민지화과정이
진행되고 있었음을 상징적으로 보여주는 일례이다. 이 점에서 윤정원의 중
국망명은 친일 또는 부일을 피하고 독립운동을 하기 위한 선택이자 결단
이었다.[123]

　이상에서 윤정원은 여성교육을 강조하되 우선 여성의 보통교육이 시급
함을 강조했다. 그런데 관립 한성고등여학교가 바로 여성보통교육의 확대
를 위해 국비로 설립되고 운영되던 학교였다. 이런 면에서 윤정원이 한성
고등여학교 교수로 부임하기 위해 귀국한 것은 여성교육에 대한 자신의
소신을 실현하기 위한 첫 단계로 큰 의미가 있었다. 그러나 여성교육의 확
대를 통한 여권신장과 국권수호의 꿈을 실현했던 기간은 1년 정도에 불과
했다. 강제병합과 국권상실로 인해 그의 한성고등여학교 교수 경력은 중단

---

120) '충청남도관찰사 최정덕 등의 특진에 관한 건을 심의 바람' 照會, 발송일 隆熙四
　　年八月 日(1910.8.9), 발송자 大勳宮內府大臣 閔丙奭, 접수일 隆熙四年八月二
　　十四日(1910.8.24) 接受 第六○八號, 수신자 太子少師內閣總理大臣 李完用 閣
　　下, 결재자 總理大臣 書記官長 局長 課長, 「內閣 宮內府 去案」, 『각사등록 근
　　대편』 ; '장례원전사 조성협 외 68인의 서품에 관한 안건의 가결을 알림', 발송자
　　太子少師內閣總理大臣 李完用, 수신자 宮內府大臣 閔丙奭 閣下, 결재자 蓋印
　　祕書課長發送 文書課長主任 法制局長 法制課長 法制課員總理大臣 書記官
　　長, 隆熙四年八月二十二日(1910.8.22) 起案 法甲 第一八四號第 號, 「宮內府 來
　　文 88」, 『각사등록 근대편』.
121) 「高校敎授辭免」, 『황성신문』 1910년 9월 13일.
122) 최은희, 『한국개화여성열전』, 90쪽.
123) 『조선총독부 및 소속관서 직원록』, 1910년도.

되었다. 그의 사임은 일본지배 하의 관립학교에게 강제될 식민지 교육에 동참할 수 없다는 의지의 표현이며 식민지 교육의 대행자 또는 식민지 지배정책의 선전도구가 되기를 거부하겠다는 의미로 해석된다.[124]

2) 독립운동

윤정원은 1909년 해외에서 귀국해 한성고등여학교 교수로 부임했고 같은 해 최석하와 결혼했으며 1910년 아들 최량(아명 최갑손)을 낳았다. 그러나 한일병합 후 한성고등여학교 교수직을 사임하고 아들을 데리고 해외로 망명했다. 윤정원의 해외망명과정에는 두 가지설이 있다. 최은희에 의하면 남편 최석하가 신민회의 파견을 받고 이시영 등과 함께 서간도로 떠난 뒤 1911년 윤정원도 아들을 데리고 중국 베이징으로 떠났으며, 최석하가 망명지에서 병사하는 바람에 이들 부부는 재회하지 못했다고 한다.[125] 한편 『매일신보』의 보도에 따르면 윤정원은 "5년 전 정부 최석하와 작배해 중국 홍경부로 건너갔으나 얼마 되지 않아 최석하가 병사해 얼마간 홍경부에서 혼자 살다가 베이징으로 건너갔다"고 한다.[126] 매일신보의 보도 가운데 의문은 세 가지이다. '5년 전'이란 1908~9년을 가리키지만 윤정원이 결혼한 해는 1910년이고, 또 국내를 떠난 것은 한성고등여학교 교수직을 사임한 후로 적어도 1910년 말이었다는 점에서 틀린 보도였다. 이들 부부에게는 아들이 있었음에도 이에 관한 언급이 전혀 없다. 또한 최석하와 윤정원이 '작배'했다고 하면서도 왜 군이 최석하를 정부라고 표현했는지 알 수 없다.

윤정원과 최석하는 일본유학 중에 만났다. 최석하는 1899년 도일한 이후 한동안 고베 아사히신숙(朝日新塾)에 머물렀다. 이즈음 일본망명객 윤효

---

124) 윤정원은 1909년 최석하와 결혼해 1910년 아들을 출산했다. 출산과 육아가 사퇴에 어느 정도 영향을 주었을 수는 있지만 큰 영향을 주었다고는 생각되지 않는다.
125) 최은희, 『한국개화여성열전』, 90~91쪽.
126) 「윤효정씨의 渡淸」, 『매일신보』 1913년 7월 9일 ; 「윤효정군의 귀국」, 『매일신보』 1913년 8월 1일.

정은 아사히신숙의 학감으로 부임해 학생들을 가르치는 한편 여러 인물들
과 교류했다. 윤효정과 최석하는 아사히신숙에서 만나 각별한 사이가 되었
다. 이후 최석하는 메이지대학 법과에 입학해 법률을 공부하는 한편 태극
학회의 부회장을 역임하며 『태극학보』에 정치와 법률관계 논설을 많이 발
표했다.[127] 최은희에 따르면 윤정원과 최석하는 아버지의 소개로 만나 결
혼하게 되었다. 어떻든 이들은 일본에서 한국인유학생 모임과 『태극학보』
를 통한 글쓰기 등 태극학회 활동을 통해 자연스럽게 만나고 교제했을 것
으로 짐작된다. 더욱이 최석하는 메이지대학, 윤정원은 메이지여학교에 재
학했기에 거주지도 가까웠을 것이다.

평안도 의주 출신인 최석하는 안창호·이갑 등과 가까웠으며 귀국 후 서
북학회에서 활동하는 등 서북세력의 지도적인 인물이었다. 1912년 9월 봉
천총영사대리가 일본외무대신에게 보낸 보고에 의하면 최석하는 한일병합
이후 항일운동을 목적으로 중국에 건너왔다. 1912년 봄 윤정원과 최석하는
흥경부興慶府에서 집안현集安縣 쪽으로 이주했으며, 단지해 혈서를 쓰는
등 배일사상을 고취하는 활동을 해왔다. 최석하가 안창호와 가까웠던 점으
로 미루어 이들의 중국 이주는 신민회 활동과 무관하지 않았을 것이다.[128]

최석하가 사망한 후 윤정원은 흥경부(내몽고 근처)에 혼자 살면서 종종
국내에 있는 아버지 윤효정에게 안부편지를 보냈다. 그러나 베이징으로 거
처를 옮긴 윤정원은 한동안 윤효정에게 편지를 하지 않았다. 소식이 끊긴
딸의 소식을 수소문하던 윤효정은 1913년 7월 딸이 베이징에 거주한다는
사실을 알게 되었고, 딸을 국내로 데리고 들어오기 위해 직접 베이징에 건
너갔다.[129] 딸이 남편 없이 고생스럽게 살 거라고 생각했기 때문이었다. 그

---

127) 아사히신숙은 신학문 보급을 취지로 박영효가 사비로 설립했으며 신학문을 공부
    하기 위해 일본에 건너온 한국청년의 입학준비를 도우며 일본어를 준비시켜 주
    고 중등교육을 강습했던 무료 교육기관이었다(차선혜, 「애국계몽운동기 윤효정
    의 정치활동과 그 사상」, 19~20쪽).
128) 최기영, 「1910년대 변영만의 해외행적」, 『대동문화연구』 55, 2006, 210~211쪽.

러나 베이징에서 딸과 손자를 만난 윤효정은 혼자 귀국했다. 이로 미루어 윤정원이 귀국을 원하지 않았고, 귀국하지 않아도 될 정도로 중국에 정착해 잘 살고 있었음을 알 수 있다. 1939년 윤효정이 별세하고 1945년 해방이 되었어도, 윤정원은 귀국하지 않았다.[130] 식민지시기 국내에서 활동했던 일부 여성지식인이 일제협력행위나 친일반민족행위와 관련해 떳떳하지 않은 점이 있지만, 윤정원은 중국에서 망명생활을 했기에 친일문제에서 자유로울 수 있었다. 그러나 해방 후에도 귀국하지 않은 이유는 알 수 없다.

일제의 사찰보고서에 따르면 윤정원은 베이징에서 1916년 9월 즈음 변영만과 동거했던 것으로 나타난다. 변영만은 1913년 후반 중국으로 망명해 베이징에 정착했다. 윤정원은 1912년 말~1913년 초 즈음 베이징에 정착했다. 이들이 어디서 어떻게 만났는지 얼마동안 동거했는지 는 알 수 없다. 변영만은 베이징에서 신채호·조성환·이종호·이시영·김규식 등 독립운동가들과 교류하다 1919년 초 귀국했다.[131] 이로 미루어 윤정원은 최석하와 관련해 알고 있던 서북지역과 신민회 독립운동가들 이외에 1910년대부터 독자적으로 또는 변영만과 연계해 독립운동가들과 교류했다. 이러한 인맥은 1926년 윤정원이 민족유일당운동인 '대독립당조직북경촉성회'에 참여한 배경이 되었을 것이다.

만주지역을 떠나 중국 본토로 이주한 윤정원은 뛰어난 외국어와 음악 실력을 바탕으로 베이징·하이난·충칭에서 음악 및 외국어 개인교수를 해서 생계를 영위하며 생활기반을 잡았다.[132] 그는 이 덕분에 가는 곳마다 궁색하지 않게 지냈다. 뿐만 아니라 독립운동가들을 경제적으로 지원하기도

---

129) 「윤효정씨의 渡淸」, 『매일신보』 1913년 7월 9일 ; 「윤효정군의 귀국」, 『매일신보』 1913년 8월 1일.
130) 국내에는 계모 김경원, 남동생 윤창한이 있었다. 1945년 6월 이들에게 보낸 편지를 마지막으로 윤정원의 소식은 끊어졌다. 윤정원의 아들 최량(亮, 아명 갑손)은 베이징에서 대학을 졸업하고 교육계에 투신했다(최은희, 『한국개화여성열전』, 91쪽).
131) 최기영, 「1910년대 변영만의 해외행적」, 208~214쪽.
132) 윤정원이 왜 베이징에 계속 머무르지 않고 하이난, 충칭에 갔는지는 알 수 없다.

했다. 3·1운동이후 임정요인을 비롯해 중국 본토와 만주에서 독립운동을
했던 사람치고 그의 도움을 받지 않은 이가 거의 없을 정도였다.[133]

　윤정원도 당시 중국에서 독립운동을 하던 대다수의 사람들처럼 일경의
감시를 피하기 위해 중국식 이름을 포함하여 여러 다른 이름을 쓰며 중국
인으로 행세하며 살았다.[134] 예를 들어 윤정원이라는 이름 이외에 윤동매
尹東梅·윤동환尹東煥·윤국초尹懰椎 등 여러 이름을 썼다. 일제의 재중국
한국인 기밀보고서에는 윤정원의 행적과 함께 윤정원이 썼던 여러 다른
이름이 부기되어 있었다. 이처럼 윤정원은 재중 독립운동가들과 친분을 유
지하며 독립운동에 동참했고, 이로 인해 일제에 의해 요주의 집단의 구성
원으로 사찰대상이 되었다.[135]

　윤정원은 중국 망명 후 베이징에 거주하며 독립운동 인사들과 교류하던
가운데 1926년 원세훈元世勳과 재북경 창조파가 주도한 민족유일당운동에
동참했다. 재북경 창조파는 비타협적 폭력과 저항으로 조국의 독립을 쟁취
하기 위해서는 정부보다 '일대독립당'을 건설해야 하며, 독립운동은 정부
기관보다는 당에 의해 추진되는 것이 유리하기에 당적으로 결합해야 한다
는 생각을 가지고 있었다. 특히 원세훈은 민족주의자들은 유일독립당, 사
회주의자들은 유일공산당을 구성한 뒤 최소한의 범위에서라도 통일전선을
구축해야 하며, 나아가 민족혁명자와 사회혁명자가 망라된 일대혁명당을
건설해야 한다고 주장했다. 또한 먼저 각지에 민족유일당조직촉성회를 만
들고 이를 기반으로 민족유일당을 조직해야한다고 생각했다. 이리하여 원
세훈은 1926년 10월 베이징에 거주하던 창조파, 안창호 등의 흥사단원, 혁

133) 다음 자료에 그 일례를 찾아볼 수 있다. 「金昌淑(二) 儒林團 抗日獨立運動 首領
　　(附)鄭守基·宋永祜·李鳳魯·金華植·李在洛·李宇洛(外三人)·金東植」, 『기려수
　　필』, 1919년.
134) 최은희, 『한국개화여성열전』, 91쪽.
135) 「北京 在留 朝鮮人의 槪況」, 발신자 木藤克己(朝鮮總督府 通譯官, 北京派遣
　　員), 1927년 5월 22일, 『일제육해군문서』, 국가보훈처.

명사 등에 소속된 사회주의자, 기타 민족주의자를 결집해 '대독립당조직북
경촉성회大獨立黨組織北京促成會'(일명 한국독립유일당 북경촉성회(韓國獨
立唯一黨 北京促成會))를 조직했다. 원세훈을 비롯한 창조파는 1926년 10
월 10일 베이징의 고려기독교회에서 모인 제1차 회의 직후 안창호·신채
호·윤정원·배인수 등 수명에게 10월 12일의 제2차 회의에 참석을 권유하
는 안내장을 보냈다.[136]

윤정원은 1926년 '대독립당조직북경촉성회' 회원으로서 원세훈·장건상·
조성환 등이 주도하는 대독립당조직북경촉성회의 2차(10월 12일), 3차(10
월 16일) 모임에 참석했다. 그리고 1926년 10월 28일 대독립당조직북경촉
성회의 민족유일당운동을 지지하며 '대독립당조직북경촉성회 선언서' 작
성과 발표에 동참했다.[137] 23명의 대독립당조직북경촉성회 회원들은 선언
서에서 "동일한 목적, 동일한 성공을 위해 운동하고 투쟁하는 혁명자들은
반드시 하나의 기치 아래 모이고 하나의 호령 하에 모여 개시해야 상당한
효과를 거둘 수 있다"며, 중국의 국민당, 아일랜드의 신페인당(Sinn Fein,
'우리 자신'이라는 뜻)처럼 민족유일당을 조직해야한다고 촉구했다. 이를
위해 각지에서 다수의 촉성회를 만든 후 상호 연락하고 호응해 '대독립당'
을 만들자는 내용이었다. 이와 함께 다음과 같이 선언했다.[138]

136) 조규태, 「1920년대 중반 재북경 창조파의 민족유일당운동」, 『한국민족운동사연
구』 37, 2003, 267~274쪽.
137) '大獨立黨組織 北京促成會에 관한 건', 朝保秘 제1401호, 「諺文新聞譯」, 발신
자 朝鮮總督府 警務局長, 발송일 1926년 11월 02일, 수신자 拓殖局長 등, 수신
일 1926년 11월 05일, 『일제경성지방법원 편철자료』, 국사편찬위원회 ; '大獨立
黨組織 北京促成會의 宣言書 發表에 관한 건', 朝保秘 제1458호, 발송자 朝鮮
總督府 警務局長, 발송일 1926년 11월 17일, 수신자 拓殖局長 등, 수신일 1926
년 11월 19일, 「諺文新聞譯」, 『일제경성지방법원 편철자료』, 국사편찬위원회.
138) 조규태, 「1920년대 중반 재북경 창조파의 민족유일당운동」, 267~268쪽.

1. 청컨대 일반 동지들은 깊이 헤아리자.
1. 일본제국주의를 박멸하자.
1. 한국의 절대독립을 주장하자.
1. 한국의 혁명 동지는 당적으로 결합하자.
1. 민족혁명의 유일전선을 만들자.
1. 전 세계 피압박 민중은 단결하자.

그러나 사회주의계가 민족 위주에서 계급 위주로 전술을 바꾸고, 민족주의계와 사회주의계의 내분, 자금 결핍, 회원 감소로 인해 대독립당조직북경촉성회를 통한 민족유일당설립운동은 실패로 끝났다.[139] 베이징 독립운동계에서 윤정원의 역할이 정확히 어떤 것이었는지는 알 수 없는 단편적인 기록이지만, 최소한 이 시기 윤정원이 베이징에 거주하며 독립운동에 참여했다는 사실은 확인할 수 있었다.

이상에서 윤정원의 해외유학, 여권의식과 현실인식, 교육활동과 독립운동을 살펴보았다. 이를 정리하면 다음과 같다.

첫째, 윤정원은 한국여성으로는 두 번째 일본유학생이었다. 이미 1895년 하란사가 일본유학을 감행했다. 그러나 하란사가 1여 년이란 짧은 기간 동안 게이오의숙 청강생으로 수학했던데 비해 윤정원은 메이지여학교에서 중등과 고등교육과정을 정식으로 이수했고 영어와 서양음악·간호·공예까지 배웠다. 또한 하란사의 일본유학이 자비로 단기간(1년) 행해진 일본연수의 성격이 강했던 반면, 윤정원은 일본인의 후원을 받으며 10년 이상 장기간 다양하고 심화된 공부를 했다. 하란사처럼 청강이 아니라 제대로 단계를 밟아 배우고 졸업했다는 면에서 제대로 된 최초의 여자일본유학생이었다. 어떻든 본고는 윤정원과 하란사의 일본유학 시기를 비교해, 윤정원이 최초의 일본유학생이라고 잘못 알려져 있는 부분은 수정되어야 한다는 점을 밝혔다.

---

139) 조규태, 「1920년대 중반 재북경 창조파의 민족유일당운동」, 274~275쪽.

둘째, 윤정원은 대한제국 정부로부터 관등과 관품을 부여받은 관립 한
성고등여학교 교수였다. 한국여성으로서는 두 번째로 한성고등여학교 교
수로 임명받았다. 원래 1908년 윤정원을 초빙하려는 정부의 시도가 있었지
만, 사정이 있었는지 결국 1908년 이동초가 한국여성 최초로 한성고등여학
교 교수에 임용되었다. 그리고 다음해인 1909년 윤정원이 한성고등여학교
교수(사등, 구품 관직)로 임명받아 부임했다. 1910년 사임까지 1년 정도 활
동했지만, 선각자이자 여성지식인으로서 한국사와 여성교육에 뚜렷한 자
취를 남겼다.

셋째, 윤정원은 순정효황후 윤비와의 관계 속에서 여성교육의 발전을
꾀했다. 이에 비해 하란사는 고종, 순헌황귀비 엄비, 의친왕 이강과 교류했
다.[140] 이와 같이 여성교육 초기, 여학교에 대한 황실여성의 관심과 후원,
교육을 담당하는 여교사와 황실여성과의 교류와 교감은 한국여성교육의
발전을 위한 제휴라는데 의의가 있었다.

넷째, 윤정원은『태극학보』에 기고한 글을 통해 가정·사회·국가의 화합
과 번영을 가능하게 하는 원동력이 여성의 성품에 있다며 그 '실천성(실행
함)'을 높이 평가하는 한편 '여성의 책임'을 강조하는 방법으로 여권의식
을 표출했다. 그리하여 여성이 자신의 천명과 책임을 다하기 위해서는 여
성교육이 급무라고 강조했다. 또한 자녀를 양육하는 어머니의 지극한 정성
은 예수, 석가, 공자의 헌신적 정신과 같은 것이라고 보아, 어머니, 예수,
석가, 공자를 같은 반열에 세웠다. 이와 함께 여성의 사회활동에도 자기희
생, 헌신적 정신, 공겸의 정신이 필요하다고 역설했다. 나아가 국민으로서
국가와 민족(동포)의 위기 극복, 문명 발전을 위해서도 희생과 헌신적 정신
이 필요하다고 강조했다. 윤정원은 초기 신여성, 근대여성지식인으로서 근
대적인 글쓰기를 통해 자신의 생각을 표현하고 독자와 공유하고자 했다.
이를 통해 여성의 전통적인 덕목으로 간주되던 희생·헌신·공겸을 적극적

---

140) 김성은,「신여성 하란사의 해외유학과 사회활동」, 124, 128~129쪽.

으로 재해석하고 이에 '근대성'을 부여했다.

다섯째, 윤정원은 한일병합 다음해인 1911년 중국으로 망명했다. 남편 사후 윤정원은 중국에서 혼자 힘으로 생계를 유지해야했는데 주 수입원은 영어 및 외국어 레슨이었다. 이 수입으로 모자의 생계유지는 물론 중국에 망명해 활동하던 독립운동가들에게도 많은 도움을 주었다. 또한 윤정원은 베이징에서 조직된 대독립당조직북경촉성회 회원으로 민족유일당운동에 참여했다. 이처럼 윤정원은 일본 메이지여학교 보통과와 고등과를 졸업한 외국유학 출신의 여성지식인이자 관립한성고등여학교 교수로 관직(4등 9품)을 받은 교육공무원이었다. 또한 식민지시기 중국에서 망명생활을 하며 독립운동을 했던 애국지사였다.

해방이 되어서도 윤정원은 끝내 귀국하지 않았다. 16세에 일본에 건너 간 이후 한국에 귀국해 한성고등여학교 교수로 1년 남짓 활동한 시간을 제외하고는 거의 한평생을 국외에서 살았다. 이는 윤정원이 하란사, 박에스더와 함께 한국여성사와 한국근대지성사에서 중요한 의의가 있는 인물임에도 상대적으로 적게 알려진 주요인이며 아쉬움이 남는 부분이다.

제 2 부

1920~30년대 농촌활동과 독립운동

제1장 장선희의 독립운동과 교육활동

일반적으로 '여성독립운동가'라고 하면 유관순을 떠올리는 경우가 많다. 그런데 거기까지 가 거의 대부분이다. 그만큼 독립운동을 한 여성인물에 관해서는 세간에 알려진 바가 적다. 홍보부족, 상대적으로 활동부족, 자료 부족이기도 하겠지만, 여성독립운동가 개인에 관한 연구가 적은 까닭이다. 윤희순·남자현·김마리아·박차정·오광심·정정화·김순애·차경신에 대한 인물연구가 있지만, 이들을 제외한 대부분의 여성독립운동가에 대한 기록물은 포상을 위해 작성된 공훈록 정도에 불과하다. 그런 만큼 여성독립운동가의 발굴뿐 아니라 후속연구의 확산이 필요하다. 연구 성과가 축적되면서 여성독립운동가를 알릴 수 있는 기회도 많아질 것이기 때문이다. 양성평등교육의 관점에서도 여성지식인의 교육활동, 사회활동과 함께 독립운동을 적극 발굴하고 연구할 필요가 있다. 이 글은 이러한 문제의식에 입각해 장선희의 독립운동과 사회활동을 조명하고자 한다.[141]

141) 1893년 평양 박구리 출생으로 원적 황해도 재령이다. 본관은 결성(結城), 아호는 단운(丹芸)이다. 아버지 장준강과 어머니 이영숙의 2녀로 태어났다. 남편 오학수와 사이에 4녀 1남을 두었다. 독립운동가·교육가·동양자수연구가·조화연구가로 우리나라 조화계의 원조이다. 1905~1908 안악 안신소학교 여자반 제1회 졸업생, 1908~1911년 안신소학교 교사, 1911 평양 숭의여학교 입학, 1912 봄 서울 정신여학교 2학년 편입, 1914년 3월 정신여학교 제6회 졸업. 경성여자고등보통학교 기예과 3학년 편입, 1915년 경성여고보 졸업, 1919년 재령의 만세거사 준비, 혈성부인회 재무부장 겸 지방통신원, 대조선독립애국부인회 통신원과 조직부장, 대한민국애국부인회 지방조직부장과 재정부장. 1919.11~1922.5 대구감옥, 1922년 정신여학교 교사, 1922년 12월 도쿄여자미술전문학교 자수과 1학년 입학, 1923년 특별시험으로 졸업반 편입하여 자수과 졸업, 도쿄여자미술전문학교 동양화과 3학

장선희張善禧(1894~1970)는 1919년 김마리아·황애시덕·신의경과 함께 비밀여성독립운동단체인 대한민국애국부인회를 조직하고 핵심간부로 활동하며 지회 조직 확충에 큰 역할을 한 독립운동가이다. 한 회원의 밀고로 대한민국애국부인회 조직의 전모와 이들의 독립운동이 드러나면서 장선희 역시 체포되어 2여 년간 수감생활을 했다. 출옥 후 교사로 활동하다 조선여자기예원을 설립해 여성들에게 자수와 조화 만드는 법을 가르쳤다.[142] 이를 통해 민족문화의 계승 발전과 여성의 경제적 독립에 기여하고자 했다. 해방 후에는 대한여자미술학원과 장선희조화연구소를 설립해 조화 개발과 교육에 매진했고, 조화의 대량 생산과 수출을 통해 가정의 수입과 국가의 외화 획득에 기여하고자 했다.

장선희는 독립운동가였을 뿐 아니라 정신여학교와 경성여고보의 교육과정을 이수하고 일본유학까지 갔다 온 지식인이었으며 교사를 역임하고 학원을 설립해 원장으로 활동했던 교육가이기도 했다. 전통적으로 여성의 영역이었던 자수와 조화에 뛰어난 자신의 재능을 전문화해 근대여성교육의 장으로 승화시켰으며, 기예技藝(技術)교육을 통해 여성의 경제적 독립에 실질적으로 기여했다. 장선희에 관한 연구는 식민지시기 여성지식인의 독

년 편입하여 1924년 봄에 동양화과 졸업, 1924년부터 1927년 7월까지 정신여학교 교사, 1926년 3월에 오학수 목사와 결혼했다. 1927년 1월에서 7월까지 여자상업학교 교사와 정신여학교 교사 겸임, 1927년 8월부터 1929년 경성여자기예학원 설립, 1929년 이화여고보 교사, 1934년 9월 조선여자기예원 설립과 이화여전 시간강사, 1945.9~1950.6 이화여대 예림원 미술학과 자수전공 초대 과장 및 교수. 1955년 대한여자미술학원과 이듬해에 장선희조화연구소를 설립했다. 1963년 2월 제1회 장선희조화전시회, 1964년 뉴욕세계박람회장 한국관 장선희조회연구소 직매장, 1965년 뉴욕 세계박람회 출품, 1966년 제2회 장선조화전시회, 1967년 3·1여성동지회 회원으로 다양한 활동을 펼쳤다. 장선희에 관한 서술은 김성은, 「장선희의 삶과 활동 : 독립운동 및 技藝교육」, 『이화사학연구』 47, 2013를 중심으로 하였다.

142) "기예(技藝)"의 사전적인 뜻은 "갈고 닦은 기술과 재주"(다음 사전) "예술로 승화될 정도로 갈고 닦은 기술이나 재주"(네이버 사전)를 일컫는다.

립운동에 대한 연구일 뿐만 아니라 독립운동의 실패와 투옥, 수감생활을 겪고 출옥한 이후 국내의 합법적 공간에서 시도했던 독립운동가 출신 지식인의 행적과 사업을 추적한 사례연구로도 의미가 있다.

1. 대한민국애국부인회 조직과 활동

3·1운동 후 각지에 항일여성운동단체가 조직되었다. 대표적인 단체로 서울에 본부를 둔 대한민국애국부인회, 평양에 본부를 둔 대한애국부인회, 평남 순천의 대한국민회부인향촌회, 강서의 대한독립여자청년단, 평양의 결백단, 평남 대동의 대한독립부인청년단, 평남 개천의 여자복음회, 서울의 독립여자부가 있었다. 이 가운데 서울과 평양의 대한애국부인회는 지부를 조직할 정도로 비교적 규모가 큰 단체였다.[143]

한편 황애시덕 역시 도쿄에서 귀국해 이화학당을 중심으로 동지를 규합해 독립운동을 준비하고 있었다. 장선희와 황애시덕이 서로 연락하며 때를 기다리고 있던 가운데 3·1 민족대표들의 독립선언이 있었다. 장선희는 각 지방에 독립선언문을 전달하는 임무를 맡아 황해도 재령 친정으로 가서 오빠 장인석을 만났다. 장인석은 만세시위를 할 동지로 명신학교 교장 안병균, 그의 부인 김성무, 김용승 목사, 김말봉을 집으로 불렀다. 이 자리에서 장선희는 자신이 가지고 온 독립선언서를 보여주었다. 이 자리에서 장날에 거사하기로 결정하고 남자들은 안병군이 가지고 온 등사판에 독립선언문을 등사하고, 김성무·김말봉·장선희·이영숙(장선희의 어머니)은 태극기를 만들었다. 장선희는 만세 거사 전에 재령을 떠나 서울로 와서 세브란스병원에 위장 입원했다가 경찰이 병원에 수색을 나와서 동대문병원으로 옮겼다.

---

143) 박용옥, 「1920년대 초 항일부녀단체 지도층 형성과 사상」, 『역사학보』 69, 1976, 149쪽.

하루는 정신여학교 동창인 오현주와 그 언니 오현관이 동대문병원 입원실에 있는 장선희를 찾아와 의논을 했다. 독립운동을 하다 형무소에 수감된 동지들의 사식과 기타 필수품의 차입, 그 가족들의 생활구제를 목적으로 부인회를 조직하자는 것이었다. 장선희는 동대문병원에서 퇴원한 뒤 정신여학교 천미례(Lillian Dean Miller) 선교사를 찾아가 3·1운동으로 휴교령이 내린 정신여학교 내 기숙사에 머무르며 오현주·이정숙·이성완 등 정신여학교 동창과 함께 '혈성부인회(일명 혈성단애국부인회)'를 조직했다.[144] 혈성부인회는 1919년 4월 장선희(정신여학교 교사), 이정숙(세브란스병원 간호사), 오현주(황해도 재령 명신여학교 교사), 오현관(전라도 군산 메리블덴여학교 교사), 이성완(배화여학교 교사) 등 정신여학교 동창을 중심으로 3·1운동으로 수감된 민족지도자들의 사식 차입과 그 가족들의 생활구제, 3·1독립운동을 하다 돌아가신 이의 유족들을 구제할 목적으로 조직한 비밀여성단체였다.[145] 장선희는 재무부장 겸 지방통신원으로 조직부장의 역할을 맡아 지방을 순회하며 동지를 규합하고 자금을 모집했다.[146] 회원의 회비만으로는 활동 목적을 달성할 수 없어 참기름 등 일용품을 판매하여 자금을 조달하기도 했다. 1919년 4월 상하이 대한민국임시정부(이하 임정) 요원 임득산이 가지고 온 임정의 편지를 김돈화로부터 전달받았다. 이때부터 독립운동을 목적으로 기구를 확장하고 임정과 긴밀한 연락을 취했다.[147]

3·1운동 후 수립된 상하이 대한민국 임시정부(이하 임정)은 독립전쟁에 대비해 구호하는 임무를 수행할 수 있도록 대한적십자회를 조직했다. 동지를 규합하기 위해 통신원 이종욱을 파견해 대한적십자회 총지부를 경성에

---

144) 단운선생기념사업회, 『만년 꽃동산 : 장선희 여사 일대기』, 인물연구소, 1985, 104~123쪽.
145) 「兩國體가 打擊을 受함」, 『독립신문』 1920년 1월 1일.
146) 단운선생기념사업회, 『만년 꽃동산 : 장선희 여사 일대기』, 125~133쪽.
147) 최은희, 『조국을 찾기까지』 중, 탐구당, 1973, 508~509쪽 ; 박용옥, 『한국근대여성운동사연구』, 한국정신문화연구원, 1984, 174쪽, 각주 475.

설치하고 경성 수은동 3번지에 사무소를 두었다. 1919년 9월 이병철을 대
한적십자회 간사 및 명예회원에 추천하고, 각도에 지부를 두고 회원으로부
터 의연금을 모집하기 위해 각 역원을 임명해 대한적십자회로부터 송부해
온 선언서 500장 대부분을 배포했다. 장선희는 대한적십자회 평의원 재무
원으로 활동했다.[148]

한편 청년외교단원 임창준·이병철은 여자고등보통학교 졸업생 가운데
기독교 신념이 독실한 이를 규합해 '대조선독립애국부인회'를 조직하고 자
금을 모금했다. 상하이 임정에서 여성단체의 대표자 파견문제를 교섭해옴
에 따라 이병철·임창준은 5월경 김원경을 여성단체 대표로 상하이에 파견
했다. 6월경 이병철은 경하순·최숙자·김희열·김희옥(일설 김혜옥)과 함께
혈성단애국부인회 대표 오현주를 방문해 두 애국부인회가 합동해 조직적
으로 활동하는 것이 급무라고 설명하고 동의를 얻었다. 이리하여 두 애국
부인회의 합병이 결의되었다.

새로 발족한 단체의 이름은 예전 명칭인 '대조선독립애국부인회'를 그
대로 사용하기로 했고 이와 함께 대조선독립애국부인회에서 사용했던 중
앙부 인장을 승계해 사용하기로 했다. 임원으로 선임된 이들의 부서와 명
단은 다음과 같다. 총재 겸 재무부장 오현관, 부총재 김희열, 회장 겸 재무
주임 오현주, 부회장 최숙자, 평의장 이정숙, 외교원(일설 지방통신원) 장
선희, 해외통신원 경하순, 서기 김희옥(일설 김혜옥), 회원 대표 김원경, 고
문 이병철이었다. 이러한 가운데 이병철의 발의에 따라 널리 여성들을 규
합하기 위해 각지에 지부를 설치하기로 했다. 합병한 애국부인회의 이름을
'대한민국애국부인회'라고 바꾸었다. 회비는 각 회원이 분담하고 징수는
지부장이 하되 총회비의 3분의 1은 중앙본부에 독립운동자금으로 보내기
로 결정했다.[149] 1919년 6월 양 부인회의 통합으로 조직된 대한민국애국부

148) 경상북도 경찰부, 『고등경찰요사』, 1934, 192~195쪽.
149) 「兩國體가 打擊을 受함」, 『독립신문』 1920년 1월 1일.

인회는 전국 여러 지역에 지부를 설치하고 독립자금을 모금해 임정에 송금하는 것을 주된 활동으로 삼았다. 이를 위해 재무부장과 재무주임을 중복해서 둘 만큼 재무의 역할을 중시했다.[150]

대한민국애국부인회는 전국적인 조직이 되기 위해 지부 설치가 중요하다고 보고 '지방순회'를 단체의 첫 사업으로 설정했다. 이에 따라 외교원(일설 지방통신원) 장선희는 1919년 7월부터 전국의 도·부·군 등을 돌면서 지부장을 물색해 본부에 추천하고 신임장을 교부했다. 이렇게 해서 설치된 지부와 지역장은 16곳 16명으로, 경성 이정숙·홍수원·정근신, 재령 김성모, 진남포 최매지, 평양 변숙경, 대구 유인경, 영천 김삼애, 부산 백신영, 경상남도 김필애, 진주 박보염, 청주 이순길, 전주 유보경, 군산 이마리아, 원산 이혜경, 성진 신애균, 함흥 한일호 등이었다.[151] 이외에도 장선희는 이신애를 만나 대한민국애국부인회 가입을 권유해 회원으로 가입시키고 통신원으로 포섭했다. 이신애는 원산에서 3월 1일 이래 전개된 독립시위운동을 보고 부인들을 결속시켜 독립운동에 참가하도록 하기 위해 3월 8일 경성에 왔다가 장선희를 만나 대한민국애국부인회에 가입하고 통신원이 되었다.[152] 또한 장선희는 오현주의 명령에 따라 경성에서 대구로 내려가 유인경에게 독립운동 자금을 내어줄 것을 촉구했다. 유인경은 100원을 장선희에게 기탁했고, 장선희는 이를 오현주에게 전했다.[153] 이처럼 장선희는 대한민국애국부인회의 주도층이 되어 적극적으로 활동하며 지회 조직과 자금 모금에 크게 기여했다.

1919년 8월 4일, 3·1독립운동과 관련해 보안법 위반 혐의로 수감되었던 김마리아·황애시덕 등이 예심 면소로 출옥했다.[154] 김마리아는 세브란스

---

150) 최은희, 『조국을 찾기까지』 중, 433~444쪽.
151) 박용옥, 「1920년대초 항일부녀단체 지도층 형성과 사상」, 147쪽.
152) 「공판시말서(三)」, 『韓民族獨立運動史資料集 6(大同團事件 2)』.
153) 「장선희 외 12인 대구복심법원 판결문(1920. 12. 27.)」, 관리번호 CJA000757, 문서번호 771816, M/F번호 00930764, 국가기록원(번역본).

병원에 입원해 건강을 회복했다. 정신여학교 부교장 밀러 선교사는 자기의 사택 2층 방에 김마리아가 기거할 수 있도록 방을 마련해 주었다. 정신여학교에는 장선희·신의경·김영순이 교사로 있었다. 이들은 김마리아를 중심으로 부진상태에 빠져있던 대한민국애국부인회의 재건을 추진했다. 과거 조직에는 오현관이 총재, 오현주가 회장이었는데 오현관과 오현주는 지방의 신망이 적었다. 이에 대한민국애국부인회는 임원의 변경을 통해 조직을 재정비하고자 했다. 김마리아는 정신여학교 교사를 하며 애국부인회 재건활동을 추진했고, 장선희는 인편이나 서신으로 각 지방에 조직해 놓은 지부장을 불러 모았다.[155]

1919년 10(일설 9)월 19일 김마리아와 황애시덕의 출옥 환영 위로연을 구실로 정신여학교 구내에 있는 천미례(Lillian Dean Miller) 선교사 사택에 여성동지들이 모였다. 김마리아·황애시덕·장선희·김영순·신의경·백신영·유인경·이혜경·이희경·홍은희·유보경·이정숙·이성완·정근신·오현관·오현주 등 16(일설 11)명이었다. 이들은 종래 "완만했던 행동"을 반성하고 단체를 통합, 정비해 확고한 조직 체계를 구축하자는데 의견을 모았다. 그 자리에서 각 부서를 새로 편성하고 임원을 선출했다. 개선된 임원은 회장 김마리아, 부회장 이혜경, 총무 및 편집원 황애시덕, 서기 신의경·박인덕, 교제원 오현관, 적십자 회장 이정숙·윤진수, 결사장 이성완·백신영, 재무원 장선희였다.[156]

당시 상하이 임정 기관지였던 『독립신문』에 게재된 대한민국애국부인회의 유력 회원의 면모를 본적·직업·임무·성명 순으로 살펴보면 다음과

---

154) 貞信女學校 敎師 金마리아는 1919년 3月 日本 東京女子學院 英文科 卒業을 앞두고, 黃愛施德은 1919년 2월 獨立運動을 위해 學業을 廢休하고 歸國했다. 3·1독립운동에 참가한 뒤 倭警에게 체포되어 수개월 감옥살이를 했다.

155) 「반민족행위특별조사위원회 증인신문조서(증인 장선희)」, 1949.

156) 단운선생기념사업회, 『만년 꽃동산 : 장선희 여사 일대기』, 133~138쪽 ; 「兩國體가 打擊을 受함」, 『독립신문』 1920년 1월 1일.

같다.[157] 위의 명단과 대조해 달라진 점은 서기 박인덕이 김영순으로 대체
되었음을 볼 수 있다.

경성 교원 회장 김마리아
경성 교원 서기 신의경
재령군 재무원 장선희
경성 서기 김영순
북청군 간호부 적십자원 이정숙
정평군 교원 결사장 이성완
평양부 편집원 황애시덕
대구부 지부장 유인경
부산부 전도사 백신영
군산부 지부장 이마리아
진주군 교원 지부장 박보교
회원 박순복
회원 박덕보
군산부 회원 이유희
인천부 지부장 이리아
개성군 교사 권명범
동래군 김인각
전주군 류보경
회녕군 지부장 김오인
정평군 지부장 김경순
개성군 지부장 이사경
성진군 지부장 신애균

---

157)「兩國體가 打擊을 受함」,『독립신문』1920년 1월 1일.

부회장 이혜경

경성 교제원 오현관

적십자회장 윤진수

개편된 대한민국애국부인회 본부의 특징은 적십자부와 결사부를 신설
하였다. 상하이 임정은 항일독립전쟁과 부상자 치료를 염두에 두고 대한민
국적십자회를 조직했다. 이는 일본과 전쟁을 벌일 경우 즉각적으로 전장에
참여할 수 있도록 준비함을 의미했다. 대한민국애국부인회의 결사부 신설
역시 이러한 의도로 추진된 것으로 기존 조직체계를 보완하는데 그 목적
이 있었다. 재조직된 대한민국애국부인회 본부 회원은 약 80명이었다.[158]

대한민국애국부인회의 핵심 고리는 정신여학교 출신의 교사와 간호사
그리고 김마리아와 황애시덕 등 도쿄유학생이었다. 김마리아는 도쿄유학
중에 황애시덕과 함께 도쿄유학생 2·8독립선언으로 일본경찰에게 체포되
어 며칠 동안 억류되었다가 학생신분이 참작되어 수차 훈계 끝에 석방되
었다. 이후 김마리아는 독립선언서를 숨겨가지고 고국에 입국해 부산·대
구·광주 등 각지를 돌며 동지들에게 독립운동이 있을 경우 같이 호응해달
라고 당부했다. 서울에 와서는 정신여학교 교사로 있던 장선희를 찾아가
독립운동에 대해 의논하며 동지를 규합하는 것이 급선무라고 말했다. 이에
장선희는 정신여학교 동창 이성완·이정숙을 김마리아에게 소개하며 동지
규합에 나섰다.[159] 1919년 당시 김마리아·장선희·신의경·김영순은 정신여
학교 출신의 동창이자 모교 교사로 직장동료이기도 했다. 장선희는 미술,
신의경은 수예, 김영순은 재봉을 담당했다.[160]

일명 '애국부인단'이라고 불리기도 했던 대한민국애국부인회의 목적은

---

158) 「大韓愛國婦人會의 取調終結」, 『매일신보』 1920년 1월 19일.

159) 단운선생기념사업회, 『만년 꽃동산 : 장선희 여사 일대기』, 인물연구소, 1985.

160) 김영순(90세), 「그 만행 그 진상 내가 겪은 일제침략을 증언한다 〈5〉 마지막 수업」,
『동아일보』 1982년 8월 5일.

조선의 독립을 목적으로 문서를 인쇄해 전국에 배부하는 한편 결사대로
별동대를 조직해 상하이 임정을 적극 응원하기 위해 각 방면에서 금전을
모집하고 대한민국애국부인회의 대표를 상하이로 파견해 임시정부에 건의
서를 제출하며 적십자사를 조직하고 세계에 대한민국애국부인회의 목적을
선전하는 것이었다. 또한 국내 각 중요지점에 지회를 설립하고 회원 획득
에 주력했다.[161] 대한민국애국부인회는 13도에 지부를 설치하고 상하이 임
정에 보낼 군자금으로 6천원을 모으는 등 활발한 활동을 전개했다.[162]
1919년 10월 하와이 호놀룰루에 있는 한인애국부인회가 보조금조로 2천
원을 대한민국애국부인회에 송금해왔다. 대한민국애국부인회는 이를 회
장 김마리아 이름으로 상하이에 있던 이승만에게 독립운동자금조로 송금
했다.[163]

　1919년 11월 대한민국애국부인회 조직이 탄로 나면서 간부 모두가 대구
경찰에 검거되어 대구감옥에 투옥되었다.[164] 이와 함께 대한민국애국부인
회의 서류도 발각되어 압수되었다. 이때 압수된 서류는 다음과 같다.[165]

　一. 내무총장 이동녕씨가 애국부인회 대표 김원경 여사에게 수여한 감사
　　　상 1통
　二. 금원 영수증 10매
　三. 회원 인명기 1매
　四. 우리 소식을 동포에게 고함 1매
　五. 상하이 파견 김원경 여사의 통신 1매

---

161) 「화제의 김마리아양(1)」, 『동아일보』 1932년 7월 29일.
162) 김영순(90세), 「그 만행 그 진상 내가 겪은 일제침략을 증언한다 〈5〉 마지막 수업」,
　　　『동아일보』 1982년 8월 5일.
163) 「兩國體가 打擊을 受함」, 『독립신문』 1920년 1월 1일.
164) 「화제의 김마리아양(1)」, 『동아일보』 1932년 7월 29일
165) 「兩國體가 打擊을 受함」, 『독립신문』 1920년 1월 1일.

六. 애국부인회 취지서 1매

七. 대한민국애국부인회 본부 규칙 2통 4매

八. 대한민국애국부인회 지부 규칙 3매

九. 청원서 1매

十. 조선애국부인회 간사부 규칙 8매

十一. 회원명부 6매

十二. 애성愛成이라 새긴 계인契印 1개

十三. 대한민국애국부인회 중앙부지인中央部之印 1개

十四. 대한민국독립애국부인회 중앙부지인中央部之印 1개

十五. 안창호, 손정도 양씨 여국내유지서與國內有志書 1통 13매

十六. 영수서 청원서 기장 및 적십자회 분포 등 2매

十七. 적십자회장 이희경씨의 서간 1통 2매

十八. 대한적십자대한총지부지인 1개

대한민국애국부인회 조직이 일본경찰에게 드러나고 회장 김마리아를 비롯해 여러 동지들이 체포되어 1~3년간 투옥된 것은 오현주의 밀고 때문이었다. 장선희의 증언에 의하면 애국부인회를 결성해 오현관이 총재가 되고 오현주가 회장이 되어 지방조직에 착수했으나 오현주에 대한 신임이 박약했던 까닭에 실행이 불가능한 상황에 처했다. 이에 김마리아의 출옥을 계기로 장선희를 비롯한 동지들이 모여 기존 단체를 해산하고 대한민국애국부인회로 재조직해 김마리아가 회장이 되고 기타 임원을 개선하게 되었다. 오현주는 외교부장으로 선임되었으나 이를 고사했다. 대한민국애국부인회 규약 및 관계문서는 부서기 김영길이 보관하고 있었는데, 오현주가 상하이 임정에 보고한다고 빙자하고 취득했다. 오현주는 이 서류를 남편 강낙원과 합작해 경무국장에게 제출하고 동지들을 고발해 기밀금 3천엔을 받았다.[166] 또한 오현주는 언니 오현관을 시켜서 김마리아와 장선희를 자

기 집에 불러놓고 대구경찰서 형사 유근수를 상하이 임시정부 밀사라고
속여 소개한 뒤 대한민국애국부인회의 내부 사정을 몰래 알아내고자 했
다.[167] 해방 후 장선희는 신의경, 이혜경과 함께 반민족행위특별조사위원
회 조사에 출석해 오현주의 반민족행위에 대해 증언했다.[168]

　　대한민국애국부인회와 대한청년외교단의 공판은 1920년 6월 7일 오전 9
시부터 대구지방법원에서 개정되었다. 방청석은 일부러 원지로부터 온 방
청객들로 금시 만원이 되어 다수가 문밖에 서서 재판과정을 주시했다. 병
을 앓는 중에 재판에 나온 김마리아·백신영은 전신에 담요를 두르고 얼굴
에 흰 수건을 가린 뼈만 남은 파리한 몸으로 걸을 힘도 없어 의자에 앉은
채로 실려와 심문을 받은 뒤 간호사의 부축으로 떠밀리듯이 퇴장했다. 이
모습을 본 방청석의 부인들이 흐느껴 울 정도였다. 이 공판에서 장선희는
"혈성부인회는 곧 애국부인회로 목적은 구제라 감옥 속에서 고생하는 사
람에게 음식도 들여보내고 그 가족도 구제하자는 것이다. 오현주의 부탁으
로 대구에 오는 길에 윤모의 집에 가서 백원을 얻어서 김마리아에게 준 일
이 있다."고 진술했다. 이 공판에서 이병철을 제외한 대부분이 교육보급,
인재양성이 목적이라고 하며 독립운동과 관계됨을 부인하는 진술을 했다.
이에 일본인 검사는 이들을 대역부도한 국적으로 규정하고 중형을 선고했
는데 다음과 같다. "애국부인단은 대표 김원경을 상하이에 파견하며 일반
조선인 간에 불온한 문서를 왕복하야 철두철미 독립을 운동하야 착착히
진행… 만일 피고들이 주장하는 것과 같이 여자교육을 목적한 것이라면
무슨 이유로 대한민국애국부인단이라는 명칭을 부쳤으며 제일조에 국권을
회복하기 위하여 라는 말이 있고 본회의 사무는 일체 비밀에 부친다고 했
나. 피고 김마리아와 황애시덕은 징역 5년, 그 외는 3년으로 구형한다."[169]

166) 「반민족행위특별조사위원회 의견서(피의자 오현주)」, 1949.
167) 「반민족행위특별조사위원회 증인신문조서(증인 신의경)」, 1949.
168) 「반민족행위특별조사위원회 의견서(피의자 오현주)」, 1949.
169) 「靑年外交團과 愛國婦人團의 第一回公判」, 『독립신문』 1920년 6월 24일.

장선희는 수감생활의 고통을 다음과 같이 묘사했다. "겨울은 겨울대로 살을 에는 듯한 혹한을 견뎌내기에 힘겨웠지만, 날씨가 따뜻해지면서 감방 안의 여인들은 더운 여름철 감방의 고통을 생각하면서 한숨을 내쉬었다. 감방에서는 겨울철보다도 여름철이 더 지독했다. 찌는 듯한 여름철에는 굴 속 같은 감방 안의 변기통에서 풍겨 나오는 악취가 코를 찔러 숨통이 막히는 것만 같았다. 그리고 감방 벽 틈에 끼어있는 빈대가 줄을 지어 사정없이 습격을 하는가 하면, 모기들의 공세가 제트기와 같았으며, 벼룩이 옷 사이로 뛰어 들어와 따끔따끔 물어뜯는데도 일어나서 털 수조차 없었다." 그럼에도 "빈대, 모기, 벼룩, 똥냄새, 그 모든 것이 나라 잃은 슬픔에 비하면 아무 것도 아니다."라고 다짐하며 고난을 극복하고자 했다.

대구감옥 안에서 장선희는 수공부에 소속되어 노동하는 한편 죄수에게 그림·자수·조화를 지도했다. 손재주가 비범해 수감 중에도 그림을 그려서 수를 놓는 기술을 다른 여죄수들에게 가르치고 모범수로 대우받았다.[170] 또한 수감생활 중 조화를 시작하며 장래 조화연구소 설립을 구상했다. 독립운동을 하다 투옥된 식민지여성지식인으로서 출옥 후 자기 삶의 방향을 어떻게 설정할지 고민하는 가운데 설정한 진로였다. 장선희는 황애시덕·이정숙·김영순과 함께 1919년 11월 투옥되어 1922년 5월 6일 가출옥했다.[171] 대구감옥에서 2년 6개월간의 옥살이를 한 것이었다. 출감 후 이들은 독립운동 전력으로 인해 활동이 자유롭지 못했다. "감옥생활 하다 세상 밖에 나와 보니 세상은 더 큰 감옥이에요. 여기 가도 형사와 순사, 저기 가도 형사와 순사에요."라고 했을 만큼 제약이 심했다. 이러한 상황에서 장선희는 독립운동 대신 자수 및 조화 개발, 여성교육에 전념하게 된다. 일본유학을 떠나 도쿄여자미술전문학교에 진학해 동양자수, 동양화를 전공했다. 귀

---

170) 김영순, 「축간사 : 비범한 동지 진가 영원하리」, 단운선생기념사업회, 『만년 꽃동산 : 장선희 여사 일대기』, 40~43쪽.
171) 「出獄한 愛國婦人團, 애국부인단 사건의 네 규수 금번 대구 감옥에서」, 『동아일보』 1922년 5월 9일.

국 후 교육계에서 후진 양성에 힘쓰는 한편 창작과 연구에 전념해 자수와 조화 분야의 권위자가 되었다.

1932년 김마리아가 10년간의 망명생활을 끝내고 귀국했다. 김마리아는 대한민국애국부인회 회장으로 독립운동을 하다가 투옥된 뒤 일경의 고문으로 골병이 들어 죽기에 이르렀다. 병보석으로 입원했다가 집에서 요양하는 동안 감시가 느슨해진 틈을 타서 스코필드 박사와 주위의 도움으로 탈출했다. 이후 상하이와 미국에 건너가 체류했다. 김마리아의 귀국을 환영하기 위해 장선희를 비롯해 윤치호·함태영·신의경·황애시덕 등 30여 명이 9월 6일 식도원(남대문정 일정목)에서 초대회를 개최했다.[172]

1963년 장선희는 독립운동을 한 공로로 3·1절에 표창 받는 독립유공자 670명 가운데 한 사람으로 선정되었다.[173] 1969년에는 각계 인사 150여 명과 함께 3·1운동의 34인으로까지 불리는 스코필드 박사의 80회 생일잔치에 참석해 박사의 독립운동 공로를 기렸다.[174] 1970년 8월 28일 77세를 일기로 별세했다. 장례는 광복회 동지장으로 거행되었으며, 경기도 고양군 벽제면 새문안교회 묘지에 안장되었다.[175]

2. 조선여자기예원 설립과 운영

장선희는 어릴 때부터 그림에 소질을 보였다. 1907년 국채보상운동이 일어났을 때는 언니와 함께 자수 소품을 만들어 팔아 그 이익금으로 의연금을 낼 정도였다. 1908년 황해도 안악에 있는 안식소학교 여자반을 제1회로 졸업하고 난 뒤 1911년 평양 숭의여학교에 입학하기 전까지 모교인 안

식소학교 교사로 근무했다. 교사로 근무하며 받은 월급과 틈틈이 수예품을
제작해 판매한 돈을 모아 오빠 장인석(평양 대성학교 졸업 후 서울 세브란
스의학전문학교 입학)의 학비에 보탰다. 또한 자수제품을 만들어 팔아 자
신의 학자금을 모았다. 1911년 이렇게 모은 학비로 평안도 평양 숭의여학
교에 진학했다. 숭의여학교에 진학해서도 자수를 놓은 수예품을 만들어 팔
아 학자금을 모았다. 1912년에는 오빠 장인석의 권유에 따라 평양을 떠나
서울 정신여학교 2학년에 편입했다. 당시 장선희 또래의 여성 대부분이 결
혼할 나이가 되어 혼수품을 만들기 위해 자수를 했던데 비해, 장선희는 진
학을 위해 열심히 자수를 놓았다. 1914년 3월 정신여학교를 제6회로 졸업
한 후에는 특기인 자수공예를 더 연마하기 위해 경성여자고등보통학교 기
예과 3학년에 편입했다. 1년 동안 경성여고보 기예과에 다니며 자수·편물·
조화 만드는 실력을 쌓았다. 이때 장선희는 여성들에게 자수공예기술을 가
르쳐 가정경제에 도움을 주자는 생각을 하게 되었다. 1915년 경성여고보
기예과를 졸업한 후에는 정신여학교 교사로 근무했다.[176] 이처럼 장선희는
자신의 재능을 살려 가장 전통적인 여성의 영역으로 간주되던 자수 전공
으로 상급학교에 진학해 교사가 되었다. 자수는 근대여성교육과정에 편입
되어 필수과목으로 운영되고 있었으며, 이 분야에서 장선희는 독보적인 실
력을 발휘했다.

장선희는 1919년 대한민국애국부인회의 조직과 독립운동으로 투옥되어
1922년 5월 출소한 뒤 황해도 재령 친정집에서 요양하다 그 해 초겨울 일
본유학을 떠났다. 유학비용은 맥큔(G. S. Maccune, 한국명 윤산온) 선교사
의 누나인 캐서린(Catharine A. McCune, 한국명 윤가태)과 기안나가 자신들
의 봉급에서 40원씩 송금해주는 것으로 충당했다. 1922년 12월 도쿄여자미
술전문학교 자수과 1학년에 입학한 장선희는 불과 1달 만에 교수들에게
그림·자수의 실력을 인정받아 특별시험을 치르고 졸업반에 편입해 자수과

---

176) 단운선생기념사업회, 『만년 꽃동산 : 장선희 여사 일대기』, 79~101쪽.

를 졸업했다. 이어 1923년 같은 학교 동양화과 3학년에 편입해 동양자수를
위한 그림공부를 하는 동시에 조화 기술을 익혔으며, 1924년 봄 졸업과 함
께 귀국했다. 이상에서 장선희는 경성여고보 기예과와 도쿄미술전문학교
에서 각각 1년 동안 수학했다. 이미 장선희의 그림 및 자수 실력이 상당한
수준에 있었기 때문에 바로 상급학년으로 편입해 단기간에 과정을 이수할
수 있었다.[177]

일본유학에서 귀국한 장선희는 정신여학교 교사로 복귀했다. 얼마 뒤
1925년 9월~1927년 상반기 경성여자미술강습원(일명 경성여자미술학원,
조선여자미술학교, 경성여자미술학교)의 강사로 활동했다.[178] 그러다 1927
년 6월 '여자기예원'(서대문정 2정목 7번지)을 설립했다. 교수시간은 매일
오전 9시부터 오후 6시까지로 가정부인의 편리를 위해 출석과 퇴석을 자
유롭게 운영하기로 했다. 입학 자격은 보통학교 정도의 18세 이상 여성을
대상으로 했다. 수업료는 1개월에 4원씩이며, 수강기간은 1년 과정이었다.
자수과·재봉과·조화과·도화과·편물과를 개설해 한 과에 30명씩 모집할
예정이었다. 강사는 장선희 이외에 2명의 교사가 더 있었다.[179] 이 학원은
1928년 3월 '조선여자직업사 기예부'(정동 1번지 8호)로 운영되고 있었다.
4월 신학기부터는 자수과, 재봉과 각 30명씩, 조화과, 편물과 각 20명씩 네
과에 100여 명의 수강자를 받아 운영할 계획이었다. 수업기간은 6개월로
잡았다. 당초 계획에서 도화과가 빠지고, 예상 학생 수도 20여 명 줄었으
며, 수강기간도 6개월 단축되었다. 이로 미루어 도화과의 수요가 거의 없

---

177) 단운선생기념사업회, 『만년 꽃동산 : 장선희 여사 일대기』, 244~250쪽.
178) 「여자미술강습원」, 『동아일보』 1925년 8월 27일. 경성여자미술강습원은 배화여
　　고보 교원 김의식이 여성에게 자수·조화·편물 등 미술을 가르치기 위해 설립한
　　학원이었다. 강습기간은 6개월로, 자수·도화·편물·조화·재봉·일어·조선어·한문
　　등의 과목을 가르쳤다. 입학자격은 중등 정도의 15세 이상의 여성으로, 학원은 인
　　사동 경성도서관 내에 있었다(「米國, 中國, 日本에 다녀온 女流人物評判記, 해외
　　에서는 무엇을 배웠으며 도라와서는 무엇을 하는가?」, 『별건곤』 4, 1927.2, 21쪽).
179) 「재봉 편물 자수 교수 여자기예원 창립」, 『동아일보』 1927년 6월 13일.

고 전반적으로 학생 모집에 어려움이 있었음을 알 수 있다. 목적은 실제 가정에 필요한 것을 가르치는 한편 직업을 구할 수 있는 전문기술을 가르치는데 있었다.[180]

1930년 9월 장선희는 기존의 '조선여자기예원'(공평동 9번지)을 크게 확장해 광화문통 212번지로 이전했다. 이즈음 조선여자기예원의 과목에서 재봉과 편물이 빠지고, 자수과와 조화과를 중심으로 운영되었다. 입학자격은 자수과는 중등학교를 졸업한 17세 이상, 보통학교 6학년정도부터 15세 이상을 대상으로 했다. 학원에서는 혼인용 제구를 만들어 판매하는 한편 형편이 어려운 사람들에게는 무료로 빌려주었다. 또한 학교교원과 가정부인을 대상으로 자수와 조화 만드는 전문교육을 개인교수로 가르치기도 했다.[181]

장선희는 신부 화관에 있어서 혁신적인 스타일을 창안했다. 1920년대 신식결혼식에서 신부는 눈썹까지 내려오게 면사포를 덮고 그 위에 하얀 화관을 얹어 고정시켜 아라비아사람 비슷한 모습이었다. 1930년대 후반 장선희는 눈썹까지 가린 면사포를 끌어올려 신부의 이마를 환히 드러내 보이게 하고 앞머리에 아기자기한 꽃장식이 달린 최신 스타일의 면사포 화관을 처음 만들어 보급했다. 양초를 녹여 만든 굴꽃으로 된 화관과 면사포는 당대 가장 첨단의 혼례치장이었다. 당시 유명한 엽주미용실에서는 처음 이 새로운 스타일의 면사포 화관을 신부들에게 단장해 내보냈고, 이후 결혼 면사포는 모두 이마를 가리지 않는 방식으로 바뀌었다.[182] 이와 같이 장선희는 조화를 이용해 1930년대 신부용 굴꽃 면사포 화관을 만들어 유행을 이끌었을 뿐만 아니라 처음으로 조화를 생활 속에 끌어들였다. 처음으로 조화 분재를 만든 선구자로 1950~60년대 300여 가지 꽃을 만들어 조화

---

180) 「여자직업기예사 학생 모집」, 『동아일보』 1928년 3월 31일.
181) 「조선여자기예원」, 『동아일보』 1930년 9월 4일.
182) 「30년대 면사포」, 『경향신문』 1985년 12월 13일.

수출의 길을 열었다. 장선희의 조화 분재를 일본인 제자가 배워가서 일본
에 조화 분재 붐을 일으키기도 했다.[183]

조선여자기예원은 이름대로 여자에게 기예에 관한 지식과 기능을 가르
쳐 실생활에 활용할 수 있도록 자수·편물·조화 등을 가르치는 곳이었다.
장선희는 "조선여자기예원이 누구나 배울 수 있는 교육기관"임을 표방하
며 "아침 일찍부터 저녁 늦게까지 배우는 교육기관, 많지 않은 학생 수로
식구처럼 모여 지내는 교육기관"이라고 소개했다.[184] 이러한 맥락에서
1938년 3월 신학기 장선희는 김경순을 영입해 월사금을 없애고 재료를 제
공하면서 1년간 무료로 자수(동양자수·불란서자수·문화자수·털실자수)·
편물·조화를 가르치기로 했다.[185] 기존의 학원 운영에 변화를 주어 교육대
상의 범위를 확대하고 무료강습을 내세운 것은 여성에게 기예를 배우고자
하는 동기를 부여하고 자극을 주기 위함이었다.

장선희는 학생에게 자수와 조화를 가르치며 민족의식을 고무하는 한편
여성의 자활교육에 중점을 두었다. 주부를 포함한 여성들이 앞으로 무언가
일을 하려면 "경제적 자립"을 해야 한다며, 인격의 자립과 함께 경제의 자
립을 강조했다. 장선희 자신이 어릴 때부터 수예품을 만들어 팔아 국채보
상의연금을 내고, 오빠의 학비를 보조하며, 자신의 학비를 마련해 상급학
교에 진학했던 경험을 가지고 있었다. 이외에도 기예학원의 학생들은 『조
선일보』가 주최하는 전조선 여학교 연합바자회에 동양자수작품을 출품해
호평을 받기도 했다.[186]

조선여자기예원은 1932년부터 동아일보사 학예부 후원으로 2주간 하기
수예강습회를 개최했다. 종목은 편물·자수 등이었다. 자수는 동양자수·불
란서자수·문화자수 등을 가르쳤다. 강사는 이화여고보 장선희 이외에 진

---

183) 「조화분재 첫 제작자는 장선희씨」, 『경향신문』 1986년 2월 5일.
184) 「수예가를 만히 길러낸 조선여자기예원」, 『동아일보』 1938년 1월 4일.
185) 「조선여자기예원 월사금은 무료로 재료를 제공해」, 『동아일보』 1938년 3월 18일.
186) 단운선생기념사업회, 『만년 꽃동산 장선희 여사 일대기』, 252~254쪽.

명여고보 정희노, 조선여자기예학원 장전문, 조선여자기예학원 안주룡, 여자미술학교 이상순, 도쿄여자미술사범 출신의 김소판례였다. 이즈음 장선희는 조선여자기예원 운영에 재정적 곤란을 겪으면서 이화여고보 교사로 나가게 된 것으로 보인다.[187]

1932년에 이어 1933년에도 조선여자기예원은 하기수예강습회를 개최했다. 일반 가정부인에게 취미로 수공 자수법을 보급시키고, 보통학교 및 고등보통학교 정도의 여교원에게 새 교재를 제공하고자 했다. 강사는 진명여고보 정희노, 조선여자기예원 장선희·장전문이었다. 세부 과목으로 동양자수·불란서자수·리본자수·수공에 플라워 등을 가르쳤다.[188] 특히 여교원의 경우 학창시절 한 번 배운 수예로 학생들을 계속 가르칠 수는 없었다. 시대 변화에 따라 새 방식으로 변하는 수예를 배울 필요가 있었다. 또한 수예를 전공하지 않은 여교원이라도 학교사정에 따라 수예교사를 겸임하게 되는 경우에는 수예를 배워야했다. 이러한 사정을 배경으로 조선여자기예원은 가정부인과 교원을 대상으로 수예강습회를 개최했다.[189]

〈표 2-1〉 하기수예강습회 현황

행사	일시	출처
제1회 하기수예강습회	1932.7 (2주간)	동아일보 1932.7.10
제2회 하기수예강습회	1933.8.1~10 (오전8~12시)	동아일보 1933.7.22
제3회 하기수예강습회	1934.8.1~10	동아일보 1934.7.22
제4회 하기수예강습회	1935.8.1~10	동아일보 1935.7.17

1933년 4월 장선희는 조선여자기예원을 확장해 서대문정 1정목 171번지에 분교실을 내었다. 이와 함께 자수과 50명, 조화과 20명을 모집했는데, 여고보졸업 정도를 대상으로 신입생을 모집했다. 또한 조선여자기예원 졸

---

187) 「하휴를 이용하야 수예강습 개최」, 『동아일보』 1932년 7월 10일.
188) 「조선여자기예원 하기수예강습」, 『동아일보』 1935년 9월 16일.
189) 「조선여자기예원 주최 제4회 하기수예강습」, 『동아일보』 1933년 9월 22일.

업생을 위해 직업부를 두고, 작품을 외국에 수출하도록 해 직접으로는 졸업생의 경제생활을 돕는 동시에 간접으로 조선의 아름다운 자수와 조화를 외국에 선전, 소개하고자 했다. 이를 위해 장선희와 장전문과 화가들이 교사로 활약했다.[190] 장선희가 1933년부터 외국수출을 염두에 두고 기예교육과 작품제작을 했음을 알 수 있다.

동아일보사는 1930년부터 학생작품 전람회를 열었는데, 전국에서 이 대회의 초등부, 중등부에 도화·습자·수예 작품을 출품했다. 이 대회를 개최한 동아일보사의 의도는 대체로 "대대로 그 혈관에 스며 내려온 5천년의 빛나는 문화전통을 혈관 속 깊이 감춘 채 빛을 발하지 못하든 천재를 조선의 방방곡곡을 고루고루 더듬어 찾는 본사의 봉화에 때와 기회를 못 얻음을 탄식하든 천재들을 작약케" 하기 위함이었다.[191] 장선희는 매년 이 대회의 심사위원으로 활동했다.

〈표 2-2〉 남녀학생 작품전람회 현황

대회명	년도	출처
제2회 전조선 남녀학생 작품전람회	1930	동아일보 1930.9.30
제3회 전조선 남녀학생 작품전람회	1932	동아일보 1932.9.21
제4회 전조선 남녀학생 작품전람회	1933	동아일보 1933.9.22
제5회 전조선 남녀학생 작품전람회	1934	동아일보 1934.9.17
제6회 전조선 남녀학생 작품전람회	1935	동아일보 1935.9.16
제7회 전조선 남녀학생 작품전람회	1938	동아일보 1938.5.16
제8회 전조선 남녀학생 작품전람회	1939	동아일보 1939.5.18

장선희가 보는 심사 기준은 다음과 같았다.

자수도 예전보다는 많이 진보된 점이 있어 반가웠습니다. 그러나 판화

---

190) 「여자기예학원 확장, 직업부 신설」, 『동아일보』 1933년 4월 19일.
191) 「학생작품전 금일 심사」, 『동아일보』 1935년 9월 16일.

에 대한 선택이 매우 조잡해 모처럼 *솜씨 있게 수놓은 작품도 그 그림 때문에 예술적 가치를 잃어버린 것이* 많았습니다. 이런 것을 보는 때에 는 그 출품자의 노력에 대한 아까운 생각을 금치 못하겠습니다. 이것은 *그 지도자가 단지 자수에 대한 지식과 기술을 가졌을 뿐이요 그림에 대한 소양이 부족한 까닭*이라고 생각합니다. *자수는 우선 판화가 좋아야* 합니다. 바탕이 좋은 곳에라야 그 우에 자수로서 의미를 더할 수 있는 것입니다.[192]

이상에서 장선희는 자수 작품에 밑그림의 역할이 매우 중요하며, 자수 의 예술성은 밑그림에서부터 비롯된다고 생각했다. 일찍이 스스로 자수에 있어 그림의 중요성을 깨달았으며 이런 맥락에서 도쿄여자미술전문학교로 유학 갔을 때도 자수과를 졸업한 뒤 동양화과에 편입해 동양화를 공부했 다. 이처럼 장선희는 자수뿐 아니라 그림에 대한 이해가 풍부했고, 이것이 자수의 대가가 되는 저력이 되었다.

한편 장선희는 동양자수의 대가였지만 예술성과 함께 실용성에도 관심 을 기울였다. 동양자수는 시간이 많이 걸리는 자수였기에 '모사'를 이용해 짧은 시간에 보기 좋게 수를 놓는 '털실자수'를 개발해 보급했다. 이 털실 자수는 문화자수보다 더 효과적인 자수기법으로 생동감이 특징이었다.[193] 1938년 장선희는 처음으로 미전에 자신의 작품을 출품했다. 그리하여 제17 회 전조선미술전람회 제3부 공예품 부문에 입선했다.[194]

장선희에게 자수와 조화는 수익 창출을 위한 상품으로 여성의 생계를 해결하고 경제적 독립을 가능하게 하는 수단인 동시에 그 자체로 예술작 품이기도 했다. 장선희는 자수와 조화의 실용성과 예술성 사이에서 끊임없 이 고민하며 상품화를 모색하는 한편 예술작품을 창조했다.

---

192) 「판화의 선택에 주의」, 『동아일보』 1933년 9월 22일.
193) 「가정기예종합대강습회」, 『동아일보』 1935년 9월 26일 ; 「가정기예종합대강습회 성황리에 원만 폐회」, 『동아일보』 1935년 10월 17일.
194) 「입선의 광영을 얻게 된 미전에 빛나는 여성들」, 『동아일보』 1938년 6월 3일.

이상에서 장선희의 생애와 활동을 살펴보았다. 이를 정리하면 다음과
같다.

첫째, 장선희는 대한민국애국부인회 조직 이전에 존재했던 비슷한 성격
의 단체인 혈성(단애국)부인회와 대조선독립애국부인회의 간부로 활동했
으며, 이후 혈성(단애국)부인회와 대조선독립애국부인회가 통합되어 대한
민국애국부인회로 발족하면서 대한민국애국부인회의 간부로 활동했다. 그
러다 3·1운동으로 투옥되었던 김마리아의 출옥을 계기로 김마리아·신의
경·김영순 등 정신여학교 교사들과 함께 대한민국애국부인회 조직의 재편
을 주도해 오현관(총재), 오현주(회장)에 대한 불신임을 제기하고 임원의
변경을 추진했다. 장선희는 이들 단체의 핵심 멤버로 지회 확장에 힘써 이
성완·이정숙·이신애 등을 회원으로 포섭하는데 결정적 역할을 했다.

둘째, 대한민국애국부인회는 김마리아·신의경·김영순·장선희 등 정신
여학교 동창이자 교사, 세브란스병원과 동대문부인병원 간호사, 이화학당
대학과 재학생 황애시덕, 전도부인을 중심으로 조직되었다. 이는 중앙부터
지회까지 비밀리에 조직을 결성하기 위해서는 학교·병원·교회의 조직망과
학연, 지연을 통한 인맥을 활용해야 했기 때문이다. 이런 관계로 특히 중앙
조직은 정신여학교 출신의 지식인과 교사 중심으로 편제되었다. 장선희는
정신여학교 출신이자 모교 교사로서 조직의 핵심에 위치했다.

셋째, 1930~40년대 학교를 설립한 여러 여성지식인이 학교의 지속적 운
영을 대가로 친일협력행위에 연루되었다. 그러나 장선희는 그렇지 않았다.
이는 언론에 일제말기 조선여자기예원의 활동이나 장선희의 행적이 보이
지 않는 것과 무관하지 않다고 생각된다. 일제말기 조선여자기예원의 운영
이 소강상태였던 것은 장선희가 친일협력행위를 하지 않았다는 점과 일정
한 관련이 있을 것이다.

넷째, 장선희는 조선여자기예원을 설립해 여성들에게 기예교육을 실시
했다. 조선여자기예원의 교육대상은 여교사·가정주부·학생 등 전 계층이

어서 학교라기보다는 학원의 성격이 강했다. 장선희는 자신이 가르치고 종
사하는 자수와 조화 분야가 단순히 생계에 도움이 되는 기술교육을 넘어
상품이나 예술로 응용되고 확산되는 길을 끊임없이 모색했다. 이를 위해
단순한 기술 전수에서 나아가 새로운 기술을 끊임없이 개발했고, 현실적으
로 상품화를 통한 수입 창출에 노력하는 한편 예술작품의 창조에도 힘을
쏟았다.

제2장 황애덕의 농촌활동과 여자소비조합

1. 농촌여성지도자 양성과 이상촌 건설

1) 농촌계몽운동의 여건 조성

(1) 조선YWCA연합회와 농촌부

황애덕의 농촌사업 구상은 1919~22년 수감생활 중에 시작되었다. 황애덕은 1919년 대한민국애국부인회 활동으로 투옥되었고, 감옥에서 의무 작업을 하는 틈틈이 여죄수들에게 한글을 가르쳤다. 출옥 후 이화학당 대학과에 편입하여 못 다한 학업을 계속하는 한편 '당시 가장 절실하게 느낀바 〈국산품 장려〉와 〈아는 것이 힘〉이란 구호를 내걸고 농촌계몽운동으로 새 출발'했다.[195]

구사일생 4년 만에 감옥에서 나왔으나 우리의 광복운동은 끝이 나지 못했다. 우리들 비밀결사는 이제는 농촌운동으로 또는 국산품장려계몽운동으로 실천방향을 돌리지 않을 수 없었다.[196] 이화의 생활은… (수감 생활-필자 주) 3년 동안 생각하고 쌓아두었던 농촌사업의 복안을 새로 조직된 청년회(조선YWCA연합회-필자 주)를 이용해서나 하기방학 긴 긴 석 달을 이용해서 실행해보는 것이 새 세상을 구경한 뒤에 첫 만족이었다. 애국부인회가 수포로 돌아가고… 내게 있어서 한 줄기 굳센 희

---

195) 황애덕, 「유고 : 황무지를 헤치며 3」, 『신여원』 6월호, 1972, 195쪽.
196) 황애덕, 「유고 : 황무지를 헤치며 2」, 『신여원』 5월호, 1972, 185쪽.

망은 "농촌을 살리자"라는 것이었다.[197]

황애덕은 1920년대 조선총독부의 문화통치정책 아래 독립을 위한 직접적인 투쟁에서 전환하여 조선YWCA연합회를 통한 합법적 단체 활동, 민족실력양성운동의 맥락에서 농촌계몽운동, 물산장려운동을 전개하기 시작했다. 이후 물산장려와 농촌사업은 일제시기 황애덕의 삶에서 양대 실천과제가 되었다.

황애덕은 YWCA 창설 초기부터 적극적으로 참여했다. 1922년 6월 YWCA 기성회가 발족되었고, 1923년 8월 정식으로 '조선YWCA연합회'가 창립되어 제1회 정기총회가 열렸다. 총회에서 황애덕은 헌장제정위원 겸 연합위원으로 선정되었다. 그리고 연합위원들은 물산장려와 교육보급(야학, 강습회) 등을 심의·결의했다.[198] 실제로 황애덕은 이 시기 이화학당 교사 겸 기숙사 사감을 맡아 하면서도 방과 후면 야학에 나가 여공들에게 한글과 숫자를 가르쳤다.[199] 이 야학은 1921년부터 태화여자관에서 실시되어 오던 것으로 1924년 1월부터 경성 YWCA가 담당했던 사업이었다.[200]

1924년 황애덕은 조선YWCA연합회 제2회 정기총회에서 회장으로 선임되어 활동하다 1925년 미국유학을 떠났다. 황애덕의 미국유학의 궁극적 목적은 농촌계몽운동이었다. 농촌사업에 남다른 흥미와 뜻을 가지고 있었던 황애덕은 귀국 전 농학으로 유명했던 펜실바니아주립대학에서 농학을 청강하며 농촌생활을 시찰하고 체험함으로 귀국 후의 농촌사업을 대비했다.[201] 1929년 1월 황애덕의 귀국을 전후해 국내 각계에서는 농촌계몽운동

---

197) 황애시덕, 「내가 걸어온 10년 세월 : 항구로 들어온 배, 나의 10년간 생활」, 『신동아』 1월호, 1933, 78쪽.
198) 천화숙, 『한국여성기독교사회운동사』, 혜안, 2000, 39~41쪽.
199) 황애시덕, 「내가 걸어온 10년 세월 : 항구로 들어온 배, 나의 10년간 생활」, 『신동아』 1월호, 78쪽.
200) 황애덕, 「유고 : 황무지를 헤치며 2」, 『신여원』 5월호, 1972, 185쪽.
201) 황애시덕, 「미국 컬럼비아대학, 미국의 남녀공학은 어떻게 하나」, 『만국부인』 1, 1932.

에 대한 공감대가 확산되고 있었다. 천도교의 농민운동, 사회주의자들의 적색농민조합운동과 함께 특히 1928년 한국기독교대표들의 예루살렘 세계 선교대회 참가와 덴마크 방문을 계기로 기독교농촌운동에 대한 관심이 고조되었다.[202]

이와 함께 조선YWCA연합회에서는 1928년 제6차 정기총회 주요안건으로 '농촌일반여자에게 부업을 어떻게 장려하며 보급시킬까'를 다루며 양돈, 직조, 양잠 등의 방법이 논의되었다. 그리고 1929년 예산안으로 880원의 지출액 가운데 1/3인 280원을 농촌사업비로 책정하는 등 농촌사업에 대한 비중을 높였다. 1929년 7월 제7차 정기총회에서는 그동안 도시 내의 회원과 야학을 중심으로 운영되던 사업을 확장하여 농촌부를 신설하고 농촌사업에 본격적으로 나서기로 결의했다.[203] 농촌부 간사는 미국에서 농촌사업을 연구하고 돌아온 황애덕이 맡기로 했다. 황애덕은 1929년 7월 제7차 정기총회부터 시작해 1930년 5월 제8차 정기총회와 1932년 7월 제9차 정기총회에서 잇달아 농촌부 위원에 선임되었다.[204] 1930년부터는 2년마다 총회가 있었다는 점을 고려할 때, 황애덕은 1929년 7월부터 1934년 8월까지 5년 동안 조선YWCA연합회 농촌부 간사 겸 회계 겸 연합위원으로 조선YWCA연합회와 농촌부 사업에 중추적 역할을 담당했다.[205] YWCA농촌사업의 주요과제는 농민의 생활수준을 향상시키기 위한 농촌보건위생, 농민

10월, 55쪽 ; 황애덕, 「유고 : 황무지를 헤치며 4」, 『신여원』 7월호, 1972, 11쪽.
202) 장규식, 「1920~1930년대 YMCA 농촌사업의 전개와 그 성격」, 『한국기독교와 역사』 4, 1995, 209쪽 ; 한규무, 『일제하 한국기독교농촌운동 : 1925~1937』, 한국기독교역사연구소, 1997, 29~55쪽.
203) 평양YWCA와 이화YWCA는 이미 1927년에 농촌부를 신설하여 농촌 계몽과 교육을 전개했다.
204) 『조선여자기독교청년회연합회 회록』(대한YWCA연합회 소장, 1929년 7월 27일, 1930년 5월 10일, 1932년 7월 21일). 1930년~1934년까지는 이은경과 함께 농촌부 위원을 맡았다.
205) 황애덕은 1931년과 1932년 감리교회 농촌부 실행위원이기도 했다(한규무, 『일제하 한국기독교농촌운동 : 1925~1937』, 87쪽).

협동조합, 농민교육, 농촌부업 장려였다.[206]

(2) 미국유학과 에스더 서클(Esther Circle, 황애덕 후원회)

황애덕의 미국유학 동기는 이화학당의 교육방침에 있어 한국인 교사 겸 사감으로서 자신의 의견이 받아들여지지 않음에 대한 실망, 미국선교사의 우월의식에 대한 반감에서 비롯되었다. 또한 미국에 가서 서양문명의 실체를 확인하고 싶다는 마음, '앞으로 독신생활로 조선여자교육에 종사코자 굳세게 뜻을 결단하고 먼저 많은 학식을 연구하고자' 하는 의지,[207] 농촌계몽에 관심이 많아 농촌사업을 하려는 뜻이 복합적으로 작용했다.[208]

콜롬비아대학교 사범대학에서 농촌문제를 연구하여 학사와 석사학위를 취득했다.[209] 농촌 실습을 위해 졸업식에도 참가하지 않은 채 농학으로 유명한 펜실바니아주립대학으로 직행했다. 그리하여 1928년 여름부터 12월까지 5개월간 펜실바니아주립대학에서 농과를 청강하고 농촌생활을 체험하며 귀국 후 자신이 전개할 농촌사업을 구상하고 준비할 시간을 가졌다.[210]

미국 유학 초 황애덕은 시카고에서 미국인 집의 가사도우미를 하며 공부를 했다. 공부만 해도 영어로 진행되는 수업을 따라가기 힘든데 일과 공부를 병행하려니 너무 피곤하고 힘들어 '내가 이제 학위를 얻어 무엇 할 것이냐, 내 목적은 자비로 농촌계몽운동을 하는 것'이니 미국에 있는 동안 돈을 벌어 빨리 돌아가는 편이 더 낫다는 생각까지 했다. 그래서 다니던

---

206) 천화숙, 『한국여성기독교사회운동사』, 203쪽.
207) 「황애시터양 양행, 독신생활로 교육계에 헌신할 결심」, 『조선일보』 1925년 8월 19일.
208) 황애시덕, 「미국 컬럼비아대학, 미국의 남녀공학은 어떻게 하나」, 『만국부인』 1, 1932.10, 55쪽.
209) 「미국출신 여농학사 황애시덕양 귀국」, 「조선일보」 1929년 1월 25일. 김활란과 김필례에 이어 한국여성 세 번째로 석사학위를 받았다.
210) 황애시덕, 「미국 컬럼비아대학, 미국의 남녀공학은 어떻게 하나」, 『만국부인』 1, 55쪽.

학교를 그만두고 돈을 벌기 위해 시카고를 떠나 뉴욕으로 갔다. 그리고 백화점에서 향수 장사를 시작했다.[211] 그러다 일거리를 찾아 뉴욕사람들이 잘 가는 피서지인 펜실바니아주 스크랜톤에 가게 되었다. 여기서 황애덕은 웨스트양(Miss West)과 슐티부인[Mrs. Schulty, 당시 스크랜톤 W.C.T.U.(기독교여자절제회) 회계]을 만나 유학생활의 전기를 맞게 되었다. 마침 이들은 선교 잡지를 통해서 세계에서 가장 선교가 잘 되는 곳이 한국이라는 기사를 읽고 한국사람을 만나 한국교회에 대한 이야기를 듣고 싶어 했다. 황애덕은 이들과의 만남을 계기로 이들의 지원을 받아 중단했던 공부를 다시 시작할 수 있었다. 학비는 콜롬비아대학교에서 장학금을 받아 충당했고, 생활비와 식료품, 의복은 펜실바니아주 스크랜톤 지방의 W.C.T.U. 임원과 슐티부인의 지원을 받았다. 이들 10여 명은 에스더 서클(황애덕 후원회)을 만들어 황애덕의 귀국비용까지 지불했을 뿐 아니라 귀국 후에도 농촌(선교)사업비로 매달 25~50불을 황애덕에게 송금했다.[212] 이에 부응하여 황애덕도 에스더 써클의 대표인 슐티부인과 특별 희사금을 낸 쿨터부인에게 꾸준히 농촌사업보고서를 보냈다.[213] 이 에스더 써클 덕분에 황애덕은 귀국 후에도 농촌사업 추진에 필요한 자금을 지속적으로 조달받을 수 있었다.

귀국 후 황애덕은 미국정부가 국고를 지원하며 가장 많은 힘을 들여 장려하는 분야가 농림교육이라고 지적하며 '조선은 농민이 8할 이상이니 농촌을 계발하는 운동이 우리 민족에게 가장 긴급하고 중요한 일'이라고 강조했다.[214]

---

211) 황애덕, 「유고 : 황무지를 헤치며 4」, 『신여원』 7월호, 210쪽.
212) 황애덕, 「유고 : 황무지를 헤치며 4」, 『신여원』 7월호, 210쪽.
213) 박화성, 『새벽에 외치다 : 송산 황애덕 선생의 사상과 생애』, 휘문출판사, 1966, 172쪽.
214) 황애쓰터, 「미국에서 힘쓰는 것은 농촌사업과 군사교육, 칭찬받는 삼십 여명의 조선여학생」, 『조선일보』 1929년 1월 26일.

2) 농촌여성지도자교육

(1) 협성여자신학교의 농촌사업지도

1927년 황애덕은 미국에서 채핀부인(Mrs. Anna B. Chaffin, 선교사)을 만났다. 채핀부인은 협성여자신학교 교장이었는데 안식년을 맞아 미국에 와서 콜롬비아대학교 사범대학 석사과정을 이수하고 있었다. 이때 이들은 한국농촌사업에 대한 관심과 구상을 나누었다. 채핀부인은 농촌지역의 전도와 관련해 농촌사업에 관심을 가지고 있었고 황애덕 역시 농촌계몽을 위한 농촌사업에 관심을 가지고 있었다.

> 마침 감리교 여자신학교 교장이던 미스 챔푼이 나를 보고 자기 학교에 와서 '농촌지도과'를 만들어 줄 수 없느냐고 했다. 신학교 학생들이 졸업하면 모두 도시에 머물기를 원하니 농촌에는 사람이 없기 때문에 그들에게 농촌사업의 필요를 깨닫게 교육을 시켜달라는 것이다.[215]

황애덕은 1929년 1월 24일 귀국하여 2개월간 우리 농촌을 둘러본 뒤, 4월부터 협성여자신학교 교수로 부임해 학생들에게 농촌사업지도를 시작했다. 학기 중에는 학생들에게 농촌 실정과 농촌사업의 필요성, '우리가 그들을 위해 농촌으로 가야 한다'고 가르치고, 여름방학 때는 학생들을 농촌으로 파견해 실습하게 하는 등 농촌사업에 착수했다.[216]

한편 1930년 채핀부인은 최봉칙과 함께 『뎡말나라(덴마크-필자 주)연구』(조선야소교서회, 1930)를 저술·출판했다. 이는 김활란과 박인덕의 덴마크식 농촌사업 관련 저술(각각 1931년, 1932년)보다 앞선 저작이었다. 총 12

215) 황애덕, 「유고 : 황무지를 헤치며 4」, 『신여원』 7월호, 212쪽 ; 황애쓰터, 「미국에서 힘쓰는 것은 농촌사업과 군사교육, 칭찬받는 삼십 여명의 조선여학생」, 『조선일보』 1929년 1월 26일.
216) 『동아일보』 1929년 6월 18일.

장으로 되어 있으며 이 가운데 황애덕이 협동조합 부분(총 두 장)의 편집
을 맡았다.[217] 이로 미루어 황애덕은 교수로서 조선YWCA연합회 농촌부
위원으로서 경성여자소비조합 간부로서 실제 농촌사업에 활용할 수 있는
협동조합 조직과 같은 이론에도 밝았음을 알 수 있다.

황애덕은 협성여자신학교에 근무하며 인적 자원(학생)을 농촌사업지에
투입하고 활용하여 농촌사업을 시험해볼 수 있었다. 황애덕은 1929년 여름
방학 때부터 농촌에 가겠다고 지원한 학생 12명을 선발하여 여러 지역으
로 파견했다. 그리고 농촌현장 실습보고회를 통해 그 경험을 나누고 농촌
사업에 반영했다. 1930년 여름방학에는 황애덕 자신도 두 학생 김노득과
최용신과 함께 황해도 수안 용현리에서 농촌계몽운동을 시작했다.

(2) 농촌부녀지도자수양소

조선YWCA연합회 농촌부 간사로서 황애덕은 농민야학과 농민강좌, 농
민기관, 농촌지도자양성기관을 만들겠다는 포부를 가지고 있었다.[218] 이러
한 맥락에서 조선YWCA연합회 농촌부 사업은 한편으로는 농촌현장에 지
도교사를 파견하고, 다른 한편으로는 각지에서 마을지도자가 될 만한 농촌
여성을 선발해 농촌부녀지도자수양소에서 합숙 단기교육을 실시하여 고향
으로 돌려보내 마을지도자로 활용하는 두 가지 방면으로 추진되었다. 그러
다 후자에 더 많은 비중을 두게 되었다.[219] 그리하여 1934년부터는 농촌현

---

217) 김활란이나 박인덕보다 이른 시기에 나온 덴마크 농촌에 관한 책이었다는 점에
　　그 의의가 있다(배윤숙, 「채핀부인의 생애와 여성신학 연구」, 감리교신학대학교
　　석사학위논문, 2006, 131~134쪽).
218) 『동아일보』 1930년 1월 1일.
219) 『조선여자기독교청년회연합회 회록』(1934년 8월 27-30일) : 제10차 정기총회 예
　　산안 보고에는 총지출 2130.77엔(円) 가운데 수양회비 100엔, 농민수양소 500엔
　　으로 수양소 관련 지출이 전체 지출의 3분의 1을 넘어섰다. 반면 수원 샘골 농촌
　　사업비(최용신 관련)로 지출된 140엔에 불과했다.

장에 인력(교사)을 파견·지원하는 방식이 중단되고, 현지 농촌여성을 교육
시켜 마을지도자로 활용하는 방식 곧 각지 농촌여성들을 선발·교육하는
방법으로 일원화되었다. 이를 농촌부녀지도자수양소라고 했는데 이는 덴
마크 정말국민고등학교를 모델로 한 단기 성인교육과정이었다. 황애덕은
조선YWCA연합회 농촌부 간사로서 농촌부녀지도자수양소 사업에 일정한
역할을 담당했고 제1회 수양소의 강사진으로 활동했다.

조선YWCA연합회의 농촌부녀지도자수양소의 장소는 고양군 연희면 연
희리 신촌 연희전문학교 근처에 설립된 조선YMCA연합회의 농민수양소를
빌려 사용했다. 참가자들은 입소하여 4주간 기숙사에서 지내야했고, 인원
은 20명이내로 한정했으며, 한글을 읽고 쓸 수 있을 정도의 18~40세 농촌
여성을 대상으로 했다.[220] 과목은 수양강좌·가정강좌·농촌상식강좌·요리·
재봉·세탁·염색·육아·가정위생·가정부기·역사·지리·동요, 동화·유희·부
업 등이었다.

농촌부녀지도자수양소의 취지는

> 농촌부녀가 정신을 수양하고, 일반 가정상식을 넓혀, 자기 농촌에 돌아
> 간 뒤 다른 농촌부인들과 힘을 합해 이왕에 잘못된 것을 고침으로써,
> 정신적·경제적으로 농민생활을 향상, 발전하게 하고자 함.[221]

이었다. 1934년 제1회 농촌부녀지도자수양소 교육은 생활방식 개선과 경
제 향상에 중점을 두었다.[222] 농촌부녀의 인터뷰 기사로 미루어 수양소 교

---

220) 「농촌부녀지도자수양소」, 『감리회보』 1934년 2월 10일 ; Lee Unkyung and Whang
    Esther, *The Korea Mission Field* 1934.2, p.42. 강사는 황애덕·이은경·박인덕·김활
    란·홍애덕·서은숙·최마리아·최이권·모윤숙·장정심·신흥우·홍병선.
221) 「농촌부녀지도자수양소」, 『감리회보』 1934년 2월 10일.
222) 「농촌부녀지도자수양소」, 『감리회보』 1934년 2월 10일. : 첫째 모르는 것을 배워
    알고, 둘째 미신을 버리고, 셋째 쓸데없는 예식이나 형식을 버려 경제적 여유를
    도모하며, 넷째 아름답고 재미있고 간단하게 살고자 함이다.

육을 통해 농촌여성들의 의식변화라는 성과가 있었음을 알 수 있다. 이는
의식의 변화가 행동의 변화를 가녀와 가정과 농촌의 생활을 개선하게 된
다는 점에서 의의가 있었다. 다음은 홍천에서 온 허경신과 원주에서 온 박
정숙의 소감이다.

> 배운 게 많다. 40년 동안 살면서 첫째 시간관념, 둘째 위생, 자녀교육,
> 경제, 사랑, 이웃 그 모든 점에 표준이 되는 이상이 없이 그저 맘 편하
> 게 살았다. 40년의 생을 허비한 것을 깨닫게 되었다… 마음으로 굳은
> 관념을 품고 손으로 여러 가지 기술을 배웠다. 내 힘이 자라는 데까지
> 내 고향 여러 가정에게 내가 받은 광명을 전하려 한다(강원도 홍천 허
> 경신).[223]

> 저는 평생소원이 머리 틀고 구두 신는 것이었다. 외모를 그렇게 하는
> 것이 공부하는 것이요 훌륭한 여자가 되는 것이라고 생각했다. 그러나
> 그것은 허영이었다. 농촌가정에 들어앉아서도 훌륭한 인격을 발휘하며
> 활약할 수 있다는 것을 깨달았다… 이런 기회를 가지지 못한 부인들과
> 가정을 위해 일생을 활동하기로 결심했다(강원도 원주 박정숙).[224]

또한 농촌부녀지도자수양소는 기존 농촌계몽운동의 한계를 보완하는
역할을 했다. 당시 실업난, 취업난이란 사회현실에서 졸업생들에게 '농촌
으로 돌아가라'는 사회적 요구가 많았다. 그러나 실제로 농촌으로 가는 지
식인은 얼마 되지 않았고 설사 농촌에 살면서 농촌사업을 하려고 해도 농
촌에 대한 지식과 경험이 부족한 경우가 많았다. 또한 농촌에 대해 배워
안다 하도라도 실제 부딪히는 농촌현실은 또 다른 문제였기 때문에 결국

---

223) 「우리는 농촌으로, 농촌에 뿌려지는 열넷의 문화의 꽃씨」, 『조선중앙일보』 1934년
    4월 1일.
224) 「우리는 농촌으로, 농촌에 뿌려지는 열넷의 문화의 꽃씨」, 『조선중앙일보』 1934년
    4월 1일.

농촌에 어울리지 않는 도회인으로 남게 되기 쉬웠다. 또한 순회강사와 같이 한 때 잠깐 왔다가 돌아가는 것이 아니라 농촌에 상주하면서 고락을 함께하는 지도자가 필요했다. 따라서 농촌에 뿌리박고 살면서 어떠한 어려움이 닥쳐도 농촌에서 계속 살아나갈 사람을 대상으로 자기 고향의 영원한 교사가 되게 하는 것이 농촌계몽사업에 더 효율적이라고 생각되었다. 조선 YWCA연합회의 농촌부녀지도자수양소는 이런 점에 착안해 기획된 것으로 농촌운동과 여성운동을 위한 실천적 의지의 표현이었다.[225]

3) 이상촌 또는 모범촌 건설

(1) 황해도 수안군 용현리

황애덕은 1930년 1월 농촌운동의 전개 방향에 대해 다음과 같은 입장을 밝혔다.

> 조선의 농촌운동도 다른 나라의 그것과 같지 않고 조선 특수의 사정이 있음으로 이 특수한 사정에 기준하여 나아가야 할 것은 두 말을 요할 바 아니외다. 평일부터 나의 생각으로는 조선의 문제를 해결하기에는 조선 이천만 민족의 8할을 점령한 농촌문제를 갖고 좌우되리라고 믿는 까닭에 유학시대로부터 다소의 연구를 하여 보았고 귀국해서는 미미하나마 이 문제에 착수했으나 아직까지 조선의 농촌운동이 구체화하지 못하고 사상적 영역에서 벗어나지 못한 느낌이 있으므로 이 운동만을 구분하여 이룰 만한 기관이 있기를 바라고 이것을 준비 중이외다. 어떠한 기관에 부속할 운동만으로는 그 임무를 다하기 어려운 까닭이외다. 구체적 방법으로는 농촌의 계몽운동, 다시 말하면 농촌부녀자의 문맹퇴치를 하기 위하여 농민야학, 농촌강좌, 농민의 단결할 유기적 기관의 실현과 농촌운동지도자가 부족함으로 이들의 양성기관도 기어코 실현하

225) 「우리는 농촌으로, 농촌에 뿌려지는 열넷의 문화의 꽃씨」, 『조선중앙일보』 1934년 4월 1일.

여 보려합니다.[226]

이상에서 황애덕은 농촌운동이 이론만 있고 실제로는 구체화되지 못한
경우가 많음을 지적했다. 그리하여 농촌운동만을 전담할 기관이 있어야 하
며 농촌부녀자들의 문맹을 퇴치하기 위해 농민야학·농촌강좌·농민기관·
농촌지도자양성기관을 만들겠다는 포부를 밝혔다. 그런데 여기서 그녀는
조선YWCA연합회의 농촌부가 이미 신설되어 자신이 간사를 맡고 있음에
도 농촌사업만을 전담할 기관이 설립되어야 한다고 주장했는데 이는 조선
YWCA연합회의 농촌사업에 한계가 있음을 의미했다. 그럼에도 이 가운데
농촌야학과 농촌강좌는 자신이 마련한 황해도 수안농장과 조선YWCA연합
회의 농촌사업지인 수원 샘골의 농촌사업으로 구체화되었고, 농촌운동지
도자 양성기관 아이디어는 조선YWCA연합회 주최 농촌부녀지도자수양소
로 실현되었다.

황애덕은 농촌사업을 본격적으로 추진하기로 마음먹고 장소를 황해도
수안遂安 용현리龍峴里─수안, 신계, 곡산에 둘러싸인 고원지대 산골로 정
했다. 1929년 서울에서 감리교 연회가 열렸을 때 안경록 목사를 만나 추천
받은 곳으로 일정의 탄압을 피할 수 있고 땅값이 싸다는 장점이 있었다.
그리하여 동지들의 의연금을 모아 10~30만 평의 땅과 낡은 집을 하나 샀
다. 김노득의 이름으로 샀는데 이는 일제의 반대와 견제를 최대한 피할 수
있도록 하기 위한 것이었다.[227]

1930년 여름방학이 되자 황애덕은 협성여자신학교 상급생으로 농촌사
업에 열성을 가지고 있었던 최용신과 김노득을 데리고 황해도 수안으로
향했다. 남대문역(서울역)에서 기차를 타고 신막역新幕驛까지 가서 거기서

---

226) 『동아일보』 1930년 1월 1일.
227) 「십만평 평야에 건설되는 여인집단농장, 여성의 평화촌」, 『삼천리』 3월호, 1932
   년에는 10만 평이라고 되어 있고, 박화성, 『새벽에 외치다 : 송산 황애덕 선생의
   사상과 생애』에는 30만 평으로 되어 있다.

부터 60~70리를 더 가야하는 곳으로, 사면 30리에 학교도 교회도 없는 궁벽한 곳이었다. 이들은 벽촌 초가에 기거하며 개벼룩에 뜯기고 우물이 멀어 물 부족으로 시달렸을 뿐 아니라 물 떠오기가 힘들어 몸이 약해질 정도로 힘든 일상을 겪었다. 게다가 초기에는 자신들의 선의를 몰라주는 마을 사람들의 무관심과 몰이해로 인해 마음고생도 심했다.

> 우리는 제일 먼저 이 낡은 집에 도배, 장판을 하기로 하고 도와줄 일꾼을 얻으려 했으나 동리 사람들이 모두 불응함으로 할 수 없이 우리가 흙을 이겨 떨어진 담벽, 방바닥을 때우고 가지고 간 도배 장판지를 오려서 2~3일 동안에 집수리를 마쳤다. 그러는 동안 동리 어른들은 멀리서 구경만 하고 어린이들은 몰려왔다.… 우리는 가지고 간 공책과 연필을 나누어 주었다. 구경만 하던 동리 어른들은 "그 에미네들이 무엇을 하러 왔나 했더니 연필장사구먼!!"했다.… 어느 날 저녁 동네 한 노인이 와서 "이 못된 년놈들아! 해 뜨고 달 떠서 명랑한데 또 무슨 문명을 밝히려느냐?" 소리소리 지르며 지팡이를 휘둘러 내어 쫓기도 했다.[228]

이상의 악조건 속에서도 이들은 한여름 3달 동안 낮에는 어린이, 저녁에는 청년 남녀를 모아놓고 가르쳤다. 여름방학이 끝날 무렵 학예회를 열고 그동안 배운 여러 가지를 발표했다. 이렇게 교육의 성과를 정리·홍보함으로써 마침내 학생들과 학부모들, 마을사람들의 교육 열의를 이끌어냈다. 이 바람에 김로득金路得과 최용신崔容信은 자신들이 다니던 협성신학교를 휴학하고 수안에 남아 농촌·교육사업을 계속 수행하게 되었다.[229]

황애덕이 황해도 수안 용현리 땅을 매입하게 된 동기에는 교육사업과 농촌사업이란 두 가지 면이 복합되어 있었다.

첫째, 황애덕은 미국에서 흑인 기관인 햄톤학원(Hamton Institute)을 견학

---

228) 황애덕, 「유고 : 황무지를 헤치며 4」, 『신여원』, 209~213쪽.
229) 이후에도 최용신과 김노득은 농촌사업의 지속과 성공을 위해 견디기 힘들 정도의 고생을 감수해야했다(유달영, 『최용신양의 생애』, 아데네사, 1956, 47~48쪽).

하고 깊은 감동을 받았다. 이 학원은 유치원부터 대학의 각 과별로 설치되
어 있었고, 농업에서부터 공업까지 모두 자급자족으로 운영해나가는 곳이
었다. 때문에 배우기를 원하는 학생이 빈손으로 오더라도 무난히 대학을
졸업할 수 있었고, 졸업생은 누구나 한 가지 기술을 익히고 있었기에 취직
도 할 수 있었다. 따라서 황애덕은 이러한 기관을 설립·운영해 보겠다는
포부를 가지고 있었다.

둘째, 동양척식회사 소유의 땅이 소작료가 비싸고 착취율이 높아 농민
의 부채가 증가하면서 농민 소유의 땅은 척식회사로 넘어가고 농토를 잃
은 농민들은 의욕을 상실하고 먹고 살기 위해 만주로 이주해가는 현실을
개선해 보고자 했다. 척식회사의 땅을 사서 농민들에게 나누어 주고 소작
료를 싸게 받음으로써 농민들이 열심히 농사지으며 희망을 가지게 되는
계기를 제공하고자 했다.[230] 그리하여 '착취를 부인하는 새 농장주'가 되어
농촌의 구조적 문제를 제거하고 이상촌을 실현해보고자 그 첫 단계로
1931년 황해도 수안군 용현리 토지의 소작료를 전폐하는 조처를 취했다.
이에 소작인들이 힘을 내어 땅에 거름을 많이 내고 좋은 씨앗을 심어 더욱
많은 수확을 얻고자 노력함으로써 그 땅이 '기름진 땅(옥토)'로 변하기를
기대했다. 그리고 이 땅에 우선 몇 천 명 몇 만 명이라도 이주하여 원만한
농장으로 만든 다음 거기에 '낙토'를 만들고 각지에서 오는 가난한 농민들
을 수용하고자 했다. 실제로 황애덕은 취재기자에게 황해도 농장에서 수확
되었다는 콩 한 줌과 조 한 줌을 가지고 와서 기자를 감격시켰다. 이 기자
는 황애덕의 수안농장에 대해 '이상촌·평화촌'의 건설이라고 보도했다.[231]

실제로 황해도 수안 용현리 땅은 궁박한 고원지대로 주민들의 생활은
극도로 빈곤했다. 황애덕은 이 땅이 황토로 고구마를 심는 것이 좋겠다고

230) 박화성, 『새벽에 외치다 : 송산 황애덕 선생의 사상과 생애』, 163~164쪽.
231) 「십만평 평야에 건설되는 여인집단농장, 여성의 평화촌」, 『삼천리』 3월호, 1932,
73~75쪽.

생각하여 고구마 싹을 많이 내어 가지고 가서 주민들에게 공짜로 나누어 주었다. 또한 겨울방학, 여름방학, 농한기 강습회를 열어 동리 사람들을 모아 채소재배 등을 가르치는 한편 필요한 약품(회충약), 생활필수품(실, 세탁비누)을 가져다 싼값으로 나누어 주었다. 그리고 에스더 서클에서 매달 오는 후원금으로 그곳에 설립한 학원(강습소)의 교사들에게 월급을 주고 학생들이 쓸 학용품을 보냈다. 덕분에 이 동리 농민들의 식량사정이 나아지게 되었고 회충과 문맹이 퇴치되었으며 일용품을 싸게 얻을 수 있게 되었다.[232]

황애덕과 김노득이 황해도 수안에서 전개한 농촌사업의 성과와 미국 에스더 서클에서 지속적으로 보내오는 후원금 덕분에 황해도 수안군 용현리 이외에 신계군 율곡면 배나무골, 곡산 등에도 교회와 학교가 설립될 수 있었다. 황애덕의 목표는 한 면에 하나의 학교를 세우는 것이었다. 힘은 부족하고 일제 당국이 학교설립을 방해하고 폐쇄하기를 일삼아 어려움이 많았음에도 불구하고 농촌사업을 통해 각 처에 여러 개의 학교와 강습소를 세웠다. 그리고 학교이름을 모두 성광학교聖光學校라고 불렀다.[233] 황애덕은 자신이 주도한 황해도 수안 농촌사업의 성과를 전 주민의 한글 보급, 생활 개선과 향상, 주위 농민의 자발적 참여 유도와 농촌사업의 확산이라고 정리하고 있다.

황해도 수안에서 3년 동안 전개한 농촌계몽사업 결과 사면 30리 모든 남녀노소가 모두 한글을 터득했고 기독교인이 되어 술·담배·투전·노름을 하는 사람이 없어지게 되어 생활수준이 향상되고 분위기도 쾌활해지게 되었다. 이것을 보고 40~50리 가량 떨어진 신계군 율곡면 배나무골(梨木洞) 동민들이 전부 손가락 지장을 찍어 연판장을 만들어서 자기들이 있는 곳도 개발해달라고 진정서를 보내왔다.[234]

---

232) 박화성, 『새벽에 외치다 : 송산 황애덕 선생의 사상과 생애』, 164~165쪽.
233) 박화성, 『새벽에 외치다 : 송산 황애덕 선생의 사상과 생애』, 163~167쪽.

황애덕의 황해도 수안 용현리 농촌사업은 일제 동양척식회사의 지배를 받지 않는 '자유의 토지'에 농민의 자급자족 경제, 교육, 생활 개선을 목표로 농장·학교·교회를 함께 운영하는 기독교 이상촌 건설을 지향하고 있었다.

(2) 경기도 수원 샘골

한편 수원 구역 감리교 여선교사 밀러는 수원 일대의 농촌을 순회하던 중 샘골의 어려운 형편을 보고 순회강사를 파견하여 무산아동과 학령 초과 아동들에게 한글과 산수를 가르치는 단기강습을 시험해 보았는데 예상보다 좋은 성적을 얻었다. 조선YWCA연합회는 밀러 선교사로부터 순회강습만으로는 배우러 모여드는 아동들을 다 수용할 수 없다는 소식을 전해 들었다. 그리고 즉시 농촌사업 관계자를 현지에 보내 시찰한 뒤 조선YWCA연합회 농촌부의 사업지를 수원 샘골로 결정하고 1931년 10월 최용신을 파견했다.[235] 재정적 후원은 미국 YWCA 농촌부 간사인 에디에게 맡기기로 했다. 최용신은 협성여자신학교 농촌사업지도교육과 지도교수 황애덕이 조선YWCA연합회의 간부였던 데다, 자신도 1929년 조선YWCA연합회 총회에 검사위원 겸 협성여자신학교 학생기독교청년회 대표로 참석하면서부터 조선YWCA연합회와 인연을 맺게 되었다.[236]

1932년 1월 삼천리사 기자의 조선YWCA연합회 방문 인터뷰에서 최용신은 '수원 샘골에서 농촌사업하는 최선생'이라며 조선YWCA연합회에서 파

---

234) 황애덕, 「유고 : 황무지를 헤치며 4」, 『신여원』 7월호, 209~213쪽.

235) 유달영, 『최용신양의 생애』, 49쪽. 최용신은 황해도 수안 용현리는 우물물이 너무 멀어 힘들고 몸이 쇠약하여 의료기관이 있는 서울에서 너무 떨어지지 않은 곳으로 보내달라고 황애덕에게 요청했다(황애덕, 「유고 : 황무지를 헤치며 4」, 『신여원』 7월호, 213쪽).

236) 「제7회 정기대회 및 하령회」, 『조선여자기독교청년회연합회 회록』(1929년 7월 23일). 1928년부터 최용신은 지도교수 황애덕, 동창생 김노득(金路得)과 함께 황해도 수안 농장에서 농촌 실습을 시작했다.

견한 농촌사업가로 소개되었다.

> 본부에서도 직접 관할하는 사업이 잇는데 그것은 농촌農村사업으로 수
> 원水原 샘골에와 수안垂安이라는 아주 사람 가기 어려운 데다가 교육
> 기관敎育機關을 설시設施해 놓고 낮이나 밤이나 보통학교에 못가는 아
> 희들에게 글을 가라치고 또 도서구락부圖書俱樂部를 두어서 책 업는
> 사람들에게 책을 읽게 하는 등의 일을 합니다(당시 조선YWCA연합회
> 총무 김성실의 설명-필자 주).[237]

이상에서 조선YWCA연합회의 농촌사업은 한글교육과 독서를 중심으로
이루어지고 있었음을 알 수 있다. 1932년 7월 조선YWCA연합회 제9차 정
기총회에는 최용신이 출석하여 수원 샘골에서 진행하고 있는 문맹퇴치사
업의 발전과 농촌사업의 증진에 대해 보고하는 등 농촌사업이 중점적으로
논의되었다.[238] 그러나 이 시기 이미 조선YWCA연합회 농촌사업은 농민수
양소 중심으로 개편되고 있었다. 1934년 8월 제10차 정기총회에서 발표된
경상수지 상황(1932년 8월 연합회 회록)을 보면 총지출 2130엔 가운데 최
용신 관련(수원 샘골 농촌사업비) 지출은 140엔으로 농민수양소 관련(수양
회비 100엔, 농민수양소 500엔) 지출 600엔에 비해 너무나 작은 비중을 차
지했다.[239]

실제로 최용신에게 지급된 YWCA의 보조금(그나마도 경성YWCA에서
지급)은 수원 샘골의 농촌사업 곧 천곡학원 건축비(기지는 기부 받았음)에
필요한 실제 경비의 4분의 1에도 못 미치는 부족한 금액이었다. 나머지 금
액은 가난한 살림살이에도 마을사람들이 갹출하여 메워야했다.[240] 1933년

---

237) 「전위여성단체의 진용(3) 조선여자기독연합회」, 『삼천리』, 1932, 98쪽.
238) 『조선여자기독교청년회연합회 회록』(1932년 7월 21일).
239) 「제10차 정기총회 예산안 보고」, 『조선여자기독교청년회연합회 회록』(1934년 8월
     27-30일).
240) 유달영, 『최용신양의 생애』, 70쪽.

에는 그나마 있던 조선YWCA연합회의 보조금도 절반으로 축소되었고 1934년에는 아예 지원이 중단되었다.[241]

조선YWCA연합회가 시대적 요구에 부응하여 농촌에 관심을 가지고 농촌현장사업을 추진했다는 자체는 의미 있는 일이었지만 사업현장에 대한 지원금이 너무 적었고 그마저 3년만에 중단했다는데 한계가 있었다. 이 점이 수원 샘골 천곡학원을 중심으로 한 농촌계몽운동이 YWCA의 성과라기보다는 샘골 농민과 최용신의 업적으로 알려진 주요 요인이라고 할 수 있겠다.

이는 조선YWCA연합회의 농촌사업이 1934년부터 수원 샘골에 대한 지원을 중단하는 대신 농촌부녀의 단기교육기관인 농촌부녀지도자수양소 운영에 집중하는 방향으로 전환되었음을 의미했다. 그리하여 1934년 조선YWCA연합회 주최로 제1회 농촌부녀지도자수양소가 개설되어 각지의 농촌부녀자를 모아놓고 농촌여성지도자교육이 실시되었다. 여기에 황애덕도 강사진으로 활동했다.[242]

황애덕이란 이름은 1934년 8월말 열린 제10차 정기총회 때부터 조선YWCA연합회 간부명단에 나타나지 않는다. 그리고 1935년 가을 만주로 떠나며 해방 이전까지 조선YWCA연합회에서의 활동을 비롯하여 모든 단체에서의 활동을 중단했다. 황애덕이 국내활동을 중단한 배경으로 다음과 같은 점을 들 수 있다.

첫째, 1935년을 기점으로 하여 일제 농촌진흥운동이 강화되고 농촌에 대한 일제의 장악력이 높아지면서 민간 주도의 농촌계몽운동에 대한 탄압

---

241) 이는 미국 선교회로부터 오던 지원금이 감소한 까닭도 있겠지만 1934년 6월 YWCA 회관(서대문 1가에 있던 한옥) 구입과도 관련이 있다고 생각된다. 재정 부족으로 인해 사업 가운데 한 가지가 희생되었다고 볼 수 있다.

242) 최마리아, 「농촌부녀지도자수양회를 마치고」, 『기독신보』 1934년 4월 11일. 강사로 활동했던 최마리아의 글로 미루어, 이전에 이미 내부적으로 농촌사업의 방향 전환에 대한 논의가 있었을 것이라는 생각이 든다.

이 본격적으로 시작되었고 조선YMCA연합회도 농촌사업에서 손을 떼기 시작했다. 이러한 정치적 사회적 환경변화가 황애덕이 국내를 떠나 만주에서 농촌사업을 모색해보고자 했던 직접적 계기가 되었을 것이다. 둘째 조선YMCA연합회 농촌사업의 방향전환 내지 축소와 관련이 있을 수 있겠다. 이에 대한 불만 내지 타개책으로 만주에서의 농촌사업을 모색했을 것이다. 셋째 1935년 어머니와 최용신의 죽음을 겪으면서 국내를 떠나 새로운 곳에서 심신의 전환이 필요했을 것이다. 넷째 농민들이 이주해 살고 있는 만주 실정에 대해 늘 궁금하게 생각하던 차에 이상과 같은 주위환경의 변화를 계기로 만주로 농촌사업과 농민계몽을 확장해보고자 했을 것이다.

(3) 재만동포와 경성현 농장

황애덕은 1935년 만주로 향했다.[243] 그동안 황애덕은 농촌을 살리는 길이 민족을 살리는 길이라고 생각하며 농촌사업을 해왔다. 그러다 문득 우리 농민들이 많이 이주해 살고 있는 만주 땅이 과연 살 만한 곳인지, 아니면 농노의 신세로 죽을 수밖에 없는 곳인지 회의가 들면서 만주동포의 실상을 직접 눈으로 확인하고 싶다는 의무감에 사로잡혔다.[244]

원래 그녀는 북만주에 가보고 싶어 했다. 그러나 마적떼가 출몰하여 여행이 자유롭지 않았기 때문에 하얼빈으로 향했다. 그리고 국내 소식을 알아야 한다는 취지에서 동아일보사 하얼빈지국의 지국장이 되었다.[245]

하얼빈에 정착하고 몇 달 후 황애덕은 초청을 받고 교회(목사 변성옥) 직원들과 함께 '수화농장'이란 곳에 갔다. 당시 수화농장은 일인척식회사 소속으로 하얼빈에서 멀지 않은 곳에 있었다. 황애덕은 초가을 끝없는 농

243) 박화성이 쓴 황애덕 전기 『새벽에 외치다 : 송산 황애덕 선생의 사상과 생애』에는 남편과 함께, 『여원』이 공개한 황애덕 유고에는 평양에 살고 있던 송죽회 동지 최의경과 함께 갔다고 되어 있다.
244) 박화성, 『새벽에 외치다 : 송산 황애덕 선생의 사상과 생애』, 170~171쪽.
245) 『동아일보』 1935년 12월 24일.

장에 익어가는 곡식들이 황금물결을 이루고 있는 것을 보고 최소한 거기 있는 우리 농민들은 굶주리지 않을 거라고 생각했다. 그러나 농민들의 말을 들어보니 정작 농민들은 자신들이 심고 가꾸고 추수한 곡식을 하나도 먹지 못한다는 사실을 알게 되었다. 이에 대해 황애덕은

> (농민들이) 빈 손으로 끌려와 그 땅을 개간했기 때문에 그동안 일인이 공급해주는 안남미 좁쌀을 꾸어 먹게 되므로 그 농사지은 것을 추수하여 그 안남미 값을 이자까지 첨부해서 갚고 나면 농사지어 추수한 것이 오히려 모자란다고 한다. 그래서 다음해 농사짓는 동안 또다시 안남미 좁쌀을 꾸어먹게 되니 다음해 또 빚을 갚고 나면 먹을 것이 없어진다고 하여 언제까지나 이식으로 계속해야 한다고 하니 그 농사지은 쌀은 모두 일인이 가져가 원통하다고 한다.[246]

라고 적었다. 결국 우리 농민들이 굶주리고 빚에 시달리면서 거친 땅을 고르고 물길을 끌어들여 힘들게 논을 개간하고도 일인과 맺은 불공정한 계약으로 인해 다시 채무를 지게 되는 상황이 반복되어 농노 수준의 생활에서 벗어날 수가 없었다. 황애덕은 이러한 착취 구조에 분노했다. 그리하여 농민들의 생활향상을 위해 오인근·박경옥과 같은 교회유지들과 함께 계몽사업을 전개하는 한편 그곳의 우리 농민들에게 용기있게 그 농장을 뛰쳐나와 함께 '자유농장'을 만들어보자는 제안을 했다. 넓은 만주 땅 어디를 가든 그 정도로 고생하면 자신들이 추수한 곡식은 실컷 먹을 수 있으리라는 생각에서였다.[247]

이리하여 황애덕은 수화농장에 있던 안제섭을 대리로 하여 '일인이 자주 왕래하지 않는 곳' '만주에서도 가장 궁벽한 경성현'을 택해 농장을 건설하기 시작했다. 1여 년 동안 애쓴 결과 농민 30여 호가 이주해 신개척

---

246) 황애덕, 「유고 : 황무지를 헤치며 : 만주로 향하여, 일제 말기」, 『신여원』 8월호, 1972.
247) 황애덕, 「유고 : 황무지를 헤치며 : 만주로 향하여, 일제 말기」, 『신여원』 8월호, 1972.

농장이 되었고 농장 안에 교회도 설립되었다고 한다. 그러나 정작 황애덕 자신은 마적떼의 위험으로 인해 경성현 농장에 한 번도 가보지 못했다. 그러다 1937년 중일전쟁, 1939년 제2차 세계대전이 일어나 더 이상 머물 수 없게 되자 돌아왔다.[248]

이상이 황애덕이 만주에서 전개한 농촌사업의 대체적 전말이었다. 농민에 대한 관심과 농촌사업에 대한 사명감을 국내에서부터 만주와 하얼빈에까지 확장하고 동포의 생활개선을 위해 이상촌 건설을 시도했다는 점에서 의의를 지닌다. 그러나 자신이 투자하여 건설한 농장 현장에 끝내 가보지 못했다는 점은 한계라고 하겠다.

이후 황애덕은 고국으로 돌아와 일제의 전시동원을 피해 그리고 일제의 소개령疏開令에 따라 서울 근교 광주廣州 백현리에 농장을 마련하고 농촌생활을 했다. 일인들이 농촌에서도 농민의 식량까지 수탈해감을 보고 이에 대항하여 곡식 한 톨이라도 일인에게 주지 않으려고 곡식이 있는 대로 떡, 엿, 두부를 만들어 양껏 소비하는 것을 일과로 삼았다. 틈틈이 낮에는 동네 아이들을 모아놓고 한글을 가르치고 밤에는 젊은 남녀를 가르치며 세월을 보냈다. 황애덕은 이 시기를 전후해 일체의 공적 생활에서 물러나 가정생활에 전념하며 해방이 될 때까지 친일행위를 하지 않았다. 이는 황애덕이 이 시기를

교육사업도 여성운동도 농촌지도역할도 이 정치 하에서는 강제폐쇄와 탄압으로 계속할 수 없으니, 자식들이나 참되게 지성껏 키워서 우리나라의 이세국민으로나 떳떳하게 내세워야 하겠다.[249]

---

248) 『여원』이 공개한 황애덕의 유고에는 전쟁이 나서, 박화성의 황애덕 전기에는 2차 세계대전이 일어나 더 이상 머무를 수가 없어서 귀국했다고 되어 있다. 따라서 국내로 돌아온 시기가 언제인지는 확실치 않다.

249) 박화성, 『새벽에 외치다 : 송산 황애덕 선생의 사상과 생애』, 174~175쪽. 이 시기 황애덕은 남편의 사생자인 두 아들과 입양한 아들 이렇게 세 아들을 양육하고 교육하는데 집중했는데 매일 한글을 가르쳤다고 한다.

고 파악했기 때문이었다. 황애덕의 동생 황신덕을 비롯하여 이 시기 대부
분의 여성지식인들이 사회활동을 계속하며 회유와 위협에 의해 일제협력
행위에 가담함으로써 오늘날 친일지식인이라는 오명에서 벗어나지 못하고
있는 것과는 대조적이다. 이런 면에서 황애덕의 현실 판단과 처신은 정확
했다고 하겠다. 해방을 맞게 되자 자신의 농토를 전부 소작인에게 분배해
주고 서울로 올라와 동지들과 함께 우리나라 재건운동을 시작했다.[250]

2. 경성여자소비조합 조직

협동조합운동은 1919년 3·1운동 직후 소비조합, 상회라는 이름으로 많
이 일어났다. 합리적으로 소비하여 우리 경제를 회복하자는 동기에서 비롯
되었다. 이후 1926년 도쿄유학생들이 조선의 농촌을 구할 방안은 협동조합
뿐이라는 생각으로 '협동조합운동사'를 조직했다. 이들은 1927년 귀국하여
'민중 속으로'란 표어 밑에 선전대를 조직하여 협동조합의 필요, 조직 방법
을 선전하며 전국을 순회했다. 이 단체가 1928년 본부를 경성으로 옮기면
서 '협동조합경리사'가 되었다. 한편 1925년 천도교에서 조선농민사가 조
직되어 농촌운동을 전개했다. 이외에 노동운동단체 소속의 소비조합도 생
겼다. 이 가운데 가장 두드러진 것이 조선기독교청년회연합회의 협동조합
운동이었다. 조선YMCA연합회에서는 1925년 농촌사업부를 두고 농촌사업
을 시작했다. 1928년 신흥우(조선YMCA연합회 총무)와 홍병선(조선YMCA
연합회 농촌부 간사)은 사회복음주의에 기초해 농촌과 농민에 대한 기독교
의 관심을 촉구한 예루살렘 선교대회에 참가하고 농업부국 덴마크를 시찰
한 뒤 덴마크의 협동조합을 모델로 협동조합운동을 활발하게 전개했다. 이
리하여 1931년 조선YMCA연합회 산하 협동조합은 200여 개에 이르렀다.[251]

---

250) 황애덕, 「유고 : 황무지를 헤치며 : 백현리 농장에서, 2차 대전 말기」, 『신여원』
      8월호, 1972.

이러한 흐름에 동참하여 여성계에서도 가정부인, 직업부인, 학생 등 전 여성을 총망라해 '우리의 손으로 사고팔자'는 움직임이 일어나 조합을 결 성하게 되었다. 1929년 8월 18일 견지동 시천교당에서 경성여자소비조합 창립준비회가 열려 규약초안위원과 창립위원이 선거되었다. 창립위원은 황애덕을 비롯하여 김정원·황신덕·우봉운·김수준·김상순·신정균·이자 경·엄경춘·이왕현·강정임·강금순·한신광·김선·윤차진으로 선정되었 다.[252] 이때 황애덕이 사회자를 맡아 개회사를 하는 등 경성소비조합의 창 립부터 중심인물로 활동했음을 알 수 있다.[253] 11월 공평동 근우회관에서 여자소비조합 발기인 총회가 열렸다.[254] 그리고 1930년 3월 9일 수표정 교 육협회 건물에서 50여 명이 참석한 가운데 경성여자소비조합 창립대회가 열렸다.[255] 김수준이 사회를 맡았고, 황애덕이 사무방침에 대한 설명을 담 당했다. 3월10일 제1회 이사회에서 경영 방침과 부서, 임원이 결의되었다. 이 결과 이사장에 김수준, 전무이사에 황애덕, 상무이사에 김정원, 김상순 이 선임되었다.[256] 1931년 2월 조합의 임원은 이사장 김수준, 전무이사 황 애덕은 그대로이지만, 상무이사가 신정균으로 바뀌었다. 이사는 전무이사 와 상무이사를 포함하여 우봉운, 김정원 등 9명으로 구성되었다. 이상에서 황애덕은 조합의 창립위원, 조합 설립 후 전무이사로 선임되어 조합의 창 립과 운영에 주축으로 활동했다. 그리고 김수준을 비롯하여 근우회 인사들

---

251) 함상훈, 「조선협동운동의 과거와 현재」, 『동광』 23, 1931.7, 19~22쪽 ; 한규무, 『일제하 한국기독교 농촌운동 : 1925~1937』 154~164쪽의 협동조합 부분 참조.
252) 『동아일보』 1929년 8월 20일.
253) 「조선인 항일운동 조사 기록」, 『사상문제에 관한 조사 서류』(1929), 독립기념관 소장, 국회도서관 자료.
254) 「京城女子消費組合創立大會」, 『중외일보』 1929년 11월 10일.
255) 이 날 임원으로 이사에 김수준·정자영·강정임·우봉운·박정식(권?)·김상순, __자, 이사 후보에 유__, 홍은희·임효정·손매리·김영옥, 감사에 한신광·유영준·황신덕 이 선정되었다.
256) 「女子消組 任員等選定 리사회에서」, 『중외일보』 1930년 3월 14일.

과의 교류와 협력을 통해 경성여자소비조합을 이끌어 갔다.

황애덕과 근우회의 협력 배경은 다음과 같다. 1929년 황애덕은 여러 차
례 근우회 평양지회와 경성지회 강연회의 연사로 활동했다. 동생 황신덕이
근우회 본부 주요 간부로서 황애덕과 근우회 인맥의 연결고리 역할을 했
던 것으로 생각된다. 1930~31년에는 황애덕 자신이 근우회 전국대회 준비
위원, 집행위원, 상무집행위원으로 선임되었다.[257] 또한 근우회관에서 경성
여자소비조합 발기인 총회가 열렸고 근우회 인물들을 중심으로 조합의 창
립위원과 임원으로 선임되었다. 이와 같이 경성여자소비조합이 근우회 사
업은 아니었지만 근우회 간부들이 중추적 역할을 담당했고 근우회원들이
많이 참여했다.[258] 황애덕과 근우회 인사들과의 교류와 협력이 경성여자소
비조합의 조직과 운영에 원동력이었음을 알 수 있다.

황애덕은 경성여자소비조합의 창설뿐 아니라 이론 확립에서도 주축을
담당했다. 창립 총회에서 조합의 사무 전반에 대한 설명을 맡아했고, 잡지
에 '(여자소비조합이–필자 주) 조선여자경제운동의 제일보'라는 글을 기고
했으며,『뎡말나라연구』(최봉칙·채핀부인 공저) 협동조합 부분을 맡아 편
집했다.[259] 황애덕은 협동조합에 대해

---

257) 사상에 관한 정보철 제2책, (근우회) 집회 취체 상황 보고, 京鍾警高秘 제 2146
    호, 발신자 종로 경찰서장, 수신자 京城지방법원 검사정(수신일 1930년 02월 21
    일) ; 사상에 관한 서류(1), 집회취체 상황보고(통보), 京鍾警高秘 제18257호, 발
    송자 경성 종로경찰서장, 발송일 1930년 12월 27일, 수신자 경무국장, 경기도 경
    찰부장, 경성부내 각 경찰서장, 경성지방법원 검사정 ;「내외대관 해설과 비판,
    세상은 어디로 가나」,『동광』18, 1931.2, 2쪽 ;「녀자 소비조합의 그 의의와 사명
    金繡準」,『중외일보』1929년 11월 28일.
258)「인재 순례, 제2편 사회단체, 근우회」,『삼천리』5, 1930.4. 1930년 4월 현재 황신
    덕, 한신광, 우봉운, 강정임, 김정원, 김선은 근우회 본부 집행위원, 김수준은 근우
    회 본부 검사위원장, 김상순과 신정균은 근우회 경성지회 재무부 임원(「내외대관
    해설과 비판, 세상은 어디로 가나」,『동광』18, 1931.2, 2쪽) 槿友會 常務委員 庶
    務部 金貞媛, 財務部 金繡準 禹鳳雲, 宣傳部 姜貞任, 政文部 禹鳳雲, 執行委
    員 黃愛德 孫快禮 金善, 中央檢査委員長 申貞均.

협동조합이라는 말은 우리나라에 계하는 것과 비슷한 것입니다. 즉 한 사람이 하기 어려운 일을 여러 사람이 힘을 합하여 서로 돕고 붙들어 평안히 잘 살 수 있도록 하는 모임입니다.… 한 사람의 가진 천원 돈이나 일천 사람이 각각 일원씩 내어 모아 놓은 천원 돈이나 천원 돈이란 그 가격은 꼭 마찬가지 이치인 것을 정말사람들은 깨닫고 마침내 가난한 여러 사람들이 약간 가진 돈을 모아서 자본주의를 대항하야 큰 사업을 시작한 것이 즉 협동조합이 생겨난 근원입니다.… 이처럼 협동조합은 정말사람들이 굶어 죽을 자리에서 적은 돈을 합하고 약한 힘을 합함으로 큰 돈을 만들고 큰 힘을 모아 무엇이나 서로 협동하여 단체적으로 함께 함으로 그들은 오늘날 성공을 하게 되었습니다. 그러므로 협동조합은 정말 농민을 살려낸 비결이라고 할 수 있습니다.[260]

라고 설명했다. 협동조합이 덴마크 농민을 살렸듯이 우리 민족도 단결하여 노력한다면 잘 살 수 있을 것이라는 희망이 나타나 있었다.

황애덕이 당대 다른 지식인들과 달랐던 점은 협동조합이 농촌 뿐 아니라 도시에도 필요하다는 생각으로 이를 실천에 옮긴데 있었다. 황애덕은 '소비조합'이 작은 촌락뿐 아니라 큰 도시에도 꼭 있어야 한다고 주장했다. 촌락의 조합과 같이 규모가 작으면 이익은 적지만 사무 처리가 간단하고, 도시의 조합처럼 범위가 넓으면 일이 복잡한 대신 이익은 더욱 커지는 등 나름대로 장점이 있다고 생각했기 때문이었다. 따라서 앞으로 각 지역과 촌락마다 소비조합이 생기고 각 분야마다 협동조합이 생기게 되면 그 조합들을 모아 중앙조합을 조직하고 지방의 산물을 연결하여 취급함으로써 서로의 편리를 도모하게 될 것이라고 전망했다.[261] 도시와 농촌을 포함한 각 지역에 조합이 설립되어 중앙과 지역을 연결하는 유기적인 조직체로써

259) 「女子消組 任員等選定 리사회에서」,『중외일보』1930년 3월 14일. 이사장에 김수준, 전무이사에 황애덕이 선임되었다.
260) 채핀부인·최봉칙 공저,『뎡말나라 연구』, 조선야소교서회, 1930, 43~46쪽 ; 배윤숙,「채핀부인의 생애와 여성신학 연구」, 133쪽에서 재인용.
261) 황애덕,「조선여자경제운동의 제일보」,『청년』 10-5, 1930.7-8, 113~114쪽.

의 협동조합을 꿈꾸었음을 알 수 있다. 민족의 생존을 위협하는 경제적
어려움을 해결하기 위해 단결하고 협력해야 한다며 '우리의 살길은 협동
적 정신과 조합적 노력'에 있다고 주장했다. 그 근거는 다음에서 엿볼 수
있다.

첫째 사회의 대세가 각 단체의 단결과 이익 추구임을 들었다. 상업은 회
사나 주식의 형태로 단결하고 노동자는 노동조합으로 단결하며, 생산자나
자본가가 점점 대규모적으로 큰 이익을 도모하고 중간상은 이중삼중의 이
익을 챙기고 있는 현실에서 소비자도 단결해야 한다는 것이었다. 둘째 우
리나라의 공업이 뒤떨어지고 생산력이 미약해 타국의 생산품을 소비해줄
수밖에 없는 현실을 조선의 경제적 위기라고 보고 조선의 경제위기를 방
비하기 위해서는 여성이 나서야 한다는 것이었다.

황애덕은 가정살림의 주체이자 소비자라는 관점에서 여성의 경제적 역
할에 주목했다. 여자소비조합이 여성운동 차원에서 '여자경제운동의 제일
보第一步'이며, 경제적 관점에서 약자인 개인 소비자와 우리 민족이 살 길
이라고 보았다. 따라서 여성들이 협동정신으로 단결하여 조합을 결성하고
생산과 소비를 협동적으로 함으로써 금융의 압박을 줄이고 가정경제와 민
족경제에 일익을 담당할 수 있다고 강조했다.[262] 황애덕이 여자소비조합을
여성운동 뿐 아니라 민족운동의 차원에서 보았던 반면 김수준은 여자소비
조합을 여성운동의 하나로 간주했다는 점에서 차이가 있었다.[263] 황애덕의
관점에서 경성여자소비조합은 물산장려운동과 같은 경제적 민족운동이자

---

262) 황애덕, 「조선여자경제운동의 제일보」, 113~114쪽.
263) 김수준, 「여자소비조합의 의의와 사명」, 『중외일보』 1929년 11월 28일. 김수준은
    여성운동과 소비조합을 몸체와 수족의 관계로 보고 여자소비조합이 여성의 가정
    경제에 도움이 될 뿐 아니라 여성의 사회적 훈련을 위해서도 필요하다고 강조했
    다. 그리하여 여성이 소비조합에 적극 참여하는 것은 물건을 싸게 산다는 생활상
    의 이익을 넘어서 '여성의 경제적 각성을 위한 사회적 훈련'이며 이를 통해 여성
    들의 의식과 지식 표준이 향상되고 '단결의 정신'이 강해진다는데 중요한 의미를
    두었다.

여성의 경제적 역할을 강조한 여성운동이기도 했다.

경성여자소비조합은 소매상과 중간상인에게 돌아가는 이익을 조합원들이 직접 취하여 가정경제에 도움이 되게 하자는 목적에서 조직되었다. 경성여자소비조합을 통해 조합원이 얻는 이익은 다음과 같았다. 첫째 가정에서 쓰는 일반 식료품과 일용품을 원가에 가까운 값으로 가져다 쓸 수 있었다. 직접 가져다 놓을 수 없는 물건의 경우 조합원의 증명을 가진 사람이 조합과 특약을 맺은 상점에 가서 조합 증명을 내보이면 피륙은 3분, 미곡은 2~3분, 비누와 재물은 3할까지 할인해서 살 수 있다. 둘째 일용품 구입을 조합에 위탁하고 배달받아도 그 물건을 믿을 수 있기 때문에 하인 없이도 주부가 단신으로 생활을 꾸릴 수 있다. 셋째 출자금 5원에 대해 1년에 1회씩 이익 배당을 얻을 수 있다. 넷째 단체 행동과 경제적 관념에 대한 상식을 얻게 된다.[264] 입회 대상은 경성(서울의 당시 명칭)이나 경성 가까이 거주하는 가정부인, 직업부인, 여학생을 대상으로 했다. 가입비 1구(口, 한 계좌) 5원을 내면 조합원이 될 수 있었다. 1인 1구 이상도 가능하며 구수대로 이익을 배당하기로 했다.[265] 그리하여 경성여자소비조합은 1930년 4월 5일 낙원동에 상점(대리부)을 개업했다.[266] 1931년 2월~7월 현재 조합원(株主)은 100여 명으로 구수口數 100 1구口 5원씩 총자본금 500원 1일 판매액 20원으로 경성여자소비조합이 생긴 지 불과 1년 만에 3할의 이익이라는 놀라운 성적을 거두었다.[267]

『삼천리』에서는 경성여자소비조합의 모토가 '생산자의 손에서 물품을 직접 갖다가 소비하자, 중간착취를 폐지하는데서 우리 생활을 우선 개선하자'는 것이라고 보도하며 경성여자소비조합의 상점을 '새시대 새의미의 구

264) 「조선에도 창립된 여자소비조합」, 『중외일보』 1930년 3월 11일.
265) 「조선에도 창립된 여자소비조합」, 『중외일보』 1930년 3월 11일.
266) 「女子消費組合今日부터 開業」, 『중외일보』 1930년 4월 5일. 상점은 당시 용어로 점방이나 구멍가라고 불렸다.
267) 함상훈, 「조선협동운동의 과거와 현재」, 『동광』 23, 1931.7, 22쪽.

멍가게', 경성여자소비조합의 100여 명 회원들을 '전위의식을 가진 새시대의 젊은 사공', 조합원들의 사업을 가로막는 난관인 거대 금융자본, 대백화점, 상업기관을 '사공들의 뱃길을 막는 폭풍우'로 비유했다. 그리하여 경성여자소비조합에 구멍가게 대 대백화점, 소자본 대 거대 금융자본의 대결이라는 막중한 의미를 부여했다.[268]

경성여자소비조합은 창립 2년만인 1932년 2월 즈음 침체상태에 빠졌다. 여자소비조합운동이 계속되어야 한다고 생각했던 최영숙이 무리를 해서까지 상점을 인수하여 장사를 해보았지만 잘 되지 않아 어려움을 겪다가 이마저 최영숙의 병사로 유야무야되었다.[269] 1932년 10월 경성여자소비조합의 조합원들이 근우회관(공평동 43번지)에서 임시총회를 열고 최후 방도를 강구하기로 했지만 이후 기록이 없는 것으로 보아 해체된 것으로 보인다.[270]

당시 대부분의 협동조합이 남성 중심의 농촌협동조합이었던 상황에서 황애덕은 여러 여성 동지들과 함께 경성(서울)이란 대도시에서 여자소비조합을 창립했다. 경성여자소비조합은 여성계의 호응과 사회적 기대를 받으며 결성된 단체로 많은 어려움에도 100여 명의 여성들이 스스로의 힘으로 협동조합 정신과 이론을 실생활에 구현하고자 했다는 그 자체만으로도 큰 의미가 있었다.[271] 나아가 가정주부로서 또 지식인으로서 사명감을 가지고 가정경제와 민족경제의 향상을 목표로 전여성의 단결을 생활 속에서 실천

---

268) 「노동복의 대행진, 계급적 전위의 기를 들고 일백 낭자군이 단결, 경성여자소비조합 방문기」, 『삼천리』 12, 1931.2, 46쪽.
269) 「부인문제에 대한 비판 : 어떠한 경제학이 정당한가, 최영숙씨의 견해」, 『삼천리』 2월호, 1932, 76~78쪽 ; 「인도청년과 가약 맺은 채 세상 떠난 최양의 비련, 서전(스웨덴) 경제학사 최영숙양 일대기」, 『삼천리』 4-5, 1932.5, 15~16쪽 ; 「경제학사 최영숙 여사와 인도청년과의 연애관계의 진상」, 『동광』 34, 1932.6.
270) 「京城女子消費組合 最後策 協議」, 『동아일보』 1932년 10월 25일.
271) 「부인의 경제적 각성 : 여자소비조합 발기를 보고」, 『중외일보』 1929년 11월 10일 사설 참조.

하고자한 여성운동이자 경제운동이었다. 여성들을 결집하여 경제에 대한 관심을 환기하고 현명한 소비를 위한 방법을 제시하며 소자본의 투자로 주주의 이익을 실현하는 등 일반여성들의 경제의식을 깨우치고 경제적 경험을 축적하며 소비조합운동의 필요와 유용성에 대한 여론을 환기했다. 그리하여 이후 여성들의 소비조합 조직에 영향을 주었다.[272] 그러나 2년이라는 짧은 기간밖에 존속하지 못했다는데 그 한계가 있었다.

---

272) 1932년 9월 평양에서 근우회 평양지회장 조신성 외 10여 명이 평양여자소비조합 조직준비회를 개최하고, 1933년 1월 경성에서 구식여성을 망라한 조선여자소비조합이 창립되었다(『동아일보』 1932년 9월 17일 ; 「女子消費組合創立 十일 오전열한시에 총회 家庭消費品廉價供給」, 『중앙일보』 1933년 1월 11일).

제3장 박인덕의 농촌활동과 직업부인협회

1. 농촌여자사업협찬회 조직과 활동

1) 농촌여성지도자교육

박인덕은 귀국 후 이혼(아내가 남편에게 먼저 이혼을 청구함)으로 인해 보수적인 교회와 기독교계의 공적 지위에서 거의 배제되었던 데다 독립운동 전력으로 인해 직장마저 구할 수 없었다.[273] 박인덕의 귀국을 즈음한 언론의 보도와 박인덕의 인터뷰의 논조는 앞으로 박인덕과 황애덕이 협력하여 함께 YWCA에서 농촌사업을 하리라는 전망이 우세했다.[274] 박인덕은 귀국하면서 장래 활동의 장에서 여타 여성(운동가)들과 단결과 협력을 기대했다.

　… 내가 먼저 우리 조선여성에게 감사를 드릴 것은 내가 미국 있을 때나 기타 다른 곳에 있을 때 우리 조선여성도 사회적으로 많은 활약과

---

273) 에비슨(Oliver R. Avison), 『고종의 서양인 전의 에비슨 박사의 눈에 비친 구한말 40여년의 풍경』(황용수 역, 장의식 편, 대구대학교, 2006, 474쪽)에서는 박인덕이 1919년 독립운동으로 투옥되었던 전력이 있기 때문에 교단 복직이 허락되지 않았다고 했지만, 같은 상황에서 황애덕과 김마리아가 귀국 후 서울 협성여자신학교와 원산 마르다월슨여자신학교 교사로 근무한 것을 보면 꼭 그렇지도 않다는 것을 알 수 있다.

274) 「조선여류십거물열전 : 박인덕, 황애시덕 양씨, 해외에서 돌아온 투사」, 37~38쪽 : 박인덕, 「6년만의 나의 반도, 아메리카로부터 돌아와서 여장을 풀면서 옛 형제에게」, 『삼천리』 3-11, 1931.11, 91쪽.

진보를 하고 있다는 소문이었습니다. 그때 나는 어찌도 기뻤는지 몰랐어요. 마치 나의 길동무가 생긴 감상도 있었고 또 나와 같이 같은 무대에서 활약할 것을 생각하니 그 이상 더 기쁜 것은 없었습니다.[275]

그러나 현실은 냉정했다. 그녀는 기독교여성들이 주도하는 YWCA에 끼지 못했다. 때문에 자신이 주도하는 농촌여자사업협찬회를 조직하여 YWCA와 별도로 독자적인 농촌사업을 전개해야 했다.

1932년 박인덕은 그동안 자신이 해왔고 또 앞으로 해나갈 농촌여성사업에 대한 경과보고회를 열었다. 100여 명이 수용인원인 주일아동회관은 박인덕의 농촌사업에 공감하는 남녀 인사들로 가득 찼다. 그 자리에 앨리스 아펜젤러 교장을 비롯한 이화여전 관계자 대부분과 기독교계 원로인 윤치호도 참석했을 정도로 박인덕의 농촌활동에 대한 일반인들과 국내 기독교 인사들의 관심은 컸다.[276] 그럼에도 이런 자리에 YWCA의 주도적 인물인 김활란이 불참했다는 사실은 김활란과 박인덕이 농촌사업에서 경쟁관계였고, 당시 기독교여성계의 농촌사업이 이원화되어 진행되었음을 보여주는 단적인 예이다.

여러 악조건 속에서도 박인덕은 YMCA 총무 신흥우의 주선으로 영국성서공회에 취직하여 틈틈이 자신만의 독자적인 농촌사업을 진행해 갔다. 신흥우의 적극적인 지원으로 1932년 조선기독교청년회연합회(YMCA)를 통해 농촌사업의 방안을 제시하는 『정말국민고등학교』를 간행했고, 1933년 YMCA의 농민수양소를 빌어 농촌부녀지도자교육을 실시했다. 농촌여자사업협찬회 회장으로서 박인덕이 주도한 농촌부녀지도자교육(1933.2.27~3.19 실시)은 YWCA의 농촌여성지도자교육(1934 실시)보다 1여년 앞서 실시된 최초의 농민여성지도자교육으로서 의의가 있다.

그녀는 서울 근교에서 농촌사업을 하는 과정에서 농촌사업에 관심을 가

---

275) 「6개국을 漫遊하고 돌아온 박인덕 여사 방문기」, 49쪽.
276) 『윤치호 일기(1916~1943)』, 549쪽.

진 사람들을 조직하고 지도자를 양성할 수 있도록 농촌여성과 어린이들을
위한 지도자수양소(leadership training center)가 필요하다고 느끼게 되었다.
이에 따라 자신을 지지하는 미국기독교인들과 국내 외국인 선교사들로 조
직된 위원회의 후원을 받아 150명의 회원으로 구성된 농촌여자사업협찬회
(Society for Work among Rural Women)를 조직하고 회장이 되어 농촌사업
을 이끌었다.[277]

1933년 농촌여자사업협찬회에서는 YMCA의 수양소 건물을 빌어 2~3월
3주간 농촌부녀들을 위한 덴마크식 성인교육과정(folk school)을 시험적으
로 운영했다. 농촌 각지에서 6명의 여성이 선발되어 합숙하며 함께 밥하고
우물에서 물 긷고 불 피우고 방청소하고 마루 닦고 마당을 쓸며 가족처럼
생활했다.

교육과정에서 가장 큰 이슈는 어떻게 하면 부엌을 일하기 좋고 편리한
공간으로 만들 수 있을까하는 문제였다. 왜냐하면 당시 각 가정의 부엌은
매우 불편한 구조였기 때문에 하루의 3분의 2를 부엌에서 일하는 여성이
고생이 배우 심했기 때문이었다. 다음으로 함께 토의했던 주제는 활기찬
정신, 그리고 이동학교에 관한 것이었다. 이러한 농촌여성교육의 목적은
농촌여성들이 어려운 상황에서도 씩씩하고 즐겁게 살고 일할 수 있도록
희망을 심어주고 격려하는데 있었다.[278] 곧 기술교육보다는 단기간의 정신
교육의 성격을 띠고 있었으며, 이를 통해 여성들이 어려운 경제적 여건과
여성지위에도 불구하고 삶의 자세를 긍정적으로 전환하는 계기를 마련해
준다는데 그 의의가 있었다.

박인덕은 서울 근교에 농촌여성교육을 위한 토지와 건물(수양소)이 확
보된다면 1년에 2번 씩 1회당 10명의 여성들에게 이러한 교육과정을 운영

---

277) Induk Pak, "Work Among Rural Women", *The Korea Mission Field*(1933.7),
    pp.136~137.
278) 「農村婦女爲해 移動學校開設, 女子事業協會에서 朴仁德씨의 열성으로」,
    『동아일보』 1933년 11월 5일 조간.

하고자 하는 바램을 가지고 있었다. 교육과정을 수료한 여성들이 각기 자기 고향에 돌아가 가정과 농촌사회에 여성지도자로서 새로운 정신과 기풍을 고취시키며 그 영향력을 확산해간다면 400만 가정과 2800여 개 마을이 더 살기 좋은 곳으로 변화될 것이라고 희망했다.[279]

1933년 12월에도 겨울 농한기를 이용하여 공덕리 수양소에서 농촌가정에 적절한 여러 가지를 교수할 계획을 세우고 있었다.[280] 덴마크 농민수양소를 모델로 한 그녀의 농촌여성지도자교육사업은 자체 건물이나 교사, 교구, 프로그램 확보 등으로 확장되지 못한 채 1회로 끝난 것으로 보인다. 1934년부터는 해마다 조선YWCA연합회 주최로 농촌부녀지도자수양소가 개최되었다.

전국 각지에서 농촌여성을 선발해 교육하고 이 여성들이 자기 마을에 돌아가 생활개선과 계몽운동의 주역으로 활동함으로써 각지에 농촌계몽운동을 파급하고자 했던 박인덕의 야심찬 프로젝트는 결국 서울 근교 농촌여성을 대상으로 하는 강습회·강습소의 형태로 변화·정착되었다. 박인덕은 1935년 다시 도미했고 강연여행을 통해 자금을 모았다. 그리고 2년 뒤 귀국하여 1937년 김포 양곡 마을에 두 채의 초가를 사서 강습소로 운영하게 된다. 이전에 이동학교(순회강습회)의 형태로 운영하던 방법에서 한 곳에 근거지를 두고 정착하여 강습소를 운영하는 방법으로 전환했음을 알 수 있다. 이런 형태로나마 덴마크식 수양소를 설립하고 성인교육을 실시하고자 했던 박인덕의 여성농민지도자교육 사업은 계속 이어졌다고 볼 수 있다.

박인덕은 1932년부터 만3년 동안 서울 근교의 몇 군데 농촌에서 농촌여성사업을 해 본 현장경험과 지방을 순회하며 우리 농촌문제에 관해 여러

279) Induk Pak, "Work Among Rural Women", pp.136~137.
280) 「農村婦女爲해 移動學校開設, 女子事業協會에서 朴仁德씨의 열성으로」, 『동아일보』1933년 11월 5일 조간.

사람에게서 들은 의견을 종합하여 『농촌교역지침』을 저술했다. 여기서 그 녀는 농촌주부들에 대한 교양교육이 필요한데, 그 이유가 가정에 대한 애 착심을 생기게 하고 농촌생활에 취미를 붙여 삶에 희망과 의미를 찾도록 하는데 있다고 보았다. 그리하여 농촌주부들이 괴롭고 힘든 농가경제와 살 림살이지만 애착을 가지고 어려움을 극복해나가기를 기대했다. 이로써 농 촌의 경제적 어려움으로 인해 한 국가의 토대가 되는 농민이 붕괴되는 것 을 막는 동시에 농촌인구의 도시 유입을 억제하여 도시 실업문제를 감소 시키는 효과도 있을 것이라고 분석했다.[281]

그녀는 농촌부녀교육에 대해 세 가지 단계의 안을 제시했다.

첫째, 누구라도 선각자가 자진해서 자기가 사는 농촌이나 이웃 농촌에 서 1주일에 1번이라도 여성을 모아 이야기를 하며 서로의 경험을 나누고, 자신이 아는 것을 가르치라는 것이었다. '나의 조금 아는 것 가지고 내 이 웃 부녀들을 도와 같이 잘 살아보려는 열성'만 있으면 할 수 있는 단계라 고 보았다.

둘째, 가까이 있는 마을들이 힘을 합해 농촌여자수양소를 설립하고 1주 일, 2주일, 1달 동안 모여서 교육을 받게 하라는 것이다. 이러한 농촌여자 수양소의 목적은 '하고 싶은 마음이 생기도록 하는 것'이었다. 농촌여성들 에게 하고자 하는 마음을 심어줄 수 있으면 그 다음부터는 각자가 스스로 방법을 찾을 수 있다고 보았기 때문이었다. 교사의 보수와 수양소의 경비 는 수양소 회원들이 가진 쌀이나 나무와 같은 소출로 지불하는 것이 좋다 고 보았다.

셋째, 단계는 농촌여자수양소를 대규모로 경영하는 것이다. 어떤 중심지 에 실험 장소까지 설비된 수양소를 설립하고 여성들이 할 만한 부업을 연 구하여 실제로 가르치는 등 '정신수양과 물질견습을 겸하여' 하도록 하라 는 것이었다. 박인덕은 이 모델을 미국 켄터키주에 있는 베리아학교에서

---

281) 박인덕, 『농촌교역지침』, 1933, 15쪽.

찾았다. 이 학교는 남녀공학으로 교육정도는 초등 정도부터 전문, 대학 정도까지 학과(교육과정)를 두고 각자가 원하는 대로 배우도록 했다. 동시에 학교에서 떡 만들고 우유 짜고 농사짓고 길쌈하고 인쇄까지 하며 농촌에서 하는 일을 연구하고 배울 수 있었다.[282]

박인덕이 하고자 했던 농촌여자교육은 단기간 단체로 받는 성인(장년)교육의 형태로써 그 목적이 취직이 아니라 생활에 의미를 부여하고 '잘살아보자'는 정신교육과 동기부여에 있었다.[283]

자신이 직접 농촌현장에 뛰어들어 농촌사업을 해본 결과 농민에게 정신교육·교양교육과 함께 당장 부업으로 시작할 수 있는 실질적인 기술을 가르치는 것이 시급하다고 깨닫게 되었다. 때문에 박인덕의 저서에서 농촌여자수양소의 모델은 농촌현장 활동 전후에 따라 그 사례가 변화되어 나타났다. 『정말국민고등학교』(1932년)의 모델은 덴마크 농민수양소였고, 『농촌교역지침』(1935년)의 모델은 미국 베레아학교였다. 박인덕은 농촌여성교육이 현실적으로 경제적인 면에서 실제로 도움을 줄 수 있는 실업교육이 되어야한다고 강조했다.

2) 이동학교(순회강습회), 강습소와 탁아소

박인덕이 조직하고 회장으로 있던 농촌여자사업협찬회는 서울에 본부를 두고 각종 농촌사업을 경영했다. 1932년부터 서울 근교 동소문 외 돈암리, 경의선 수색역 부근, 기타 4~5곳 등 교육기관이 없는 농촌에 이동학교를 개설했다. 그리고 농촌부녀자에게 가정개량을 목표로 한글, 동서양 열부, 육아, 건강, 위생, 응급치료법, 축산, 협동조합에 대해 가르쳤다.[284] 농

---

282) 박인덕, 『농촌교역지침』, 15~18쪽.
283) 박인덕, 「조선사회와 장년교육론」, 『삼천리』 7-5, 1935.6, 115쪽.
284) 「농촌부녀 위해 이동학교 개설, 박인덕 열성으로 여자사업협회에서」, 『동아일보』 1933년 1월 5일 ; 「本報革新紀念 特別講演會開催」, 『조선중앙일보』 1933년 11월 5일 ; Induk Pahk, *September Monkey*, pp.172~176.

촌부녀지도는 11월~4월까지 농한기를 이용하거나 야학의 형태로 진행되었
다.[285] 1932년 7월 현재 3곳에서 이동학교가 운영되고 있었다.[286] 당시 농
촌여성은 대부분 문맹상태였다. 그리고 농촌 어린이 역시 가정경제가 어려
워 학교에 다니지 못하거나 입학하더라도 대부분 도중에 그만두고 부모를
도와 일해야 했던 까닭에 대부분 문맹이었다. 이러한 농촌현실에 대한 대
응책으로 박인덕은 서울 근교의 농촌 마을들에서 겨울 몇 달 동안 어린이
와 여성을 위한 야학을 시작했다. 겨울 동안 농촌여성들은 들에 나가 일하
지 않고 주로 길쌈이나 바느질을 하며 지냈기 때문에 비교적 여유가 있었
다. 야학을 위해 박인덕은 월요일부터 금요일까지 밤마다 기차, 수레를 타
거나 걸어서 농촌 마을에 갔다. 그리고 하루 저녁 당 한 마을에서 야학을
했다.[287]

그녀는 하나의 작업 단위로 반경 10마일(약 18킬로미터)내에 여러 개의
근거지를 선택하고, 자원봉사자들과 함께 2명씩 짝을 지어 1주일에 1번씩
또는 10일에 1번 씩 이 구역 내에 있는 마을에 가서 강습회를 열었다.

이동학교(순회강습회)의 목표는 첫째 활기찬 정신을 불어넣어주는 것,
둘째 문화를 향상시키는 것, 셋째 지식을 보급하는 것, 넷째 협동조합 만들
것을 장려함, 다섯째 가내공업(부업)을 지도하는 것이었다.[288]

늦가을과 초봄에는 나무 아래서, 겨울에는 어느 넓은 집에서, 한 마을에
20명에서 50명 정도의 주부와 소녀들이 모였다. 처음에는 성경 등 이야기
를 해주고, 그 다음에는 위생, 청결, 아기 돌보는 법, 응급처치, 닭·돼지·
소·토끼·누에 키우는 법, 예산세우기, 염색하기, 바느질하기 등을 가르쳤

---

285) 「생활탐방기, 農硏 간부 박인덕씨 편」, 『신여성』, 1933.7, 64쪽.

286) 「박인덕 여사의 농사협찬회」, 『신동아』 9, 1932.7, 95쪽.

287) Induk Pahk, *September Monkey*, pp.172~174.

288) '활기찬 정신'은 선교지 *Korea Mission Field*에는 영어로 '예수의 정신'이라고 표
현했지만, 1935년 간행된 『농촌교역지침』 17쪽에는 한글로 '활찬 정신을 함양함'
이라고 되어 있다. 나머지 항목과 내용은 똑같다.

다. 그리고 읽고 쓰는 것 등도 가르쳤다.[289]

야학에서 박인덕은 주로 아기와 어린이 돌보는 법부터 시작했는데 그것은 아이 돌보기가 모든 여성에게 공감을 불러일으킬 수 있는 소재였기 때문이었다. 그녀는 아기를 돌보는 여러 가지 방법을 그린 그림 카드를 돌려보며 상세하게 이야기를 나누었다. 그리고 아기돌보는 근대적인 방법을 소개했다. 여기서 박인덕은 늘 여성들이 지금 처해있는 조건에서 아기 돌보는 방법을 어떻게 개선할 수 있느냐에 주안점을 두었다. 아이들에게는 다른 나라 어린이들과 그들이 노는 그림을 보여주고 이야기를 해주었다.

한편 운동회날을 정해 여성들과 어린이들을 포함한 마을 전체가 게임과 경기에 참가해 놀이를 즐기고 달릴 수 있는 기회를 만들었다. 또한 여성들에게 노래를 가르쳤는데, 어머니들과 할머니들은 처음에 노래 부르기를 거부했다. 기생들이 남자들을 즐겁게 하기 위해 노래를 배운다는 선입견이 있었기 때문이었다. 그러나 어머니와 할머니들이 노래 부르는 것 자체가 나쁜 일이 아니며 큰 즐거움이라는 것을 알게 되었다. 노래는 고된 가사노동과 농업노동에 지친 농촌여성이 일상의 기쁨을 느끼는 계기가 되었을 것이라는데 의의가 있었다.

이러한 과정을 거쳐서 박인덕은 야학에서 본격적으로 한글 읽기와 쓰기를 가르쳤다. 농촌여성들이 한글을 배운 후 연습할 도구도 시간도 없을 것이라는 판단 아래 이들이 음식 만들면서 불을 휘젓는 막대기(부지깽이)를 사용해 땅 위에다 글씨를 연습하게 했다. 이렇게 하면 연필이나 종이가 없이도 집에서 한글을 연습할 수 있기 때문이었다. 박인덕은 때때로 열어 종이와 연필, 바늘과 실, 비누와 사탕을 상품으로 걸고 한글 대회를 열어 한글 공부를 독려하기도 했다.

한편 어린이들에게 위생에 대해서도 가르쳤다. 얼굴·손·손톱을 깨끗하게 씻고 학교에 오는 어린이에게 상을 줌으로써 청결을 생활 속에서 실천

289) Induk Pak, "Work Among Rural Women", p.136.

할 수 있도록 했다. 이러한 방식이 연쇄작용을 일으켜 아이들이 씻는 모습
을 통해 어머니들에게 청결에 대한 의식을 고취할 수 있는 기회가 될 수
있었다. 청결교육은 건강과 위생의 첫 단계로써 그 의의가 있었다. 이러한
과정을 거쳐 마을 강습회가 잘 운영되면, 박인덕은 그 지역 지도자에게 강
습회를 넘기고 새로운 농촌 마을에서 강습회를 시작하는 방법으로 농촌계
몽운동을 확대해 나갔다. 기본적으로 그녀에게 농촌사업은 민족문제(교육
과 생활향상)와 여성문제를 동시에 해결할 수 있는 방안이었으며 그 정신
은 덴마크를 모델로 한 한국기독교농촌운동에 기반하고 있었다. 그녀의 농
촌사업 경험과 견문이 담긴 『농촌교역지침』에는 농촌지역의 교회가 그 지
역의 지도자로서 농촌사업을 주도적으로 이끌면 좋겠다는 염원이 담겨 있
다. 자신과 어머니가 기독교를 접하고 새로운 삶과 희망을 발견했듯이 농
민들이 이러한 강습회를 통해 기독교 정신의 영향력 안에서 새로운 생활
방식에 접하고 희망을 가지기를 바랐다.

　　박인덕은 1935년말에 다시 도미하여 2년간 미주 순회강연 후 1937년 10
월에 귀국했다. 그리고 순회지도 방식으로 이동학교를 운영하던 방법을 바
꾸어 한 곳에 근거지를 마련하고 이를 중심으로 농촌사업을 해 나가는 방
식으로 전환했다. 자금은 2여년동안 미국인 친구들, 주로 플로리다에 있는
폭스부인(Mrs. R. L. Fox of Leesburg, Florida)에게서 받은 후원금으로 충당
했다. 1937~1941년 즈음 서울에서 약 48킬로 떨어진 김포 근처 양고개
(Yangcoke)라는 마을에 땅을 마련하고 두 채의 초가집을 지었다. 작은 집
은 교사 숙박용으로 큰 집은 교실로 사용했다. 박인덕은 이를 마을센터라
고 불렀다. 농촌여성들을 찾아가는 대신에 농촌여성들이 이곳을 찾아오도
록 한 것이었다. 이렇게 함으로써 돈과 힘이 절약되어 더 많은 여성들을
가르칠 수 있었다. 대신 농촌 여성들은 상당한 거리를 걸어와야 했다. 박인
덕은 여기서 인근 마을 여성들을 대상으로 겨울 몇 달간은 강습회를 개최
하고 협동구매(협동소비조합)를 운영했다. 여름에는 들에 나가 일하는 어

머니들을 위해 탁아소를 운영했다. 할머니들과 어린 누이들이 탁아소에서 아기들을 돌보았다.[290] 이러한 탁아소는 직업여성들이 가정과 직업을 양립할 수 있는 방안이자 필수적인 시설로 여성지식인들 사이에 논의되던 사항이었다.[291] 그러나 이 시기 농촌의 탁아소는 농촌여성의 노동력 착취를 위한 수단으로 적극 권장되던 일제의 농촌정책방침이기도 했다. 때문에 계속 유지될 수 있었던 것으로 보인다.

이곳에서 농촌사업도 점점 어려워져 갔다. 교통수단이 부족했기 때문이다. 원래 농촌에 갈 때마다 박인덕은 버스를 이용했다. 그런데 석유가격이 급등하면서 버스와 차들이 숯을 때서 다니게 되었다. 서울에서 30마일 떨어진 곳까지 덜컹거리는(기름 대신 숯으로 연소하는 엔진으로 인해 원활하지 못한) 엔진으로 버스가 움직이다보니, 승객들이 내려 버스를 밀면서 가야 할 때가 많았다. 혹독하게 추운 날씨에는 사정이 더 나빴다. 결국 박인덕의 농촌사업은 1941년 일본의 진주만 공격으로 완전히 중단되었다. 일본인들은 미국에서 나오는 어떤 생각이건 표현방식이건 반대했고, 농촌에 불온한 생각이 전파될까봐 두려워했다. 따라서 집을 팔고 마을센터를 폐쇄해야 했다.[292]

그녀는 훗날 자신의 농촌사업이 농촌여성들의 생활방식에 많은 변화를 일으키지는 못했을지라도 정신적인 향상에 일정한 도움이 되었다는데 의의를 두었다. 농촌여성들이 읽고 쓰기를 배운다는 사실만으로도 자신감을 가지게 했다는 점에서 결국 농촌여성들의 삶에 영향을 준 것이라고 평가했다.[293]

박인덕의 농촌사업은 비슷한 시기에 진행된 일제의 농촌진흥운동과는

---

290) Induk Pahk, *September Monkey*, pp.195~196.
291) 박인덕, 「조선여자와 직업문제」『우라키』3, 1928, 46~49쪽 ; 「외국대학 출신 여류 삼학사 좌담회」, 『삼천리』1932.4, 32쪽.
292) Induk Pahk, *September Monkey*, pp.197~198 ; 박인덕, 『호랑이 시(時)』(번역본), 70쪽.
293) Induk Pahk, *The Hour of the Tiger*, pp.51~53.

그 목적과 의도·방법에서 분명한 차이가 있었다. 다음은 1930년대 초 이화
전문학교 학생이었던 이태영 박사가 당시 주일학교 교사로 활동하던 박인
덕과의 만남을 회고하는 글이다.

> 박인덕 선생님의… 내면적 세계는 민족생활의 개선과 정신의 개혁을
> 요구하는 개척자적 애국정신에 가득 찼었다. 늘 성경 말씀에 비유하면
> 서 애국과 개혁을 주장했는데 우리 친구들은 선생님에게 크게 감명 받
> 아서 열렬한 추종자가 되었다.… 당대의 신여성 박인덕 선생님은… 여
> 행 중 선진국의 생활수준에 감명을 받아 우리나라가 부강하려면 농촌
> 이 선진화해야 한다는 구국의 일념을 가지고 귀국한 뒤 줄곧 농촌의 발
> 전을 위해 헌신한 분이다.[294)]

농촌진흥운동이 식민지의 원활하고 지속적인 지배를 위한 관 주도의 반
농민적, 식민지 착취라는 성격이었던 반면, 박인덕의 농촌사업은 농가경제
와 농민생활 향상을 목표로 여성지식인의 사회의식과 개인적 역량으로 전
개된 민족운동, 농촌계몽운동, 여성운동의 성격을 띠고 있었다.

해방 이후 간행된 자서전 September Monkey에서 박인덕은 일제시기 농
촌경제의 피폐 원인은 식민지 수탈이란 구조적 문제에 있었다고 지적했다.
그러나 일제지배하의 합법적 공간에서 농촌계몽운동을 하기 위해서는 그
러한 원인을 직접적으로 언급하지 못하고 소비절약이나 부업장려 등 보다
방법적인 부분에 포인트를 둘 수밖에 없었다.

그녀의 농촌사업은 주민들 특히 농민여성의 자발적 참여로 이루어졌다
는 점에서 강제동원과 수탈의 성격이 강한 농촌진흥운동과는 뚜렷이 구별
된다. 또한 농촌여성들의 소비협동조합을 통해 창출된 이익은 농촌여성들
에게 분배되어 여성의 경제력과 농가경제에 도움이 될 수 있었다.

박인덕이 덴마크의 농촌부흥에서 깊은 인상을 받았던 부분은 민족정신

---

294) 이태영, 「인덕실업전문학교의 박인덕 선생님과 딸 김혜란 학장」, 60쪽.

이 살아있는 한 민족부흥의 희망도 살아있다는 점이었다. 경제적 위기에 뒤이은 정신적 붕괴를 막고 농민이 살고 민족이 부흥하기 위해서는 경제적 향상뿐 아니라 우리글을 알고 사회의식을 가지며 우리 문화에 대한 자부심을 간직해야 한다고 생각했다.

반면 농촌진흥운동은 내선일체나 황민화정책, 전시체제 준비, 일본어 교습과 밀접한 관련을 가지며 일제의 식민지 지배수단이 되었다는 점에서 뚜렷이 구별된다. 박인덕이 1935년 말 재차 도미하여 1937년 귀국 후에 별다른 농촌사업과 교육사업을 계속할 수 없었던 주요한 이유 중의 하나는 그녀가 일본어를 몰라서 강습소의 교습을 일본어로 진행할 수 없었고 이에 따라 강습소 운영의 허가를 받지 못해 기존의 강습소를 폐쇄해야 했기 때문이었다.

박인덕이 덴마크 농촌과 농민의 부흥을 우리 농촌과 농민의 부흥 모델로 삼은 것은 무엇보다도 빈곤한 식민지였던 덴마크가 그 굴레를 벗고 당당히 독립과 경제부흥을 이루었다는 점에서 동질감과 희망을 발견했기 때문이었다. 그녀의 농촌계몽운동은 민족지도자의 영도, 국민의 정신교육과 자발적 참여, 농가 실질소득의 증가와 농민생활의 향상을 중요시했다는 점에서 식민지배수단으로 농촌진흥운동과는 완전히 다른 성격을 띠고 있었다.

2. 조선직업부인협회 조직과 활동

박인덕은 직업여성에 대한 관심을 발전시켜 외국에서 보고 들었던 직업부인협회를 모델로 1932년 12월 조선직업부인협회를 조직했다. 이 모임은 박인덕의 주도로 '세계직업부인협회와 연락을 취하기 위함'이란 목표를 세우고 서울 인사동 태화여자관 내에 있던 기존의 망월구락부(1926 조직)를 직업부인협회로 변경한 것이었다.[295] 회원은 교사, 간호사, 의사, 점원, 판

---

295) 「망월구락부를 직업부인협회로」, 『중앙일보』 1932년 12월 19일 ; 「世界職業婦人

매원, 주부, 택시기사를 직업으로 가진 젊은 여성 40명으로 구성되었다. 임원으로는 회장 박인덕을 비롯하여 부회장 황애덕, 총무 최활란, 재무 김현숙, 서기 김자혜가 선출되었다.[296]

박인덕이 조선직업부인협회를 조직하고 도시여성들을 중심으로 한 사업과 여성운동을 전개했던 것은 유럽 미국 YWCA의 직업부인협회(Business Women's Club) 인사와의 교류, 스위스 제네바에 있는 국제직업부인협회를 방문한 자신의 경험을 살린 것이었다.[297]

박인덕을 회장으로 한 직업부인협회가 여성을 대상으로 전개했던 주요 사업과 활동은 다음과 같다.

〈표 2-3〉 직업부인협회 주최 주요 행사

행사명	장소	날짜	출처
윷놀이대회		1933.2.11	동아일보 1933.2.10
월야회 (야담과 레코드 콘서트)	태화여자관	1933.4.7	동아 1933.4.7
양복강습회	태화여자관	1933.4.17~22	동아 1933.4.15
여성경제강연회	종로중앙 기독청년회관	1933.4.21	동아 1933.4.21
경성부인대운동회 (조선중앙일보 학예부 후원)	장충단공원	1933.5.20	조선중앙1933.5.17,19,20
선유회 겸 레코드 콘서트	한강 위	1933.7.8	동아 1933.7.8
월례회 겸 추석놀이	사직동 박인덕 집	1933.10.5	동아 1933.10.5
제1회 조선요리강습회 (궁중요리 및 특별요리) (동아일보 학예부 후원)	태화여자관	1933.10.23~28	동아 1933.10.20

協會와 聯絡코저 부인단체 望月俱樂部를 職業婦人協會로」, 『동아일보』 1932년 12월 19일.
296) 「職業婦人協會 모임, 十二日 밤으로 延期」, 『동아일보』 1933년 1월 10일.
297) Induk Pahk, *September Monkey*, p.43 ; 박인덕, 『세계일주기』, 146쪽.

행사명	장소	날짜	출처
중국요리강습회 (동아일보 후원)	태화여자관	1933.11.2~8	동아 1933.11.1
제1회 전조선여자빙상대회 (동아일보 후원)	한강 링크	1934.1.27	동아 1934.1.25 조선중앙 1934.1.29
윷놀이대회 (가정부인협회와 공동 주최)	태화여자관	1934.2.24	조선중앙 1934.2.24
월례회		1934.4.21	동아 1934.4.21
성교육에 대한 영화와 강연회	종로중앙 기독청년회관	1934.9	동아,조선중앙 1934.9.12

박인덕은 조선부인직업협회 창립 후 맞이하는 따뜻한 봄날에 즈음하여
운동경기에 출장하지 않더라도 누구든지 관람하면서 하루를 즐겁게 보내
자는 의미에서 단순한 운동회가 아니라 원유회를 겸한 행사로써 부인대운
동회를 개최했다.[298] 여성들이 용기를 내어 사회에서 활동하고 또 건강한
신체와 정신을 가지는 계기를 만들자는 것이 주최 측의 의도였지만, 이러
한 시도는 모험에 가까운 파격적인 시도였다. 대다수의 가정부인들이 아직
도 조선시대 내외법의 영향으로 소극적이어서 참여가 저조해 소기의 성과
를 거두지 못할 수도 있기 때문이었다.

이러한 우려에도 개최된 부인대운동회는 대성황이었다. 대회는 박인덕
의 개회사, 조선중앙일보사장 여운형의 축사로 시작되었으며 참가선수가
500여 명으로 대회장인 장충단이 인산인해를 이루었다.[299]

경기 종목은 숟가락에 공을 담아 오기, 등에 초를 켜서 가지고 오기, 과
자 따먹고 오기, 주머니 이고 지고 오기 등으로 마련되었다. 주최 측에서는
여러 가지 경기 종목에 출전 인원이 없으면 어떻게 하나 걱정을 많이 했
다. 그러나 막상 대회가 시작되자 경기 진행요원이 각 경기에 참가할 사람
을 호출하자 예상보다 많은 수가 지원하고 심지어는 계속해서 출전하는

---

298) 「경성여자대운동회 입장권」, 『조선중앙일보』 1933년 5월 19일.
299) 「장충단 녹림 속에 개최된 부인대운동회」, 『조선중앙일보』 1933년 5월 21일.

여성들도 있는 등 그 호응이 놀랄 정도로 뜨거웠다.

이는 한국여성이 기회를 갖지 못해 활달한 성격과 건장한 체격을 형성하지 못한 것이지 기회만 주어진다면 놀랄만한 성장 잠재력과 적극성을 가지고 있음을 알게 된 계기가 되었다.

> 아직도 우리 머리에는 여자란 부엌에서 불 때고 밥 짓고 빨래하고 마루 걸레치고 의복 만들고 아이나 길러야 한다는 관념이 사라지지 않은 이때 500여 명 부녀가 모여 어깨를 펴고 가슴을 내밀고 두 주먹을 불끈 쥐고 출발 호각 소리에 우승기를 바라보고 서로 다투어 뛰어 달리는 것을 볼 때 이왕에 갇혔던 여자에 대한 관념은 사라져버렸다.[300]

부인대운동회는 갇힌 여성이라는 관념을 벗어버리고 심신의 건강을 통해 여성들의 삶에 활기와 희망을 갖게 하는데 그 의의가 있었다. 박인덕은 여성의 건강이 가정과 민족 건강의 초석이라는 의미를 부여하고, 이런 운동회가 자주 개최되어 여성들에게 신체를 발육시킬 기회를 주어야 한다고 호소했다. 이를 뒷받침하기 위해 스파르타 여성과 신사임당 때 조선여성과 같은 역사상 실존 인물들과 사례를 근거로 들었다.

> 심신이 유쾌함으로 건강이 좋고 유쾌하고 건강하면 젊어있음으로 앞에 희망이 그칠 날이 없다. 일 국가의 여성 전체가 씩씩하고 기운차게 뛸 때 온 민족이 따라서 같이 뛰게 되고, 가정주부의 마음이 쾌활할 때는 온 가족이 그러하다. 스파르타 여성들은 들에서 운동장에서 앞뒤뜰에서 보건뿐 아니라 미와 조화를 위해 신체를 운동시켰다. 옛날 조선 부녀들도 골격이 장대하고 체격이 튼튼하고… 율곡의 어머니 신사임당 때만 하더라도 그 때 여성들은 현대 조선여성에 비할 수 없이 훨씬 지덕체육이 앞섰던 것이라고 생각한다.[301]

---

300) 박인덕, 「경성여자대운동회를 마치고」, 『조선중앙일보』 1933년 5월 29일.
301) 박인덕, 「경성여자대운동회를 마치고」, 『조선중앙일보』 1933년 5월 29일.

박인덕은 부인운동회가 여성들이 심신의 건강과 생에 대한 자신감을 회복하고, 여성의 건강이 가정과 민족의 건강이라는 논리로 사람들에게 여성체육의 필요성을 전파하는 계기가 되기를 바랐다.

이와 같은 맥락에서 박인덕과 직업부인협회는 경성부인대운동회의 성공에 힘입어 우리 역사상 최초의 한국여자스케이트대회로 '제1회 전조선 여자빙상대회'를 개최했다. 장소는 한강 인도교 윗 편에 새로 만든 링크를 이용했다. 이곳은 당시 국제대회 규격으로 만든 최초의 빙상장으로 남자들이 운동회 장소로 사용하던 곳이었다.

이 최초의 한국여자스케이트대회에는 17명~30명의 여성이 참가했고, 한 여성 전문가 스케이터가 스케이팅 시범을 보이는 방법으로 진행되었다. 사실은 박인덕 자신부터도 스케이트를 탈 줄 몰랐고 스케이팅 자체도 아직은 생소한 것이었음에도 불구하고 이런 대회를 개최한 것은 한국여성체육인을 대중에게 소개하는데 그 목적이 있었다.

박인덕은 이 대회에 일반인들의 관심을 끌기 위해 홍보도 열심히 했다. 이러한 홍보 전략이 주효했는지 서울시와 전국에 걸쳐 이 대회는 이야깃거리가 되었고 수많은 군중들이 구경하러 왔음을 볼 때 박인덕은 여자스케이트대회를 개최한 소기의 목적을 달성했다고 할 수 있다.[302]

박인덕과 조선직업부인협회가 주최한 여자스케이트대회는 그때까지도 생소한 종목이었던 스케이팅과 여자스케이터에 대한 일반인들의 관심과 흥미를 집중시키는데 성공했다. 이를 통해 여성체육의 잠재력과 가능성을 대중에게 각인시키고 조선직업부인회의 활동에 지명도를 높이고 의미를 부여하는 계기로 삼았다. 박인덕은 여성의 건강한 신체와 체육에 대한 자신의 남다른 관심을 사회적 이슈로 실현함으로써 여성체육의 지평을 넓히는데도 일조했다.

한국여성체육에 대한 관심은 1923년경 동아일보사 주최로 개최된 여자

---

302) Induk Pahk, *September Monkey*, p.169.

정구대회 이후 꾸준히 성장하여 여성체육의 분야가 육상에서 빙상으로 확대되고 있던 시점이었다. 1931년부터는 조선체육회와 동아일보사가 공동으로 주최하여 전조선남녀빙상경기대회를 개최하기 시작했고 1934년 1월에도 남녀빙상경기대회가 있었다. 1934년 1월 조선직업부인협회 주최 '전조선여자빙상대회'는 여성들만으로 개최된 최초의 빙상경기대회라는데 그 의의가 있었다.[303] 오늘날 김연아와 같은 세계적인 선수를 탄생하게 한 여자빙상의 뿌리가 이때부터 시작되었음을 알 수 있다.

1935년 1월에 예정되었던 제2회 전조선여자빙상경기대회는 겨울 날씨가 오랫동안 따뜻해 결빙이 여의치 않아 보류 중에 있다가 안전문제 등으로 중지되었다.[304] 1935년 박인덕이 다시 미국으로 강연여행을 떠나게 되면서 12월에는 조선직업부인협회의 임원진이 새로 개선되어 박인덕은 국제부장으로 물러나게 되었다. 이숙종이 새로 회장을 맡은 뒤에도 여자빙상대회에 대한 논의가 있었으나 속개되지는 않았던 것으로 보인다.[305]

박인덕의 주도로 직업부인협회가 주최한 '경성부인대운동회'나 '전조선여자빙상대회'는 당시 여자체육회(1933년 현재 회장 김활란)도 하지 못하고 있던 여성운동에 대한 일반인의 관심을 환기시키고 일반여성을 위한 체육대회라는 흐름을 주도했다는 점에 그 의의가 있다.

이 시기 박인덕이 주도했던 조선직업부인협회의 사업 가운데 또 하나 혁신적인 발상은 최초의 패션쇼였다. 종로에 있는 YMCA 강당에서 개최된 이 패션쇼는 '우리 사회에 일찍이 보고 듣지 못하던 진기한 회합'으로 일반의 관심을 환기시킨 획기적인 이벤트로써 또 한 번 대중의 관심을 모으는데 성공했다.

---

303) 「女子스포츠史上에 劃期的 氷上競技 朝鮮職業婦人協會主催 本社後援」, 『동아일보』 1934년 1월 25일.
304) 「職業婦人協會主催의 女子氷上은 中止, 결빙 기타의 사정으로」, 『동아일보』 1935년 1월 20일.
305) 「職業婦人協會 任員을 改選」, 『동아일보』 1935년 12월 12일.

박인덕은 이 패션쇼를 통해 여성과 어린이들의 옷이 각 개인의 개성을 나타낼 수 있도록 색상과 제작 면에서 좀 더 실용적이고 예쁘게 만들자는 데 그 목적을 두었다. 특히 그녀는 중년여성과 나이 많은 여성들이 칙칙한 색이나 무색의 옷만을 입을 필요가 없으며 밝은 색상의 옷도 얼마든지 착용할 수 있다는 점을 강조하고자 했다.[306]

이 패션쇼는 여성의 의복문제에 대한 관심을 환기시킴으로써 일상생활에 관련된 부인의 모든 일을 간편하고 편리하게 하는 것이 부인을 가정 잡무에서 해방시키는 조건이 된다는 측면에서 여성운동 차원에서도 의미있는 일로 평가되었다.

> 대체로 부인운동이란 하면 반드시 부인참정권획득운동이나 직업의 기회균등운동 같은 것만 생각하고, 의복이나 음식, 주택 같은 우리 일상생활에 필요한 문제에 대해서는 등한시할뿐더러 심지어 경멸하는 경향을 가진 이까지 있는 듯하다. 물론 의식주 문제 그 자체가 여권운동은 아니다. 그러나 비과학적인 원시적 생활방식이 일반여성의 향상과 진보를 방해하는 것은 오늘날 우리 조선 가정부인들의 현실로써 충분히 증명되는 것이다. 그러므로 일상생활에 관계되는 문제를 합리화시키는 것은 부인운동을 순화시키는데 간접적 역할을 하게 되는 것이라고 생각한다 (황신덕의 글).[307]

이러한 맥락에서 박인덕은 경성에 있는 '가정부인협회'에 의해 한복 개량을 위한 연구위원으로 선임되기도 했다.[308] 여성의 가사 수고를 덜고 여성의 직업과 사회활동을 위해서는 손질이 간편하고 활동성 있는 의복이

---

306) Induk Pahk, *September Monkey*, p.170.
307) 황신덕, 「부인운동의 입장에서 본 팻션쇼」, 『신가정』 8월호, 1934 ; 황신덕 선생 유고집, 『무너지지 않는 집을』, 추계 황신덕 선생 기념 사업회, 1984, 48~50쪽.
308) 「委員 八名을 選定하야 朝鮮衣服制研究, 이와 동시에 가정음악도 개선」, 『동아일보』 1934년 4월 10일.

필요했다. 의복 개량은 이미 애국계몽운동시기에도 여성의 사회활동을 위한 여건이라는 면에서 언급되기 시작했고, 이화학당 선교사들은 여학생들의 건강과 활동성을 위해 가슴을 조이는 치마끈 대신 조끼허리를 달아 의복을 개선하기도 했다. 그리고 일제시기에도 의복개량문제는 여전히 생활개선책을 위한 과제로 남아 있었다.

박인덕은 조선직업부인협회의 사업으로 이상의 여자스케이트대회와 패션쇼 이외에도 여성들의 편의와 가정생활에 필요한 지식을 양성하기 위한 양복강습회, 요리강습회를 개최했다. 제1회 조선요리강습회 첫날은 30명이나 올까 걱정하던 주최측의 예상을 깨고 70여 명이 몰림으로써 대성황을 이루었다. 둘째 셋째 날은 예상 정원의 3배인 90명이 넘는 여성들이 참여함으로써 여성들의 호응이 컸음을 알 수 있다. 참가여성들은 주로 신여성 가정주부들이었고 여기에 구여성과 미혼여성 몇 명이 있었다. 여성들은 젖먹이 어린애를 데리고 와 젖을 먹이면서 배우거나, 남편에게 잠깐 아이를 맡기고 나오거나, 매일 오후 2~3시간씩 짬을 내어 1주일동안 매일 배우러 오는 등 요리를 배우고자 하는 열의가 대단했다. 박인덕은 주부들의 이러한 지적 욕구와 배우려는 정신을 높이 평가했다.

> 이것은 서울 가정부인들이 배우려는 정신이 일기 시작했음을 의미한다. 경성 사는 6만 주부들이 이러한 지식 욕구가 생기는 때라야 서울 가정살림이 향상될 것이다.… 지식계급의 여성들이 실제 경험에서 음식 만드는 것이 큰 고역인 동시에 큰 사업인 것을 알고 어떻게 하면 음식 만드는 장소와 기구를 좀 더 편리하고 청결하게 하며 고유한 우리 조선 음식을 좀 더 맛있게 보기 좋게 만들어 볼까 하는 혁명이 일어나는 듯하다.[309]

박인덕은 신여성 가정주부들의 호응이 높은 이유가 요리할 줄 몰라서

---

309) 박인덕, 「제1회 조선요리강습회 그 뒤의 감상」, 『동아일보』 1933년 10월 31일.

오는 것이 아니라 요리의 다양한 방법과 좀 더 맛있고 보기 좋은 음식을 만드는 방법을 배우기 위해 오는 것이라고 분석했다. 그리고 '우리 주부의 사명은 우리 음식을 가정에서뿐만 아니라 세계의 자랑거리로 만드는 것'이라고 의미를 부여하며 조선요리강습회를 마무리했다. 박인덕 자신이 조선요리에 대한 사명감을 가지고 있거나 체계적인 이론이나 실습을 담당한 것은 아니지만 이 시기에 벌써 '한식의 세계화'라는 비전이 싹트고 있었다는 것이 놀랍다.

이어 개최된 중국요리강습회에는 더 많은 인원이 참가하여 성황을 이루었다. 직업부인협회가 개최한 가정부인들을 위한 요리강습회는 가정부인들의 단체로써 가정부인협회가 만들어지는 계기로 작용했다. 중국요리강습회 폐회를 기회로 태화여자관에 모인 가정부인들 60여 명은 가정부인협회 발기인 총회를 열었다. 가정부인협회는 가정부인들의 생활 향상과 수양을 목적으로 조직되었다. 1933년 11월 25일 태화여자관에서 창립 총회 열기로 하고 준비위원으로 황에스더 외 11명을 선임하였다.[310] 직업여성들의 활동이 가정주부들에게 자극이 되어 가정주부들의 여성단체가 탄생하는 계기가 되었다. 이 가정부인협회가 직업부인협회가 물꼬를 튼 부인운동회를 본받아 1935년 제1회 가정부인대운동회, 1936년 제2회 가정부인대운동회를 개최함으로써 주부의 건강과 체육 장려라는 여성운동 정신을 이어갔다.[311]

박인덕과 직업부인협회는 여성들에게 경제에 대한 상식을 보급시키고 경제권의 확립을 촉진시키기 위한 여성경제강연회를 개최했다. 서춘의 '물가등락의 원칙'의 강연은 여성들의 경제에 대한 인식을 재고하는데 도움을 주었다. 박인덕은 '국제직업부인의 활동'이란 강연을 통해 여성의 활발한 사회활동이 세계적 추세임을 강조하면서 우리 여성도 직업을 가지고 경제적 독

---

310) 「家庭婦人俱樂部 發起人總會」, 『동아일보』 1933년 11월 9일.
311) 「第二回 가정부인 대운동회, 主催 家庭婦人協會 後援 東亞日報社」, 『동아일보』 1936년 5월 8일.

립을 해야 한다는 점과 국내외 직업여성의 연대가 필요하다고 강조했다.[312]

조선직업부인협회는 전 계층의 직업여성을 망라하는 모임으로 회원들 간에 서로 격려하고 영감을 주며, 여러 가지 사업을 통해 일반여성들에게 가정생활에 필요한 의복, 양재, 요리 등의 지식과 경제관념을 보급하고 심신의 건강을 통해 삶의 활기와 희망을 가질 필요가 있다는 점을 촉구했다는데 그 의의가 있었다.

의식주 문제 그 자체가 여권운동은 아니지만, 비과학적인 생활방식이 일반여성의 향상과 진보를 방해한다는 면에서 일상생활에 관계되는 문제를 합리화하는 것은 부인운동에 일정한 역할을 했다고 평가되었다.[313]

이 시기 직업여성을 대상으로 한 같은 성격의 단체가 2개로 양분되어 여성운동계가 통합되지 못했다는 한계를 갖고 있었다. 태화여자관 내에 '직업부인협회'가 결성될 무렵, 경성여자기독교청년회 안에 '직업부인구락부'(회장 김신실)라는 단체가 결성되었다. 비슷한 시기에 비슷한 목적을 가지고 대상 회원도 중복되는 단체가 양립해 직업여성단체의 역량을 분산시키고 사업 발전에 지장을 초래하며 직업여성들에게 단체의 존재 의의가 흐려진다는 점이 지적되었다.[314]

그럼에도 근우회 해소로 침체된 1930년대 여성계에 새로운 활력소가 되어 여성단체 조직과 활동을 전개했다는 면에서 의의를 가진다. YWCA와 기독교절제회와 같은 기독교단체 이외에 직업여성단체를 조직하고 직업여성뿐 아니라 가정주부를 아우르는 사업과 행사로 전개된 범여성운동이었다는 점에 의의가 있다.

---

312) 「여성경제강연회, 조선직업부인협회 주최」, 『동아일보』 1933년 4월 21일 ; Induk Pahk, *September Monkey*, pp.169~170.

313) 황신덕, 「부인운동의 입장에서 본 팻션쇼」, 『신가정』, 1934.8.

314) 황신덕, 「직업부인회와 직업부인구락부」, 『신가정』, 1934.7.

제4장 최선화의 중국망명생활과 독립운동 :
『제시의 일기』를 중심으로

중국 관내 여성독립운동 연구를 통해 대한민국 임시정부(이하 임정) 산하에서 전개된 여성독립운동과 함께 개별 여성독립운동가의 활동이 조명되었다.[315] 그러나 여성의 경우 상대적으로 공식적인 활동이 적었던 데다 자신의 경험과 생각을 글로 기록해둔 경우도 적은 까닭에, 여성독립운동가 연구는 대체로 임정의 독립운동 전개양상과 여성단체의 전체적인 활동상과 함께 서술되고 있는 실정이다. 양우조·최선화의 일기, 정정화의 회고록, 신정완의 수기 외에도 독립운동을 전개했던 여성의 구술이 어느 정도 있지만, 개별 인물에 관한 논문으로 구성하기에는 부족한 형편이다. 이러한 어려움에도 중국에서 임정과 함께 움직이며 독립운동을 전개했던 여성들의 존재와 활동을 적극적으로 발굴하고 조명하는 작업이 요청된다.

일반적으로 한국역사 속에 여성독립운동가가 존재했다는 사실을 아는 이는 얼마 되지 않는다. 안다 하더라도 유관순 열사 정도로 이외에는 여성

315) 순국선열유족회, 「정정화 선생」, 『순국』 127, 2001 ; 이배용, 「중국 상하이 대한애국부인회와 여성독립운동」, 『이화사학연구』 30, 2003 ; 한시준, 「여성광복군과 그들의 활동」, 『사학지』 37, 2005 ; 박용옥, 「한국여자광복군 오광심의 활동과 지도력」, 『3·1여성』 17, 2006 ; 윤정란, 「곽낙원의 생애와 민족운동」, 『백범과 민족운동 연구』 4, 2006 ; 김성은, 「대한민국 임시정부와 여성들의 독립운동 : 1932~1945」, 『역사와 경계』 68, 2008 ; 이준식, 「대한민국임시정부와 여성 독립운동」, 『한국민족운동사연구』 61, 2009 ; 강영심, 「김순애의 생애와 독립운동」, 『한국근현대사연구』 63, 2012 ; 김홍주, 「정정화씨의 독립운동사 2」, 『순국』 258, 2012 ; 김홍주, 「정정화씨의 독립운동사 3」, 『순국』 259, 2012.

독립운동가가 얼마나 더 있는지, 이들이 어떤 일을 했는지 알지 못하는 경
우가 대부분이다. 근래 윤희순, 남자현, 김마리아가 대중적으로 조명되기
시작했다. 그러나 막상 해외에서 독립운동을 전개한 여성독립운동가가 있
었다는 사실을 아는 이는 많지 않다. 이는 귀국 후 이들의 정치활동이나
사회활동이 미약했기에 더욱 그러하다.

　본고는 이상과 같은 문제의식과 함께 식민지시기 고등교육을 받은 여성
지식인의 동향에 주목해 중국에서 임정가족의 일원으로 망명생활을 하며
독립운동을 전개했던 최선화를 조명했다. 최선화崔善嬅(일명 최소정 崔素
貞, 1911.6.20.~2003.4.19)는 평양 정의여고보와 이화여전을 졸업한 뒤 이화
에서 교사로 활동했다. 중국에 건너가 양우조와 결혼하고 두 딸의 어머니
가 되어 대한민국 임시정부와 함께 이동하며 망명생활을 했다.한국국민당
당원, 한국독립당 당원, 한국혁명여성동맹 결성준비위원 및 회원, 충칭 한
국애국부인회 재건준비위원과 서무주임(총무)으로 활동하며 독립운동을
전개했다.[316] 최선화는 당대 국내 최고학부인 이화여전 출신으로 그의 삶
은 식민지시기 여성지식인의 행적 가운데 매우 독특한 사례로 주목할 만
한 의의가 있다. 본고는 식민지시기 자기 삶의 목표와 기준을 조국의 독립
에 두었던 지식인 최선화를 조명해 여성리더십의 사례로 발굴하였다. 해외
독립운동사에서 여성독립운동가의 존재와 활약을 알리고 독립운동에 대한
관심을 고취하는데 기여하고자 했다.

　주 자료로 양우조와 최선화가 공동으로 쓴 일기를 활용했다. 이 자료는

---

316) 1911 개성 출생. 아버지는 최문택. 1927 평양 정의여고보 제5회 졸업(1927.3,우등
　　생). 1931 이화여전 문과 제5회 졸업(1931). 1931~36 이화 교사. 1936 중국행. 흥
　　사단. 1937 양우조와 결혼. 1939 한국국민당 당원. 1940 한국독립당 당원. 한국혁
　　명여성동맹 결성준비위원 및 회원. 1943 한국애국부인회 재건준비위원 및 서무주
　　임. 1954(일기) 또는 1955.3.1(校史)~1976.8.31 이화여대 영문과 교수(영문속기, 영
　　문타자). 1977 독립유공자 대통령표창. 1991 건국훈장 애국장. 1993 건국포장.
　　2003 별세. 「여고보 졸업식」,『동아일보』1927년 3월 22일 ; 「애국지사 최선화 선
　　생 별세」,『조선일보』2003년 4월 21일.

"독립운동에 헌신한 인텔리 부부가 쓴 독립운동 일지" "한국판『안네의 일기』"로 언론에 보도되어 세간의 이목을 끌기도 했다.[317] 회고록(구술 포함)이 아니라 일기여서 현장 상황이 보다 더 생생하게 실시간으로 기록되었고 당시의 생활상, 생각, 느낌이 그대로 담겨 있어 독립운동가 부부의 망명생활과 현실인식을 연구하기에 적합하다.

1. 대한민국 임시정부가족과 망명생활

1) 결혼과 육아

최선화는 평양 정의여고보 졸업생으로 평양에서 성장했다. 여고보 졸업 후 서울로 진학해 이화여전 문과를 졸업(제5회 졸업생, 1931)하고 모교에서 교사로 활동했다.[318] 그러던 중 이화여전 가사과 김합라 교수의 소개로 양우조와 선을 보았다.[319] 당시 양우조는 중국에서 독립운동을 하다가 서울에 잠시 들렀던 길이었다. 이후 두 사람은 편지를 교환하며 교제를 계속했다. 양우조는 중국인으로 위장하고 여러 가명을 사용하며 독립운동을 하고 있던 상황이었다. 반면 최선화는 이화의 교사로 근무했던 많은 선배들이 그랬듯이 안식년을 맞아 미국으로 유학 갈 예정이었다. 그러나 최선화

---

317) 박구재, 「항일 인텔리 부부가 쓴 '독립운동 일지', 양우조·최선화 선생 일기모음집 '제시의 일기'」, 『경향신문』1999년 5월 18일 : 권상은, 「고 양우조 선생 부부 이야기 3대가 펴내 "일기 속 가족사가 곧 독립투쟁사"」, 『조선일보』1999년 5월 18일.
318) 「교우의 소식 : 동창생 주소」, 『이화』6, 이화학생기독교청년회, 1936, 119쪽.
319) 김합라와 양우조는 평안도 강서지역에 연고가 있으며, 또한 양우조와 최선화는 평양지역에 연고가 있다는 공통점이 있다. 양우조는 평양에서 태어나 강서로 이주했다. 그리고 최선화는 개성 출생으로 평양 정의여고보를 졸업했다. 1937년 『이화』교우란에는 최선화의 주소가 평양부 외승호리 359로 기록되어 있다. 친정집이 평양에 있었으며 평양에서 성장했음을 알 수 있다(「교우란 항록」, 『이화』7, 1937, 158쪽).

는 미국유학의 꿈을 접는 대신 중국에 건너가 양우조와 결혼하고 중국에
서 새로운 삶을 개척하기로 결심했다. 낯선 땅에 적응하며 겪는 외로움과
고난을 넘어 일경의 체포 위험까지도 각오한 결단이었지만, 이를 고생으로
생각하기보다는 새로운 도전으로 받아들였다.[320]

최선화와 양우조의 만남과 결혼은 다음과 같이 진행되었다. 이들은 김
합라 교수의 소개로 만났다. 이후 이들은 중국과 경성(서울)에서 편지를 주
고받으며 서로를 알아갔다. 결혼을 결심한 최선화는 할아버지를 설득해 홍
콩에서, 아버지를 모시고 상하이에서 양우조를 인사시키고 결혼허락을 받
았다. 결혼은 본인 의사로 결심했으되 집안어른의 허락을 받아 최종 결정
되었다. 중매 반, 연애 반 절충식 결혼이었다.[321]

식민지시기 한국인이 중국에 건너가기 위해서는 조선총독부가 발행하
는 '통행증'이 있어야 했다. 최선화는 중국에 입국하기 위해 상하이 간호전
문학교 입학허가서를 받아 중국유학생 신분으로 통행증을 발급받았다. 그
리고 1936년 중국에 건너가 상하이 간호전문학교에 입학했다. 6개월 후 학
교를 그만두고, 1937년 양우조와 결혼식을 올렸다. 최선화는 27세였고, 양
우조는 41세로 재혼이었다.[322]

중국 땅에서 거행된 결혼식이라 최선화의 아버지를 포함해 양가의 가족
은 참석할 수 없었다. 결혼식 준비와 예식은 임시정부가족 차원에서 진행
되었다. 결혼준비는 엄항섭, 연미당 부부의 집에서 했다. 당시 연미당은 최

---

320) 김합라와 양우조는 평안도 강서지역에 연고가 있으며, 또한 양우조와 최선화는
　　　평양지역에 연고가 있다는 공통점이 있다. 양우조는 평양에서 태어나 강서로 이
　　　주했다. 그리고 최선화는 개성 출생으로 평양 정의여고보를 졸업했다. 1937년
　　　『이화』 교우란에는 최선화의 주소가 평양부 외승호리 359로 기록되어 있다. 친정
　　　집이 평양에 있었으며 평양에서 성장했음을 알 수 있다(「교우란 향록」, 『이화』
　　　7, 1937, 158쪽).
321) 『제시의 일기』, 250~251쪽.
322) 『제시의 일기』, 20~21쪽 ; 이재호, 「소벽 양우조의 생애와 독립운동」, 단국대석사
　　　학위논문, 2002, 22쪽.

선화보다 불과 3살 많았지만 임시정부의 안살림을 책임지고 있었으며, 중국에서 자란 관계로 중국말을 아주 잘했다.[323] 이런 관계로 연미당이 결혼식 준비를 하게 된 것으로 보인다. 결혼식은 강소성 진장 임시정부청사에서 김구의 주례로 임시정부가족들이 참석한 가운데 거행되었다.[324] 1937년 3월 22일자 결혼사진에는 최선화가 웨딩드레스를, 양우조가 나비넥타이에 턱시도를 입고 있다. 이보다 10년 전 1927년에 결혼한 엄항섭과 연미당도 나비넥타이·턱시도·면사포를 착용했던 것으로 미루어, 임정가족 가운데 서구식 결혼식을 올리는 경우가 적지 않았음을 알 수 있다.[325] 최선화와 양우조는 결혼식을 끝내고 자신들의 결혼을 알리는 결혼청첩장을 만들어 친지들에게 돌렸다. 청첩장에는 한문과 영어를 병기했다. 영문은 미국유학생 출신 양우조와 영문과 출신 최선화의 특성이 반영된 것이라고 하겠다. 또한 청첩장이라는 서구식 결혼문화가 도입되어 활용되고 있었음을 알 수 있다.[326]

결혼 후 이들은 중국 광둥성 광저우에서 신혼살림을 시작했다. 당시 양우조는 광둥성 건설청 공업관리위원회 위원으로 생계를 유지하며, 한국독립당 광둥지부 간사를 맡아 혁신사(출판사)를 운영하고 있었다.[327]

1937년 7월 중일전쟁이 일어나자 최선화와 양우조는 광저우를 떠나 후난성 창사에 있던 임정에 합류했다.[328] 중일전쟁의 발발로 임정의 독립운동이 새로운 국면을 맞게 되었기 때문이다. 일본의 중국침략으로 항일투쟁이 한국인만의 일이 아니라 중국인과 한국인의 공통목표가 되었고 중화민국정부는 공식적으로 대한민국 임시정부를 지원하기 시작했다. 이와 함께

---

323) 김성은, 「대한민국 임시정부와 여성들의 독립운동」, 230쪽. 연미당은 연병호의 딸이다.
324) 『제시의 일기』, 275쪽.
325) 엄항섭과 연미당의 결혼식(1927) 사진, 『대한민국임시정부 자료집』 44, 2011.
326) 『제시의 일기』, 22~23쪽.
327) 『제시의 일기』, 18~19쪽.
328) 『제시의 일기』, 116쪽.

그동안 침체해 있던 임정의 독립운동도 다시 활기를 띠게 되었다. 이러한 정세변화에 대응하기 위해 양우조는 임정에 복귀했고 이와 함께 최선화도 임정가족의 대열에 합류했다. 이때부터 최선화는 100여 명 임정가족의 일원으로 함께 움직이기 시작했다.

정정화·연미당·김효숙·김정숙·신정완·민영숙과 민영주 등 상하이에 살았던 임정가족 역시 1932년 임정이 상하이를 떠나면서 각지에 흩어져 생활하다가 중일전쟁의 발발과 함께 다시 임정으로 모여들었다. 그리고 만주에서 독립운동을 하면서 연락책으로 만주와 난징을 오가던 오광심, 만주에서 생활하다 난징에서 여학교를 다닌 지복영, 아버지가 저장성에서 근무해 저장성에서 살았던 신순호 등과 같이 중일전쟁 발발 후에 임정에 새로이 합류한 이들도 있었다. 따라서 비록 최선화가 중국생활을 한 지 얼마 되지 않았다 해도 중일전쟁 이후 임정가족에 새로 합류한 이들의 수가 상당했기에 서로 비슷한 처지에서 적응하는데 문제가 없었을 것이다.

1938년 7월 4일 최선화는 후난성 창사시 북문 밖 장춘항에 있던 이태리 천주교당 의원에서 첫 딸을 낳았다. 이름은 양우조 집안의 돌림자인 '제'자를 넣어 '제시'라고 정했다.[329] 이후 둘째 딸 이름은 '제니'라고 지었다. 이들 부부는 딸이 세계 속의 한국인으로 활약하길 기대하며 영어식 이름을 지었다고 한다. 이처럼 아이들이 영어식 이름을 가지게 된 데에는 영어에 친숙했던 부모와 중국생활의 영향이 컸다고 하겠다. 중국에서 산다는 것 자체가 이국적인 분위기였던 데다 영어에 익숙했던 두 사람의 경력, 미국 유학까지 생각했을 부모의 바람이 영어식 이름을 가능하게 하지 않았나 생각한다. 양우조 역시 '데이비드 영'이라는 영어이름을 가지고 있었다. 또한 영어식 이름에 집안의 돌림자를 넣었다는 것은 근본을 잊지 않겠다는 의미로 해석할 수 있다. 서구식 문화에 한국전통문화를 녹여 실생활에 반영했다는 점에서 이들 지식인 부부의 특징을 찾아볼 수 있다.[330]

---

329) 이들의 일기는 제시의 출생과 함께 시작되었다(『제시의 일기』, 29~30쪽).

신세대 지식인 부부로서 이들의 가장 큰 특징은 첫 아이가 태어나면서 육아일기를 쓰기 시작했다는 점이다. 대체로 육아일기를 쓴다는 것, 그것도 부부가 함께 육아일기를 쓰다는 것은 서구식 육아방식이었다. 조선시대 육아일기로 이문건이 손자를 기르면서 쓴 『양아록』이 있지만 이는 예외적인 경우였다. 그런데 이들 신식 부부는 힘든 피난생활과 빠듯한 살림살이에도 공동육아일기쓰기와 사진관 사진 찍기를 통해 자신들의 삶을 기념하고 기록했다. 백일, 9개월째, 돌, 만26개월에 첫 아이의 사진을 찍었고, 1941년 새해기념 가족사진, 1942년 제시와 양우조의 사진, 제니의 독사진을 찍었다. 심지어 높은 전시물가로 인해 고기 한 근이 4원일 때도 20원을 주고 사진 두 장을 찍었다. 고기 5근 사먹을 수 있는 돈으로 가족사진을 찍었던 사실에 놀라지 않을 수 없다. 이들에게 사진은 가족의 역사를 기록하고 기념일을 축하하는 또 하나의 방법이자 의식이었음을 알 수 있다.[331]

아이가 태어난 이후 이들 부부의 생활은 아이를 중심으로 돌아갔다. 최선화는 아기가 태어나 처음으로 "엄마"라고 불렀을 때의 감회를 '나눔과 희생'이자 '사랑과 책임감'이라고 정의했다. 엄마의 역할이 어렵고 힘들지만 그럴만한 가치가 있다고 의미를 부여했다. 아픈 아이를 옆에서 지켜보며 '어머니가 된다는 것의 의미'를 새롭게 되새기기도 했다.[332]

최선화 부부는 아이의 키에 무척 신경을 썼다. 아이의 키를 측정하고 수치를 기록하며 행동의 변화를 세세하게 기록하는 등 아이의 성장과 발육에 지대한 관심을 기울였다. 또한 아이의 작은 몸짓과 표정, 신체의 변화, 감정의 표현을 관찰하며 신기함과 대견함을 느꼈다. 아이를 기르며 힘겨운 때도 있었지만, 재미와 보람을 맛볼 때도 많았다. 아이는 기약 없는 망명생활과 독립운동, 전쟁의 혼란기를 살아가던 이들 부부에게 큰 의미와 위로

---

330) 『제시의 일기』, 193쪽.
331) 『제시의 일기』, 63~64·90·130·149·187~188쪽.
332) 『제시의 일기』, 59·54·35쪽.

가 되었다. 아이는 괴로운 생활 가운데 낙이었다.[333]

한편 최선화는 아이가 커 가면서 육아문제를 고민하기 시작했다.

> 갈수록 제시는 사람들의 세상살이를 따라하며 배워가고 있다. 그건 좋
> 은 일이기도 하고, 나쁜 일이기도 하다. 우리가 별 생각 없이 취하는 행
> 동들이 제시에겐 가르침이 되는 것이다. 두려워진다. 혹 내가 위하는 행
> 동에 모자람이 있지는 않은지. 주변 사람들의 모습에서 못난 모습이 눈
> 에 뜨이는 건 아닌지. 오늘은 불꽃이 땅에 떨어지자, 제가 침을 뱉고는
> 곧 발로 밟아 비벼버리는 새로운 습관을 또 보여준다, 이는 중국인들의
> 습관이다.[334]

최선화는 제시가 성장해갈수록 부모의 책임감을 더욱 느꼈다. 또한 아
이는 집에서 부모의 가르침을 통해서 배울 뿐 아니라 바깥세상에서 저절
로 익히는 경우도 있음을 알게 되었다.

최선화는 아이를 키우면서 순간순간 아이가 주변 환경의 영향을 많이
받는다는 사실을 발견하고 놀라워했다. 예를 들어 네 살이 된 제시가 집에
서는 가르쳐주지 않았는데도 완전한 중국말로 물장수를 불러왔다. 또한 항
전가와 같은 중국노래를 배워 열심히 부르고 다녔다. 집밖에서 중국아이들
과 놀면서 자연히 중국말과 중국노래를 배웠다. 심지어 우리말이나 영어로
는 발음을 제대로 못해도 중국말 발음은 잘하는 경우도 있었다. 이에 최선
화 부부는 중국에서 계속 살게 되면 제시가 한국말보다 중국말에 더 익숙
하게 되는 사태가 올 수도 있다는 걱정을 하기 시작했다. 그래서 아이가
집에서 중국말을 하면 받아주지 않는 방법으로 적어도 집에서는 꼭 우리
말을 쓰도록 했다.[335]

---

333) 『제시의 일기』, 85·88·92·95·97·101·207·217쪽.
334) 『제시의 일기』, 103~104쪽.
335) 『제시의 일기』, 172·182·107~108·193쪽.

민영주의 할머니 역시 손자 손녀들이 집에서 중국말을 하면 혼내거나 회초리로 때리면서까지 절대로 중국말을 못하게 하고 우리말을 익히도록 했다. 자기 나라 글을 알아야 한다며 직접 한글을 가르치고 한글소설을 읽게 해 한글에 능숙해지도록 지도했다.[336)

실제로 1942년 23세였던 지복영은 당시 비슷한 나이대의 독립운동가 자녀들 가운데 한글을 제대로 아는 이가 적었다고 회고했다.[337] 이런 상황에서 최선화는 제시가 네 살이 되던 해(1942)부터 아이의 교육문제를 걱정하기 시작했다. 그러나 살림하느라 제시의 공부에 적극적으로 착수하지는 못했다. 다만 때로 창가를 가르치고 가정교육을 하는 정도였다. 충칭에 거주하던 한국인 부모 특히 어머니들의 가장 큰 고민은 아이들의 영양과 교육이었다. 어머니들은 한정된 생활비로 아이들을 영양적으로 균형 있게 양육하기 위해 노력했다. 그러다가 아이들이 좀 크면 학교에 보냈다. 중국학교였다.[338] 부인들은 매년 방학 때마다 소학교에 다니는 자녀들을 모아서 한글·국사·한국노래, 춤을 가르치며 민족교육을 실시했다.[339] 1941년 10월에는 충칭에 임정 산하 3·1유치원이 설립되었다. 정정화·연미당·이국영 등은 교사가 되어 충칭에 거주하는 동포자녀의 교육을 담당했다.[340] 또한 충칭 임시정부는 주말 임시학교를 개설해 한교 아이들에게 한글, 우리나라 역사를 가르치며 민족혼을 심어주었다. 1944년 여섯 살이 된 제시도 이 학교에 다니며 한글공부, 습자를 배웠다.[341] 최선화의 자녀교육관은 뚜렷했다.

336) 김준엽·석원화, 「예관 신규식과 석린 민필호를 추모하며, 유가족의 좌담」, 『신규식·민필호와 한중관계』, 나남출판, 2003, 762쪽.
337) 박용옥, 「지복영 선생의 광복군 활동 증언」, 3·1여성동지회, 『3·1여성 : 광복60주년 특집호』17, 2006, 187, 196쪽
338) 『제시의 일기』, 188쪽.
339) 정정화, 『녹두꽃-여자독립군 정정화의 낮은 목소리』, 미완출판사, 1987, 146쪽.
340) 김명순, 「혁명가의 아내이자 여성독립운동가 미당 연충효 여사의 일대기」, 『충청문화』, 1994.3, 63쪽. '유치원 추계 개학기념, 중국 충칭 우리촌에서' 제목의 사진 참조.

다행히 우리 아이들의 모국어는 본국에서 자라는 애들에 비해 손색이
없고, 가정교육은 시간 나는 대로 가르치며 지내고 있다. 언젠가 고향에
돌아가는 그날까지 아이들은 타지에서 온 아이들로서가 아닌 제대로
크고 바르게 생각하는 아이들로 성장해야 할 것이다. 그래서 광복된 조
국에서 한국인으로서의 자부심을 가지고 본국의 아이들과 하나가 되어
자라날 수 있도록 말이다.[342]

한마디로 진정한 한국인으로 키우겠다는 교육관으로 늘 해방된 조국으
로의 귀국을 염두에 두고 있었음을 알 수 있다.

2) 피난, 이동 그리고 거주환경

중일전쟁이 발발(1937년)한 지 약 1년 동안 일본군은 중국전역에 판
도를 넓혀갔다. 내몽고의 찰합이, 화북의 하북성, 산서성, 산동성, 양자강
하류의 강소성, 절강성, 안휘성 등 주요 도시가 차례로 일본군에게 점령
되었다.[343]

임시정부에 의해 광저우에 파견되어 활동하던 양우조·최선화 부부는 광
저우를 떠나 후난성의 수도 창사에 있던 임시정부에 합류했다. 그러나 양
자강을 따라 서쪽으로 진군하던 일본군이 임정이 있던 창사 가까이로 진
군하고 상황이 급박하게 돌아가면서, 임시정부는 1938년 7월 19일 창사를
떠나 광둥성 광저우로 이동했다. 양우조·최선화 부부도 임시정부 가족과
함께 짐을 꾸려 기차에 올랐다. 최선화는 출산 후 삼칠일이 되기도 전이었
지만, 창사에서 광저우까지 흔들리는 기차를 타고 3일을 여행해야 했다.
갓 낳은 아기는 더운 날씨에 계속 안고 있기가 힘들어 대나무 광주리에 뉘
여 들고 다녔다. 그나마도 기차를 타고 계속 가는 것이 아니라 일본군의

---

341) 『제시의 일기』, 220·225쪽.
342) 『제시의 일기』, 190쪽.
343) 정정화, 『장강일기』, 학민사, 1998, 153~154쪽.

공습으로 기차가 멈추면, 기차에서 내려 주변의 수풀에 숨어 일본기가 사라지기를 기다렸다 다시 기차를 타고 가는 식이었다. 기차는 창사에서 광저우까지 가다 서다를 반복했고, 그 때마다 최선화를 포함한 임시정부가족은 기차에서 내려 숨기를 반복했다. 7월 22일 광저우시 황사 정거장에도 착해서도 공습을 당했다. 1938년 여름부터 임정가족의 공습대피생활이 시작되었음을 알 수 있다.[344]

광둥성의 수도 광저우에 정착했던 임정가족은 1938년 9월 19일 다시 기선을 타고 불산으로 이동했다. 중국군이 일본군에게 대패하며 후퇴했기 때문이었다. 그러나 이도 오래가지 못했다. 10월 11일 즈음 매일 포탄소리가 진동하는 가운데 1주일 내로 일본군이 광저우시와 그 주변에 진군한다는 소식이 전해졌다. 임정가족은 다시 피난길에 올라야했다. 이들 40여 명은 광둥성 불산에서 광서성 삼수三水까지 광둥성 정부에서 마련해준 차를 타고 갔다. 삼수역에 도착해서도 공습경보로 차에서 내려 사방으로 대피했다. 이즈음 최선화 가족은 공습을 피해 아기를 안고 뛰는 일에 익숙해졌다. 공습대피가 반복되어 일상이 된 것이다.[345]

삼수에서는 다시 삼수현 정부가 제공한 목선(갑종선 익리기)을 타고 주강을 거슬러 고요현高要縣으로 이동했다. 더 큰 목선을 타고 오주를 지나 계평현에 도착했다. 그런데 목선은 기선이 끌어줘야 갈 수 있는 배로 기선이 있어야 움직일 수 있었다. 게다가 주강은 거슬러 올라갈수록 물살이 세져 잘못하다가는 휩쓸려 갈 위험이 있었다. 배가 여울에 걸리면 더 가지를 못하고 섰다가 몇 번이나 시도한 끝에 겨우 여울에서 벗어나 배를 끌어올리고 다시 기선과 접선하여 행선하는 힘든 항해를 계속했다. 여울은 위험한 장애물이었다. 그래도 수로가 육로보다 더 편리하다는 판단에 따라 타고 오던 목선을 인력으로 끌어올리면서 전진을 계속했다. 험하고 지루하고

---

344) 『제시의 일기』, 31·33~34쪽.
345) 『제시의 일기』, 40~42쪽.

지친 긴 여행에 최선화는 유저우로 가는 "이 여행이 언제 끝날지" 막막하
다고 느꼈다. 1달 10일 동안의 선상생활 동안 밥은 중국 선원들이 해주었
지만, 반찬은 스스로 해결했다. 보통 된장, 고추장 등 짠 반찬을 해서 밥을
먹었고, 잠시 배가 정박하면 육지로 올라가 반찬이 될 만한 것을 구해왔
다.[346] 중국어에 서툴러 중국인에게 일본어로 답했던 한 부인으로 인해 양
우조를 포함한 임정요인들이 일본첩자로 오해를 받아 체포되었다 풀려나
기도 했다.[347]

1938년 11월 30일 마침내 유저우에 도착해 배에서 내려 땅을 밟을 수 있
었다. 그러나 공습경보와 대피가 일상이 되는 생활을 시작해야 했다. 유저
우시 근처 산에는 천연동굴이 99개가 있어서 임시 반공호로 이용되었다.
그러나 천연동굴은 일단 입구에 포탄을 맞으면 그대로 무덤이 된다는 단
점이 있었기에 야외로 피난하는 이들도 많았다. 1938년 12월 5일 일본군의
공습과 폭탄투하로 최선화 가족이 대피했던 동굴의 양옆을 비롯해 여러
동굴이 매몰되어 대피해있던 사람들이 생매장되었다. 그러나 동굴이 위험
하다고 산 주위 숲속, 나무 밑에 은신하고 있던 피난민들도 대부분 일본군
의 저비행 기관총 난사로 목숨을 잃었다. 최선화는 이 날의 처참한 광경을
가리켜 "일본군의 유저우 공습은 인류역사상 처음 있는 대참사였다"고 기
록했다. 이후 최선화의 가족은 유저우에 공습경보가 울리면 동굴로 가지
않고 들로 피난 갔다. 공습기가 저공비행을 하며 포탄을 쏘면 그대로 죽을
수밖에 없는 상황이었지만, 공동묘지나 대나무가 우거진 곳, 무성한 숲에
서 공습을 피했다. 이러한 상황은 사람의 목숨이 자신의 것이되 동시에 자
신의 것이 아니라는 점을 깨닫게 해주었다. 5개월간 머물렀던 유저우였
지만, 최선화의 기억에 공습대피생활이 거의 전부였을 정도로 황폐한 일상이
었다.[348]

---

346) 『제시의 일기』, 43~49쪽.
347) 정정화, 『장강일기』, 167쪽.

1939년 봄 김구와 원로 국무위원들을 비롯한 임시정부는 유저우를 떠나 충칭에 자리를 잡았다. 1939년 4월 6일에는 40여 명의 임시정부가족이 버스를 타고 충칭을 향해 떠났다. 그리고 최선화 가족을 포함한 나머지 임정 가족도 1939년 4월 22일 유저우를 떠나 다시 이동을 시작했다. 일행은 "깎아 세운 듯한 기묘하고 험악한 산세가 핑핑 돌아가는 깊고 높은 산길"을 달려 "낭떠러지에 부서져버린 차 흔적과 잔해"를 보며 "벼랑을 휘돌며 만들어진 길모퉁이를 아슬아슬하게" 돌아 광서성 의산현을 거쳐 구이저성 독산현에 도착했다. 고생스럽고 위험한 여정이었다. 일행은 버스생활에도 적응해갔다. 버스가 시냇가에 들를 때마다 빨래를 하고, 버스 안에 노끈을 매놓고 빨래를 널어 말렸다. 최선화의 경우 아기 기저귀를 널었다.[349]

최선화 일행은 구이저성 독산현에서 귀주의 성도 귀양을 거쳐 험악한 산길을 지나 1939년 4월 30일 마침내 목적지인 쓰촨성 치장에 도착했다. 유저우에서 떠난 지 7일째 되는 날이었다. 쓰촨성 정부가 임정 일행을 위해 내준 집이 숙소였다. 큰 집이었는데, 이전에 관공서 건물이었던 관계로 작은 방이 많이 있었다. 임시정부가족 100여 명은 각 가족이 방 하나씩을 차지하고 공동생활을 했다. 그러나 최선화 가족의 경우 배당받은 방의 환경이 너무 나빠서 숙소를 옮겨, 최선화 가족, 조소앙 가족, 홍만호가 양자강 건너편 신가자新街子 마을의 시골집에서 앞뒷방으로 함께 살게 되었다.[350]

이즈음 일본군의 진격 기세가 둔화되면서 중일전쟁은 장기전의 양상을 띠었다. 오랜 피난살이에 지쳐있던 동포사회와 임시정부의 분위기도 쓰촨성 치장에 정착하면서 점차 안정되고 따뜻한 기운으로 바뀌었다. 그래서인지 최선화는 상하이에서 시작해 중국 대륙의 한복판인 후난성 창사, 남쪽 끝인 광둥성 광저우, 서북쪽 광서성 유저우, 서쪽 구석인 쓰촨성 치장까지

---

348) 『제시의 일기』, 52~54·56·70쪽.
349) 『제시의 일기』, 66~73쪽.
350) 『제시의 일기』, 74~84쪽.

힘든 피난길 여정을 "중국인의 부러움을 살 만한 중국여행"이라고 표현했다. 임정가족이었던 정정화의 경우 강소성에서 출발해 안휘, 후난, 광후난, 구이저성을 거쳐 쓰촨성에 이르기까지 장장 5천 킬로미터에 걸친 자신과 임정가족의 피난생활을 "만리장정"이라고 불렀다.[351]

고난의 피난길을 중국여행으로 표현한 것으로 미루어 최선화 역시 치장에서의 정착생활 덕분에 어느 정도 마음의 여유가 생겼음을 알 수 있다. 그러나 이러한 마음의 안정과 여유는 오래 가지 못했다. "전쟁이 무엇인지 지금 우리에게 남은 것은 그날그날의 안전뿐이다… 저 북소리(단오를 기념하는 중국인들의 북소리)와 같이 그날그날 우리 심장의 고동소리를 확인하며 마음을 졸이고 있다."라는 표현에 드러나듯이 불안한 마음으로 살아가는 때가 많았다.[352]

최선화와 임정가족은 이렇게 1939년 5월부터 1년 6개월간 치장에 머물렀다. 그러다 1940년 11월 임정가족 전체가 치장을 떠나 일부는 충칭 근교에 새로 건설한 한인부락 토교로, 일부는 충칭시내로 이사를 가게 되었다. 이들은 치장에서 배를 타고 토교를 들러 충칭으로 갔다. 가는 도중에 배가 여울(양자강 회전수)에 걸려 돌다가 바위에 부딪혀 깨지거나 전복될 뻔했던 위험을 겪기도 했다. 최선화 일행이 지나가기 전에 배 두 척이 침몰했을 정도로 험한 물길이었다. 그런 가운데 1940년 11월 13일 드디어 충칭시 남치문 항구에 도착했다.[353]

충칭에서 최선화 가족은 임시정부청사인 화평로 우수예상 1호에 2주일 머물렀다. 방에는 광선이 부족했지만 전기등이 있었다. 이후 다시 강을 건너 강북에 있는 무고가 13호 집으로 이사했다. 이 집에는 광선이 잘 들어서 좋았지만 전등이 없었다. 그래도 가구는 갖추어져 있었다. 이 2층집에

---

351) 정정화, 『장강일기』, 168쪽.
352) 『제시의 일기』, 83·89쪽.
353) 『제시의 일기』, 138~139쪽.

서는 최선화 가족과 조소앙 가족·지청천 가족·심광식 가족(지청천의 사위와 지청천의 딸 지선영)이 함께 살았다.[354] 당시 충칭은 일본군의 심한 폭격으로 인해 불이 나고 무너진 건물이 많았다. 최선화 가족이 거주했던 집도 폭격에 부서지고 남은 건물이었다. 광풍이 불면 기와가 날아가고 천장에서 모래비가 쏟아지기도 했지만 이리저리 지붕만 막아놓고 살았다.[355] 그래도 이때가 그나마 나은 주거환경이었다. 이들은 이 집에서 2년 넘게 거주하다 중국인 집주인의 며느리가 들어와 살겠다고 해서 집을 비워주어야 했다.

1943년 2월 최선화 가족은 다시 충칭시내로 이사했다. 임시정부청사 건물이 소재하고 있는 우스예샹에서 멀지않은 공지에 교포가족들이 한 세대당 방 하나씩 살 수 있게 16~17개의 방을 만들고 지은 임시정부숙사에 들어갔다. 그러나 낮은 지대에 있어 몹시 습했고 햇볕이 잘 들지 않는데다 전등이 들어오지 않아 등잔불을 켜야 했다. 굴속같이 어두컴컴하고 음습한 방에 쥐들이 돌아다니고 비가 오면 비가 새지 않는 곳이 없을 정도로 열악한 환경이었다.[356]

1944년 5월 그곳을 떠나 화약국가 39호 양옥 3층으로 이사했다. 산등성이에 3층집이라 태양이 올라와 서산으로 넘어갈 때까지 그늘진 곳 없이 햇빛이 밝게 비치는 집이었다.[357]

이상과 같이 최선화 가족은 임정을 따라 계속 이동하며 공습에 대피하는 불안정한 생활을 영위했다. 충칭에 정착해서도 몇 번이나 이사를 했고, 열악한 주거환경을 견뎌야 했다. 충칭의 날씨와 기후도 나빴고 영양 상태나 주거 환경 또한 좋지 못해선지 최선화를 포함한 많은 교포들

---

354) 치장을 떠날 때 임신 중이었던 최선화는 이 집에서 지청천 부인과 조소앙 부인의 도움으로 둘째 아이를 출산했다.
355) 『제시의 일기』, 144·160·164~165쪽.
356) 『제시의 일기』, 203~204쪽.
357) 『제시의 일기』, 226쪽.

이 병을 앓았고, 충칭동포 300~400명 가운데 사망자도 70~80명에 이
르렀다.[358]

3) 공습, 병환 그리고 일상

1938년 11월 30일 임정가족이 유저우에 도착하자마자 일본군의 공습을
알리는 경보가 울리기 시작했다. 이는 앞으로 펼쳐질 공습대피생활의 예고
였다. 유저우에서는 일기가 좋은 날이면 공습경보가 울리고 인가가 없는
들판(교외)으로 피난을 갔다. 그래서 일기가 맑으면 "공습경보가 울리지
않을까 조마조마한 마음으로 언제고 나갈 준비"를 했다. 1940년 7월 5일부
터는 치장에도 일본군이 공습을 퍼부어 폭탄이 터지고 화재가 나서 집이
무너지고 사상자가 많았다. 달 밝은 날에는 아침저녁으로 공습경보가 올렸
다. 공습과 함께 유언비어가 퍼져 분위기가 뒤숭숭했다. 게다가 호열자병
이 유행해 최선화의 옆집에서도 사람들이 죽어나갔다. 전염을 피하기 위해
서는 이사를 가야했지만 형편이 여의치 않아 소독약을 사서 근방에 뿌리
는 것으로 대비를 했다.[359]

충칭에서도 공습경보와 대피가 일상이었다. 공습경보가 울리면 중산림
방공동이나 군수학교 방공동으로 대피했다. 1941년 7월부터는 충칭에 대
한 "적기의 광작"(공습)이 심해졌다. 아침, 저녁으로 2번 공습경보가 발령
되었고, 8월 8일부터는 대규모 공습을 퍼부었고, 달 밝은 밤에는 야습까지
있어 밤늦게까지 대피해 있어야했다. 이전에는 적으면 3대씩 많으면 20~30
대의 폭격기가 공격했는데, 8월부터는 폭격기 200~300대의 공격이 계속되
었다. 대규모 공습과 함께 유언비어도 많이 떠돌았다. 한편 비가 4~5일 계
속 오면 동네에 집 무너지는 소리가 요란하게 들렸다. 최선화가 살던 집도

---

358) 김구 저, 도진순 주해, 『백범일지』, 돌베개, 2005, 406쪽 ; 김성은, 「충칭임시정부
    시기 충칭한인교포사회의 생활상」, 『역사와 경계』 70, 73~75쪽.
359) 『제시의 일기』, 43~49·61~67·114·126·120~128·131~132쪽.

뒷대문 옆에 있던 변소와 빈방이 무너졌다. 이렇듯 날씨가 좋으면 공습피해를 걱정하고, 비오면 집이 무너질까 걱정하고, 걱정이 끊이지 않는 생활이었다.[360]

1941년 3월 30일 최선화가 둘째 아이를 출산하고부터 한 달 동안 날씨가 흐리고 비가 오는 날이 많아 공습경보가 없어서 산후조리에 도움이 되는 듯했다. 출산 1달만인 4월 30일 공습경보가 울리면서 최선화는 둘째 아기를 안고, 제시는 이웃의 손을 잡고, 방공호로 대피해야 했다. 경보가 해제되고 몇 시간 뒤에 집으로 돌아왔지만 산후조리를 하던 몸에 무리가 갔는지 이때부터 최선화는 몸에 이상증상과 통증을 느끼기 시작했다.[361] 공습경보가 연일 울리고 방공동으로 대비하러 왔다갔다하는 일은 큰 괴로움이었다. 20대 젊은이였던 지복영도 밤새도록 공습이 계속되어 새벽까지 5번이나 방공호로 들어갔다 나왔다 반복된 대피에 너무 지치고 졸려서 공습경보가 울리는데도 "죽으면 죽었지" 그냥 누워 자려고 했을 정도였다.[362]

1941년은 방공호 안에서 한 해를 다 보냈다고 할 만큼 공습대피의 일상이었다. 최선화 부부는 초조하고, 두렵고, 극도로 피곤한 한 해를 지냈다. 특히 최선화는 출산과 공습대피로 매우 지쳐 있었다. 여러 요인이 복합적으로 작용했는지, 최선화는 병을 앓다가 1943년 4월 충칭 남안에 있는 인제의원(미국 선교회 경영, Union Hospital)에서 수술까지 받았다. 양우조에 의하면 이즈음 최선화는 몸이 아프면서 마음도 약해져 눈물을 흘리며 슬퍼하거나 짜증을 내는 경우가 많아졌다고 한다. 최선화의 몸 상태가 쉽사리 회복되지 않자 요양의 필요성이 제기되었다. 이에 1943년 9월 말~1944년 2월 최선화는 둘째 제니만 데리고 맑은 공기가 있는 시골인 산치(三溪鎭) 임의택 의사의 집에서 네 달간 요양생활을 했다. 그러나 별 효과도 없

---

360) 『제시의 일기』, 169~171·180·207쪽.
361) 『제시의 일기』, 145·150~151·160~161·163쪽.
362) 「지복영 선생의 광복군 활동 증언」, 188쪽.

이 1944년 4월 충칭 남안 인제의원에서 다시 수술을 받았고, 1945년 2월 시립병원에 다니다 또다시 수술을 받았다. 이와 같이 최선화의 병세는 1943년 출산직후부터 3년째 별 차도가 없었다. 양우조는 이 시기 최선화의 병은 육체적 병마로 인한 고통뿐 아니라 정신적 붕괴 곧 슬픔·걱정과 같은 마음의 병을 복합적으로 앓았기 때문이라고 분석했다.[363]

'성탄절'에 관한 기록과 기억에는 기독교인으로서 최선화의 정체성이 나타나있다. 우선 이들 부부는 첫 딸 제시가 태어나서 처음 맞이하는 크리스마스에 딸랑이 장난감을 선물했다. 특히 최선화는 중국에서 맞는 성탄절이면, 고향에서 교회마다 성탄예배로 떠들썩했던 추억, 이화여전 시절 외국인 선교사 선생님들과 했던 연극공연, 선물, 볼거리와 먹을거리, 성탄절 아침에 집집마다 찬송가를 부르고 다니는 등 흥겨움이 가득한 추억을 회상했다. 그리고는 딸들에게도 성탄절의 분위기를 느끼게 해주고 추억을 만들어주고 싶다는 생각을 했다. 그러나 치장 시골마을이나 충칭에는 성탄절 축하 행사가 없었다. 매해 최선화는 성탄절을 제대로 축하하지 못하는데 대한 아쉬움·쓸쓸함과 외로움을 느꼈다.[364]

임정가족들은 중국 망명생활 가운데서도 명절과 기념일을 기렸다. 무엇보다도 중요한 기념일은 '3·1절'이었다. 삼일절을 기억하고 기념하는 것은 독립에의 염원과 한국인으로서 정체성을 확인하는 의식이기도 했다.[365] 그리고 음력 10월 3일은 단군의 탄신일, 건국과 개천기원절로 기념했다. 교포들이 모여 식을 거행하고, 떡을 나누었다. 기념일은 한국인으로서 정체성을 확인하고 한교의 우의를 다지는 기회였고, 오랜만에 배부르게 먹는 날이기도 했다. 또한 새해 원단 축하식이 있었다. 이 날은 음식을 풍부하게 준비해 축하연도 베풀며 잘 먹고 온종일 즐기는 날로 성대하게 지냈다. 음

363) 『제시의 일기』, 172·181·208~209·213·218·221~222·228쪽.
364) 『제시의 일기』, 55·99쪽.
365) 『제시의 일기』, 108~109·156~157·183·205쪽.

력 5월 5일 단오절에는 임정가족이 소고기와 수육을 준비해 함께 식사를
하며 단오절 명절을 기렸다. 1942년 충칭에서 맞이한 단오날에도 최선화
가족과 한 집에서 살던 임정가족은 고기를 사다 함께 식사를 하는 것으로
단오절을 축하했다. 이와 같은 모임에 대해 최선화는 "각자 방안에서 독립
된 생활을 하다가도 한 식구처럼 어울리고 의지하는 이런 살림은 아이들
은 물론 어른들에게도 큰 위안이 된다. 객지에서의 낯선 생활에서 그래도
서로에게 힘이 되는 것은 다름 아닌 우리 동지들인 것이다."라며 큰 의미
를 부여했다.[366] 임정가족들이 중국 땅에서 좋은 일과 어려운 일을 함께 하
고 서로 도우며 힘든 망명생활을 버텨왔음을 알 수 있다.

치장에서 최선화는 양우조와 한동안 떨어져 지낸 적이 있었다. 양우조
가 충칭에서 임시정부 일을 하느라 공무로 바빴기 때문이다. 최선화는 새
삼 '가족'의 의미를 생각해보며, "가족이란 어디서 무얼 하고 있든 보이지
않는 고무줄로 연결되어 있는 관계"라고 정의했다. 그 보이지 않는 고무줄
로 인해 "서로를 당기고 생각하고, 멀리서도 하나인 느낌을 가지며, 떨어
져 있을수록 더욱 팽팽하게 당겨진다"고 보았다. 가족은 기약 없는 망명생
활을 지탱하는 힘이었다.[367]

최선화는 자신의 일상을 돌아보며 다음과 같이 기술했다. "우리들에게
보물이란 각자에게 가치를 지니고 있는 물건이다. 모든 사람들이 똑같이
소중히 여기는 것보다는 (제시의) 작은 구슬과 같이 나에게만은 어느 것보
다 특별한 의미를 갖는 것이 참 보물이 아닐까. 나에게 그만한 가치를 지
닌 것이 이 세상 어디에도 없고, 돈으로 계산할 수도 없는, 내 마음 속의
무한한 기쁨을 불러일으키는 것, 그리고 나의 생각과 생활이 담겨있는 것
이 진정한 보물"이라고 정의했다. 이는 최선화가 자신의 삶에서 발견하는
의미와 가치에 대한 이야기였다.[368]

---

366) 『제시의 일기』, 136·181·189쪽.
367) 『제시의 일기』, 103쪽.

2. 독립운동의 전개와 현실인식

1) 한국혁명여성동맹과 한국애국부인회 활동

1937년 최선화는 중국에 오기 전 양우조의 부탁으로 비밀리에 안창호를 만난 적이 있었다. 이때 안창호는 양우조에게 전할 말이 있느냐는 최선화의 요청에 '독립운동을 계속하라'는 말을 남겼다고 한다. 이후 최선화는 중국에 건너와서 흥사단興土團에 가입했다.[369] 그리고 1937년 5월에는 광저우에서 개최된 흥사단 제24회 창립기념식에 참여했다. 양우조가 평생 안창호를 스승이자 지도자로 존경했듯이, 최선화가 안창호에게 받은 정신적 영향도 적지 않았으리라 생각된다.[370]

한편 임시정부에서 여성의 창당 작업 지원과 당원 가입은 1935년 (재건) 한국독립당과 한국국민당의 창당과정에서 나타나기 시작해 1940년 (통합) 한국독립당 창당과 함께 증가했다. 나아가 1942년부터는 정당 소속의 여성이 도 대표로 임시의정원 의원이 되어 활동했다.[371] 이러한 흐름 속에 최선화 역시 1939년 한국국민당 당원, 1940년 (통합) 한국독립당 창당 당원이 되어 임정을 적극 지지했다.[372] 1940년 5월 드디어 한국국민당, (재건) 한국독립당, 조선혁명당의 3당이 한국독립당으로 통합되었다. 1937년 중일전쟁 발발 이후 제기되어 오던 통합 노력이 결실을 맺었다. 한국독립당의 결성 목적은 중일전쟁을 계기로 3당이 대동단결해 민족운동의 혁명역량을 집중하고 실제적인 광복운동을 전개하는데 있었다.[373]

---

368) 『제시의 일기』, 150쪽.
369) 『제시의 일기』, 184~185쪽.
370) 『대한민국 독립유공자 공훈록』 5, 국가보훈처, 1988, 803~804쪽.
371) 김성은, 「대한민국 임시정부와 여성들의 독립운동」, 242, 253쪽.
372) 1939년 12월분 綦江縣縣政府 第一區 城鎮聯保處 外僑調査表(綦江縣檔案館 소장), 『대한민국임시정부자료집』 35 ; 한국독립당 黨員 名簿(174人)(연도미상), 韓國精神文化硏究院, 『韓國獨立運動史資料集』 趙素昻篇(四), 1997, 71~73쪽, 『대한민국임시정부자료집』 34.

한국독립당 창당과 함께 여성단체 조직도 진행되었다. 1940년 5월 말 최
선화는 부인회를 조직하기 위한 준비회의로 분주했다.[374] 최선화는 한국혁
명여성동맹韓國革命女性同盟 준비위원으로 교포부인들을 결집해 한국혁명
여성동맹을 결성하고 회원으로 참여했다. 한국혁명여성동맹은 한국독립당
의 출범과 함께 그 산하단체로 조직되었는데, 한국독립당 여당원의 친목단
체에 가까운 성격을 띠고 있었다. 실제로 한국독립당 여성당원 대부분이
한국혁명여성동맹 회원이었다.[375] 한국혁명여성동맹의 주된 사업은 독립
운동가 자녀들에게 한글을 가르치는 교육활동이었다.[376] 독립운동가 자녀
들 가운데 한글을 제대로 하는 이가 적었다는 지복영의 회고로 미루어 동
포 자녀의 한글교육은 급선무이기도 했다.[377] 신정완의 할머니가 강조했듯
이 한글교육은 역사교육과 함께 민족정체성의 핵심이라는 점에서 독립운
동 못지않은 중요한 의의가 있었다.[378]

당시 임정가족 부인 대부분이 중국 땅에서 아이들을 키우며 임정에서
활동하는 남편을 뒷바라지하는 일을 했다. 이런 가운데서도 최선화는 육아
와 내조 이외에 "부인들이 무언가 할 수 있는 일"이 분명히 있다는 생각을
했다. 그리하여 "한교 자녀들에게 민족정신 불어넣기, 후방에서 독립운동
을 지원하며 일선에서 일본군과 싸우며 애쓰는 동지 보살피기, 하루하루
가사를 챙기는 일상에서 나아가 작은 힘을 모아 더 넓게 눈길 닿지 않는
곳을 챙겨나가는 일도 여성의 몫"이라고 보았다. 이 시기 최선화는 여성도
단체를 조직해 독립운동에 적극 참여해야한다는 생각을 했다. 그리하여 한

---

373) 조범래, 『한국독립당 연구 : 1930~1945』, 중앙대박사학위논문, 144~148쪽.
374) 『제시의 일기』, 120쪽.
375) 정정화, 『녹두꽃』, 141쪽 ; 김성은, 「대한민국 임시정부와 여성들의 독립운동」, 243·
    247쪽.
376) 「김정숙 증언」, 『독립운동자 증언 자료집』 2, 31·49쪽.
377) 독립기념관 한국독립운동사연구소, 「광복군 13 지복영」, 『독립운동가의 삶과 회상』
    1, 2012, 646쪽.
378) 신창현, 『해공 신익희』, 1992, 153쪽.

국혁명여성동맹에서 나아가 임시정부와 재중독립운동에서 여성의 적극적
인 역할을 모색하고자 했다.[379]

이러한 소신은 최선화가 병약한 가운데서도 한국애국부인회 재건준비
위원으로 활동하는 배경이 되었다. 드디어 1943년 1월 23일 충칭 한국애국
부인회가 조직되었다.[380] 다음은 1943년 2월에 발표된 '한국애국부인회 재
건선언문'이다.

> 경애하는 동지 동포 여러분, 전 세계 반파쇼대전의 최후 승리와 우리의
> 원수 일본제국주의는 결정적 패망이 바야흐로 우리 안전에 도래하고
> 있는 위대한 역사적 신시기에 있어서, 우리 민족해방운동의 광영스러운
> 역사와 전통을 가진 한국애국부인회의 재건립을 중국 항전 수도 충칭
> 에서 전 세계에 향하야 우렁차게 고함치노라. 본회는 25년 전 **3·1혁명
> 의 위대한 유혈투쟁 중에서 신생**한 우리 역사상 신기원인 <u>부녀혁명의
> 본체였고 또 민족정기의 뿌리</u>였다. 그러나 3·1운동 후 십수 년 간에 우
> 리 운동은 국제적으로나 국내적으로나 모든 정세와 환경이 너무도 악
> 열하고 저해하려는 조건이 구비하야 어쩔 수 없이 본회는 국내에 있어
> '근우회' 등 혁명여성단체를 비롯하여 남북 만주의 무장운동과 배합하
> 여 씩씩하게 일어나던 여성들과 전후하야 비참하게도 깃발을 내리고
> 간판을 떼어 쓰라린 가슴에 품고 피눈물을 뿌리면서 시기를 고대하고
> 있었던 것이다. 그런데 오늘의 우리 *정세*는 *일변*하였다. 지금 우리 *민
> 족해방운동은 공전의 혁명 고조를 타고 활발하게 전개하게 되었다. 삼
> 십여의 동맹국이 모두 우리의 우군이 되어 원수 일본을 타도하고 있다.*
> 정히 이러한 시기에 있어서 임시정부 소재지에 있는 우리 <u>혁명여성들
> 은 당파별이나 사상별을 불문하고 일치단결하여 애국부인회를 재건립</u>
> 함으로써 국내와 세계 방방에 산재한 우리 일천오백만 애국여성의 총
> *단결*의 제1성이 되며 삼천만 대중이 철과 같이 뭉치어서 원수 *일본*을
> *타도*하고, *대한독립*과 *민족해방* 완성의 거룩한 제1보를 삼으려 한다.

---

379) 『제시의 일기』, 174~175쪽.
380) 대한애국부인회 회원 사진(1943. 2.), 『대한민국임시정부자료집』 44.

경애하는 동지 동포 여러분, 때마침 건립되는 본회는 우리 분신의 단결, 교양, 우애, 이익, 발전 등을 비롯하여 국내 각층 여성과 연락하고 조직하며, 재미여성단체와는 절실히 우의적으로 감정을 소통하며, 우방 각국 여성조직과 연결하여 피차관계를 결탁하려한다. 경애하는 동지 동포 여러분, 이러한 사업을 성공하려면 적지 않은 곤란이 있을 것도 예상한다. 그러나 제위 선배의 현명한 지도와 혁명동지 동포들의 열렬한 성원 하에 본회 회원전체들이 목표를 위해 불굴 불해하는 정신으로 국가독립과 민족해방의 길로 매진하면 최단기내에 우리의 혁명은 완성되리라고 믿고 쓰러졌던 본회의 깃발을 다시 반공에 기운차게 날리다.[381]

이를 정리하면 다음과 같다. 첫째, 일본이 미국을 비롯한 연합군을 상대로 일으킨 전쟁에서 패색이 짙어가는 국제정세를 잘 활용해 한국애국부인회를 재건하고 항일운동·대한독립운동·민족해방운동을 전개하자고 촉구했다. 둘째, 충칭 한국애국부인회가 3·1운동의 영향으로 생겨난 상하이 대한애국부인회의 "민족정기"와 "부녀혁명" 정신을 계승한 조직이며, 당파와 사상을 불문하고 충칭 한인교포여성들의 "일치단결"로 재건한 여성단체임을 강조했다. 셋째, 한국애국부인회는 국내외 1천5백만 한국여성의 총단결의 상징으로 국내의 각계각층 여성, 재미여성단체, 우방 각국 여성조직과 연대해 활동하자는 취지였다. 여기서 주목할 점은 충칭 한국부인회가 상하이 대한애국부인회의 민족의식과 독립운동정신을 계승함과 함께 근우회의 모토였던 '여성의 총단결'을 기치로 내걸었다는 점이다. 그리하여 국내외 한국여성 모두가 "혁명동지"로 여성이 총궐기해 "국가독립"과 "민족해방"을 앞당기자고 촉구했다. 이는 독립운동을 혁명으로, 국가독립과 민족해방을 혁명의 완성으로 규정하고, 여성이 혁명의 주체이자 독립운동의 주체임을 강조한 것이었다.

---

381) 「重慶에 있는 韓國愛國婦人會의 再建」, 『신한민보』 1943년 6월 3일 ; 『제시의 일기』, 195~198쪽.

한국애국부인회는 7개항의 강령을 채택했다.[382] 주목할 점은 강령에 "남녀 평등한 권리와 지위의 획득과 향유"가 3번 명시적으로 반복되면서 '여권'의 개념이 강조되고 있다는 점이다. 여성독립운동가들의 궁극적 목표는 항일과 민족해방을 통한 "민주주의 공화국" 건설에 있었다. 이들에게 민주주의 공화국의 핵심은 "남녀 평등한 권리와 지위"를 획득하고 향유할 수 있는 국가체제였다. 이는 대한민국 임시헌장(1919.4.11.), 대한민국 임시헌법(1919.9.11.), 대한민국 건국강령(1941.10.28.)에 명시된 "대한민국의 인민은 일체 평등"하며 여성도 남성과 같이 국민으로서 동등한 권리와 의무가 있다는 이념에 따른 것이었다. 다만 대한민국 임시헌법(1925.4.7.), 대한민국 임시약헌(1927.4.11. 1940.10.9.)에 따르면 광복이 되기 전까지는 "광복운동자"가 "인민"을 대신한다는 조항이 있었다.[383] 이에 의하면 한시적으로 인민은 독립운동가를 의미하며, 인민의 평등은 독립운동가를 대상으로 한 개념이라고 해석할 수 있다. 따라서 여성이 인민으로서 남성과 같은 권리를 주장하기 위해서는 먼저 독립운동가가 되어 인민의 자격을 갖추는 것이 선결과제였음을 알 수 있다. 이 지점에서 독립운동은 인민의 자격이자 인민의 의무이며, 인민의 권리를 주장할 수 있는 근거 조건으로 작용하고 있다. 이와 같은 문건에서 여성계의 단결을 통한 조직적인 여성독립운동의 필요성과 정당성이 나왔다고 하겠다.

최선화는 한국애국부인회 총무(서무부 주임)로 피선되어 회의에 관한 모든 일을 맡아보았다. 이와 함께 그가 한국애국부인회 사업으로 가장 먼저 시작한 일은 홍보활동이었다. 미국교포사회에 편지(1943.2.17.)를 보내 한국애국부인회의 재건을 알리고, 해외동포의 성원과 단결을 촉구했다. 충칭에 한국애국부인회가 조직되었다는 소식과 최선화의 편지는 4~5개월 뒤 각각 『신한민보』와 『국민보』에 게재되어 미국교포사회에 전파되었다. 편

---

382) 박용옥, 『한국여성독립운동』, 독립기념관 한국독립운동사연구소, 1989, 139쪽.
383) 이준식, 「대한민국임시정부와 여성 독립운동」 참조.

지의 핵심은 다음과 같다. "지구의 어느 곳에 몸을 붙이고 있든지 「나는 한국의 여성이다. 나는 조국광복의 책임을 지고 있다. 왜적은 나의 원수다. 한국의 1,500만 여성은 굳게 뭉쳐서 국가를 독립시키고 민족을 해방시키자!」하는 구호로 용전勇戰합시다." 세계각지에 살고 있는 한국여성이 조국광복의 책임을 자각하고 단결해 독립운동을 전개하자는 내용이었다.[384] 이는 한국애국부인회 재건선언문에서 표명했듯이 "*재미여성단체와는 절실히 우의적으로 감정을 소통하며, 우방 각국 여성조직과 연결하여 피차관계를 결탁*"하기 위한 것이었다.[385] 또한 한국애국부인회 강령에서처럼 "*국내외 전체 부녀동포의 각성과 단결을 촉성하며 나아가 전민족의 총단결과 총동원을 실시*"하기 위한 노력의 일환이었다고 해석할 수 있다.[386]

이외에도 최선화는 편지에서 '한국'이란 명칭을 사용하고 있다. 충칭 한국애국부인회가 재건되면서 상하이 대한애국부인회의 '대한'이란 명칭이 '한국'이란 명칭으로 대체되거나 병행되는 현상이 나타났다. 당시 임정에서 사용하는 국명의 칭호(약명)에 변화가 있음을 짐작할 수 있는 사례이다.

또한 최선화·연미당 등 충칭 한국애국부인회 간부들은 중국 중앙방송국을 통해 세계에 흩어져 살고 있는 우리 여성들과 국내에 있는 부녀자들에게 광파방송을 했다. 최선화는 방송을 통해 한국애국부인회가 오늘에 이르기까지의 약사, 지금 우리 여성들이 해야 할 일에 대해 피력했다. 또한 충칭시내에 소재하고 있는 한국애국부인회에 대한 소개와 앞으로의 사업계획을 알리고 많은 협조를 부탁했다.[387] 한국애국부인회 조직 부장이었던 연미당 역시 막바지에 이른 일본의 폭악에 대비해야한다는 내용의 방송을 통해 반일의식을 고취했다.[388]

---

384) 「애국부인회를 다시 조직한 소식」, 『국민보』 1943년 7월 21일.
385) 「重慶에 있는 韓國愛國婦人會의 再建」, 『신한민보』 1943년 6월 3일 ; 『제시의 일기』, 195~198쪽, 1943.1.21.
386) 박용옥, 『한국여성독립운동』, 139쪽.
387) 『제시의 일기』, 206쪽.

또한 한국애국부인회는 충칭 시내·남안·토교 세 곳에서 아동한글강습
반을 운영했다. 임정에서는 매월 보조금을 지급해 이를 장려했다.[389] 이와
같이 부인들은 가정과 교포학교에서 한글·국사·한국노래를 가르치며 자녀
들에게 민족의식을 심어주는 교사의 역할을 담당했다.

이외에도 한국애국부인회가 했던 일은 다음과 같다. 음력 정월 초하루
에 교포들이 모두 모여 많이 먹고 유쾌하게 놀고 재미있게 지낼 수 있도록
부인들이 모여 떡을 만들고, 청년회와 함께 다과회와 여흥을 주최했다. 최
선화는 교포사회의 이런 모임들이 망명생활에 큰 활력소가 된다고 여러
차례 강조했다. 이러한 맥락에서 한국애국부인회의 활동에 의의를 부여할
수 있겠다.[390] 충칭에 거주하는 한교 3백여 명은 1일 오전 10시 신생활운동
복무소新生活運動服務所 대강당에서 '3·1'절 기념대회를 거행했다. 기념식
주석을 맡은 임시정부 외무부장 조소앙의 개회사에 이어 여러 인사들의
연설이 있었다. 이어 한국청년회 대표 안원생, 한국애국부인회 대표 방순
희의 치사가 있었다. 이들은 임시정부의 영도 하에 더욱 단결하고 적극 공
작을 전개할 것을 다짐하는 한편, 각 민주 우방의 적극적인 원조를 바라며
이들과 철저히 합작할 것을 희망했다.[391]

충칭에 거주하는 교포들의 3·1절 기념행사와 함께 한국애국부인회와 청
년회도 친목모임 형식으로 이날을 기념하기로 했다.[392] 또한 한국애국부인
회는 재건되고 나서 처음 맞는 3월 8일 '국제부녀절'을 기념하는 행사를

---

388) 김명순, 「혁명가의 아내이자 여성독립운동가 미당 연충효 여사의 일대기」, 『충청
　　문화』, 1994.3, 63쪽.
389) 국사편찬위원회, 『대한민국임시정부 자료집』 6, 116쪽. 한국애국부인회 주관 아
　　동국어강습반과 보조금 표(361~371쪽).
390) 『제시의 일기』, 204쪽.
391) '1일 重慶 中央社 전문' 「延安의 조선 우인들 '3·1'혁명 기념행사 거행」, 『대한
　　민국임시정부 자료집』 40.
392) 「한국임시정부, '3·1'절 기념대회 준비」, 『新華日報』 1943년 2월 26일 ; 『대한민
　　국임시정부 자료집』 40.

성대하게 거행하기로 했다. 이를 통해 한국여성으로서의 정체성을 확인하는 동시에 국제여성의 연대를 모색하고자 했다.[393] 최선화가 미국교포사회에 편지(1943.2.17.)를 보내 한국애국부인회의 재건을 알리고 해외동포의 성원과 단결을 촉구했던 것도 이러한 맥락에서였다.

이즈음 미국 시카고에서 발행하는 『선(Sun)』지에 영국 외무장관 이든 (Robert Anthony Eden)이 워싱턴을 방문해 루즈벨트(Franklin Delano Roosevelt) 대통령과 전쟁 후의 세계평화계획을 상의했다는 소식이 보도되었다. 이 가운데 전쟁 이후 잠시 국제 감호國際監護를 거쳐 한국을 독립시키자는 결정이 포함되어 있었다. 국제 감호는 국제 공동 관리를 뜻했다. 이 소식이 전해지자 임시정부는 즉시 각 동맹국 정부에 전문을 쳐서 반대의사를 표명하며 전쟁 후 한국의 완전한 독립을 요구했다. 이러한 국제정세를 배경으로 1943년 5월 한국애국부인회를 비롯해 충칭에 있는 한국인 혁명단체와 동포들이 자유한인대회自由韓人大會를 개최해 선언문을 발표하고, 4개 조항의 중대 결의안을 통과시켰다. 재중국 자유한인대회는 한국독립당, 조선민족혁명당·조선민족해방동맹·조선무정부주의자총연맹·한국애국부인회·한국청년회가 주축이 개최되었다. 주석단은 총주석 홍진, 주석 김기원金起元·김광규金奎光·류월파柳月波·김순애金淳愛·한지성韓志成으로 구성되었다. 자유한인대회 명의로 미국 대통령 루즈벨트를 비롯해 각 동맹국 영수들에게 전문을 보내 우리 민족의 의사와 요구를 표명했다. 재중국 자유한인대회의 목적은 전후 한국문제에 대한 입장과 태도를 명확하게 밝히는데 있었다. 이들이 발표한 「선언문」 가운데 주목할 만한 부분은 다음과 같다.

중일전쟁과 태평양전쟁이 폭발한 이후로는 전 민족과 각 계급과 각 당파들은 모두 한국 임시정부의 주위에 모여서 통일과 단결을 이루었다.

---

393) 『제시의 일기』, 205~206쪽.

국내나 국외를 논할 것 없이 바야흐로 치열하고 또 맹렬하게 반일투쟁을 진행해 왔다. 우리는 이번 전쟁의 결과는 일본침략자가 반드시 패망하고 한국이 반드시 절대 완전한 독립을 획득할 것이라 굳게 믿고 있다.…

첫째, 한국 민족이 일치하고 또 굳세게 요구하는 것은 바로 절대 완전한 독립과 자유다. 어떠한 국가나 국제적인 간섭이나 호위나 공동 관리도 모두 절대 반대한다. 한국 민족은 5천년의 오랜 문화와 역사를 가지고 있다. 우리는 과거 오랫동안 자주적으로 국가생활을 경영해 온 민족이다. 때문에 전후 새로운 和平世紀에 있어서 응당 완전 독립한 국가생활을 누릴 권리와 능력이 있다.

둘째, 한국은 22만 평방킬로미터의 국토와 3천만의 인구를 가지고 있다. 한국에는 물산이 지극히 풍부하고, 또 현대적으로 건설된 공업이 있다. 따라서 전후 동맹 국가들의 평등·호혜의 상호 부조하는 조건 밑에서 급속히 강대한 민족 국가를 건설할 수 있다.

넷째, 한국은 원동의 정치·지리상 실로 가장 중요한 위치를 차지하고 있다. 즉 한국의 독립 여부가 극동의 평화를 유지하느냐 파괴하느냐 하는 것을 결정짓게 된다. 과거에도 그랬거니와 장래에 있어서도 반드시 그렇다. *전후 한국의 완전 독립은 장차 원동 내지 태평양지역의 완전 평화를 보장하는 것이다.*[394]

이상에서 무엇보다 재중 독립운동가들은 자신들이 단결해 반일투쟁을 전개하고 있으며 전후 즉각적이고 완전한 한국독립을 주장했다. 이를 위해 우선 임시정부가 국제사회에서 승인을 받는 문제, 그리하여 연합국의 일원으로 동맹 체제를 구축하는 문제를 해결하는 것이 급선무였다. 또한 전후 한국의 독립을 요구함에 있어 그 근거로 한국인에게는 오랜 역사와 문화를 통해 자주독립국을 건설, 경영해온 과거의 전력이 있으며, 풍부한 자원과 인구, 공업시설을 통해 급속히 부강한 국가로 성장할 수 있는 미래의 잠재력이 있다고 강조했다. 전후 동아시아, 태평양의 평화와 한국의 완전

---

394)「한국 각 혁명단체가 공동주최한 재중국 자유한인대회의 선언문」,『독립신문』
　　창간호, 대한민국 25년 6월 1일 :『대한민국임시정부 자료집』별책 1 重慶版.

한 독립이 밀접한 관련이 있다고 강조했다.

1944년 4월 현재 대한민국 임시의정원은 1943년 10월 9일 이후 계속 회기 중이지만 내각 선출문제와 '임시의정원' 대표에 관한 '헌법' 변화 문제로 인해 교착상태에 있었다. 이는 충칭의 독립운동세력들은 여전히 단합하지 못하고 있었음을 의미했다. 이러한 상황에서 양우조는 충칭 주재 미 대사관에 조소앙(대한민국 임시정부 외무부장), 양우조·임의탁·최용덕·최소정 그리고 두 아이 제시와 제니의 미국여행허가를 요청했다. 여행 목적은 해외의 많은 한국인들이 과거 몇 년간 한국에 대해 직접적인 정보를 접한 적이 없기 때문에 5인의 대표단이 미국에 가서 한국운동단체 소속 한국인들에게 한국의 현황을 알려주는데 있었다. 예상 여행기간은 6개월이며 필요한 경비는 독립당과 임시정부가 부담할 것이라고 밝혔다. 이러한 방문계획에 대해 이승만은 허가를 요청하며 적극적으로 지지했고, 중국 외교부장 쑹즈원(宋子文, Sung Tzuwen)도 역시 원하는 바라며 이들의 미국방문을 지지했다.[395]

이로 미루어 최선화는 한국독립당 당원 겸 한국애국부인회 간사 자격으로 임정의 여성을 대표해 미국교포들에게 임시정부의 상황을 알리고 단결과 후원을 요청할 예정이었다. 이러한 임무를 유독 그가 맡기로 되어 있었던 데에는 영문학 전공의 영어 교사 경력과 함께 1943년 2월 한국애국부인회 간부로서 충칭 여성교포를 대표해 미국교포사회에 편지를 보내 단결을 호소했던 당사자였다는 점과 무관하지 않았다. 임시정부에서 활동하던 여성독립운동가 가운데 재미여성동포와 연락 등 미국과 영어 관련 일에 가장 적합한 인물은 최선화였다. 이화여전에서 영어를 전공한 신여성으로서 차별성이 여기에 있었다. 그러나 이들의 미국방문은 성사되지 못했고, 최선화는 자신의 특기인 영어를 살려 미국에서 활동할 기회가 없어졌다.

1945년 봄 충칭임정은 싱가포르 포로수용소에 있던 동포 위안부 10여

395) 「태평양전쟁기 충칭주재 미 대사관의 보고문건」, 『대한민국임시정부자료집』 26.

명을 인계받았다. 한국애국부인회는 이들에게 임시정부에 대해 설명해주
고 민족혼을 다시 불어넣는 정신교육을 담당했다. 여성이 주체가 되어 여
성에 대한 교육을 담당했음을 알 수 있다.[396]

2) 독립운동에 대한 현실인식

1937년 중일전쟁이 발발하면서 임정가족은 생계수단을 잃고 일본군을
피해 이동하며 늘 짐을 싼 채 하루하루 살아가는 피난생활을 해야 했다.[397]
그러나 한편으로 임정의 위상은 높아졌다. 나라를 잃고 망명한 독립운동자
들을 막연히 동정해주던 중국인들이 일본군의 침략을 받게 되면서 임정과
한인교포(한국인 교포, 동포, 이하 한교)의 입장과 처지를 이해하게 되었고
항일투쟁을 위한 가장 가까운 우방이 되었다.[398] 이처럼 달라진 위상 덕분
에 임정은 중국 국민당 장제스(蔣介石)정부로부터 정식으로 식량(현미)·교
통편· 자금(임정 정무비, 한국독립당 당무비, 광복군 군사비, 한인교포 생
활비)을 지원받을 수 있었다. 임정은 한인교포의 인구대장을 작성하고 중
국 국민당 정부와 교섭해 한꺼번에 단체분량의 현미를 배급받아 교포들에
게 분배했다.[399] 생계비의 경우 임정의 재정담당자가 가족별로 그 수에 따
라 돈을 나누어주고, 임정가족은 이것으로 필요한 음식물(반찬, 물)을 마련
했다.[400] 여기에 필요한 재정은 재미교포의 성금, 중국 국민당 정부의 지원
금과 몇 십 가마의 쌀로 충당했다.[401] 임정가족은 중국정부에서 주는 양곡
덕분에 끼니 걱정을 하지 않을 수 있었다.[402] 최선화는 임시정부의 위상에

---

396) 『제시의 일기』, 254쪽.
397) 『제시의 일기』, 33~34·37~38쪽.
398) 신정완, 『해공 그리고 아버지 : 영애 신정완 수기』, 성진사, 1981, 59쪽.
399) 김구, 『백범일지』, 402쪽.
400) 정정화, 『녹두꽃』, 147쪽.
401) 국가보훈처, 「윤경빈의 증언」, 『독립유공자 증언 자료집』 1, 2002, 114~115쪽 ; 『제
    시의 일기』, 33~34·37~38쪽.
402) 「이병훈의 처 서광옥의 증언」, 『독립유공자 증언 자료집』 2, 283쪽 ; 신창현, 『해

대해 다음과 같이 기술했다.

> 중국의 한교들은 전쟁이 일어나자 중국 곳곳에서 임시정부로 모여들었
> 다. 우리 동포들이 비상시기에 믿을 곳은 그래도 같은 동포요, 동포들을
> 대표하는 임시정부였다.[403]

중일전쟁의 발발로 일본군이 중국본토를 점령해가는 가운데 중국인들
도 교통편을 구하지 못해 보따리를 이고 걸어서 피난 가는 상황이었다. 그
런데도 임정가족과 임정을 찾아 모여든 한교들은 임정이 주선하고 중국정
부가 제공한 버스를 타고 비교적 편하게 피난을 갈 수 있었다. 최선화는
일기에서 한교들이 이러한 편의를 누릴 수 있었던 것은 임정 덕분이라는
점을 강조했다. 그리고 한국인의 대표기구로 위기상황에서 지도력을 발휘
하는 임정의 위상을 부각하고자 했다.

이런 연유로 이동시기에 100여 명이었던 임정가족은 충칭에 정착한 뒤
각지에서 한인교포가 모여들면서 점점 늘어나 1944년 충칭의 한인교포는
400여 명 규모로 증가했다.[404] 이 시기 임정의 위상을 짐작할 수 있는 대목
이다.

한편 1939년 초 독립운동 진영은 민족진영조차 통합을 보지 못하고 한
국국민당·재건한국독립당·조선혁명당으로 갈라져있는 상황이었다. 임정
에서는 한국광복운동단체협의회 등을 조직해 임정을 중심으로 통합을 시
도했지만 뚜렷한 진전이 없는 상태였다. 최선화는 당시 임정의 상황을 다
음과 같이 묘사했다.

각자 자기주장이 다른 중국의 우리 교포들 모임은 제각기 자기의 목소
리만 목청 높이 질러대고 있다. 함께 어울려 노는 사이좋은 동무들과
같이 하나로 뭉쳐 우리의 독립을 쟁취할 수 있다면 얼마나 좋겠는가.
하지만 모두 순간의 욕심을 위해 더 길고 큰 목표를 바라보지 못하고,
제 목소리를 높이고 있다. 용서와 화해를 잊은 채, 당파니 사상이니 하
는 서로간의 차이에 대한 옹졸함과 자존심, 그리고 이기주의에 휩싸여
불평하고 질투하기에 열정을 불사르고 있다.[405]

임정이 민족진영조차 통합하지 못하는 상황에서 교포사회는 이념에 따
라 분열, 대립했다. 이에 대해 최선화는 독립을 쟁취하기 위해 가장 중요한
것이 힘을 하나로 합하는 것이라고 강조했다. 그리하여 교포들이 당파나
사상에 따른 차이만 보고 대립하기보다는 독립이라는 더 큰 목표를 향해
화해해야 한다고 역설했다.

이러한 가운데 1939년 제31차 임시의정원 의회(10.3~12.5)에서 기존의
한국국민당 소속 인사들 이외에 재건 한국독립당과 조선혁명당 소속 인사
들이 임시정부 국무위원으로 선출되었다.[406] 이는 이전까지 한국국민당 소
속 인사로만 구성된 임시정부에서 3당 연립내각을 구성했다는데 의의가
있었다.[407] 그러나 여전히 독립운동 진영은 분열되어 광복진선 계열의 3당
통합 및 신당 결성을 하지 못했다. 1940년 2월 현재 우파 계열의 광복진선
으로 한국국민당·한국독립당·조선혁명당의 세 정당이 있었고, 좌파인 조
선민족전선으로 조선민족혁명당·조선민족해방동맹·조선청년전위동맹의
세 단체가 있었다.[408]

이러한 상황에서 1940년 3월 임시정부의 제일 웃어른으로 존경받던 이

---

405) 『제시의 일기』, 65쪽.
406) 「임시의정원 회의 제31회」, 국사편찬위원회 편, 『대한민국임시정부 자료집』 2,
     308쪽.
407) 조범래, 『한국독립당 연구』, 144~146쪽.
408) 『제시의 일기』, 104~105쪽.

동녕이 작고했다. 그가 남긴 마지막 유언은 '한교의 화합'이었다. 임정의
당면과제는 각 독립운동 계파의 화합, 독립운동 진영의 통일이었고, 이는
최선화 역시 절실하게 느끼고 있던 바였다. 한교들의 정신적 지주였던 이
동녕의 죽음에 최선화를 포함해 한교들이 받은 충격은 컸다.[409] 이러한 충
격과 그동안의 합당 노력이 결실을 맺어 1940년 한국국민당·한국독립당·
조선혁명당 세 정당이 합쳐 한국독립당이 창당되었다고 하겠다.[410] 이상과
같은 일련의 사태와 최선화의 현실인식은 최선화가 통합 한국독립당 창당
당원으로 입당하고, 한국독립당 여성당원들의 친목도모의 성격이 강한 한
국혁명여성동맹의 결성을 주도하고 회원으로 참여한 배경이 되었다.

　사실 양우조가 최선화보다 정세에 더 관심을 가지고 이에 관한 사실을
일기에 기술하는 빈도도 더 많았다. 그래도 최선화 역시 나름대로 정제변
화에 관심을 가지고 자신의 주관을 피력하고 있음을 볼 수 있다. '한국애
국부인회 재건 선언문'에도, 그리고 양우조가 쓴 일기에도 국제정세 변화
가 언급되어 있었다. 또한 남편 양우조는 임시정부에서 중책을 맡아 실무
를 담당하고 있었다. 따라서 최선화가 직접 국제정세에 대해 쓴 글이 적을
지라도, 남편과 주위사람들에게서 관련소식을 늘 귀담아 듣고 있었을 것이
다. 중일전쟁, 태평양전쟁(미일전쟁), 일본의 패색 등 국제정세의 변화는
곧 조국의 해방과 자신의 가족을 포함한 임정가족의 귀국에 직결되기 때
문이었다.

　양우조의 기록에 의하면 당시 독립운동가들은 중일전쟁과 태평양전쟁
이 끝날 무렵 반드시 우리나라의 독립문제가 주요한 안건이 되어 독립할
수 있으리라고 전망했다. 국제정세가 우리 민족의 독립에 유리하게 전개되
고 있음을 인식하고 독립을 준비해야 한다고 생각했다.[411] 임시의정원 의

409) 『제시의 일기』, 109쪽.
410) 국가보훈처, 『한국독립운동사료』(양우조 편), 1999, 393~394쪽 ; 국사편찬위원회
　　편, 『대한민국임시정부 자료집』 34, 2009, 26~29쪽.
411) 『제시의 일기』, 180~181쪽.

원이었던 신정완 역시 "충칭의 임시정부가 눈앞에 일본의 패망이 시시각
각으로 다가옴을 피부로 느끼면서 마지막 항일투쟁에 열을 올렸고, 동지들
은 해방 후 임시정부가 해야 될 일에 대한 갖가지 계획에 눈코 뜰 새가 없
는 바쁜 나날을 보냈다"고 회상했다.[412)

　　최선화 역시 이러한 정세 변화를 예상하고 있었음에도 막상 일본의 패
망 소식을 접한 순간에는 의외의 반응을 나타냈다. 1945년 8월 10일 최선
화는 "밖에서 들려오는 시끄러운 소리에 웬일인가 밖을 내다보니 일본이
망했다"고 하는 사람들의 소리를 듣고 일본이 항복했다는 사실을 알게 되
었다.

> 이 소리를 듣는 순간, 정신이 아득해 오며 아무 생각도 들지 않는 것이
> 다. 가슴이 뛰고, 너무 어지러워 자리에 가서 잠시 누워야 할 정도였다.
> 이런 식으로 일본의 패망을 만나게 될 줄은 몰랐다. 세상은 밤을 세
> 워가며 미칠 듯이 좋아라고 야단을 한다. 그러나 웬셈인지 우리나라 사
> 람들(한국교포들)은 나와 같은 맘인지 멍하여 가지고 정신을 못 차리고
> 있는 것이다. 계속 발표되는 방송을 들으며 착잡한 마음에 밤잠을 잘
> 이루지 못했다.[413)

　　이는 해방을 맞은 김구의 느낌과 비슷했다. 김구는 "왜적 항복의 소식은
내게 희소식이라기보다는 하늘이 무너지고 땅이 꺼지는 일이었다. 수년 동
안 애를 써서 참전을 준비한 것도 모두 허사로 돌아가고 말았다.… 지금까
지 들인 정성이 아깝고 다가올 일이 걱정"이라고 일기에 썼다.[414) 최선화
역시 일본이 망했다는 소식을 듣고 기뻐하기보다는 "가슴이 답답해오고
정신이 아득해지는" 느낌이었다. 일본의 패색이 짙어가던 전세와 국제정세

---

412) 신정완, 『해공 그리고 아버지 : 영애 신정완 수기』, 80쪽.
413) 『제시의 일기』, 239~241쪽.
414) 김구, 『백범일지』.

에 부응해 민족해방과 국가독립을 목표로 한국애국부인회를 조직하고 여성의 총 단결과 독립운동을 독려했지만, 그래도 해방은 갑작스러운 충격으로 다가왔음을 알 수 있다. 실제로 한국인은 그렇게 기다리던 일본의 패망을 마냥 기뻐할 수만은 없었다. 대한민국 임정이 독립국으로 또 연합국의 일원으로 인정받지 못한 상황에서 그리고 한국광복군이 국내 침투작전을 수행하기 직전에, 한국인이 본격적으로 참전하기도 전에 전쟁이 끝났기 때문이었다. 이는 한국이 승전국이 아님을 의미했다. 엄밀히 한국인은 해방의 주체가 아니었다. 오히려 해방의 대상이었다. "착잡한 마음에 밤잠을 잘 이루지 못했던" 최선화의 우려는 곧 현실로 나타났다. 미소공동위원회가 독립을 원하는 한국인의 의사에 반해 한국에 대한 신탁통치를 결정했던 것이다.[415]

임정가족이 임정을 따라 중국본토에 침공한 일본군을 피해 중국 이곳저곳으로 옮겨 다니던 시절 최선화를 비롯해 부인들은 '뜨개질'을 시작했다. 그리고 중국생활이 끝나는 날까지 틈날 때마다 뜨개질을 계속했다. 그런데 최선화는 일본이 망했다는 소식을 듣고 그렇게 해왔던 뜨개질을 멈췄다. 최선화가 끝없이 해나가던 뜨개질은 언제 끝날지 모르는 객지에서의 망명생활을 상징했다. 그리고 뜨개질의 멈춤은 망명생활의 끝과 고국으로의 귀환을 의미했다.[416]

최선화의 일기 전반에 걸쳐 일관성 있게 나타나는 관점은 '역사의식'이다. 예를 들면 최선화는 1938년 유저우에서 일본군의 저공비행공습과 이로 인한 파괴와 살상을 직접 목격했다. 이는 이들 부부가 '생전 처음 체험한 인류의 잔학상'이었다. 이에 대해 최선화는 "민간인들을 그렇게도 많이, 의도적으로 죽였던 일본의 잔혹한 행동은 훗날 역사가들에 의해 평가되리라."고 기록했다. 그가 중국에서 독립운동을 위한 망명생활, 일본군의 중국

---

415) 『제시의 일기』, 241쪽.
416) 『제시의 일기』, 269~270쪽.

본토 침략으로 인한 피난생활 가운데서도, 역사(가)의 평가를 의식하고 있
었음을 알 수 있다. 최선화의 일기 자체가 이미 일본군의 만행을 고발하는
증거자료이다.[417]

1940년 3월 이동녕의 타계를 계기로 최선화는 죽음과 탄생에 관해 생각
하게 되었다. 다음의 인용문에는 '독립운동과 삶의 의미'에 대한 최선화의
생각이 나타나 있다.

> 우리 임정의 원로선생님께서 타계하신 이 시간에 철모르는 제시는 밤
> 낮 노래 부르며 봄기운과 같이 잘 자라고 있다. 죽음과 삶이란 것이 이
> 런 것인지. 생명이 생기고 사라질 때를 우리는 수없이 많이 목격한다.
> 그렇게 해서 시대가 바뀌고 또 다른 삶이 흘러가고 있다. 이전의 생명
> 이 이룩해놓은 시간을 디디고 서서 또 다른 흔적을 남기고 있다.
> 그것은 돌계단을 만들어가는 것과 같다. 하나하나 밑받침이 되는 돌 위
> 에 또 다른 돌, 또 다른 돌… 그렇게 위를 향하여 올라간다. 밑에 자리
> 한 돌은 긴 세월이 지나도 그 가치가 변하지 않고 그 돌이 존재해야만
> 높은 곳을 향해 나아갈 수 있는 것이다. 하나의 돌은 세월이 흘러 이끼
> 가 흐르고 어느덧 그 위치가 너무도 밑에 처져 있게 되어 어느 한 사람
> 의 눈길조차 받을 수 없더라도 그 돌은 분명히 존재하고 있다.
> 우리에게 주어진 시간 동안 우리는 우리 몫의 계단을 만들어가는 것이
> 다. 단단하고, 무너지지 않는, 중심 잡힌 하나의 돌계단을. 이제 생명이
> 우리에게 주는 의무를 완수하고 가신 석오 선생님, 그 분의 든든하고
> 커다란 자리를 느끼게 된다. 그 위 어느 자리엔가 제시의 돌이 서게 될
> 것이다. 역사란 그렇게 쌓아지고 있는 것이다.
> 하나의 돌계단을 쌓아올리고 있는 우리들의 삶… 바람이 불고 폭풍이
> 일고 있는 지금, 더욱더 단단한 받침돌을 만들어내야 한다. 언젠가 햇빛
> 이 비치는 봄날을 맞이할 때, 가지런히 쌓아올려진 계단에서 지금은 잘
> 보이지 않는 내 돌의 모양이 부끄럽지 않아야 할 것이다.
> 생명은 사라져도 사라지는 것이 아니다. 앞으로 자신의 존재를 하나하

---

417) 『제시의 일기』, 54·70쪽.

나 쌓아올릴 수많은 계단들의 밑받침으로 남는 것이다.[418]

최선화는 임정의 기둥이자 큰 어른이었던 독립운동가 이동녕의 삶이 앞으로 쌓아올려질 수많은 계단을 떠받히는 단단하고 중심 잡힌 밑받침의 역할을 다했다는데 의의를 부여했다. 그리고 이동녕의 삶처럼 자신도 눈에 잘 보이지는 않더라도 후대에 부끄럽지 않은 받침돌의 역할을 다하겠다는 소명의식을 되새겼다. 하나씩 돌계단을 쌓아가는 것이 우리의 삶이며, 이러한 돌계단이 쌓여 우리의 역사가 된다고 보았다. 이는 역사계승의식이기도 했다. 결국 망명생활을 하며 타국을 떠도는 최선화의 삶은 민족을 해방시키고 독립 국가를 세우기 위한 것이며 아이의 미래를 위한 것이었다.

1936년 최선화는 양우조와 만남을 통해 새로운 인생을 꿈꾸고 행동에 옮겼다. 현실적으로 그것은 중국에서의 망명생활과 독립운동을 전제로 한 삶이었다. 그러나 1942년 즈음 최선화는 자신이 추구했던 삶과 현실의 괴리, 고단함을 다음과 같이 기술했다. "한때는 삶을 꿰뚫는 그 무엇이 있다고 믿었다. 하지만 그건 현실이 만들어내는 소망들의 흐름일 뿐이다. 그 소망을 만들어내는 것은 나였다.… 이제는 힘든 타향살이를 끝내고 고국에 돌아가고 싶다는 생각, 그 하나만이 자신이 꿈꾸는 삶"이 되었다고 고백하고 있다. 최선화는 점점 망명생활에 지쳐가고 있었다.[419]

1999년 보훈처는 최선화(당시 88세)가 소장해 온 『독립신문』(충칭임정의 중문판 기관지, 1943년 6월 창간호부터 1945년 7월까지 7호 발행)과 양우조의 저작물 등 42건을 수록한 독립운동사료집을 발간했다. 이와 별도로 외손녀가 정리한 양우조와 최선화의 일기도 출판되었다. 6·25와 급변하는 사회변화 가운데서도 독립운동 관련 자료와 일기를 55여 년간 간직했고 또 적절한 시기에 세상에 공표했다는 것 자체가 역사의식의 발로이다. 또

---

418) 『제시의 일기』, 110~111쪽.
419) 『제시의 일기』, 186쪽.

한 남편과 함께 헌신했던 독립운동과 망명생활의 역사적·민족적 의의에 대한 신념이 있었기에 가증한 일이었다.[420]

　이상에서 한 여성지식인의 삶을 그의 활동과 인식을 통해 살펴보았다. 이화여전 졸업 후 모교의 교사로 활동했던 최선화의 삶은 결혼과 함께 전환기를 맞았다. 독립운동가의 아내이자 두 아이의 엄마로서 또 대한민국임시정부 가족이자 국민으로서 중국에서 망명생활을 하며 독립운동을 전개했다. 최선화의 삶과 독립운동을 조명한 본고의 특징과 의의는 다음과 같다.

　첫째, 식민지시기 이화학당 대학과 또는 이화여전을 졸업하고 모교에 근무하던 대부분의 여교사가 학교 당국과 여선교사의 주선으로 미국에 유학하고 귀국 후 교사로 복귀해 국내에서 교육활동과 계몽운동, 여성운동을 전개했다.[421] 이에 비해 최선화는 미국유학생 출신의 재중독립운동가와 결혼을 결심하면서 망명생활과 독립운동을 각오하고 중국에 건너가는 특이한 행적을 보이고 있음에 주목했다.

　둘째, 여성지식인의 독립운동 전통은 이화학당 총교사 겸 이화여전 교수로 활동했던 하란사, 관립 한성고등여학교 교수로 활동했던 윤정원으로 거슬러 올라간다.[422] 특히 이화학당 대학과 제1회 졸업생 이화숙은 1919년 상하이로 망명해 임시정부 및 그 외곽에서 대한적십자회 상의원, 임시정부 국무원 참사, 상하이애국부인회 회장, 민단 상의원으로 활발한 독립운동을 전개했다.[423] 이와 같은 여성지식인의 독립운동 전통이 1930년대 말 최선화의 재중독립운동으로 이어졌다는데 그 의의가 있다.

---

420) 유용원, 「임정기관지 '독립신문' 공개, 보훈처 사료집에 수록」, 『조선일보』 1999년 9월 7일.
421) 김성은, 『1920~30년대 미국유학 여성지식인의 현실인식과 사회활동』, 서강대박사학위논문, 2012, 14~17쪽.
422) 김성은, 「신여성 하란사의 교육활동과 독립운동」, 『사총』 77, 2012, 128~131쪽.
423) 최은희, 『여성개화열전』, 정음사, 218~219쪽 ; 『대한민국 독립유공자 공훈록』 13, 401쪽.

셋째, 최선화의 생각과 번민, 삶의 모습을 통해 한 여성지식인의 망명생활과 대피생활, 독립운동, 현실인식과 역사의식을 조명했다. 피난과 전란을 겪으면서도 긴 시간동안 자신들의 독립운동 관련 자료를 보관해왔고 또 적절한 때에 세상에 공개했다는 사실 자체만으로도 최선화가 지녔던 역사의식의 정도를 알 수 있다. 더욱이 일기를 통해 재중 여성독립운동가, 여성지식인의 처했던 현실과 이들의 인식을 살펴본 사례 연구라는데 의의가 있다.

넷째, 그는 해방을 맞이해 귀국했고, 55년부터 76년까지 20년 넘게 이화여대 영문과 교수로 활동했다. 임시정부에서 활약하며 독립운동을 했던 여성 가운데 귀국해서 눈에 띄는 사회활동을 이어갔던 이는 거의 없었다. 김구와 임정세력이 약화되면서 활동할 입지가 더 좁아졌기 때문이다. 이런 가운데 해방 후 최선화의 교육활동은 해방 전 자신의 교사 경력과 중국에서의 독립운동을 이어간 사회활동이었다는데 의의가 있다.[424]

다섯째, 최선화는 한국국민당과 통합 한국독립당 당원, 한국혁명여성동맹 결성준비위원 및 회원, 한국애국부인회 재건준비위원과 서무주임(총무)으로 활동하며 독립운동을 전개했다. 두 아이의 어머니로서 육아와 함께 상당한 병고에 시달리면서도 독립운동에 대한 신념과 여권의식을 가지고 여성독립운동단체 조직과 활동에 참여했다. 여성당원으로서 구체적인 활동이 나타나지는 않지만 여성의 정당 참여에 기여했다는데 의미가 있다. 한국혁명여성동맹 역시 정치적으로 중요한 활동을 한 것은 아니지만, 친목도모를 통해 임시정부의 당면과제였던 각 당파의 화합에 기여하고자 했다. 이와 함께 민족정체성 유지에 필수이자 급무였던 교포자녀의 한글교육을 통해 독립운동의 후방을 든든히 하고 미래의 독립운동을 담당할 인재를

---

424) 1952년 이화여대 영어영문학과 정규과목에 여성의 사회진출과 직장인 양성을 위해 국내 최초로 사무영어, 영문타자, 영문속기가 개설되었다. 최선화는 영어영문학과 교수로서 영문속기와 영문타자를 가르쳤다(『이화100년사』, 이화여대출판부, 1994, 486쪽 ;『이화100년사 자료집』, 163쪽).

양성했다는데 의의가 있다. 최선화의 참여 역시 이러한 점에서 의미를 찾을 수 있다.

여섯째, 한국애국부인회는 임정을 지지하는 임정의 외곽조직이었지만, 이 단체를 조직한 여성주체들에게는 그 의미가 컸다. 우선 한국애국부인회는 각 정파를 아우르는 여성들로 구성된 여성독립운동세력의 단결체였다. 이는 통합 또는 통일을 당면과제로 추구했던 임정의 움직임, 국제정세의 변화와 밀접한 관련이 있었다. 그리하여 임정여성의 단결을 국내여성, 국외동포여성, 외국여성에게까지 확대해 범여성연대를 꾀하고자 했다. 최선화가 미국교포사회에 보낸 편지, 미국방문계획은 이 연장선상에 있었다.

한국애국부인회가 주창한 여성의 단결은 항일투쟁과 민족해방운동·독립국가 건설을 위한 것이었다. 여기서 여성들이 지향한 독립국가의 형태는 여성이 남성과 평등한 권리와 지위를 획득하고 향유할 수 있는 '민주주의 공화국'이었다. 이는 한국역사상 이전까지는 존재하지 않았던 획기적이고 혁명적인 국가체제였다. 이는 애국계몽운동시기와 식민지시기를 통틀어 국권회복과 여권획득을 함께 추구했던 여성들의 염원이 국가건설구상에 반영된 것이라는데 의의가 있다. 이러한 점에서 최선화의 독립운동은 국권과 여권 양대 목표를 성취하기 위한 여성의 분투와 노력의 일단이었다.

제 3 부

1920~30년대 여권의식의 성장과 여성교육

제1장 차미리사의 여성교육론과 근화여학교

1. 부인야학강습소 설립과 강좌 운용

1) 부인야학과 가정생활개선

차미리사는 1920년 '여성교육을 통해 구식 가정부인의 가정생활을 개선'하기 위해 동지들과 함께 조선여자교육회를 조직하고, 이 회의 사업으로 부인야학강습소를 설립했다.[425] 당시 차미리사의 여성교육 목표는 '학비가 없어 학교에 갈 수 없고 나이가 많아 입학할 수 없는 부녀자에게 편지와 신문 한 장이라도 읽을 만한 눈을 뜨게 하는 것'이었다.[426]

1920년대 무식하다는 이유로 남편이 부인을 구박하거나 이혼을 요구하는 사례가 많아졌다.[427] 이러한 상황에서 차미리사는 '부부의 불화와 이혼

425) 부인야학강습소는 조선여자교육회의 회장 차미리사를 비롯한 간부와 회원들의 여성교육 의지가 구현된 것이었다. 그러나 1925년 전후 근화학원(강습소)가 안국동 가옥으로 이전하고 근화여학교로 발전해가면서 조선여자교육협회의 존재감은 희미해지고, 대신 차미리사의 역할이 두드러지게 된다. 차미리사는 조선여자교육회의 회장으로 부인야학강습소의 설립과 근화여학교, 근화여자실업학교로의 발전, 덕성여자실업학교로의 개명, 이들 학교에 대한 여론형성을 주도했다. 본고의 논의는 부인야학강습소 창설에서부터 근화여자실업학교까지 차미리사의 여성교육 논의와 사업의 변천과정에 집중했다. 조선여자교육(협)회에 관해서는 기존연구 성과가 있다. 이에 제3장에서 조선여자교육(협)회 관련 부분은 소략하게 다루었다.

426) 「성공의 뒤에 숨은 힘!, 눈 뜨고 귀 열려서 나갈 때가 제일 기뻐, 18명이 100여명으로, 근화여학교장 김미리사씨」, 『매일신보』 1931년 3월 6일 ; 『차미리사 전집』 1, 812쪽.

의 원인이 여자의 부족한 지식'에 있으며, 사회에서 수레의 두 바퀴와 같
은 역할을 해야 할 남녀관계의 한 쪽이 기울어져있는 것을 바로잡는데 '여
자교육의 의의'와 필요성이 있다고 주장했다.[428] 이에 따르면 여자교육은
'원만한 가정과 사회'를 만들기 위해서 꼭 필요한 것이었다. 이와 함께 부
인야학도 단순히 한글 터득에서 나아가 가정생활과 부부관계를 개선하는
방법으로 각광받게 되었다.[429]

여성교육의 필요성을 촉구하고 여성교육자금을 모금하기 위한 조선여
자교육회의 순회강연에서, 차미리사는 강연의 첫머리를 다음과 같이 열곤
했다.

전 조선 일천만 여성은 다 내게로 오너라. 김미리사 한테로 오너라. 남
편에게 버림받은 여성, 과부가 된 여성, 남편에게 압제받는 여성, 천한
데서 사람 구실을 못하는 여성, 뜨고도 못보는 무식한 여성들은 다 오
면 어두운 눈 광명하게 보여주고 이혼한 남편 다시 돌아오게 해주마.
그저 고통받는 여성은 다 내게로 오너라.[430]

그는 여성들이 받는 압제와 고통을 해결할 수 있는 방법이 여성교육에
있다고 강조하며, 남편에게 버림받았거나 이혼당한 여성들이 '남편을 돌아
오게 하는 방법이 여성교육'에 있다고 주장했다.[431] 당시 차미리사는 여성

---

427) 「소박덕이 300명 여자교육협회로 울며 호소, 주목할 기혼남자의 이혼병」, 『동아
일보』 1922년 12월 21일 ; 『차미리사 전집』 1, 101쪽.

428) 김미리사, 「신진여류의 기염 : 일천만의 여자에게 새 생명을 주고자 하노라」, 『동
아일보』 1921년 2월 21일 ; 『차미리사 전집』 1, 800쪽.

429) 「우리 사회의 실상과 그 추이 : 여자계의 신현상」, 『개벽』 5월호, 1921 ; 『차미리
사 전집』 2, 62쪽.

430) R기자, 「여류사업가 열전 1 : 교육봉사 삼십년! 의지의 사도 차미리사씨」, 『여성』,
1938.7, 『차미리사 전집』 1, 254쪽.

431) 「여자교육회 지방순회강연」, 『매일신보』 1921년 7월 9일 ; 『차미리사 전집』 1,
186~187쪽.

교육의 필요성을 설득하기 위한 근거를 부부의 화목을 통한 가정생활의 개선에서 찾았다.[432] 차미리사와 조선여자교육협회가 당대 여성문제와 사회문제를 정확히 파악하고 문제해결을 위한 대책으로 여성교육론을 전개했다는 점은 주목할 만하다.[433]

그런데 1922년에 들어서면서 여성교육의 필요성과 효과를 강조하는 차미리사의 논리에 변화가 나타난다.

> 우리는 해방이니 동등이니 자유니 하는 언사를 쓸데없이 부르짖지 않습니다. 오직 여자를 교육하여 각자의 인격을 완성하여 자기 손으로 해방과 자유를 차지하여 피동적으로 실력도 없이 남자가 준다는 해방과 자유를 받기를 바라지 않습니다.[434]

결국 여권향상과 남녀동등은 여성교육에서부터 시작된다는 주장이었다. 여성교육을 이혼문제와 부부불화의 해결책으로 제시했던 단계에서 나아가 여권문제의 해결책으로 주장하기 시작했다. 그리하여 여성 스스로가 먼저 남자에 대한 의뢰심을 버리고 '인간으로서의 본분·존엄성'과 '가정주부의 중대한 책임'을 자각하고, 교육을 통하여 각자의 인격과 실력을 길러 해방과 자유를 쟁취해야 한다고 주장했다. 여성교육이 여성해방의 첫걸음이라는 의미였다.

2) 실업교육과 여권 향상

이와 함께 차미리사는 여권향상을 위한 여성의 직업과 경제력의 중요성

---

432) R기자, 「여류사업가 열전 1 : 교육봉사 삼십년! 의지의 사도 차미리사씨」, 『차미리사 전집』 2, 254쪽.
433) 「소박덕이 300명 여자교육협회로 울며 호소, 주목할 기혼남자의 이혼병」, 『동아일보』 1922년 12월 21일 ; 『차미리사 전집』 1, 101쪽.
434) 김미리사, 「지방여자계의 현상」, 『신천지』, 1922.6 ; 『차미리사 전집』 2, 76쪽.

에 주목하기 시작했다.[435] 여성의 독립과 여권, 사회적 지위향상을 위해서
는 여성들에게 자립심과 함께 자립할 능력 곧 경제력이 필요하기 때문이
었다. 그는 여성직업교육의 목적이 '가정의 아내로 말하면 밥이나 의복이
나 짓고 아이만 낳으면 그만으로 아는 잘못된 사회를 바로잡는데' 있다고
보았다.[436] 이리하여 차미리사를 비롯한 조선여자교육협회의 간부들은
1922년 1월 '여자교육의 진흥과 여자직업의 획득'을 목표로 '재봉부'를 신
설했다.[437] 같은 맥락으로 1922년 11월에는 1년 기한의 중등교육과정으로
'여자상업과'가 신설되었다.[438] 재봉이 여성의 직업 또는 부업을 위한 과목
이었던데 비해, 여자상업과의 개설은 직업여성의 양성과 취업을 목표로 했
다.[439] 언론이 조선여자교육회를 가리켜 '알기 위해 살기 위해' 일어난 기
관이라고 표현한 것처럼, 차미리사와 간부들은 '여권향상을 위한 여성교
육'을 여러 방법으로 시도하며 다양한 길을 모색했다.[440] 차미리사는 여성
의 해방과 자유, 남녀동등권은 자아를 찾는 데서부터 시작되며, 이러한 정
신적 독립은 경제적 독립에서부터 시작된다고 보았다.

　조선여자교육회 간부들이 전개했던 실업·직업교육이 차미리사의 주도
로 여자중등실업교육기관으로 발전해가는 과정을 〈표 3-1〉로 정리했다.

---

435) 김미리사, 「지방여자계의 현상」, 『신천지』 ; 『차미리사 전집』 2, 75쪽.
436) 김미리사, 「사나희로 태어났으면 : 애정이 流露하는 남편이 되는 동시에 사회를
　　위하여 활동」, 『동아일보』 1922년 1월 1일 ; 『차미리사 전집』 1, 815쪽.
437) 「여자교육회에 재봉부를 설치」, 『매일신보』 1922년 1월 30일 ; 「여자교육협회에
　　양복과를 신설」, 『동아일보』, 1922년 2월 1일 ; 『차미리사 전집』 1, 671~672쪽.
438) 「여자상업과 신설, 여자교육협회에」, 『동아일보』 1922년 11월 7일 ; 『차미리사
　　전집』 1, 672쪽.
439) 「여자상업과생 견학」, 『매일신보』 1923년 2월 7일 ; 『차미리사 전집』 1, 102쪽.
440) 「조선여자교육협회를 찾아봄」, 『부인』, 1922.10 ; 『차미리사 전집』 2, 78쪽.

〈표 3-1〉 재봉·수공·기예 관련 부서, 상업과·실업과 설치, 실업학교 설립 추이

년도	재봉, 수공, 기예 관련	상업과 관련	출처
1922.1	조선여자교육협회 내 재봉부 양복과 신설		매일신보 1922.1.30
1922.10	수공반 운영 중. 수공부 확장 계획		부인 1922.10
1922.11		상업과 신설, 1년 과정, 20여명 모집 중 보통학교 졸업 정도, 오후5:30부터 3시간	동아일보 1922.11.7
1923.3	재봉반	상과생 20여명 재학중	매일신보, 조선일보 1923.3.11
1924.3		제1회 상업과 졸업식. 상업과 내용 확장.	매일신보 1924.3.13
1925.3	재봉과 또는 재봉부 신설(6개월 과정) 모집중		동아일보 1925.3.20
1926.1	실업교육기관 설치 구상	실업교육기관 설치 구상	동아일보 1926.1.3
1926.6	기예과(편물,재봉,자수) 신설, 6개월 과정 15세 이상 보통학교 2~4학년 정도 기예전문학교로 확장 계획		시대일보 1926.5.28
1929.9	여자직업학교로 전환 구상		중외일보 1929.9.21
1931	여자실업학교 인가 시도		조선일보 1932.1.27
1932.1	여자실업학교 인가 위한 재단법인 설립 예정		조선일보 1932.1.27
1932.4	재단법인 근화여자실업학교 인가 신청. 상과와 가정과 설치 전제로		중앙일보 1932.3.20
1933.2	실업과를 상업과와 가사과로 나누어 운용 계획		조선일보 1933.2.17
1933.3	실업과 신설 인가		동아일보 1933.3.11
1934.2	재단법인 근화여자실업학교 설립 인가		조선일보 1934.2.11
1935.2	근화여자실업학교 인가		동아일보 1935.2.22

3) 여자주학강습 신설과 근화학원의 주·야학 병행 : 여자고등보통학교 입시준비반

1920년대 향학열의 고조로 기존의 관공사립학교만으로는 많은 입학 지원자들을 다 수용하지 못하게 되는 지경에 이르게 되었다. 특히 중등교육 기관의 부족으로 입학난이 극심했다. 이러한 상황에서 1922년 경성여자고등보통학교 시험에 합격하지 못한 여학생들이 조선여자교육회를 방문하여

어떻게든 배우게 해 달라고 간청하는 일이 발생했다.[441] 이에 따라 1922년 4월 조선여자교육회의 여자강습소에는 기존의 야학과정 이외에 주학과정이 신설되었다. 주학과정은 여자고등보통학교 입학시험 준비반(이하 준비반)으로 운영되었다. 오전 오후 두 반으로 나누어 학생을 모집하고 고등보통학교 1학년 정도의 과정을 교육하여 다음해 여고보 시험에 합격하도록 준비시켰다.[442]

향학열의 고조로 1922년 여자강습소는 학교·기숙사·회관을 확장 건축하기 위한 기본금 조성을 계획해야 할 정도로 입학생이 증가했다. 1921년에 이사한 청진동 가옥이 1년 반 만에 벌써 좁아지게 되었고, 이와 함께 주학을 요구하는 여성들이 많아졌다.[443] 이에 1922년 강습소에는 기존의 야학 이외에 주학과정으로 여고보 입시준비반이 신설되었고, 1923년 강습소의 이름을 '근화학원'으로 주·야학이 병행되었다. 이는 1925년 근화여학교가 각종학교로 인가되면서 주학 위주의 교육기관으로 바뀌기까지 과도기적인 형태로 존재했다.

이와 같이 차미리사와 조선여자교육회가 1920년에 설립한 부인야학강습소는 설립 2~3년만에 학생의 증가와 요구로 주학까지 신설·확장되는 놀라운 발전을 이루었다. 강습소의 주학 개설은 교육대상의 확대를 의미했다. 낮에는 집안일을 하느라 야학에만 나올 수 있는 가정부인에서부터 내외법에 구애되지 않고 주학에 올 수 있는 여성(부인과 여아)까지로 여성의 교육기회가 확대되었다. 한편 여고보 입시준비반은 1923년 강습소가 '근화학원'으로 이름을 정하고 주·야학을 병행하게 되면서 주·야학에 다 개설되었다. 중등학교에 입학하려는 여학생이 늘면서 준비반에 대한 수요가 늘었기 때문이었다. 이러한 현상을 반영하여 차미리사는 근화학원의 교육효

441) 「여자주학강습소」, 『매일신보』 1922년 4월 13일 ; 『차미리사 전집』 1, 299쪽.
442) 「조선여자교육협회를 찾아봄」, 『부인』, 1922년 4월 13일 ; 『차미리사 전집』 1, 299쪽.
443) 「근화학관의 계획」, 『동아일보』 1922년 4월 13일 ; 『차미리사 전집』 1, 299쪽.

과에 대해 "그럭저럭 3년만 지내면 제법 고등보통학교 시험을 곧잘 치룰 정도"가 된다며, 중등학교 진학 준비교육과정으로써 근화학원의 기능을 강조했다.[444] 차미리사와 조선여자교육회의 간부들은 사회변화에 따라 여고보 준비반과 주학이라는 새로운 교육을 시도했다. 근화학원이 한글과 상식을 보급하는 강습소 형태의 보통교육기관에 머물지 않고, 여고보 입학지원자의 증가에 따른 중등학교 부족이라는 현실을 반영하여 중등교육기관으로 뻗어갈 수 있는 가능성을 열었다는데 그 의의가 있었다.

1921년 청진동 가옥을 구입하여 회관 겸 강습소로 정하고 학생 증가로 야학이 안정되면서 차미리사와 조선여자교육회 회원들은 강습소의 여성교육을 보완하고 발전시키는데 필요한 과정과 내용을 모색하기 시작했다. 1922년 야학강습소의 첫 결실인 보통과 제1회 졸업생이 배출된 동시에 다양한 교육이 시도되었다. 첫째, 실업교육과 직업교육으로써 재봉부와 상업과가 신설되었다. 둘째, 1922년 기존의 부인야학강습소에 더하여 주학과정의 여고보 입시준비반이 신설되었다. 셋째, 보통교육과정의 다음 단계 또는 중등교육과정으로 여고보 입학준비반, 상업과가 개설되었다. 넷째, 1924년에는 중등학교를 마치고 입학하는 전문부로 2년 과정의 음악과가 신설되었다. 그리고 실업중등교육과정으로 개설된 상과에서 제1회 졸업생이 배출되었다.[445] 또한, 1924년 12월 좀 더 넓은 안국동 가옥을 마련하여 강습소를 이전했다.

이상에서 차미리사는 보통교육(한글교육과 상식교육)과 야학에 만족하지 않고, 여성교육에 대한 시대적 사회적 요구를 반영하여 중등교육과 주학, 인문계 교육과 실업교육 음악전문교육으로 다양한 시도를 했다. 야학 초기에는 보통교육을 실시했지만, 교육열의 고조라는 사회변화와 시대요

---

444) 김미리사, 「생이냐 사이냐 기로에 입한 조선인의 금후 진로는 하인가 : 가르치자 이 길이 제일」,『조선일보』1924년 11월 1일 ;『차미리사 전집』1, 802쪽.

445) 김형목, 「조선여자교육협회」,『교육운동』-한국독립운동의역사 35, 한국독립운동 사편찬위원회·독립기념관 한국독립운동사연구소, 2009.

구에 따라 점차로 주학(여고보입시준비반, 상과), 직업교육(상과), 중등교육
(여고보입시준비반), 전문교육(음악과)으로 확장해갔다.

2. 근화여학교와 초·중·전문교육

1920년대에는 초등·중등·전문 과정을 막론하고 교육기관 부족으로 인
한 입학난이 큰 사회문제가 되었다. 이러한 교육현실을 배경으로, 1925년
차미리사는 근화학원의 확장을 계획했다.[446)

배움에 뜻을 두고 천리타행을 멀다 아니하며 각처에서 나날이 경성으
로 모여드는 수많은 학생들, 그들의 3분의 1도 수용할 곳이 없으니 다
행히 입학하는 사람은 좋으나 한번 시험에 떨어지면 눈물을 머금고 1년
을 또 기다릴 수밖에 없게 되는 것이다. 이에 근화학원에서는 그들의
입학난을 구제하기 위하여 지금까지의 모든 제도를 혁신하고 학원의
면목을 새롭게 하는 동시에 특별히 금년 4월부터 고등과와 재봉과를 새
로이 개설한다.··· 보통학교 6학년 졸업생은 고등과에 무시험으로 입학
하게 하고[447)

교육열과 입학난의 현실에서 여자교육기관의 확충은 여성문제뿐 아니
라 사회문제 개선에 움이 되는 일이었다.

1) 인문계 고등과(중등교육과정) 신설과 야학과정 폐지

1925년 9월, 보통교육 위주의 주야 겸용 강습소였던 근화학원은 고등과

---

446) 김미리사, 「보라! 새조선의 새걸음, 경성 안에 있는 열두 곳 큰 단체의 금년에 하
려는 일하고자 하는 일 : 여자교육협회」, 『조선일보』 1925년 1월 1일 ; 『차미리사
전집』 1, 104쪽.
447) 「근화학원 내용 혁신, 여학교에 입학 못하는 학생의 들어갈 곳」, 『조선일보』
1925년 3월 14일 ; 『차미리사 전집』 1, 291쪽.

(중등교육과정)를 신설하여 보통과와 고등과를 갖춘 각종학교인 근화여학
교로 변경하고 총독부 인가를 받았다. 근화여학교는 주학으로 근화여학교
로의 변경과 인가는 야학과정의 폐지를 의미했다. 그럼에도 근화여학교 보
통과 입학에는 연령제한이 거의 없었다는 점에서, 학령을 초과한 부인에
대한 교육의 필요성에서 출발한 부인야학의 정신은 이어졌다고 할 수 있
다. 그럼에도 결국 근화여학교 인가와 고등과 신설은 차미리사의 여성교육
이 야학과 보통교육에서 주학과 중등교육으로 옮겨가기 시작했음을 의미
했다. 이 시기 차미리사는 여자고등보통학교를 포함한 중등학교 입학난이
라는 현실적 요구에 부응하여 근화여학교 교육에 인문계 중등교육을 강화
하고자 했다.[448] 이는 그가 각종학교로 근화여학교의 인가를 받은 지 불과
3개월 뒤인 1925년 12월에 근화여학교 고등과를 '여고보로 승격하려고 구
상'했다는 사실에서도 찾아볼 수 있다.[449] '여고보로의 승격 구상'은 2주
만에 '여자실업교육기관 설치 계획'으로 대체되어 완전히 뒤집히긴 했지
만, 이 시기 차미리사가 여자중등교육에 중점을 두고 교육기관 개편을 구
상하기 시작했음은 분명하다. 다음은 근화여학교에서 실시했던 인문계 중
등교육과정의 추이를 도표로 정리한 것이다.

〈표 3-2〉 근화여학교 인문계 중등교육과정의 추이

년도	과정	출처
1922.4	여자주학강습소(여자고등보통학교 1년급 과정으로 내년 입학시험 준비) 신설 오전 오후 두 반, 100명 학생 모집 중	매일신보 1922.4.13
1922.10	여고보 입학 준비반 20여명 재학 중	여성 1922.10
1923.3	준비반 졸업생(준비반 마치고 상급학교에 입학할 학생) 10여명 근화학원 주학부 신설. 주학부 준비반 50명 모집 예정 야학부 고등보통학교 입학 준비과 50명 모집 예정	조선일보, 매일신보 1923.3.11

448) 「가정부녀의 배울 곳, 안국동 근화학원」, 『동아일보』 1925년 3월 20일 ; 『차미리
  사 전집』 1, 293쪽.
449) 「경성에서 활동하던 여자단체(2) 조선녀자교육회」, 『조선일보』 1925년 12월 18일.

년도	과정	출처
1924.3	준비과 내용 확장	매일신보 1924.3.13
1925.3	준비과 50명 모집 중, 만 12세 이상 보통학교 4학년 졸업 정도 (당시 정규 보통학교는 6년제였음) 고등과 2년 과정 예정 (4년제 여자고등보통학교의 속성과정, 6개월마다 졸업식)	조선일보 1925.3.3 / 3.14 동아일보 1925.3.20
1925.8.29	근화여학교 (각종학교) 인가. 보통과와 고등과 설치.	조선일보 1925.8.30
1925.12	1926년에 고등보통학교로 인가 계획 중	조선일보 1925.12.18
1926.2~	고등과 1학년 50명 모집 중, 만 12세 이상	동아일보 1926.2.11
1927.3	제1회 고등과 졸업생 12명. 진로: 중앙유치원사범과4명, 일본 여의전1명, 가정6명 등	조선일보 1927.3.5
1928.3	제2회 고등과 졸업생 11명	조선일보 1928.3.25
1928.9	제3회 고등과 졸업생 15명	조선일보 1928.9.22
1929.3	제4회 고등과 졸업생 6명, 모두 상급학교 진학 예정	조선일보 1929.3.17
1929.10	제5회 고등과 졸업생 7명, 이화여전 등 상급학교 진학 예정	조선일보 1929.10.1
1930.2	제6회 고등과 졸업생 9명, 거의 다 상급학교 진학 예정	조선일보 1930.2.9
1932.3	제9회 중등과 졸업생 28명, 8회까지 중등과 졸업생 80명, 제11회 고등과 졸업생 20명 〈신문기사에 따라 졸업회수, 교육과정의 명칭, 졸업생 수에 차이가 있다〉	조선일보 1932.1.27 매일신보 1932.3.15
1932.7	고등과 2학급(1,2학년 또는 4학기 과정) 70명 재학 중, 지금까지 고등과 졸업생 200명	신동아 1932.7
1933.3	고등과 폐지, 실업과 신설 60여명 모집	동아일보 1933.2.25
1934.2	고등과 졸업생 18명(진학 8, 가정 7, 취직 3명 예정), 근화여자실업학교 50여명 모집	조선일보 1935.2.8

1925년 차미리사가 교사로 있던 배화여학교가 배화여고보로 승격했다. 이는 차미리사가 근화여학교를 여고보로 승격시켜 인문계 여자중등교육기관으로 만들려고 했던 배경이 되었던 것으로 보인다.

2) 전문교육과정의 신설

1924년 3월, 차미리사는 중등교육을 마치고 진학하는 전문교육과정으로 음악과를 신설했다. 다음은 차미리사가 영어와 음악을 1925년 전문부, 1926년 특과로 육성하여 여성전문교육(고등교육)과정을 시도했던 점을 조명해 보고자 한다. 다음은 근화여학교에 개설되었던 영어반과 음악반의 추이를 정리하면 〈표 3-3〉과 같다.

〈표 3-3〉 영어반과 음악반의 추이

년도	영어반	음악반	출처
1920	야학 특별반에서 영어 가르침	야학 특별반에서 음악 가르침	매일신보 1920.5.13
1922	영어반	음악반	부인 1922.10
1923.3	영어과. 야학부 영어반 30명 모집 예정		매일신보 1923.3.11 조선일보 1923.11
1924.3	영어과 내용 확장	근화학원 음악과 신설. 성악, 기악 가르치고 근화합창단과 오페라단 조직 예정	매일신보 1924.3.13
1924.12 1925.1	영어부 확장 예정	음악부 확장 예정	조선일보 1924.12.21 조선일보 1925.1.1
1925.3	전문부로써 영어과 3년 과정 예정, 30명 모집 중	전문부로써 음악과 3년 과정 예정, 30명 모집 중	조선일보 1925.3.3
1926.3 1926.5	5월 특과로써 외국어과(어학과,외국어강습소) 신설, 영어와 일어의 전문적 교육 영어반 1학년 초보, 2학년 여고보 졸업, 일어반 보통학교 6학년 졸업 정도 모집 한 반에 25명 모이면 개강 예정 그 외 독일어, 러시아어, 세계어 예정 수업시간 매일 4:30부터 3시간	1926.3 특과로써 음악과 1학년 50명 모집 중 음악과(2년 과정) 제1회 졸업생 2명 (성악, 피아노 전공)	동아일보 1926.2.11 조선일보 1926.3.23 매일신보 1926.4.14
1928.7		여름방학 이용 음악강습회 개최 예정	매일신보 1928.7.8
1929.2		음악과 1학년 50명 모집 중	
1930.3		음악과에 성악가 채규엽, 피아니스트 이광준을 교사로 초빙	조선일보 1930.3.6
1932.3		무장야 음악학교 피아노 전공한 유수만 초빙	중앙일보 1932.3.24
1932.7		음악과 2학급(2년 과정) 6명 재학 중	신동아 1932.7

〈표 3-3〉에서 보면, 영어반과 음악반은 1920년 부인야학강습소가 설립될 때부터 특별반으로 개설되었음을 알 수 있다. 특히 영어반의 개설은 차미리사가 미국유학생 출신이라는 영향이 작용했을 것이다. 1925년에는 3

년의 전문과정으로, 1926년에는 특과로써 외국어과를 설치해 어학강습소
나 외국어학원 형태로 초보과정과 전문교육과정으로 운영하려는 계획을
세웠다. 이상에서 영어반은 6~7년간 존속했다. 그러나 1927년 이후 영어반
에 대한 기사가 보이지 않는 것으로 미루어 폐지된 것으로 보인다. 영어과
의 폐인은 일제지배 하에서 영어보다는 일어가 더 긴요하고 실용성이 있
었을 거라는 점 외에도, 이미 영어가 1910년 이화학당 대학과 수업에서 본
격적으로 실시되기 시작해, 1925년 개설된 이화여전 문과(영문과)의 특화
된 교육으로 자리 잡은데 있다고 생각된다.

　음악교육의 경우 1920년 부인야학강습소 개설 때부터 특과로 음악반이
개설되었다. 음악은 기독교교육과 서구의 여성교육에 있어 중요하게 간주
되던 과목이었다. 이에 따라 차미리사는 1924년 근화학원의 전문부로써 음
악과를 신설했다. 이는 음악을 중등교육의 상급에 위치한 전문교육과정으
로 키워보고자 한 것이었다. 신설된 음악과에 입학한 학생 2명은 중등교육
기관인 배화여학교 고등과와 이화여고보를 졸업하고 음악을 더 배우고 전
공하고 싶어 음악과로 진학한 학생들이었다. 이들은 2년 과정을 마치고
1926년 3월 근화여학교 음악과 제1회 졸업생이 되었다. 주목할 점은 근화
여학교 음악과가 1925년 이화여자전문학교 음악과 개설보다 1년 앞서 시
행된 음악전문교육으로, 중등교육보다 한 단계 높은 전문교육 차원에서 개
설된 음악과로는 최초였다는 점이다. 이화여전 음악과 개설에 더욱 자극되
었음인지, 차미리사는 음악과 신설 1년 뒤인 1925년 3월 음악과를 3년 과
정의 전문부로 만들고자 했다. 그러나 이 시도는 이루어지지 못했고, 1932
년까지도 음악과는 2년 과정으로 운영되었다. 〈표 3-3〉에서 보듯이 차미리
사는 1930년과 1932년 음악 전문가를 초빙하는 등 음악과의 활성화를 위
해 노력했다. 그럼에도 1932년 음악과 재학생이 1~2학년 통틀어 6명이었을
만큼 음악과는 활성화되지 못했다. 이와 같이 근화여학교 음악과는 1924년
부터 1932년까지 중등교육을 마친 뒤 진학하는 전문교육과정의 성격으로

9년간 존속했으며, 1920년 야학 창설 때부터 1922년까지 운영된 특별반으로써 음악반까지 포함한다면 근화학원과 근화여학교의 음악교육은 13년 동안 지속되었다. 결국 실업교육의 필요성과 시대적 요구를 넘어서지 못한 채, 1933년 근화여학교에 실업과가 신설되면서 폐지되었다.

전문(고등)교육이라는 관점에서 1925년 이화여자전문학교 문과(영문과)와 음악과가 개설되어 1926년부터 졸업생이 배출되기 시작한 점과 비교해도, 차미리사의 전문부 구상과 시도는 매우 선진적인 것이었다. 표3에서 보듯이 근화에서 음악과 30~50명 모집은 그 모집인원의 규모로 볼 때 매우 파격적인 시도였다. 또한 이화와 근화에서 음악과 전문교육과정에서 졸업생을 배출한 시점은 1926년 3월로 같았다. 그러나 근화의 경우, 제1회를 제외하고는 입학생과 졸업생에 대한 기사를 찾아볼 수 없었다. 반면 이화여전의 경우 많은 수는 아니지만 입학생과 졸업생이 꾸준히 증가했음을 볼 수 있다. 1928년까지 졸업생은 문과와 음악과를 합해 해마다 10명 내외였고, 1929~1937년 문과의 졸업생은 해마다 20명 정도였으며 음악과 졸업생은 해마다 10명 정도였다.[450] 이렇게 볼 때 두 학교에서 실시했던 전문교육과 그 성과의 차이는 입학생과 졸업생이 꾸준히 있었느냐는 점 곧 학생들의 호응 여부, 졸업생들이 사회에서 학력을 인정받을 수 있는 총독부 인가 학교였는지 여부에 있었다고 하겠다. 총독부 인가 여부에 따라 사회적 공인과 취업의 기회도 달랐을 것이고, 이러한 요소는 학생의 지원 경향에 영향을 미쳤을 것이기 때문이다. 차미리사는 야학과정 개설 때부터 꾸준히 영어와 음악에 대한 교육을 시도했으며, 이화여전의 문과와 음악과처럼 영어와 음악으로 근화여학교에 전문교육과정을 개설하고자 했다. 그러나 전문(고등)교육을 받을 형편이 되는 여학생 수가 적었던 때문인지, 영어와 음악 전문교육이 취직이나 가사에 유용하지 않았기 때문이지, 학력 인가가 되지 않았기 때문인지, 여학생들의 관심과 호응이 낮아 학생모집에 어려움

---

450) 『이화80년사』, 이화여대출판부, 1966, 726쪽.

을 겪었다. 차미리사의 전문부(영어, 음악) 시도는 별 성과를 얻지 못했
다.[451] 이는 조선총독부의 교육정책, 경제난과 취직난이라는 현실과 함께,
차미리사가 근화여학교 교육으로 이화여자전문학교 문과, 음악과와 같은
여자전문교육을 지향했다가, 여자실업학교로 전환하게 되는 요인으로 작
용했을 것이다. 결국 차미리사는 여자전문교육을 이상하면서도, 학생모집,
정규학교 인가문제, 조선총독부의 교육정책, 어려운 경제와 취업난이라는
현실을 고려하여 중등여자실업학교 설립을 목표로 활동하기 시작했다고
하겠다.

3) 보통교육에서 직업교육, 가사교육, 중등교육으로

차미리사는 근화여학교에서 보통교육과정을 주축으로 하되, 중등교육과
정과 전문(고등)교육과정을 지속적으로 시도했다. 그래도 1933년 보통과
모집이 폐지되기 전까지, 근화여학교의 상징은 여전히 보통과였다. 예를
들어 언론에서는 1925년 근화학원 입학생 모집 기사를 통해 만 20세 이상
의 과년한 부인들도 입학할 수 있다는 설명을 곁들여, 보통과를 부각했
다.[452] 차미리사 스스로도 근화여학교를 '과도기 우리 사회에서 없어서는
안 될 기관'이라며 그 의의를 강조했다.[453] 그는 근화여학교의 특징이 '연
령에 제한이 없는 것'과 섣달 그믐날까지 '아무 때나 입학할 수 있는 것'에
있다고 지적하며, "스물다섯 살 서른 살에 보통과 1학년에 입학할 수 있다
는 것은 세계를 찾아보아도 없을 것"이라고 강조했다.[454] 언론에서도 차미

---

451) 차미리사의 전문학부 개설 구상과 전문교육 시도는 송금선에게 이어져 1950년 덕
　　성여자초급대학 설립으로 실현되었다고 하겠다.
452) 「근화학원에 여학생 모집」, 『조선일보』 1925년 3월 3일 ; 『차미리사 전집』1, 290쪽.
453) 「여학교를 찾아 : 자모와 애아가 함께 동문수학하는 寄觀, 안국동 근화여고」, 『중
　　외일보』 1929년 9월 21일 ; 『차미리사 전집』1, 379쪽.
454) 「성공의 뒤에 숨은 힘!, 눈 뜨고 귀 열러서 나갈 때가 제일 기뻐, 18명이 100여명으
　　로, 근화여학교장 김미리사씨」, 『매일신보』 1931년 3월 6일 ; 『차미리사 전집』1,
　　812쪽.

리사와 근화여학교에 대해 '학령이 넘어 배우고자 하여도 배울 길이 없는
사람을 받아서 속성으로 가르쳐 내는 것이니 얼마나 고마운 일인가'라며
적극적으로 평가했다. 이렇듯 근화여학교는 여성계를 위해 없어선 안 될
귀중한 학교이며, 학령기를 지난 여성들을 위한 보통교육기관으로 인식되
었다.[455]

1929년 차미리사는 부인의 보통교육을 담당하는 기관으로 근화여학교
의 의의를 강조하면서도, 한편으로는 '10년만 지나면 가정부인을 위한 과
도기적 성격의 교육기관은 불필요해질 것'이라는 전망을 내놓았다. 이러한
인식의 전환에는 1920년대 말 전국 각지에서 일어났던 농촌계몽운동, 문자
보급운동의 영향이 컸을 것이다. 차미리사는 1930년대가 되면 문자보급과
보통교육이 어느 정도 일반화될 것이라고 생각했다. 이에 따라 그는 근화
여학교의 교육대상과 성격을 전환할 필요가 있다고 판단했고, 근화여학교
를 여자직업학교로 전환시키겠다는 생각을 더욱 구체화하게 되었다.[456]

이미 1926년에 차미리사는 조선여자교육회 안에 여자실업교육을 실시
할 기관을 두고 싶다는 포부를 밝히며, 실업교육과 관련된 여러 과를 개설
했다. 부인해방과 가정개량은 여성의 경제적 독립과 밀접한 관계가 있다고
생각했기 때문이었다.[457] 그는 '여자의 해방은 여자가 직업을 가지고 자기
의 생활을 스스로 지배할 수 있을 때에 비로소 가능한 일'이라고 보았다.
따라서 학교교육에서 보편적 지식 이외에 실생활에 이용될 만한 기술을
가르쳐주는 것이 필요하다고 주장했다. 이 점에서 그는 여성교육의 목표를
기술교육, 직업교육에 두었다.[458] 여권과 여자해방을 위한 실업교육을 강

---

455) 정신여교 극광생, 「여학생의 여학교 평론 24 : 근화여교 평기」, 『신여성』, 1931.4
   ; 『차미리사 전집』 2, 187쪽.
456) 「여학교를 찾아 : 자모와 애아가 함께 동문수학하는 奇觀, 안국동 근화여고」, 『중
   외일보』 1929년 9월 21일 ; 『차미리사 전집』 1, 379~380쪽.
457) 「여자교육협회 차미리사씨 담, 실업교육기관을 설치해」, 『동아일보』 1926년 1월
   3일 ; 『차미리사 전집』 1, 535쪽
458) 「여류교육가의 생애와 포부 : 근화여학교의 김미리사여사 담, 실지의 일군을 만

조하는 그의 교육관에 따라, 1926년 여러 가지 교육과정들이 개설되어 시험대에 올랐다. 〈표 3-1〉에 따르면 단기과정의 사진과와 기예(편물·재봉·자수)과가 신설되었고, 기예과를 장차 기예전문학교로 확장하려고 계획했다.

이러한 맥락에서 차미리사는 1928년부터 실생활교육을 강조하기 시작했다.[459]

> 무슨 일이던지 실지로 하지 안코 空理空論으로만 떠드는 것은 다 소용이 업는 것이다. 더구나 第二 國民을 양성하는 교육에 잇서서는 무엇보다도 실천적 교육을 하는 것이 필요하다.… 해마다 졸업생이 늘어갈사록 이 사회에 무슨 건설을 하는 일은 업고 就職難 生活難만 부르짓는 사람만 만허지니 그것이 다 무슨 까닭이냐 너나할 것 업시 모도 실천의 교육을 밧지 못하고 따러서 일도 실지로 하지 못하고 막연하게 空理空想으로 일을 하는 까닭이다.[460]

이와 같이 차미리사는 여학생들이 배우는 학문은 이론보다는 '실생활과 관련된 것, 취직을 하여 생계를 꾸릴 수 있는 것'이어야 한다며 '실제교육'을 강조했다. 이는 사실상 여학생들이 졸업 후 가정으로 돌아가는 경우가 제일 많다는 현실인식, 취직난이 극심했던 당대 사회현실에 근거한 것이었다.

이와 같은 과정을 거쳐서 1926년부터 1929년 사이에 차미리사는 근화여학교를 여자실업학교로 전환하겠다는 결심을 하게 된다. 이에는 1926년에 개교한 경성여자상업학교의 영향도 있었을 것이다. 언론에서는 근화여학

들어내자」, 『시대일보』 1926년 5월 28일 ; 『차미리사 전집』 1, 809쪽.

459) 김미리사, 「선구여성들의 신년 신기염, 교육방침의 결함 : 구차한 교원의 자격문제 여기서 불상사 생겨」, 『동아일보』 1928년 1월 1일 ; 『차미리사 전집』 1, 809쪽.

460) 김미리사, 「나에게 萬一 靑春이 다시 온다면, 이러한 일을 하겟다, 實踐敎育에 努力」, 『별건곤』 2, 1929.6, 59쪽.

교의 교육방향 전환에 대해 '앞날을 잘 관찰하여 얻은 교육방침'이라며 긍정적으로 평가했다.[461]

1931년 부임한 우가키(宇垣一成) 총독은 교육 즉 생활, 생활 즉 근로라는 근로주의 교육을 표방했다. 그리하여 초·중등학교에 직업과를 두고 직업교육에 힘을 기울일 것을 강조했으며, 중등학교 신설의 경우 특별한 이유가 없는 한 당분간 실업학교 외에는 허가하지 않는다는 방침을 세웠다.[462] 이러한 상황 변화에 힘입어 차미리사는 1931년부터 실업학교 인가를 위해 구체적인 노력을 기울이기 시작했다. 재단법인을 설립한 이후에야 여자실업학교 인가가 가능하다는 총독부의 지시에 따라, 먼저 재단법인 설립에 착수했다.[463] 1930년대 실업교육을 장려하는 일제의 교육정책, 취직난과 경제 불황이라는 현실에 비추어, 인문계 여고보보다는 여자실업학교로의 전환이 더 현실적이고 실현 가능성이 높았다. 일제의 교육정책이 실업교육을 적극적으로 장려하는데 있었기 때문에 정규교육기관으로 인가받기 위해서는 실업학교로 인가받기가 용이했던 데다, 실업교육이 여성의 생계와 경제적 독립을 직접적으로 도와줄 수 있는 방법이기도 했기 때문이다. 게다가 1930년대 들어서 근화여학교 졸업생들의 진로에도 조금씩 변화가 나타나기 시작했다. 그때까지 대부분의 졸업생들이 가정으로 들어가 가정부인이 되었지만, 1932년 졸업생부터는 상점이나 간호사로 취직하거나 상급학교에 진학하는 경향이 조금씩 증가했다.

1930년대 언론에는 여학교교육이 비실제적이라는 비판과 함께 교육개혁이 필요하다는 여론이 비등했다. 여학교 졸업생들이 학교에서 공부한 과

---

461) 김미리사, 「나에게 萬一 靑春이 다시 온다면, 이러한 일을 하겠다, 實踐敎育에 努力」, 59쪽.
462) 김성은, 「1930년대 조선여성교육의 사회적 성격」, 『이대사원』 29, 1996, 87쪽.
463) 근근화여학교 당국자, 「재원들은 어대로 가나? 졸업날을 앞두고 학교당국의 방침 10 : 학교당국은 어떠한 준비를 하고 있나 번민하는 그들을 어떻게 지도하려나」, 『조선일보』 1932년 1월 27일 ; 『차미리사 전집』 1, 356쪽.

목 가운데 실생활에 가장 많이 활용되는 과목은 가사, 재봉, 수예, 편물, 수
공 등임에도 불구하고, 여고보 등 여자중등학교의 교육이 상급학교 진학을
위한 인문교육에 맞춰져 있는 까닭에 가정생활에 필요한 교육이 부족하다
는 지적이었다.[464] 이러한 상황에서 차미리사는 1932년 여성교육을 전망하
며 '실무적 여성교육'이 필요하다고 주장했다.

> 나는 조선여성의 교육을 실제생활과 더 밀접하게 하였으면 하는 생각
> 을 늘 가지고 있습니다. 원래 교육이란 것은 실제생활과 가까워야 하겠
> 지만 여성교육에 있어서는 더욱 그렇다고 생각합니다. 대학교육이나 전
> 문교육을 받게 되는 사람은 극소수이니 그 사람들을 표준으로 하지 말
> 고 중등교육만 받고 가정으로 들어가는 다수의 여성을 현재의 중등교
> 육보담 더 실무적 교육을 받게 하고 싶습니다.[465]

이는 '가정이 원만해야' 사회와 국가의 완전을 기할 수 있기 때문에, 가
정주부가 될 여학생들을 위해 실제교육을 강화해야 한다는 주장이었다. 차
미리사는 학교교육의 내용이 자신들이 처한 현실과 너무 맞지 않는데 당
대 중등학교 여학생들의 고민이 있다는 사실을 지적하며, 여학생들의 현실
적 요구를 수용해야 한다고 주장했다. 이는 여자중등교육이 전문학교 진학
의 준비단계로 기능하기보다는 가정주부가 될 대다수 여학생을 위해 가정
살림에 유용하게 활용될 수 있는 가사교육 위주로 실시되는 것이 더 현실
적이고 바람직하다는 의미였다.

차미리사는 여성교육에 있어서 실무교육, 가사교육의 중요성을 주장하
는 한편, "앞으로는 여자가 무엇보다도 빵문제를 해결하고 가정에서도 수
학적으로 가정경제를 도모하도록 해야 할 것"이라고 주장했다.[466] 여성교

---

464) 김성은, 「1930년대 조선여성교육의 사회적 성격」, 『이대사원』 29, 1996, 112~113쪽.
465) 김미리사, 「1932년을 당하여 조선신진여성의 포부와 주장 : 여자교육의 실제, 교
　　육은 사회의 토대」, 『중앙일보』 1932년 11월 2일 ; 『차미리사 전집』 1, 814쪽.
466) 근화여학교 당국자, 「재원들은 어대로 가나? 졸업날을 앞두고 학교당국의 방침

육에 있어서 가사교육과 직업교육이 다 중요하며, 인문교육이나 이론교육
보다는 가사교육, 직업교육과 같은 실무교육, 실제교육을 더 중시해야 한
다고 보았다. 이러한 맥락에서 그는 여학교 교육이 '생활 안정을 위한 실
제적 교육' 곧 여성의 경제적 독립을 위한 교육이 되어야 한다고 주장했다.

> 글자나 배워서 무엇 하느냐? 글자가 밥을 주고 책이 집을 주는 것은 아
> 니다. 생활 안정을 위한 실제적 교육이 아니면 조선을 위한 참된 가르
> 침이 아니다.… "남자의 덧붙이가 되지 말아라" "기생충 노릇을 말며
> 약자란 소리를 듣지 말아라."[467]

이에 따르면 여성에 대한 실제적 교육의 실시는 여권향상과 여성의 경
제적 독립을 위한 것이었다. 같은 맥락에서 차미리사는 "학교에서 글만 가
르칠 것이 아니라, 졸업 후 양복점 점원이나 은행에서 주산이라도 똑똑히
하여 장사나 농사나 살림이나 아무런 직업이라도 가지고 자기가 살아나갈
빵문제는 자기가 해결해 나갈 수 있도록" 준비시켜야 한다고 주장했다.
　다음은 실업교육과 관련하여 차미리사의 여권의식이 가장 집약되어 있
는 글이다.

> 여자들이 남녀평등을 부르짖고 사회적 지위를 보장받으려고 떠들게 되
> 는 것은 물론 자기의 권리를 찾자는 것이라고 하겠다.… 여자들이 남자
> 에게 지배를 받게 되는 것은 자기의 몸을 자기가 스스로 해결하지 못하
> 고 빵문제를 완전히 남자에게 의탁하고 있는 까닭이라 하겠습니다. 그
> 러므로 여자들이 입으로 먼저 남녀평등을 외치지 말고 우선 남녀평등
> 이 되고 여자의 권리를 여자가 가지도록 실천주의를 써서 실행이 되도

---

10 : 학교당국은 어떠한 준비를 하고 있나 번민하는 그들을 어떻게 지도하려나」,
　　『조선일보』 1932년 1월 27일 ; 『차미리사 전집』 1, 356쪽.
467) 「여성 주재하의 신여성 활동계, 독특한 수완과 특색있는 사업 : 김미리사여사의
　　근화여학교」, 『신동아』 7월호, 1932 : 『차미리사 전집』 2, 203~204쪽.

록 해야만 하겠습니다. 그러면 먼저 남자에게 의탁하던 여자의 몸을 해
방하도록 하여야 하겠습니다. 이렇게 하려면 무어보담도 여자들의 경제
문제 곧 빵문제를 여자들 스스로가 해결하도록 해야만 하겠습니다. 그
러고 여자의 몸이 사회적으로나 가정적으로나 어떠한 방면이든지 활용
이 되도록 하여, 남자 이상으로 사회적으로 활동하는 사람이 되어야 하
겠고 가정적으로도 남자 이상으로 활용이 되어야 하겠습니다.… 가정
의 부인들은… 가정에서 재봉틀 같은 것이라도… 월부라도 얻어서 자
기의 빵문제를 해결하고 또한 가정경제를 남자이상으로 해결하도록 할
것이며, 새로이 진출하는 조선여성들은 남자와 어깨를 겨루고 직업선상
에서 활동하도록 힘써야만 하겠습니다.[468]

이는 여성이 가정과 사회에 직접적으로 기여함으로써 자신의 권리를 주
장하자는 내용이었다. 이와 같은 과정을 거쳐서 1930년대 초 차미리사는
보통교육이나 영어와 음악 전문교육에 대한 구상을 접고, 실업교육이 여성
교육의 주축이 되어야 한다고 주장하기 시작했다.

차미리사의 여자실업학교 설립 구상은 여권의식에 입각하여 여성의 경
제적 독립과 경제력 향상을 위한 직업교육의 실시, 직업여성과 가정부인
모두를 위한 실제교육을 지향했다는데 그 의의가 있었다. 차미리사는 여성
이 권리를 찾고 남녀평등을 실현하며 사회적 지위를 보장받기 위해서는
가정과 사회에서 여성의 경제적 독립이 우선되어야 한다고 보았다. 여자실
업학교는 남녀평등과 여권향상을 위한 여성의 경제적 독립과 사회활동뿐
아니라 취직난 속에서 취직을 통해 가정경제에 도움이 되는 방법이기도
했다.

차미리사는 교육환경의 내외적 변화를 눈여겨보면서 근화여학교의 교
육방향을 실업교육과 경제교육 위주로 전환하는 것이 시대적 요구에 적합
하겠다는 판단을 내렸다. 그의 여성교육은 시대의 변화를 잘 읽고 그 흐름

---

468) 「여성 주재하의 신여성 활동계, 독특한 수완과 특색있는 사업 : 김미리사여사의
근화여학교」, 『신동아』 7월호, 1932 : 『차미리사 전집』 2, 203~204쪽.

을 잘 활용하며 성장했다고 할 수 있다.

다만 여자실업교육과 여권문제를 보는 차미리사의 시각에는 사회구조적 문제에 대한 통찰이 부족하고 민족문제에 대한 인식이 잘 드러나지 않는다는 한계가 있었다. 그럼에도 그가 전개했던 여성교육은 식민지시기 여성교육에 큰 의의가 있는 업적이었다.

3. 덕성여자실업학교와 상업교육

1) 근화여자실업학교 인가와 중등직업교육

이상과 같은 현실인식과 여자교육론의 변화에 따라 차미리사는 근화여학교를 여자직업학교로 전환하겠다는 구상을 하고 이를 추진하기 시작했다. 이에 1933년 근화여학교에 실업과를 신설하고 보통과와 고등과를 폐지했다. 여성교육이 현실적으로 시급한 경제문제 해결에 도움이 되는 방향으로 나아가야 한다는 그의 교육관에 따른 것이었다. 이어 1934년 재단법인 설립을 인가받고 근화여자실업학교로 개칭했으며, 1935년 3년 과정의 을종 상업학교로 총독부 인가를 받았다. 결국 차미리사의 여성교육사업은 시대의 변화와 사회의 요구에 부응하여 여러 가지 교육실험과정을 거친 결과, 사회에서 공식적으로 학력을 인정받을 수 있는 주학의 중등실업교육기관인 근화여자실업학교로 정착되었다. 이는 1922~1924년 차미리사를 비롯한 조선여자교육회가 보통학교 또는 보통교육과정 졸업자를 대상으로 잠시 시도했던 1년 과정의 상과가 10년 만에 비약적으로 발전한 형태라고 볼 수 있다. 또한 이는 취업전선에 나설 직업여성 양성을 위한 상과 교육으로의 회귀를 의미했다.

대체로 근화여자실업학교는 '직업부인 양성을 위주로 실제교육을 실시하는 시대에 적합'하고 '조선여성들의 새로운 요구에 따라 보통교육보다도 더 필요한 직업교육'을 실시하는 학교라는 면에서 긍정적으로 평가되었

다.[469] 언론에서는 근화여자실업학교에 대해 '조선여성교육의 새로운 단
계'라고 큰 의의를 부여하며, 조선여자들의 생활에 가장 필요한 실질적 근
본지식을 넣어주고자 하는 '실생활에 부합되는 교육방침'을 환영했다.[470]
전반적으로 언론의 논조는 연령의 제한 없이 단기간으로 여성보통교육의
확대에 기여했던 근화여학교의 의의를 강조하는 동시에, 근화여자실업학
교로의 전환 역시 '시대의 변화에 따른 역사적 필연성'에 따른 것이라고
긍정적으로 평가했다.[471]

> 경성에서 제일 색다르고 특수한 학교가 하나 있으니 근화여학교입니
> 다.… 특수한 계급에 있는 이들이 교육을 받지 못한다는 사실을 깨닫고
> 그들을 위하여 야학을 시작하였습니다. 시집살이에 쪼들이는 이들, 무
> 식하다고 남편에게 구박받는 이들, 일찍이 교육을 받지 못해 울면서 공
> 부를 하고 싶어 하는 이들의 뜻을 받아 야학을 시작하였더니 뜻밖에도
> 성황을 이루어… 차차 시대가 달라짐에 따라 이러한 특수한 계급에 있
> 는 이들의 공부하는 수가 줄어들게 되었답니다.… 오늘날 근화학교에
> 입학하는 사람 수가 적어지는 것은 전국 각처에서 계몽운동을 한 덕분
> 에 적어도 보통학교 교육을 받는 형편이 되었다는 사실을 입증해주는
> 것이므로… 지금까지는 특수한 이들을 위하여 단기간에 일반지식을 가
> 르쳐주려고 3년제로 해왔으나… 이제는 남부럽지 않게 떳떳한 존재로
> 실업방면의 인재를 많이 길러 내리라고 교장선생은 눈물 섞인 소감을
> 털어놓았습니다.[472]

---

469) 「인가 전 임시 변법, 고등과를 실과로」, 『조선일보』 1933년 2월 25일 ; 「경성 근
　　화여학교를 여자실업학교로」, 『매일신보』 1934년 2월 11일 ; 『차미리사 전집』 1,
　　687·690쪽.
470) 「새 학교로 변하며 옛 학교를 맞추며 10 : 근화여교 편」, 『조선일보』 1934년 2월
　　14일 ; 『차미리사 전집』 1, 446쪽.
471) 「근화여학교 편 : 인형교육을 蟬脫(선탈) 실업교육으로 비약」, 『조선일보』 1935
　　년 1월 1일 ; 『차미리사 전집』 1, 703쪽.
472) 「중등편 7 : 근화실업교, 야학이 학원과 학교로 변하여 재단법인 여자실업교로」,
　　『동아일보』 1935년 2월 22일 ; 『차미리사 전집』 1, 720~721쪽.

앞의 인용문에서는 근화여학교의 입학생이 줄어들게 됨에 따라, 차미리사가 학교의 성격, 형식, 내용에 변화를 꾀하게 되었다고 보도하고 있다. 그러나 실상 1932년의 경우를 보더라도 보통과 졸업생 40명, 고등과 졸업생 29명은 적은 수가 아니었다.[473] 따라서 인원수의 감소로 인해 근화여학교의 보통과·고등과를 폐지하고 실업과로 전환하게 되었다는 언론의 보도는 논리상 맞지 않다. 이는 언론이 학교측과 차미리사의 입장을 대변하여 근화여자실업학교로의 전환에 정당성을 부여한 것이라고 하겠다. 각종학교인 근화여학교로 있으면 비록 학력인정에 문제가 있다 하더라도, 학기 시작마다 보통과 50명, 고등과 50명, 음악과 30~50명, 합 150명의 입학생 모집(실제 모집되는 인원은 100명 정도)으로 많은 인원을 수용하여 배움의 길을 열어줄 수 있었다. 거기다 단기 6개월 과정의 재봉이나 사진과와 같은 실업교육까지 합하면 교육혜택을 받을 수 있는 대상은 더 늘어날 수 있었다. 반면 여자실업학교가 된 후에는 상업과 중등교육 3년 과정으로 180명만을 수용해야 하기에, 매년 60명의 입학생만 받을 수 있었다. 곧 각종학교인 근화여학교가 근화여자실업학교라는 정규학교가 되면서 학생 총수(입학생·재학생)는 줄어들게 되었다.

또한 근화여자실업학교의 인가는 고등과, 보통과, 음악과의 폐지를 의미했다. 이전에 유치원, 초등교육부터 중등, 전문(고등)교육까지 함께 있던 학교의 교육체계가 중등실업교육으로 전환되어 여자중등실업학교로 단일화된 것이다. 이로써 나이 제한이 없는 여성보통교육기관, 모든 단계의 교육과정 구비라는 근화여학교의 특성은 사라지게 되었다. 여성인구의 90%가 문맹이었던 한국사회현실에서 학령기를 놓친 기혼부인들에게 교육의 기회를 제공하던 당초의 교육적 역할은 사라지게 되었다. 따라서 근화여자실업학교가 되면서 이전(근화여학교)에 비해 학력의 공인, 중등교육에의 집중, 실업교육의 강화, 정규학교로의 승격이라는 면에서 질적 향상을 이

---

473) 『매일신보』 1932년 3월 15일.

루었지만, 교육대상의 규모와 범위는 양적으로 훨씬 줄었다고 평가할 수 있다.

근화여자실업학교로의 전환은 구식 가정부인들에게 글을 읽게 하고 상식을 깨우쳐 가정생활을 개선함으로 사회에 기여하겠다는 부인야학강습소 시절의 부녀교육론이 여아의 중등직업교육, 직업여성 양성에 중점을 두는 여아교육론으로 전환되었음을 의미했다. 여성교육의 중점이 부인에서 여아로, 비정규교육에서 정규교육으로, 보통교육에서 중등교육으로, 다양한 교육시도에서 실업교육으로 바뀌었다. 이 가운데서도 여성의 경제적 독립을 통한 여권향상이라는 그의 여성교육관, 실업교육관은 유지되었다. 생활개선을 위한 여성교육을 여전히 강조하되, 부인의 보통교육보다는 여아의 직업교육, 중등교육에 더 비중을 두게 되었다. 차미리사는 신문지상을 통해 여성보통교육이 어느 정도 보급되었다는 판단 하에 정규중등교육과정인 여자실업학교로 전환하게 되었다고 밝혔다. 그러나 차미리사는 이미 여성교육에 있어 중등실업교육과정과 함께 전문교육과정, 인문계 중등교육과정을 시도해보았다. 또한 1930년대에도 여전히 대다수 한국여성이 문맹상태에 있었다. 이에 사회적으로 조선일보의 문자보급운동과 동아일보의 브나로드운동을 비롯하여 농촌계몽운동·한글보급운동·문맹퇴치운동이 전개되었다. 따라서 근화여학교의 성격전환에 대한 이상과 같은 차미리사의 설명에는 설득력이 부족하다. 오히려 근화여자실업학교 설립은 정규학교 승격을 통한 여성교육의 질적 향상, 여아의 중등직업교육, 가사교육에 중점을 두고자 했던 차미리사의 여성교육관, 실업학교 위주로 신설과 정규학교 인가를 허용했던 조선총독부의 교육정책, 1930년대 세계대공황과 경제난, 취업난을 고려한 차미리사의 현실적 대응이었다고 하겠다.

이리하여 차미리사는 부인야학강습소 설립 14년 만에 야학강습소를 정규중등학교로 발전시키는 놀라운 업적을 이루었다. 근화여자실업학교 인가는 비정규교육기관인 여자야학에서 성장한 여성교육이 다음 단계로 발

전하여 재단법인을 갖춘 정규 중등직업교육기관이 되었다는데 그 의의가
있었다. 이전까지 근화여학교는 각종학교(잡종학교)로써 정규교육기간의
반에 해당되는 기간에 속성교육을 실시하는 비정규교육기관이었다. 근화
여자실업학교 인가는 근화여학교를 정규학교로 만들어 경영해 보고자했던
그의 숙원을 이룬 것이었다. 그는 정규학교에서의 상업교육을 통해 사회적
으로 공인받는 여성인재를 양성할 수 있다는 점에서 학교의 위상에 자부
심을 느꼈다. 1936년 3월 근화여자실업학교 제1회 졸업생 배출에 맞추어
자신의 성과 이름을 김미리사에서 원래의 차미리사로 바꿀 정도로, 근화여
자실업학교는 차미리사에게 큰 의미가 있었다. 이후에도 차미리사는 근화
여자실업학교의 정규학교 인가에 안주하지 않고 학교의 확장을 목표로 청
사진을 제시하며 학교발전을 모색했다.[474]

2) 여자실업교육의 지향 : 사회진출 그리고 가정주부

1934년 봄까지만 해도 차미리사는 졸업식 축사를 통해 여성교육을 통한
'사회진출보다 가정'에 중점을 두고 의미를 부여했다.

> 세상의 이목을 놀래킬 정치가, 학자·예술가·상인이 우리에게서 나와야
> 겠지요… 그러나 냉정히 생각해보면 모든 사람이 다 그렇게 될 수 없는
> 것이니… 실현하지 못할 공중누각을 그리는 것보다 더 어리석은 일은
> 없습니다.… 공연히 들뜬 마음으로 사회인 운운을 꿈꾸는 것은 재미없
> 는 일입니다. 여자란 가정으로 들어가 다부지게 일하고 찰찰하게 굴어
> 그 곳에서 참 기쁨을 찾아야지, 허황된 생각에 들떠 건들거려서는 자기
> 한 몸이 해를 입을 뿐 아니라 그 해독이 사회 전체에 미칠까 합니다.[475]

---

474) 「교문을 나서는 재원 순방기, 중등학교 편 : 여자직업전선에 출전할 53명의 실업
　　가」, 『동아일보』 1938년 2월 10일 ; 『차미리사 전집』 1, 731쪽.

475) 「졸업의 3월, 최후의 훈시, 교문 밖은 전선이니라 2 : 사회보다 가정에」, 『조선중
　　앙일보』 1934년 3월 2일 ; 『차미리사 전집』 1, 448쪽.

차미리사는 무엇보다 섣부른 사회진출을 경계하며 가정을 강조했다. 이는 실업과를 이수한 졸업생이 아직 배출되지 않은 상황에서, 기존의 보통과와 고등과 졸업생을 대상으로 한 훈시였기 때문인 것으로 보인다.

2년 뒤인 1936년 3월 근화여자실업학교 제1회 졸업생의 배출과 함께, 차미리사의 여성교육론은 여성의 사회진출 곧 직업여성이 되는데 더욱 중점을 두게 된다. 그리하여 '직업을 가진다는 것'은 남의 종속물, 노예생활, 기생자에서 벗어나 '자아를 찾는 것'이라고 그 의미를 강조했다. 결혼은 해야 하지만 그 전에 먼저 직업을 가지고 활동하며 자아를 찾은 후에야 참된 아내, 진실한 어머니가 될 수 있다는 논리를 폈다. 여자도 인간인 이상 자기도 이 사회의 한 구성분자라는 것을 의식하고, 결혼을 준비하기 위해서나 생활이 군색해서 부득이 직업을 가지는 이가 되지 말고, '내 생활은 내 손으로 개척해 나간다'는 굳은 신념을 가지고 사회에 진출해야 한다고 주장했다.[476] 여성도 알아야 노예생활에서 벗어날 수 있다는 생각에서 출발하여, 교육을 받고 또 경제적으로 독립할 수 있어야 자기를 완전히 찾을 수 있다는 당부로 마무리되었다. 그는 여학생들에게 '남자를 이기라'고 하며 여권의식을 심어주었고, 이를 위해 사회에 나가 취업하고 경제력, 실력을 키울 수 있는 여성교육을 실시하고자 했다.[477] 이와 같은 차미리사의 여성교육론은 여권의식에 기반을 두고 있었다.

차미리사와 근화여자실업학교가 여성의 상업교육을 표방하고 직업교육에 집중한 결과 은행·회사·금융조합 등 여러 기관에 취직하는 졸업생이 증가하게 되었다.[478] 하지만 현실적으로 졸업생들의 진로는 취업과 가정이 반반으로 나타났다. 그래서인지 언론에서는 근화여자실업학교 여성교육의

---

476) 김미리사, 「교문을 나서는 지식여성들에게 : 조선여성이여 자립하라」, 『조광』, 1936.3 ; 『차미리사 전집』 2, 238쪽.
477) 「교문을 등지는 동무들 7 : 근화편」, 『조선일보』 1936년 2월 19일 ; 『차미리사 전집』 1, 729쪽.
478) 「우리학교 자랑 : 근화여자실업학교 편」, 『여성』, 1937.3 ; 『차미리사 전집』 2, 248쪽.

장점으로 직업여성뿐 아니라 가정주부로서의 자질이나 역할을 강조했다.

> 사람이 모자라는 우리에게 큰 지식과 이상도 필요하겠지만 진실하고
> 일 잘하는 가정부인, 살림 살리는 솜씨있는 주부의 손에 바로 잡힐 것
> 입니다. 이 학교는 그저 솜씨있는 일꾼을 길러내는 것이 교풍입니다. 여
> 기서 이러한 건실한 살림살이를 배운 아가씨들은 각각 자기의 직분을
> 다하기 위해 우리 사회 전반에 흩어집니다.[479]

이와 같은 언론의 논조는 아마도 학교 당국 곧 차미리사의 여성교육론
을 반영하는 것이 아닌가 한다. 왜냐하면 차미리사는 근화여학교를 근화여
자실업학교로 전환하고자 1932년 4월 총독부에 재단법인 인가 신청을 제
출할 때부터 실업과에 상과와 가정과를 함께 두는 것을 전제로 했기 때문
이었다.[480] 또한 1933년에는 가사과와 상업과에 각 50명씩 입학생 선발을
계획하는 등 근화여자실업학교에 상과만이 아니라 가사과도 함께 두고자
했다. 차미리사가 근화여학교의 정규학교 승격을 위해 학교의 체제와 내용
을 정비하면서, 여학교의 가사교육 강화를 원하는 일반사회의 요구와 여성
의 경제적 독립과 여권향상이라는 여성계의 당면과제를 함께 반영하고자
했음을 알 수 있다. 이에는 한국사회에 현실적으로 필요한 유능한 직업여
성과 가정주부를 동시에 양성하고자 했던 차미리사의 여성교육론이 반영
되어 있었다.[481] 그러나 총독부는 차미리사의 가사과 설립 신청을 받아들
이지 않고 상과만을 인정하여, 근화여자실업학교를 정규상업학교로 인가
했다. 근화여자실업학교는 결국 차미리사의 여성교육관과 조선총독부의

---

479) 「경성 안 여학교 올 졸업생, 근화여실」, 『조선일보』 1938년 2월 15일 ; 『차미리사
　　　전집』 1, 733쪽.
480) 「경성 안 여학교 올 졸업생, 근화여실」, 『조선일보』 1938년 2월 15일 ; 『차미리사
　　　전집』 1, 733쪽.
481) 「근화여교 새 면목, 실업과를 신설, 여자실업교로의 승격 전제」, 『매일신보』 1933
　　　년 2월 25일 ; 『차미리사 전집』 1, 686쪽.

교육정책의 접합지점에서 나온 결과물이었다.

1938년 근화여자실업학교는 덕성여자실업학교로 개명했다. 취직을 목적으로 하는 학교였기에 학생들은 주로 상업을 전공하고 주판과 타자 익히기에 힘썼다. 학교에서는 판매부를 만들어 학생들에게 물건 파는 것을 실습시키며 장사를 익히게 했다. 각 백화점과 큰 상점에 숍걸(판매원)로 나가는 졸업생이 많았기 때문이었다.[482] 학교는 학생들에게 상업 이외의 실업 방면에도 힘을 기울여 기예·실잣기·양재 방면까지 여자가 할 만한 일이면 가르쳤다.[483] 1939년 사회 각 방면에서는 상과 여자졸업생들의 채용을 의뢰하고 환영하는 현상이 나타났다. 이는 여성들의 정적인 성격이 사무에 적당하고 여성의 사무적 능력 곧 통계적 능력이 남성보다 뛰어난 반면 남성보다 저렴한 급료를 주고 채용할 수 있기 때문이었다. 이리하여 상과 출신 여자졸업생들이 취직전선에서 남자들을 제치고 채용되는 경우가 생기게 되었다. 이에 대해 언론에서는 '취직을 목표로 하는 학교' '사회가 요구하는 실질적 일꾼' '최근 취직전선에서 여성만능시대가 도래하여 남성들로 하여금 일대 공포를 품게 하고 있다'고 보도했다.[484] 상과 여자졸업생들의 인기 비결이 저렴한 인건비 때문이라는 한계는 있었지만, 여성이 취직전선에 활발하게 진출하고 남성 취직준비자들을 긴장시키는 경쟁자로 부상하게 되었다는데 의의가 있었다.

1년 후인 1940년 덕성여자실업학교 졸업생들의 취직률은 급격히 하락했고, 가정으로 들어가는 이가 취직하는 이보다 2배가 많았다. 일자리가 없었기 때문이었다. 이런 현상을 반영하듯 덕성여자실업학교에 대한 언론의

---

482) 「여학교의 신춘보, 덕성여실 : 주판 구슬 튕기며 닦거내는 구구속」, 『조선일보』
1939년 2월 21일 ; 『차미리사 전집』 1, 758쪽.
483) 「고등여학교 편 7 : 덕성여자실업학교」, 『동아일보』 1939년 3월 3일 : 『차미리사 전집』 1, 760쪽.
484) 「"여성은 말없고 일 잘한다" 연래 상과 출신 예약제, 경성여상과 덕성여실에 개가」, 『동아일보』 1939년 11월 16일 ; 『차미리사 전집』 1, 765쪽.

논조는 1년 전과는 다르게, '가정주부감 교육' '가정이 내 직장'이라는 점을 강조했다.'[485] 이러한 과정을 거쳐 이후 덕성여자실업학교의 교육 목표는 차미리사가 1932년에 구상했던 대로 '실업교육에 힘써 직업부인 육성과 현모양처 양성'을 겸한 것으로 자리 잡게 되었다.[486]

1940년 차미리사는 교장에서 물러났다. 일제의 강압이 주요인이었지만, 62세라는 나이, 심각한 청력 손상도 은퇴의 요소가 되었다. 교장직과 학교는 송금선에게 이양했다.

이 시기 차미리사의 여자교육의 중점은 정규 실업교육에 있었다. 이는 여성의 자립과 경제활동, 사회활동과 여권향상을 위한 것이었다. 그리고 그가 생각했던 여자실업교육의 내용은 실제교육 곧 상업·판매 등 직업교육과 기예·양재 등 가사·부업 관련 교육이었다. 그가 추진했던 여자교육의 목표는 근화여자실업학교의 확대와 발전에 있었다. 덕성여자실업학교의 확장과 갑종 실업학교로의 승격은 일제말기 송금선에 의해 실행되었다. 그러나 일제지배 하에서 여자교육의 이상을 실현하고 확장하면서 일제의 정책과 무관할 수 없었다는 현실의 한계가 있었다.

---

485) 「궁궐가튼 개와집에 복밧는 아가씨들」, 『조선일보』 1940년 2월 10일 ; 『차미리사 전집』 1, 766쪽.
486) 「갑종된 덕성여실교, 70만원 재단도 성립」, 『매일신보』 1943년 5월 2일.

제2장 김활란의 여권의식과 여성교육론

1. 여권문제 인식과 여성의 지위

1) 여권문제와 남녀동등

1920년대 김활란은 "여권문제" 곧 남녀불평등이 "교육문제"와 "재산문제"에 대한 관습과 인식에서 비롯된 사회구조적 문제라고 보았다. 예를 들어 딸에게 재산을 상속하지 않는 관습으로 인해 축첩이라는 사회문제가 생긴다는 것이다.

> 남자는 의례히 학교에 보내고 고등교육을 시킬 것으로 알지만 여자는 학교에 보내지 않아도 되고 고등교육도 시킬 필요가 없다고 본다.… 오늘날 조선에는 재산권이 오직 남자에게만 있다. 같은 자식이건만 딸이기 때문에 한 푼도 나누어주지 않으며 딸은 있어도 아들이 없기 때문에 재산을 상속할 수 없어서 첩을 얻는다.… 여자는 아무리 가정에서 좋은 일을 하고 수고를 해도 돈을 벌어 오지 못하기 때문에 아무 권리를 찾지 못하게 되었다.[487]

이상에서 김활란은 여성이 늘 남성에게 뒤떨어진 사람이 되어 자기의 권리를 찾지 못하는 여권 하락의 이유를 교육적 측면에서 여성교육의 부재, 여성교육에 대한 인식의 부재, 경제적 측면에서 딸에게 재산을 상속하지 않고 여성이 가정에서 하는 육아와 가사노동의 가치 곧 사회재생산 기

---

[487] 「여권문제에서 살길을 찾자, 김활란씨 강연」, 『동아일보』 1926년 10월 16일.

능을 인정하지 않는데 있다고 파악했다.[488]

여성의 지위와 권리에 대한 김활란의 인식은 1930년대로 가면 더욱 정
교해져 여성의 재산권 문제가 도덕이나 풍습 뿐 아니라 "여성의 법적 지
위"문제와 밀접하게 연관되어 있다고 지적했다. 첫째 여성에게 소유권이
없고, 둘째 이혼법이 여성에게 불리하고, 셋째 여성에게 사업권이 없다는
점이었다. 부인이 사업을 시작하려고 해도 남자의 승낙서를 부청에 제출해
야 인가를 해주며, 남자는 언제든지 승낙서를 취소할 수 있었다. 여성의 금
전출납, 보증서기, 패물같은 소유물 매매·소송·중재·상속·離家에 있어 남
편의 승낙이 꼭 있어야했다. 이러한 점들은 황애덕(결혼 전), 박인덕(이혼
전후), 고황경·김활란·서은숙·김애마처럼 독립적 삶과 사회활동을 원하는
여성이 독신을 고수하는 배경의 하나로 작용했다.[489]

김활란은 이상과 같이 법률상·풍습상·도덕상으로 여자의 인권을 무시
한 사회 환경으로 인해 여성 스스로가 '자포자기하는 정신병'을 갖게 되었
고 여성의 자신감 상실로 인해 조선사회발달과 인류문화에 지장이 생기게
되었다고 주장했다.[490] "남녀불평등한 사회는 비정상적인 사회"라고 생각
했기 때문이었다. 그리하여 새로운 시대 새로운 한국(남녀동등사회, 정상
적 사회)을 만들기 위해 한국여성이 할 일은 무엇보다도 "자아 찾기, 자신
감 회복, 자아실현"이라고 강조했다. 아직도 한국사회에서는 사회적 인식
뿐 아니라 여성 스스로의 열등감으로 인해 여성의 자아실현이 저조하다고
지적했다. 김활란은 여성이 자아를 찾아야만 비로소 사회가 정상적인 상태
로 회복되어 사회발전과 인류문화에 공헌할 수 있다고 생각했다. 한편 새
로운 사회, 정상적 사회를 위한 남자의 자세로써 남성들이 여성을 완롱물
과 소유물로 여기는 마음을 버려야 한다고 주장했다. 다음은 1930년대 여

---

488) 「여권문제에서 살길을 찾자, 김활란씨 강연」, 『동아일보』 1926년 10월 16일.
489) 김활란, 「여권문제에서 살길로 나가자」, 홍병철 편, 『학해』, 학해사, 1937, 695쪽.
490) 김활란, 「여권문제에서 살길로 나가자」, 696쪽.

권문제에 대한 김활란의 견해이다.

> 조선여성은 자기 자신을 찾아야 한다. 과거의 사회적 제한이 우리 사회
> 에 끼친 가장 큰 해악은 여성의 심리적 열등감이다. 심지어 오늘날 가
> 장 높은 고등교육을 받은 여성들도 그러하다. 여성 스스로가 타고나거
> 나 획득한 여성의 힘을 적절한 지위에 올려놓지 않는다. 자아실현, 자
> 중, 자신감이 아주 부족하다. 종종 아무 근거없이 스스로의 판단을 신뢰
> 하지 않는다. 강연 책상을 두드리며 대중에게 여성의 권리를 주장하는
> 페미니스트도 때때로 말로써가 아니라 태도와 행동으로 단순히 남자라
> 는 이유만으로 남성의 견해가 보다 중요하고 우선되어야 한다고 인정
> 하곤 했다.(번역해 인용)[491]

이상에서 김활란은 여성의 자존감이 얼마나 부족한지와 그것이 타고난
것이 아니라 학습에 의한 것임을 역설했다. 그리고 여성의 자존과 자신감
의 근원을 역사상 위대한 여왕과 어머니의 힘에서 찾고자 했다.

> 여자에게는 위대한 세력이 있습니다. 때때로 여자가 역사의 방향을 돌
> 린 일이며… 영국역사에 빛난 페이지는 빅토리아, 엘리사벳 여왕시대
> 가 아니며 조선역사에 빛난 페이지는 진덕, 선덕여왕시대가 아닙니까.
> 몇몇 여자가 우연으로 그 손에 권리를 잡게 될 때에 그러하였거늘 만일
> 일반여자가 수양상, 직권상 남자와 동등한 기회를 주었던들 오늘 우리
> 사는 세상은 딴 천지였겠습니다.…[492]

이상에서 김활란은 역사 속에서 발휘되었던 여성의 능력과 역할, 사회
적 공헌-여왕의 훌륭한 통치, 어머니의 사랑과 인내, 충성을 의미하는 정

---

491) Helen K. Kim, "The Women's Share in the Reconstruction of Korea", *Korean Student Bulletin* (Korean Student Federation of North America, Committee on Friendly Relations Among Foreign Student, 1930.12).

492) 김활란, 「여권문제에서 살길로 나가자」, 697쪽.

조, 자선사업 등-을 본받아 여성들이 의뢰심과 자포자기정신을 버리고 자존과 자신감을 회복해야 한다고 촉구했다.

남성과 여성문제 뿐 아니라 인종과 민족문제에 대한 김활란의 입장은 기본적으로 모두 동등한 인격과 인권, 능력을 가지고 있다는 것이었다. 따라서 여성이 자아를 찾고 자신감을 회복하여 사회에 진출하고 목표를 세워 자신의 능력을 발휘한다면 남성 못지않은 성취를 할 수 있다고 보았다.[493]

김활란은 이러한 남녀동등의식에 기반하여 사회는 남녀가 협력하는 곳이며 사회에서 여성과 남성의 관계는 동업자, 동등한 관계라고 보았다.

예를 들면 공화국이 남성 부통령을 가질 때 완벽한 행정능력을 가진 여성대통령을 가질 것이며 반대로 남성 대통령에 여성 부통령을 가질 수도 있습니다. 모든 분야에 걸쳐 남녀대표가 동등해야 할 것입니다.[494]

가정에서도 부인과 남편이 "동업자"로서 협력하여 화목한 가정을 만들고 인류의 향상을 도모해야 한다고 보았다.[495]

김활란은 남녀동등이 사회와 가정에서 여성의 역할과 기여를 인정할 때 비로소 이루어질 수 있다고 파악했다. 그리하여 여성의 지위 향상은 단순히 남녀가 동등하다거나 여성이 남성을 능가하는 것보다 여성이 할 수 있는 몫을 다함으로써 여성의 역할과 기여를 인정받는데 있다고 보았다.[496]

김활란이 보기에 남녀동등한 인권·능력·기회·역할이란 점에서 여성에 대한 인격적 대우는 당연한 것이었다. 김활란은 남성이 여성을 대하는 근본적 자세를 "너이가 남에게 대접을 받고자 하는 대로 너이도 남을 대접하

---

493) 김활란, 「사람은 평등」, 『조선일보』 1926년 1월 1일.
494) 김활란, 「그리스도와 여성의 지위 향상」(미국 아틀란타 웨슬리 기념교회에서 열린 제6회 기독감리교 신자 회의 강연, 1931년 10월 16일), 『우월문집』 2, 93쪽.
495) 김활란, 「여권문제에서 살길로 나가자」, 698쪽.
496) 김활란, 「그리스도와 여성의 지위 향상」, 92쪽.

라"는 말로 요약했다. 여성에 대한 인격적 대우와 인권이 존중될 때 비로소 가정의 화목이 이루어질 수 있으며 그렇지 않을 경우 "범죄"라고까지 간주했다. 곧 여성인권의 무시를 사회범죄로 간주했다.[497]

무엇보다도 김활란은 남녀동등이 동등한 기회에서 비롯된다고 생각했다. 김활란의 남녀동등의식은 가정·사회, 개인의 능력·교육·직업 등 모든 면에 해당되는 것이었다. 남성이 여성보다 우월하게 보이는 것은 그동안 남성에게 교양의 기회가 더 많았기 때문일 뿐 근본적으로 남녀에 우열이 있는 것은 아니라고 생각했다. 나아가 동등한 기회가 주어진다면 여성이 남성보다 우월한 능력을 발휘할 수도 있다는 도전정신을 가지고 있었다.[498]

뿐만 아니라 김활란은 여론을 일으켜 남녀동권, 여권을 위한 사회의식을 고취하고자 했다.

> 각성한 여성이 단결하여 남자가 여자에게 대하여 정조를 요구하는 것같이 여자도 남자에게 대하여 절대로 요구하게 된다면 별다른 공창폐지운동이 불필요할 것입니다. 이중도덕을 관찰할 때에 이상하게도 그 표준이 여자를 위하여는 더 높습니다. 그러므로 우리의 여권운동은 남자의 평면으로 저락하겠다는 것이 아니라 남자를 우리 여자의 선상으로 향상시키겠다는 것입니다.… 조선의 여권운동은 남녀의 표준을 일치하게 하되 일반이 향상하는 길을 취하겠다는 여론을 일으킬 것입니다.[499]

이상에서 김활란은 남녀에게 "이중적인 성도덕"을 단일화된 표준도덕으로 만들어 동일한 기준(잣대)을 적용하여 남녀동권을 실행하고 남성의 도덕기준을 향상시킴으로써 일반사회가 향상될 것이라고 설파했다.

---

497) 김활란, 「남성과 자기편중」, 『신가정』, 신동아사, 1935.7, 19쪽.
498) 김활란, 「여박사의 독신생활기 : 생활의 전부를 사업에, 김활란박사 독신생활기」, 『조광』 4-3, 1938.3, 239쪽.
499) 김활란, 「여권문제에서 살길로 나가자」, 699쪽.

2) 가정주부와 직업여성

이상의 남녀평등관에 근거하여 김활란은 재래 우리 여성들이 노예와 같은 처지로 인권을 무시당한 것은 가정부인들의 역할에 대한 평가가 제대로 이루어지지 못했기 때문이라고 보았다. 따라서 여성에 대한 인격적 대우와 가정주부의 인권 회복을 위해 가정주부의 역할과 기여에 대한 재평가가 이루어져야 한다고 보았다.

> 남자는 밖에 나가 돈을 벌어오고 여자는 가정에서 밥하고 옷하고 아이를 기릅니다. 남자의 하는 일과 여자의 하는 일이 가치로 말하면 조금도 다를 것이 없습니다. 어떤 의미로 보면 여자가 하는 일이 더 가치가 있습니다. 새 국민을 낳고 기르는 까닭입니다. 그러나 오늘날 조선에서는 남자가 하는 일이 오직 귀한 일이고 여자가 하는 일은 천한 일로 압니다. 남자와 여자가 분업으로 이룬 가정의 권리, 재산권, 치리권 등 모든 것이 오직 남자에게만 있습니다.[500]

이상에서 김활란은 여성이 하는 일이 남성과 동등한 가치 또는 남성보다 더 나은 가치(육아)가 있다는 점에 근거하여 남녀의 동등한 권리를 주장했다. 이런 점에서 여성은 남편에게 부속된 기생자寄生者와 소비자가 아니라 가정을 경영하고 사회에 나갈 인재를 길러내며 우리 사회의 미래를 건설하는 공헌자였다.

특히 김활란은 우리나라 여성의 7할 이상을 구성하고 있는 농가부인들에 주목했다.

> 그들(농가부인)은 안주인인 한편 훌륭한 농부로서 생활한다. 김을 매고, 씨앗을 뿌리며, 타작도 하고, 돼지도 기르고, 누에를 치며, 무명과 명주도 짠다. 정말 남자 이상으로 생산하고 고역한다. 그러나 그들은 그저

---

[500] 「여권문제에서 살길을 찾자, 김활란씨 강연」, 『동아일보』 1926년 10월 16일.

남편에게 맹목적으로 지배당하며 살고 있다.… 무식한 부녀자라도 공
장에 갈 때에는… 인권까지도 생각하며 비합리적인 것에 대해서는 불
평도 한다. 그러나 가정에서는 노예의 처지에서 벗어나지를 못한다.[501]

이상에서 김활란은 농가부인들이 가사와 농사를 겸행하는 훌륭한 직업
여성이며 생산자라고 높이 평가했다. 그럼에도 농가부인들이 노예처럼 남
편에게 맹목적으로 지배당하고 있다는 점을 지적했다. 따라서 사회적 인식
을 개혁하여 여성의 가정적·사회적 기여를 인정받을 때 남녀동권, 여성에
대한 인격적 대우를 획득할 수 있다고 보았다. 이를 위해 먼저 여성 스스
로가 가정에서 주부의 가치와 기여를 자각하며 생활하는 것이 필요하다고
생각했다. 따라서 가정부인들의 인권이 제자리를 찾기 위해서는 "여성 스
스로가 가정을 사회의 일부분으로 보고 가사를 직업으로 여기며 가정살림
을 사회살림, 사회일로 승격시켜 실생활에서 직업인의 태도를 지녀야" 한
다고 주장했다.[502] 이는 주부와 가사노동의 가치를 재평가함으로써 여성이
자신이 하는 실제적 기여에 맞는 정당한 대우를 받아야 한다는 의미였다.
같은 맥락에서 김활란은 가정주부의 손에 한국문화의 발전과 지속이 달
려있다며 가정과 주부의 역할을 강조했다.

한국이 그 명맥을 유지할 뿐 아니라 훌륭하며 유능하고 위대하게 발전
하려면… 한국의 가정은 바로 이와 같은 중요한 기능을 수행할 수 있는
자유가 있는 유일한 기관이다. 한국의 여성 곧 한국가정의 주부로부터
이런 과업의 수행이 단계적이고도 의식적으로 시작되어야 한다. 그들은
옛 문화유산의 좋은 점을 잘 활용하며 그것을 다음 세대에 전달해야할
의무를 갖는다. 새로운 시대를 위해 단순한 복원으로는 부족하다. 옛 것
을 개선하여 가정관리와 자녀교육을 새롭게 창조해야 한다. 가정에서
어린이가 보고 듣고 생각하며 행하는 가정교육이 한국의 장래 운명을

---

501) 김활란, 「직업전선과 조선여성」, 『신동아』 11, 1932.9, 143쪽.
502) 김활란, 「직업전선과 조선여성」, 142~143쪽.

크게 좌우할 것이다(번역해 인용).[503]

김활란은 주부와 가정을 식민지교육정책으로 인해 공적인 영역인 학교교육에서 민족정신과 민족문화가 전승되지 못하는 가운데 새로운 한국 건설을 준비하기 위한 최후의 보루로써 생각했다. 가정관리와 자녀교육을 담당하는 주부의 힘과 가정이라는 공간에 사회적 역할과 민족적 의미를 부여함으로써 점점 강화되어 가는 식민지 통치 아래 학교교육의 한계를 인정하고 민족교육을 위한 대안을 모색했다.

결국 김활란은 가정주부가 생산자로서의 위상을 가지고 그 생산력의 가치를 인정받을 때 여권향상이 가능하다고 전망했다.

> … 조선여자같이 일 많이 하는 사람이 세상에 없다고 합니다. 그러나…
> 이 사회는 가내의 노동은 생산력이 없는 것으로 인정하여 왔습니다. 오
> 늘날 이 관념을 변하여 가내의 노동도 신성하여서 생산력이 있는 것이라
> 고 한다면 과거에 불공평하였던 사실을 바르게 할 뿐 아니라 현재 일반
> 여성에게도 자존심을 줄 것입니다. 그리하여 다수의 여성은 가내에서 생
> 산하며 또 다수는 소질과 수양에 따라 가외의 직업을 가지고 있다면 경
> 제적으로 소비만 하는 여자는 없을 것이요 누가 우리를 물시할 이유도
> 없을 것입니다.… 그러므로 우리의 표어를 "경제독립"이라고 함보다도
> "생산하는 자가 되고 소비만 하는 자가 되지 말자"로 정하고 가사, 직
> 업, 부업에 종사하면 우리를 없수히 넉이라고 하여도 감행할 자가 없을
> 것입니다.[504]

이상에서 생산자로서의 여성은 가사에 종사하거나 직업을 가지거나 부

---

503) Helen K. Kim, "The Women's Share in the Reconstruction of Korea", *Korean Student Bulletin*, 1930.12 ; 김활란, 「한국 재건과 여성의 역할 (The Women's Share In the Reconstruction of Korea)」, *The Korea Mission Field*, the Federal Council of Evangelical Missions in Korea, 1931.3 ; 『우월문집』 2, 1986, 87쪽.
504) 김활란, 「여권문제에서 살길로 나가자」, 700쪽.

업에 종사하는 여성 모두를 가리키는 것으로 특히 가사(가사노동과 육아, 가정교육과 민족문화전승을 통한 사회적, 민족적 재생산 기능)를 생산활동으로 정의하고 가치를 부여했다는 점에 큰 의의가 있다.

김활란은 가사노동의 가치를 역설하는 한편 여성이 적극적으로 사회에 진출하여 직업을 가지고 경제적으로 독립함으로써 돈을 버는 능력으로 자신의 가치를 인정받는 것도 필요하다고 주장했다. 이와 함께 직업 선택과 진출에 있어서 여성의 과단성과 남녀동등한 기회를 촉구했다. 직업의 남녀동등은 여성이 금기를 깨고 적극적으로 사회에 진출하여 활동하는데서 또 사회적으로도 여성에게 동등한 기회를 제공하는데서 이루어질 수 있다고 보았다.

> 변호사나 또는 검사·판사·순사 같은 것은 으레 남성만이 독점한 직업으로 알고 그 방면에 훌륭한 소질이 있는 여자도 "나는 여자니까"하고 입 밖에 말도 내어보지 못하는 수가 많다. "여자니까 못 한다" 이런 유약한 자의 선입견을 버리자. 차라리 여성과 남성이 서로 체질이 다르니 각기 체질에 맞고 안 맞는다는 것은 옳은 말이나 재래로 덮어놓고 이것은 권위를 요구하는 지위니까 여자는 못한다니 이것은 통제자의 직이니까 여자는 감당키 어렵다거니 이런 고약한 관념은 남자도 물론이려니와 우리 여자 자신들이 먼저 버려야 할 것이다.… 우리 여성들도 정치, 경제, 교원, 종교 등의 각종 통제기관에까지 거리낌 없이 진출해야 할 것이다.[505]

주목할 점은 김활란이 여성의 직업을 남녀동등적 시각에서 가정의 건설과 연결시켰다는 점이다. 가정은 여성과 남성의 협력으로 이루어져야 하기 때문에 가정건설 곧 결혼을 위해서 남녀 모두 경제적 준비가 필요하다고 보았다. 김활란은 여성의 사회진출과 직업을 통한 경제력 확보가 그 자체

---

505) 김활란, 「직업전선과 조선여성」, 『신동아』 11, 143~144쪽.

도 여권 향상을 위한 방법이지만 남녀 동등한 가정을 건설하는 준비과정
이라는 점에 큰 의의를 부여했다. 그리하여 교육받은 신여성들은 남녀 동
등한 가정을 건설할 책임이 있으며 여성도 직업을 가지고 경제적인 준비
를 해야 가정에서 남녀동등한 지위를 누릴 수 있다고 주장했다. 가옥과 세
간 준비를 남자에게만 의지할 경우 자칫 여성이 남자의 소유물로 전락하
기가 쉽다고 보았기 때문이다. 곧 가정에서 동등한 부부관계를 관념적으로
만 주장할 것이 아니라 실제적 면에서 접근하여 여성 스스로가 결혼비용
을 벌어 분담하는 것부터 실천해나가자고 제안했다. 이 역시 여권은 경제
력이라는 실력에서 나온다는 뜻으로 가정에서 여성의 지위향상은 자유결
혼으로만 되는 것이 아니라 여성도 직업을 가지고 경제적 준비를 함으로
써 경제력을 갖추어야 한다는 의미였다. 김활란은 남녀 동등한 가정을 건
설하기 위해서는 그 준비에서부터 남녀 동등한 노력이 필요하다는 시각을
가지고 있었다.

　또한 결혼 후에도 여성의 경제적 능력과 기여가 남녀동등한 가정을 유
지하는 밑거름이라고 생각했다. 따라서 주부가 된 뒤에도 직업이 없는 경
우 주부로서 절약과 노동에 힘써 고용인을 폐지하고 가정경제에 힘쓰고,
직업이 있는 경우 가능하면 직업에 계속 종사하는 것이 가정경제와 사회
를 위하는 길이라고 주장했다.[506] 이는 직업과 가사를 통한 여성의 경제력
으로 가정을 건설, 유지하고 사회에 기여한다는 면에서 교육받은 신여성의
사회적 책임과 역할을 강조한 것이었다. 주부의 지위와 역할을 경제력과
연관시켜 여성의 경제적 기여에 초점을 맞춘 것이며 가정에서 여성의 경
제적 독립을 구현하여 여성 본연의 지위 곧 남녀 동등한 지위를 회복하고
자 한 것이었다.

　김활란은 신여성의 가정건설과 직업진출을 권장하면서도 가정부인과

---

506) 김활란, 「조선여학생의 이중책임 : 1928.4.28 지중해상에서 쓴 글」, 『이화』 1, 1929,
　　10~11쪽.

직업여성이 가정과 사회에서 열악한 인식과 대우로 인해 겪는 이중적 고
통을 간과하지 않았다.

> 가정을 사업무대로 개척함에는 모든 재래 제도 풍속과 싸우는 외 남편
> 이나 시아버니의 우월감에서 나온 몰이해로 제이의 고통이 있을 것이
> 며, 사회에서도 일반적으로 구직난 시대인데다가 여자에게는 "여자니까
> 못한다"는 선언과 다행히 구직된다 해도 같은 일 같은 자리면서 여자는
> 남자만 못한 대우를 받는 것이 사실이다.[507]

1920년대 김활란은 신여성들이 결혼하지 않고 독신으로라도 적극적으
로 사회에 진출하여 활동할 것을 주장했다. 그것이 신여성에게 주어진 기
회이자 사명이라고 생각했기 때문이었다. 학생들의 결혼문제에 대해 "결혼
하라고도 하지 말라고도 하지 않는다"거나 "사회에 진출해 일에 바쁘다 보
면 결혼하지 않을 수도 있다"고 하는 등 졸업생들이 결혼과 가정에만 얽매
이지 않고 적극적으로 사회활동을 전개하기를 바랐다. 직업부인은 "자활할
힘이 있으니 혼인할 필요가 없다"고까지 말하기도 했다.[508]

> … 사업을 하는 것도 사람으로서의 큰일이니까 그런 곳에 뜻을 둔다면
> 결혼이 반드시 중대문제되지는 않겠지요.… 여자로서 결혼을 하야가지
> 고 제2세 국민을 생육하는 것도 물론 큰 임무겠지만 그것보다는 무슨
> 사업에 뜻을 두고 가령 농촌에 들어가서 농촌부인들을 위하야 일을 하
> 던지 사회에 나서서 일을 하는 것도 큰 임무가 아닙닛가. 그럼으로 나
> 는 그런 여성이 만히 생기기도 바라는 한 사람입니다.[509]

---

507) 김활란, 「직업전선과 조선여성」, 144쪽.
508) 김활란, 「직업부인과 혼인 : 자활할 힘이 있으니 혼인할 필요가 없다」, 『동아일보』
　　1926년 2월 7일.
509) 일기자, 「일문일답 : 김활란씨 방문기, 가정·이력·경험·결혼난·흥미에 대하야」,
　　『별건곤』 9, 1927.10, 52쪽.

이화여자전문학교 "여성과 직업" 강의시간에는 "여성은 가정과 직업을 양립시키기 어렵다"는 택일적인 지론을 폈다.[510] 이는 당시 현실에서 적극적으로 사회활동을 하려면 결혼이 방해가 될 수도 있으므로 독신을 선택할 수도 있다는 뜻이었다. 바로 그자신이 여학생들의 역할모델이었다. 김활란 자신이 여성을 위해 일하겠다는 삶의 목표를 위해 독신을 고수했다. 결혼생활에 소모될 정력을 한국여성교육사업에 바치겠다고 결심했기 때문이다.[511] 실제로 "여성향상과 교육에 온 정신을 다하느라" 또 "어깨에 진 짐이 무거워" 심신이 한가로울 틈이 없었다. 김활란은 결혼을 생활방식의 차이일 뿐이라고 생각했고 따라서 결혼과 가정생활보다는 사회활동에 전념하는 삶을 선택했다.[512]

1930년대 초 김활란이 생각했던 신여성의 가장 이상적인 모습은 "유식계급의 여성들이 이해하는 남편을 만나서 가정생활을 하는 동시에 또 사회활동도 하며" 둘 다 원만하게 해나가거나 "가정주부가 틈을 내어 사회적 봉사"를 하는 것이었다.[513] 그러나 현실적으로 쉽지 않은 일이었다.

따라서 1930년대 말이 되면 "자아가 뚜렷하고 장래 포부와 이상이 특수한 경우가 아니면 여성은 마땅히 결혼해야 한다"고 주장하게 된다. 그 이유로 가족주의제도의 관습으로 여성은 권리도 없고 경제적 여유도 적고 자유도 없는 사회적 환경에서, 독신여성이 혼자 사회생활을 해 나가기에 너무나 어려움이 많다는 점을 들었다. 현실적으로 "조선의 현대여성이 독립해서 사업을 도모하거나 경영하기에는 너무나 힘이 부족하다"는 것이었다.[514] 따라서 이전에 결혼한 주부들의 사회적 책임과 봉사, 예를 들어 농

510) 이태영, 「김활란 박사님」, 『나의 만남 나의 인생』, 정우사, 1991, 51쪽.
511) 김활란, 「나의 교육 반생기」, 『조광』 5-8, 1939.8, 58쪽 ; 「삼대명류인사인물론 : 김활란씨 인물론」, 『신인문학』 2-3, 청조사, 1935.4, 31쪽.
512) 여기자, 「김활란씨의 눈물과 분투의 반생기」, 『신인문학』 2-7, 청조사, 1935.10, 35쪽 ; 김활란, 「영원의 처녀상」, 『신인문학』 3-1, 1936.1, 40쪽. 김활란은 대학예과를 졸업하던 16세에 장래를 구상하며 이미 결혼을 접었다.
513) 「철학박사 김활란양 회견기」, 『신동아』 2-2, 1932.2, 67쪽.

촌계몽운동을 강조하던 모습과 달리, 가정과 사회에서 여성의 역할을 완전히 분리하여 각각의 분야에서 "완전한 여성"이 되기를 주문했다.

> 사회에 나가면 사회인으로서의 체험과 경험을 쌓아 완전한 "개인을 버린 사람"이 되기를 바라고, 가정에 들어간다면 주부로서의 가사에 대한 책임을 다하야 완전한 "어진 안해, 사랑 많은 어머니"가 되기를 바랍니다.[515]

이상에서 보듯이 여성의 결혼과 직업에 대한 주장의 변화는 결혼관과 직업관의 변화라고 볼 수도 있지만 한편으로 가정생활과 사회활동을 겸하면서 잘하기가 힘든 현실을 반영하여 차라리 일과 가정 가운데 하나를 선택해 매진하는 것이 낫다는 뜻을 피력한 것이기도 했다.

2. 신여성의 사명과 문맹퇴치운동

1) 여성지도자의식

여성교육의 의미는 자아발견, 자아실현, 남녀동등의 인권회복과 실력양성(여성지도자의식, 구국의 민족의식)에 있었다. 김활란이 이화학당 대학과를 졸업할 무렵은 가정과 일반사회에서 여성교육에 대한 이해가 너무 없어서 여성이 공부를 하려면 그야말로 가정과 사회와는 원수가 될 각오와 투쟁 없이는 다닐 수 없던 때였다. 개명한 기독교인이었던 김활란의 아버지조차도 딸의 대학 진학에는 반대할 정도로 여성고등교육에 대한 인식이 전혀 없을 때였다. 사회의 몰이해와 아버지의 반대에도 불구하고 대학에 진학할 만큼 김활란의 여권의식은 이미 확고했다.

---

514) 김활란, 「행복의 최고 순간 : 남의 행복을」, 『신세기』, 신세기사, 1939.11, 32쪽.
515) 김활란, 「행복의 최고 순간 : 남의 행복을」, 『신세기』, 31~32쪽.

이 당시 어린 저의 가슴에 뼈저리게 박힌 것은 무도하고 몰이해한 가정과 사회와 남성들로부터 이 땅의 우리 여성형제들을 구원하고, 삼종과 침수와 부엌으로부터 배움의 학창으로 해방시켜야겠다. 나의 일생은 여성을 위해 십자가를 지리라는 일념이 어린 제 심장을 피끓게 했습니다.[516]

이러한 용기와 각오는 남편에 대항해 딸의 대학진학을 격려하고 후원한 어머니의 비전과 의지가 있었기에 가능했다. 이는 사회와 남성의 몰이해에 대항하여 여성의 권리를 되찾기 위해서는 여성들의 연대가 필수적임을 깨닫는 계기가 되었다. 김활란은 졸업 후 좋은 데로 가정을 꾸려가라는 부모의 강권과 당시 사회의 저속한 비방에도 불구하고 이화학당에서 교사생활을 시작했고 미국유학까지 했다. 다음은 김활란이 밝힌 미국유학의 동기이자 목표이다.

현재 조선을 구하는 첩경은 여자교육이 무엇보다도 필요하다는 것을 간파, 이 포부를 완전히 실현하기 위해 좀 더 알아야겠다는 철저한 자각으로 미국유학을 떠났다.[517]

이상에서 보면 김활란에게 공부는 여성과 여성교육을 위해 일하기 위한 실력을 갖추는 작업인 한편 조선민족을 구하는 방법이기도 했다. 이러한 면에서 김활란의 사명의식에는 민족의식과 여성의식이 혼재되어 있었고, 여성에 대한 관심은 사회와 민족에 연동되어 있었다.[518]
   1925년 보스턴대학교에서 석사학위과정을 이수하고 귀국하면서 밝힌 김활란의 포부는 "여성의 사회적 지위 향상, 경제적 자작자급, 정신함양"

---

516) 김활란, 「나의 이십세 청년시대 1 ; 20때 가슴에 박힌 일념 여성 위해 질 십자가, 스물 때를 말하는 김활란씨」, 『동아일보』 1940년 4월 2일.
517) 「여류교육가의 생애와 포부 1, 이화전문학교의 철학사 김활란 교수담」, 『시대일보』 1926년 5월 25일.
518) 예지숙, 「일제시기 김활란의 여성론과 대일협력」, 19쪽.

이었다.[519] 김활란 역시 당대 다른 여성지식인들이 그랬듯 교육과 경제면
에서 여성지위향상을 위한 방법을 모색했다. 그리하여 교육받은 신여성의
사명을 경제적 독립 곧 직업을 통한 경제력 확보와 여성을 위한 사회봉사
곧 계몽운동에 두었다. 문맹퇴치와 계몽운동은 한글 보급 뿐 아니라 한글
과 함께 신지식을 보급하고 사회의식을 함양하는데 그 목적이 있었다. 여
성의 경제활동과 계몽운동은 여성의 지위향상과 함께 민족의 실력양성을
위한 길이기도 했다.

일제시기에는 여성의 지위향상과 민족의 역량강화를 위한 여성교육의
필요성이 강조되는 한편 교육받은 여성들이 선각자로서 사명감을 가지고
민족과 여성, 사회를 위해 일할 것으로 기대되었다. 이 가운데 김활란은 교
육받은 신여성의 책임으로 "가정건설과 여성의 지위향상"을 꼽고 이를 신
여성의 "이중책임"이라고 불렀다.

김활란은 1928년 초 농촌부흥의 모델인 덴마크를 2주간 시찰하고 귀국
한 뒤 전여성적 차원에서 문맹퇴치와 농촌계몽에 대한 주의를 환기하고자
운동을 전개했다. 1928년부터는 여학교 재학생과 졸업생 가정주부 신여성
을 대상으로 "이중책임론"을 제기, 사회의식을 고취하며 농촌계몽운동에
나설 것을 촉구했다. 교육받은 신여성이 생활개선으로 가사부담을 줄이고
그 시간에 사회봉사활동과 농민계몽운동을 하여 사회에 기여할 수 있다는
주장이었다.

> 현대 조선여성은 적어도 이중책임을 졌다고 봅니다. 먼저 깨인 여성들
> 은 "가정" "사회" 두 곳을 무대 삼고 우선 농촌의 몽매한 부녀들을 위해
> 힘을 기울여야 할 것입니다.[520]

---

519) 김활란, 「나의 교육 반생기」, 『조광』 5-8, 58쪽 ; 「삼대명류인사인물론 : 김활란
    씨 인물론」, 『신인문학』, 2-3, 1935.4, 31쪽.
520) 최의순, 「이전교수 김활란양, 연구는 종교철학, 현대여성은 이중책임을 졌다」, 『동
    아일보』 1928년 12월 19일.

이를 위해서 여성은 깨어있는 의식으로 사회에 관심을 가지고 실력을 쌓아야 하며, 한편으로 재래의 가정살림의 직무를 가볍게 해야 한다고 주장했다. 가정살림을 간단하게 하여 가사 부담을 줄임으로써 그 여력을 사회봉사와 여성농민계몽에 쏟을 수 있다고 보았다. 가정주부들이 사회에 직접 참여하고 기여함으로써 사회적 역할을 수행하자는 것이었다. 이러한 선상에서 김활란은 1930년대에도 여전히 "사회적 임무의 자각"을 강조했다.[521]

여성의 사회적 공헌에 대한 문제는 국내적 이슈였을 뿐 아니라 콜롬보 국제여성회의에서 국제적인 이슈로 다루어지기도 했다. 주부가 가정에서 직임을 다하는 것이 사회에 대한 공헌이기도 하지만 주부에게 가정 이외에 사회적 책임도 있다고 보는 견해였다. 곧 여성은 모母와 처妻이기 전에 사회의 일 구성원으로 여성고등교육이 보편화되지 못하여 여성지도자가 부족한 상황에서 사명감을 가지고 사회활동을 해야 한다는 것이었다.[522]

이러한 선상에서 김활란은 조선YWCA연합회가 여성조직의 결성이라는 단계에 머무르지 말고 나아가 사회향상에 도움이 될 수 있는 사업이 있어야 한다고 생각했다. 그리하여 김활란은 조선YWCA연합회가 지향해야 할 사업으로 지방에 부인야학, 하기강습, 아동교육기관을 두어 학교교육을 받지 못하는 여성들의 정신을 계발하며, 회원들의 정신적 사교적 수양을 도모한다고 밝혔다.[523]

김활란은 세상살이에 있어 "적극적인 태도로 사회에 공헌하고 자아에 눈뜸이 바른 태도"라고 생각했고, "우리사회의 큰 문제를 해결하기 위해서는 지도자가 필요함"으로 지도자를 추대하고 적극적으로 후원하는 것이 필요하다고 주장했다.

---

521) 김활란, 「사회에 대한 자기 임무를 자각하라」, 『조광』, 1936.3.
522) 김활란, 「콜롬보 국제여성회합의 출석 편감」, 『이화』 7, 1937, 12~13쪽.
523) 김활란, 「조선여자기독교청년회의 자기담」, 『청년』 6-3, 1926.3, 30~31쪽.

우리의 여성들은 이제 점점 더 직업 방면으로 진출하게 되는 바이다.
따라서 자기들이 맡은 일에 몰두하게 될 터이니 누가 전체적인 지도로
통일적이며 조직적인 싸움을 당면하겠는가.[524]

조선YWCA연합회에서도 지도자문제가 핵심과제였다. 김활란은 "조선
YWCA연합회를 이끄는 지도자에게 요구되는 덕목은 집중, 헌신, 꾸준함"
이라고 설파했다. 조선YWCA연합회 간부는 자원봉사자로 그들의 힘과 시
간이 한정되어 있기 때문에 비슷한 활동을 하는 유사 단체를 조직하거나
그런 단체의 간부를 맡는 것은 하지 않아야 할 현명하지 못한 처신이라고
지적했다.[525]

김활란은 농촌여성계몽에 임하는 신여성 곧 여성지도자의 자세는 겸손
과 책임감이라고 보았다. 당시 현상적으로 보이는 남성의 우월함이 선천적
인 것이 아니라 교육의 기회를 선점한 결과라고 보았듯이, 신여성의 교양
은 농촌여성보다 우월하거나 많이 알아서가 아니라 교육의 기회를 먼저
가질 수 있었기 때문이라고 보았다. 따라서 신여성에게는 자신들이 받은
혜택을 그렇지 못한 다른 여성에게 전해야할 의무와 책임이 있다고 생각
했다.

오직 저들을 깨우고 저들을 가르칠 자는 우리들이다. 선비나 학자가 되
어 무엇을 많이 아는 우리가 아니요 또 저들보다 조금이라도 우월한 우
리가 아니다. 다만 글 배울 기회를 먼저 얻었으며 신문 잡지라도 먼저
보았고···[526]

더 나아가 김활란은 농촌사업을 신여성이 농촌여성에게 배우는 기회,

농촌여성과 신여성간의 교류와 소통의 문제로 보았다. 농촌여성을 단순히
계몽의 대상으로 보지 않고 배움의 대상, 소통과 교류의 대상이라고 여겨
농촌여성의 존재와 역할에 의미를 부여했다.[527] 결국 여성계의 농촌사업은
한국여성을 하나로 만들어 가는 과정이며, 각자가 처한 위치에서 맡은 바
역할을 수행하는 것이 사회에 기여하는 길이라는 의미였다.

> 신여성들은 농촌여성들의 고유하고도 특별한 기여(공헌)를 알고 있고,
> 자신들과 자매들(농촌여성들)의 사이에 있는 간극을 메우기 위해 무슨
> 일이든 시작해야 한다는 책임감을 가지고 있다.… 이들은 서로 주고받
> 음으로써 서로의 삶을 풍부하게 할 수 있다. 여대생들은 교육을 통해
> 획득한 지식과 넓은 시야, 자유를, 농촌여성들은 경험을 통해 얻은 지
> 식, 꾸밈없는 정신, 순전한 인내, 검소한 삶을 서로 나눈다. 농촌체험기
> 간이 끝난 뒤 대학생들이 그들이 가르친 것보다 더 많은 것을 배웠다고
> 증언했다(번역하여 인용).[528]

김활란은 한국사회현실에서 민족문제와 여성문제를 해결하기 위해 가
장 필요한 것은 지도자라고 생각했다. 따라서 전문학교를 졸업하고 사회로
나서는 졸업생을 "개척자적 투사"라고 칭하며 지도자의식을 심어주기 위
해 노력했다.

> 여러분은 최고학부를 마치고 사회에 싸우러 나가는 투사들입니다. 조선
> 에는 지도자가 없으니 여러분 자신이 각각 지도자로 자임하여 누구에
> 게나 의지하고 기다리지 말고 나아가야 합니다.[529]

527) 이러한 인식은 1934년 조선YWCA연합회가 주관하는 농촌부녀지도자교육과정의
교사, 지도자로 참석했던 농촌사업가 최마리아도 공통적으로 느낀 바였다.
528) Helen K. Kim, "Bridging the Chasm," *The Korea Mission Field* 24-8, 1933.8,
p.155.
529) 「본사 학예부 주최 제2회 전조선남녀전문 졸업생 대간친회 후기 18, 19일 양일의
스케치」, 『동아일보』 1935년 2월 22일.

김활란은 기독교 기관지 『청년』을 통해 농촌계발운동이라는 당면과제를 수행할 "우리의 기대하는 인도자"는 조선기독교청년남녀라고 격려하기도 했다.[530] 우수한 청년남녀들이 고향과 농촌으로 돌아가 실생활에서 농민을 교육하며 지도해야한다고 주장했다. 단기간의 운동이 아니라 지속적인 "생활운동"이 되기 위해서는 농민들과 함께 일상생활을 할 수 있는 "생활지도자"가 필요하다고 보았다.[531]

이러한 의미에서 김활란은 덴마크의 장년교육시스템인 농민수양소를 모델로 삼아 농촌계발을 이끌 농촌여성지도자 양성을 위해 단기간의 여성지도자교육기관과 모범농장이 필요하다고 제안했다. 신여성들이 마을에 단기간 머물며 하는 농촌계몽운동 이외에 역으로 각 지역의 농촌부녀를 선발, 교육한 다음 자기 마을의 농촌운동의 지도자로 활동하게 하는 것이 현지화와 지속성이라는 면에서 더욱 효과적이었기 때문이었다. 이 구상은 몇 년 후 1933년 박인덕이 이끄는 농촌여자사업회의 농촌부녀지도자교육 과정, 1934년 자신이 이끄는 조선YWCA연합회 농촌부녀지도자교육 과정으로 실현되었다.

> 농촌운동을 하려면 그네들을 직접으로 가르치고 지도해 줄 만한 분자들이 많이 나와야겠는데 그러한 지도자들을 양성해낼 만한 기관이 없는 것은 큰 유감입니다.… 이러한 종류의 지도자는 방법에 따라서 단기일에 양성할 수도 있을 줄 압니다. 그래서 규모는 적어도 좋으니 모범적 농장을 만들어 놓고 우리의 손으로 축산과 양잠 양봉 같은 것을 시작해서 각 지방사람들을 모아다가 견학도 시키고 모범도 보여주고 싶습니다.[532]

---

530) 김활란, 「우리의 기대하는 인도자」, 『청년』 9-9, 1929.10, 132~134쪽 ; 김활란, 『정말인의 경제부흥론』, 조선기독교청년회연합회, 1931, 38쪽.
531) 김활란, 「농촌문화진흥운동에 대한 제언」, 『동아일보』 1933년 1월 1일.
532) 김활란, 「새해부터는 무엇을 할가 : 학교에는 가사과 증설, 농촌계발의 급무, 위선 지도자를 양성하기에 힘쓰자」, 『조선일보』 1928년 12월 23일.

2) 문맹퇴치와 여성운동

김활란은 여성지위의 향상이 여성의 고등교육과 함께 여성교육의 대중화에 있다고 생각하고 여성의 문맹퇴치가 급선무라고 주장했다. 여성의 참정권, 경제권, 여권은 교육에서부터 시작된다고 생각했기 때문이었다. 여권운동의 첫걸음은 문맹퇴치였다.

1929년 초 조선YWCA연합회 사업의 목표를 농민의 문맹퇴치와 농촌계몽운동으로 삼았던 김활란은 교육받은 신여성들이 나서서 "조선여성의 장래를 위하여 문맹퇴치운동"을 하자고 주장했다. 한발 먼저 배운 여성으로서 신여성의 책임의식과 사명감에 호소하는 동ㅅ에 가정과 사회에서 여성의 역할이 중요함을 부각했다. 1929년부터 전개된 조선일보의 문자보급운동과 같은 맥락이었다.

> 현재의 조선여성은 안으로는 다같이 문맹퇴치운동에 전력을 경주하여 가정의 한 분자로서나 또는 사회의 한 분자로서나 책임감이 있는 상당한 사람노릇을 하게 되기에 노력할 것이며, 바깥으로는 솔선하여 국제적으로 무슨 위대한 사업을 하기에 진력할진대.[533]

1930년을 전망하며 김활란은 "조선여자운동은 오는 10년간 교양에 집중할 것"이라며 여성교육을 강조했다. 중고등교육을 받고 사회활동을 하는 소수여성의 존재만으로 여성의 지위향상이 이루어졌다고 말할 수는 없기 때문이었다.

> 조선민족운동에 8할 이상 되는 농민을 제외하고는 근본적 문제해결이 못 된다는 주창 하에 오늘 각 방면에서 농촌사업에 치중하는 것입니다. 같은 원칙 아래 우리 조선여자운동도 지금 출세하는 소수로는 근본적

---

533) 김활란, 「조선여성의 장래(하), 문맹퇴치에 힘써서 세계적 여성이 되자」, 『조선일보』 1929년 1월 2일.

해결을 찾을 수 없어 교양운동이 제일보라고 합니다. 참정, 경제, 여권, 이 모든 운동은 권위있는 여자사회를 필요로 하기 때문에 금일 조선여자계에 개인적 단체적 모든 역량을 집중하여 소리없는 교양사업에 치중하자고 감히 부르짖습니다.[534]

이러한 관점은 1930년대 후반에도 동일했다. 여전히 "여권운동의 제1보는 문맹퇴치사업"이며 따라서 "여성운동의 본위는 소수인 학생보다도 농촌의 부녀들"이라고 보았다.[535]

김활란은 1920년대 말, 30년대 말에 걸쳐 재차 신여성의 자각과 사명을 강조했다. 이는 1930년대 후반 여학생들의 방학활동이 문맹퇴치와 농촌계몽운동보다는 휴가와 피서에 쏠려있는 현상에서 나온 것이었다.

중학 정도 이상의 공부를 하시는 여러분은 다 무엇을 하십니까? 여러분은 사천여 명의 대표로 중등교육을 받게 된 신여자인 것을 각성하셨습니까. 대표이니만치 그 사천명의 무식을 깨우쳐주어야 할 의무가 있는 것을 어찌하렵니까?[536]

주목할 점은 김활란이 문자보급과 사회의식 고취라는 두 가지 측면에서 문맹퇴치가 실시되어 여성이 가정과 사회의 일원으로서 자각을 가지고 생활할 수 있도록 해야 한다고 주장했다는 점이다.

조선여성의 장래를 개척함에는 현재 조선여성의 총역량을 우선 문맹퇴치운동에 경주시킬 것… 내가 지금 제창하는 문맹퇴치라는 것은 다만 문자로 한자나 두자의 글자를 가르치는 것뿐 아니라 사회적 의식이 있도록 가르치라는 것입니다. 그래서 문자상으로나 의식상으로나 일천만

---

534) 김활란, 「조선여자운동의 금후」, 『청년』 10-2, 1930.2, 4쪽.
535) 김활란, 「여권문제에서 살길로 나가자」, 698쪽.
536) 김활란, 「여권문제에서 살길로 나가자」, 698쪽.

조선여성이 다 같이 문맹을 퇴치하여 사회의 한 분자로서나 또는 가정
의 한 분자로서나 다 각기 진실한 책임감이 있게 보람있는 생활을 하여
보자는 것입니다.[537]

문맹퇴치는 여성에게 사회의식을 깨우쳐 자신들의 처지를 알게 하며 사
회여론을 조성하기 위해 필요한 것이었다. 그리하여 각성한 여성이 단결하
여 가정과 사회의 남성들에게 정당한 권리를 요구함으로써 남녀동권, 남녀
동등사회를 만들자는 생각이었다.

문맹퇴치사업을 전력하는 동시에 일변으로는 공중여론을 일으킬 것입
니다. 법률, 도덕, 풍습상으로 여권을 물시하는 것을… 먼저 일반여성에
게 또 일반사회에 알게 할 것입니다. (여성이) 이중삼중의 유린을 당하
고 그대로 있지 않겠다는 사실을 선언할 것입니다.…[538]

"교육받은 신여성의 이중책임"에 대한 김활란의 논의는 가정과 사회에
서 신여성 주부의 역할에 의미를 부여하는 작업이었다. 김활란은 여학생들
과 신여성들에게 "조선여자일반의 지위를 향상"시킬 임무가 있음을 새삼
강조했다. 그리하여 전국 각지에 여자강습, 토의기관 같은 것을 임시 또는
상설로 설치하고 한글과 함께 각 거주지(도시 또는 농촌) 생활에 적당한
과목을 가르쳐 신지식을 보급시켜야 한다고 주장했다. 여성의 지위향상은
여성에 대한 계몽 곧 한글보급과 지식보급에서부터 시작해야하며 이렇게
되면 자연히 여권문제는 해결될 것이라고 생각했다.[539]

조선일반여자의 지위를 향상시키려면 교양을 중심한 계몽운동이 그 초

---

537) 김활란, 「조선여성의 장래(상), 문맹퇴치에 힘써서 세계적 여성이 되자」, 『조선일
　　보』 1929년 1월 1일.
538) 김활란, 「여권문제에서 살길로 나가자」, 홍병철 편, 『학해』, 699쪽.
539) 김활란, 「조선여학생의 이중책임 : 1928.4.28 지중해상에서 쓴 글」, 『이화』 1, 12쪽.

보요 여권문제 해결은 자연히 그 뒤를 따를 것이다.… 조선여자를 향상
시키는 일은 다소간 교육받은 조선여자 전부의 일이다.… 이 책임을 감
당해야만 우리는 우리 사회와 우리 후손에게 살 길이 열릴 것이다.[540]

결국 김활란은 신여성의 사명이 여성의 지위향상이며 이를 위한 노력은
문맹퇴치에서부터 시작되어야 한다고 보았다. 곧 신여성의 사명은 인구의
대부분을 차지하는 농촌여성의 문맹퇴치와 계몽이며 이것이 여권운동의
첫걸음이라는 주장이었다. 문맹퇴치와 여권운동은 불가분의 관계였다.

3. 여성교육에 대한 인식과 전망

1) 문제 점검과 방향 모색

김활란은 당시의 학교교육을 비판하며 개인별 맞춤교육 또는 개성에 따
른 다양한 교육이 실시되어야 한다고 주장했다.[541] 각 개인의 역량과 소질
에 맞는 교육, 개인학생 중심의 교육을 이상적인 교육이라고 생각하여 실
현해 보고자했다.

… 각각 가진 소질대로 배양하지 못하고 제도의 구애를 받게 되는 것이
올시다 다시 말하면 현대교육은 자기의 갈 바 길을 첩경으로 가지 못하
고 혹은 돌아가거나 혹은 아조 반대방향의 길을 가서 공연히 역량과 기
능을 소비하게 되는 것입니다.[542]

그러나 학교교육 현장의 현실은 여의치 않았고 이 점은 교육가로서 김
활란이 늘 아쉬워했던 부분이었다.

---

540) 김활란, 「조선여학생의 이중책임 : 1928.4.28 지중해상에서 쓴 글」, 『이화』 1, 12쪽.
541) 김활란, 「현대교육은 개성 무시, 근본 방침을 정하자」, 『동아일보』 1928년 1월 1일.
542) 김활란, 「여교수 植人園 주인, 교육제도에 구애된다」, 『조선일보』 1928년 1월 1일.

제도와 과목을 중심으로 하는 교수는 산교육이 되지 못함을 잘 알기 때문
입니다.… 참 선생을 하려면 학생을 개인으로 알고 그의 환경과 그의 심리
와 그의 요구를 이해하고 그의 생활에 적응할 지도를 주고 싶습니다.[543]

개성본위의 교육을 하고 싶어 했던 김활란의 소신은 어느 정도 이루어
진듯하다. 홍유복은 이화여전 재학시절을 회고하며 김활란 교수에 대해
"학생들의 개성을 뚜렷이 파악하고 존중하는 방침은 선생의 예술가적인
천품에서 자연히 솟아나오는 것"이라고 호평했다.[544]

한편 김활란은 여성의 지위 향상을 위해서는 여성의 교육과 사회공헌이
필요하기에 여성교육은 전문적·직업적 교육과 상식적 교육을 함께 이루어
져야 한다고 주장했다. 여성교육의 방향이 전문·직업교육과 함께 일반상
식·교양교육이 함께 이루어져 여성이 가정과 사회의 각 부문에서 사회의식
을 가지고 자신의 본분을 다함으로써 사회에 기여하는 여성상을 지향했다.

(우리 조선여자사회가) 권위 있는 생활을 하려면 먼저 알아야 하고 자
각 있는 개인으로 다수가 사회에 드러나는 공헌이 있어야 합니다. 이같
이 되면 일편으로 전문적, 직업적 교육을 힘써 다수의 인재와 기사를
산출하며 일편으로는 상식적 교육을 일반여자계에 보급시켜 자존심과
사회의식을 가지고 의식적으로 자기 본분을 다하는 일반여자계를 만들
어야겠습니다.[545]

여성교육에서 고등교육이 먼저냐 보통교육이 먼저냐는 논의는 1910년
이화학당 대학과 개설을 전후해서부터 종종 제기되어 온 문제였다. 김활란
은 이 둘의 관계를 상호보완적인 것으로 파악했다.

---

543) 김활란, 「조선여성계 5개년 계획」, 『신가정』, 1935.1, 18쪽 ; 『우월문집』 2, 104쪽.
544) 홍복유, 「학생들의 정신적 동조자 : 이전교수시절 2」, 김활란박사 교직근속 40주
    년 기념사업위원회 편, 『김활란박사 소묘』, 이화여대 출판부, 1959, 69쪽.
545) 김활란, 「조선여자운동의 금후」, 『청년』 10-2, 1930.2, 4쪽.

일반부녀들을 위하야서는 물론 보통교육이 필요하지오만 사회적으로의 문화향상과 일반부녀의 교화의 필요에 따라 지도자가 요구되는 것이니까 그런 충실한 지도자를 내기 위해서 물론 고등교육이 필요할 것도 사실입니다.[546]

김활란은 이화여전 부교장으로서 한국여성고등교육의 필요성에 대해 누구보다도 잘 알고 있었지만 한편으로 학령초과와 경제적 곤란·결혼 등으로 제때 학교교육을 받지 못한 여성들을 위해 연령 제한 없이 보통교육을 실시하는 기관의 확충도 필요하다고 보았다.

교육자로서 김활란은 학교의 교과과정 뿐 아니라 학생생활지도방안이라는 측면에서 남녀교제와 성교육과 풍기문제에 대해서도 고민했다. 1927년 남녀교제문제에 대해 "남녀교제"는 시대적 조류로 막을 수 없는 것이므로 인정하되 먼저 부모의 각성과 지도가 필요하다는 견해를 밝혔다. 이때만 해도 김활란은 남녀교제에 대한 지도가 부모의 책임과 관할이라고 생각했다.[547]

시대와 사회의 급속한 흐름에 따라 남녀교제문제에 따른 성교육은 학교교육 차원에서 지도해야하는 것으로 바뀌었다. 1933년 이화여전에서 "성교육"이 처음으로 시도되었고, 김활란이 담당했다. 김활란은 성교육을 통해 "여학생이 자기의식을 가지게 하는 동시에 여성의 경제독립과 생활능력에 대한 관념을 강하게 가지게 할 수 있는 효과"를 기대했다.

지금까지 여자교육이 성교육을 등한히 한 까닭에 종래 인습에 젖은 조선여성으로 현대인의 생활에 이해를 가지지 못하고 더구나 남자의 사회생활에 대한 상식이 없는 까닭에 없어야 할 가정불화와 돌이킬 수 없는 인간의 비극을 지어놓는 일이 종종 있었다. 이러한 면에서 학교교육

---

546) 김활란, 「각계 전망 이동 좌담기, 교육계 : 진전의 도정에서」, 『신가정』 1936.1, 12쪽.
547) 김활란, 「남녀교제와 안전한 방침」, 『동아일보』 1927년 6월 26일.

차원에서 결혼 전 여성이 남자와 남자생활, 남자 사회생활에 지식과 이
해를 가지도록 남자와의 교제와 사교를 지도하리라고 한다. 교제함으로
써 스스로 알아야 할 것을 알고 가져야 할 태도를 가지도록 할 터이라
고 한다.[548]

풍기문제에 대해서도 유연성 있는 태도를 견지했다. 사회에서 비판하듯
이 극장 출입을 하는 여학생이 있다는 것만으로 여학생의 풍기문제가 심
각한 것은 아니라는 것이다. 오히려 좋은 극이나 영화가 있으면 부모나 교
사가 학생들을 데리고 간다면 학생들이 몰래 극장을 출입하는 일이 줄어
들 것이라고 지적했다.[549] 이는 이화학당의 사감을 담당했던 황애덕과도
같은 생각이었다.

여학생풍기문제에 대한 대처방안으로 남녀교제의 인정, 기회 확대, 적절
한 지도와 성교육을 제시했다. 첫째 여학생에게 남자와 접촉하는 기회를
많이 허락하는 동시에 그들의 행동을 단체적으로 통제하며 둘째 예비지식
을 넣어 주어 유혹에 대비하게 해야 한다고 보았다. 이는 결국 "성교육"의
문제였다. 조선여성들이 무엇보다도 모르고 속는 경우가 많기 때문에 일반
상식과 함께 성교육을 실시하여 유혹에 대한 방비를 하도록 하는 것이 최
선이라고 여겼기 때문이다. 따라서 당시 미약하게 실시되고 있던 성교육을
좀 더 강화하여 정규 교과목 차원에서 실시할 필요가 있다고 전망했다.[550]
다음은 김활란이 실시했던 성교육시간을 기억하는 이화여전 졸업생의
회고이다.

---

548) 「약진하는 조선의 학계 1… 이전 : 외관 내용을 확장 신촌에 신교사를 건축 商事
豫醫 양과를 증설하여 조선 유일 여자최고학부, 성교육 이렇게 할 터 이전의 초
시」, 『동아일보』 1933년 1월 1일.
549) 김활란, 「여학교교육문제」, 『신여성』, 1933.3, 12쪽.
550) 김활란, 「각계 전망 이동 좌담기, 교육계 : 진전의 도정에서」, 『신가정』, 1936.1,
12~13쪽.

선생이 실제적인 인물이라는 데는 상상이상의 것이 있었다. 우리가 이
화전문 졸업반 때에 선생은 성교육을 오밀조밀하게 구체적으로 베풀어
주셨는데 당시에는 우리가 철이 없어서 무엇인지 잘 몰랐어도, 이제 와
서 생각하면 그것이 다 이론적으로 정확할 뿐 아니라 실제면에 있어서
도 놀랄 만큼 타당한 것이었다고 우리끼리 감탄하게 되는 것이다.[551]

김활란은 늘 여성교육 논의의 중심에서 문제를 점검하고 여성교육의 방
향을 모색했다. 당시 조선사회에서는 두 가지 상반된 이유를 근거로 여성
교육에 대한 비판이 제기되었다. 하나는 "현대여자교육이 여자의 천직(현
모양처를 뜻함-필자 주)을 다하기에 필요한 수양을 시키지 않고 너무나 실
사회와 실생활을 떠난 공상적 이론적 교육을 시킨다"는 것이었다. 또다른
하나는 "현대여자교육이 현모양처주의 미명 아래 여자들로 노예적 지위에
서 생활하기를 가르친다"는 지적이었다. 이러한 '현모양처교육논란'에 대
해 김활란은 현대여자교육의 목적이 현모양처에만 있는 것이 아님을 지적
했다.[552] 또한 "현모양처교육"이 이슈화되는 것 자체가 남녀불평등이라는
점에서 불만을 제기했다. 여성문제가 "인권문제"가 아니라 "여권문제"로써
제기되는 것 자체가 벌써 남녀불평등한 현상을 반영하는 것이라는 시각과
같은 것이었기 때문이다.[553]

우리의 유일한 불만은 좋은 남편과 아버지가 되는 방법을 남학생에게
는 가르치지 않고 있다는 것입니다.[554]

김활란은 현모양처교육 논란과 함께 여성고등교육의 필요성과 의의를

551) 홍복유, 「학생들의 정신적 동조자 : 이전 교수 시절 2」, 김활란박사 교직근속 40
     주년 기념사업위원회 편, 『김활란박사 소묘』, 1959, 70쪽.
552) 김활란, 「여자교육에 유의하는 한사람으로서」, 『청년』 7-2, 1927.3, 107~109쪽.
553) 김활란, 「여권문제에서 살길로 나가자」, 홍병철 편, 『학해』, 695쪽.
554) 김활란, 「그리스도와 여성의 지위 향상」, 『우월문집』 2, 91쪽.

재점검하게 된다. 1920년대 이화여전은 현모양처교육 논란이나 여성고등
교육의 유용성 논란 속에서도 성장추세에 있었다. 김활란은 여성교육의 양
적 성장을 배경으로 여성의 실력 향상을 목표로 삼고 여성교육의 질적 성
장을 촉구했다. 여성고등교육이 교사자격이나 학위(졸업)를 위한 간판을
따는 것에만 머물러서는 안 되며 진정으로 실력을 키우는 교육이 되어야
한다고 강조했다.[555]

1910년 이화학당에 한국여성 최초의 고등교육기관인 대학과가 설치된
이후 1925년 이화전문학교 인가를 거쳐 매년 졸업생이 배출되고 있었다.
그럼에도 불구하고 아직도 사회 일각에서는 여성고등육의 필요성에 의문
을 제기하는 경우가 많았다. 첫째 여성의 고등교육이 취업에 별로 도움이
되지 않는다는 점이었다. 전문 이상의 학교를 졸업해도 생계를 유지하기
어려운 현실 때문이었다. 둘째 이왕 결혼해서 가정에서 생활할 사람이 시
간과 자금을 많이 들여 공부하는 것이 별 소용이 없다는 생각 때문이었다.

이런 현상에 대해 김활란은 교육의 사명이 월급생활의 자격을 길러주는
데 있지 않으며, 그 사회, 그 시대가 기대하는 좀 더 정신적인 문화인을 기
르는데 있다고 주장했다.

> 우리의 가정이나 우리의 사회가 "경제"라는 한 면만이 존재하는 것이 아
> 니오… 오늘날의 우리 사회를 볼 때 우리는 경제적 몰락과 빈곤으로 모
> 두 가난의 고통 속에 있다. 그러면서도 우리는 절망하지는 않는다. 그것은
> 새 힘을 얻으려 함이요, 새 길을 찾으려 함이다. 이에 우리는 많은 지식
> 인·지도자를 요구한다.… 이렇게 생각하면 우리 조선 가정, 우리 조선
> 사회처럼 직업적 자격 이상의 인격자를 갈망하는 곳은 없을 것이다.[556]

여성고등교육의 목표는 직업인 이외에도 지식인, 지도자, 인격자를 양성

---

555) 김활란, 「새해마지」, 『청년』 7-1, 1927.2, 30쪽.
556) 김활란, 「여자고등교육에 관한 일언」, 『이화』 4, 『우월문집』 2, 102쪽.

하는데 있다는 것이었다. 여성고등교육의 효과는 이상적 건강체의 획득, 사유교육思惟敎育, 직업보다 시대의식과 사회의식을 가지고 능동적으로 진출하는 동력에 있다고 보았다.[557]

이상으로 김활란이 여자전문학교의 학과와 학생생활 교육 담당자로서 여성교육 과정에서 발생하는 문제를 어떻게 인식하고 대처했나를 살펴보았다.

2) 조선적 실생활교육

여성교육을 바라보는 세간의 시선과 여성교육 담당자로서의 소명의식을 가지고 있었던 김활란의 시각은 전혀 달랐다. 김활란의 경우 보다 근본적인 면에서 여학교교육의 문제점과 개선방안을 제기했다. 첫째 개성을 본위로 한 교육이 되고 있지 않다는 점이었다. 김활란은 당시 구미 각국에서 많이 실시되고 있던 개인본위의 교육을 이상적 교육이라고 생각했고, 그 한국적 구현이 서당식 교육철학이었다고 평가했다. 이를 위해서는 학 학급, 한 교사당 학생 수를 줄여 개성의 장기를 따라 교육이 실시되어야 함으로 더 많은 학교와 교사, 재원이 필요했다. 그러나 경제적으로 어려움을 처해 있던 당시 현실에서 이는 이상에 불과한 것이었다. 둘째 현실에 부적합한 교육이 많아 생활에 직접 부딪혀야 했던 여성에게 폐해가 많은 점이었다.[558] 따라서 개성본위의 교육과 현실에 적합한 교육이 필요하다는 생각이었다.

따라서 이를 극복할 수 있는 실현가능한 대안을 시기별로 다음과 같이 제안했다. 첫째 어린애가 말을 배우기 시작하면서부터 12~13세까지 가정과 학교가 밀접한 관계 하에 참다운 인격을 양성한다. 이 시기는 인간이 일평생 사용할 문화, 습관, 태도, 성격을 완전히 하는 시기라고 상정했다.

---

557) 김활란, 「여학교교육문제」, 『신여성』, 1933.3, 10~11쪽.
558) 김활란, 「여학교교육문제」, 『신여성』, 1933.3, 10~11쪽.

둘째 13~14살부터는 실제교육 곧 시대에 적합한 교육을 시켜서 그들 장기대로 농사짓는 법, 공업기술, 노동법에 대한 제 기술을 양성시킨다. 그리하여 15~16살이라도 능히 직업전선에서 일할 수 있도록 하는 교육을 하자고 제안했다. 이는 경제적으로 많은 어려움을 겪고 있는 조선사회현실에 적합한 교육이자 여성의 경제의식을 일깨우는 방법이기도 했다.[559]

김활란이 미국유학을 통해 연구한 서구학문의 이론은 당시 한국사회현실에서 실현하기 어려운 점이 많았다. 당대 사회문제를 해결하기에는 이론과 실제, 이상과 현실의 괴리가 너무 컸던 것이다. 종교철학으로 석사학위를 취득하고 귀국한 김활란은 다음과 같이 말하고 있다.

> 조선에 돌아와서는 그동안 나의 가슴에 가득 찼던 이론은 다 접어두게 되었습니다. 현시대의 조선에서 이론을 캐고 앉았는 것은 매우 어리석은 듯한 느낌이 일었습니다. 어디까지나 실제문제와 싸워 나가는 투사가 되어야 할 것 같습니다.[560]

이런 깨달음은 이후 박사학위논문을 한국현실에 적합한 주제로 선택해 당면한 사회문제 해결에 도움이 되는 방향으로 연구하게 된 계기가 되었다. 그 결과가 1931년 논문 『한국부흥을 위한 농촌교육』이었다. 가난한 한국의 농촌을 부흥시키기 위해서는 농촌교육이 필요하며, 가난한 농민들이 학비에 대한 부담 없이 자녀를 교육하며 민족정신을 고취할 수 있도록 개량서당과 전통문화를 활용하는 방안을 제시했다.

이론보다는 실제문제와 실생활, 가정생활과 사회운동에 유용한 교육이 필요하다는 현실적 요구에 부응하여 이화여전에 가사과를 신설했고, 농촌사업가와 보건운동가 양성을 위한 학과의 신설을 계획했으며, 실습교육을

---

559) 김활란, 「여학교교육문제」, 『신여성』, 10~11쪽.
560) 「이전교수 김활란양, 연구는 종교철학, 현대여성은 이중책임을 졌다」, 『동아일보』 1928년 12월 19일.

강조하며 실습실을 갖추어야 한다고 요구했고, 1년제 전수과를 설치했다.

1929년 이화여전에는 가사과가 새로 설치되었다. 가정생활에 쓸모 있는 여성고등교육을 원하는 사회적 요구를 수용한 것이었다. 다음은 가사과에 대한 김활란의 견해이다.

조선서 여자교육으로 문과나 음악과가 필요치 않은 것은 아닙니다마는 가장 필요한 것은 가사과일가 합니다. 여자에게는 무엇보다도 가정의 실제교육이 필요하니까요[561]

김활란은 두 번째 미국유학을 갔다 온 후 다시 한 번 더 여성교육이 좀 더 실생활에 유용한 교육이 되어야 한다는 견해를 피력했다.

앞으로 여자교육은 좀 더 실제생활에 가까운 교육을 힘써 보겠습니다. 과거에는 너무 "아카데믹" 교육으로 치우쳤습니다. 더욱이 이번 콜롬비아대학에 가있는 동안 그것을 더욱 느꼈습니다. 그러므로 앞으로의 조선여자교육은 실제 가정생활에 필요한 교육과 사회운동에 필요한 교육을 준행시켜야 될 줄 압니다. 결국 가정은 사회의 기초이니까 거기에 대한 교육을 중시하지 않을 수 없지요.[562]

1931년 미국유학에서 박사학위를 취득하고 귀국한 김활란은 한국여성으로서는 처음으로 이화여전 부교장이라는 최고의 지위에 올라 막중한 책임을 수행했다. 이화여전의 부교장으로서 김활란은 "조선의 이화" "조선화된 이화"를 꿈꾸었다. 학교당국 곧 선교사들도 경영방침을 수정하여 재래의 "예수교 선교회의 이화전문"을 "조선사회의 이화전문"으로 만들겠다는 의지를 표명했다. 김활란은 한국인의 힘으로 후원회 재단을 조직하여 이화

---

561) 김활란, 「새해부터는 무엇을 할가 : 학교에는 가사과 증설, 농촌계발의 급무, 위선 지도자를 양성하기에 힘쓰자」, 『조선일보』 1928년 12월 23일.

562) 「철학박사 김활란양 회견기」, 『신동아』 2-2, 1932.2, 67쪽.

여전을 오로지 조선의 학교로 세울 수 있기를 바랐다. 동시에 선교회가 이화를 해방하여 선교기관에 소속된 이화가 아니라 전조선사회의 이화로 발전할 수 있도록 하고, 선교회의 물질적 원조는 받더라도 경영은 한국인이 하기를 바랐다. 나아가 재정자립을 통해 선교회의 후원이 없더라도 한국인들이 제 힘으로 이화를 발전시켜 나가기를 바랐다. 조선의 이화가 되어야 비로소 진정한 조선여자교육을 완성할 수 있다고 생각했기 때문이었다.[563]

1933년 이화여전 문과는 중등학교 정도의 영어교사를 양성하는 학과였고, 음악과는 성악과 기악부로 구성되어있었다. 이에 김활란은 좀 더 조선화된 교육과정의 신설을 계획하여 문과에 조선문학과 사학 분과(역사 전공)를 개설하고 음악과에는 동양음악과 작곡 분과를 두어 과목을 확충하고자 했다. 또한 실제생활에 유용한 경제와 의학으로 직업여성을 양성할 수 있도록 상사과와 예비의과의 신설도 계획했다.[564]

조선의 이화를 만들고자 하는 김활란과 선교사들의 목표는 같았지만, 실현하는 방법에 있어서는 의견이 달랐다.

우리 이화여전의 분위기, 교과목, 규율 등을 조선화해 보려고 무던히 애써봤지만 우린 도저히 해낼 수가 없었어요. 선교사 교수들이 훼방을 놓고 있습니다. 우리가 하는 대로 그냥 내버려두질 않습니다. 전 아펜젤러 양과 돈독한 우정을 잃을 위기에 처해 있어요. 의견충돌 때문이죠(김활란이 윤치호에게 한 말).[565]

남녀를 불문하고 식민지 지식인들은 학교교육이 현실과 유리되어 있다

563) 김활란, 「이화 경영의 사회화」, 『신가정』, 1933.2, 78~85쪽 ; Helen K. Kim, "Which Way Forward?1", *The Korea Mission Field*, 1938.3, p.46. 이화여전 재단 설립에 대한 호소는 1938년에도 계속 이어졌다.
564) 「약진하는 조선의 학계 1… 이전 : 외관 내용을 확장 신촌에 신교사를 건축 商事 豫醫 양과를 증설하여 조선 유일 여자최고학부」, 『동아일보』 1933년 1월 1일.
565) 「1934.9.18 윤치호 일기」, 김상태 편역, 『윤치호 일기』, 2001, 557쪽.

고 판단했고 그 원인을 서구나 일본에 준거를 둔 교육내용에서 찾았다. 여
성교육이 조선의 현실을 반영하지 못하는 점은 여성들 자신의 체험을 통
해서도 빈번히 지적되었다.[566] 김활란 역시 같은 입장으로 1921년부터 '조
선사람의 생활정도에 맞는 교육'을 주창했다.[567]

1935년 김활란은 여자교육 5개년 계획을 세우고 이화여전의 교육과정을
통해 열악한 처지에 있는 농민과 여성, 아동을 위해 봉사하는 여성지식인
을 양성하고자 했다. 이에 따라 먼저 농촌사업가들을 양성하는 과를 신설
하고자 하는 포부를 밝혔다. 이는 1930년대 농촌계몽운동의 열기와 기대를
반영하여 보다 실질적이고 효과적인 농촌사업을 할 수 있는 농촌전문가의
체계적 양성을 꿈꾸었다.

> … 될 수 있으면 우리 이화여자전문학교 안에 농촌사업가들을 양성하
> 는 새 과를 두도록 힘써 보렵니다. 농촌사업이 간판에 그치지 않고 실
> 제로 농촌에 들어가 생활을 향상시키고 변화시킬 지식과 기술과 열정
> 을 가지고 나서는 일꾼들을 위하는 과목만의 학과를 넣고 싶습니다.[568]

그리고 "민중보건운동의 보편화"가 급선무라고 촉구하며,[569] 보건운동
을 하는 사업가들을 양성할 수 있는 과를 신설하려는 포부를 가졌다.

> 우리 사회 부녀와 아동을 위해 보건운동에 진력하는 사업가들을 양성
> 시킬 수 있는 새 과를 두도록 힘써 보렵니다. 체육 위생, 구급법, 그 밖

---

566) 「명일을 기약하는 신시대의 처녀좌담회」, 『신여성』, 1933.1 ; 김경일, 『여성의 근
　　대, 근대의 여성』푸른 역사, 2004, 312~313쪽.
567) 김활란, 「신진여류의 氣焰 : 문화운동에 대하여, 먼저 개인 지식 향상이 필요」,
　　『동아일보』, 1921년 2월 22일 ; 김활란, 「신진여류의 氣焰 : 문화운동에 대하여,
　　모든 일에 좀 더 철저하라」, 『동아일보』 1921년 2월 23일.
568) 김활란, 「조선여성계 5개년 계획」, 『신가정』, 1935.1, 19쪽 ; 『우월문집』 2, 105쪽.
569) 김활란, 「민중보건운동의 보편화가 급선무」, 『조선중앙일보』, 1935년 3월 11일.

에도 의료상 필요한 지식과 기술을 배우고 우리 사회 부녀와 아동을 열성적으로 사랑하여 자기 생활은 이들을 위해 바치려는 굳센 의지를 갖고 나서게 하는 과목이겠습니다.[570]

이는 1931년의 박사학위논문에서 농촌지도자 교육과정에 농촌지역에서 요긴하게 쓰일 수 있는 공중보건, 간호교육이 절실하다고 주장했던 때 이미 제기한 문제였다.

> 의사나 병원이 없는 농촌지역에서 활동해야 할 젊은이들에게 지워지는 짐은 참으로 엄청나다. 농촌봉사의 경험이 있는 졸업생은 보건 분야에 대한 좀 더 상세하고도 직접적인 전문교육을 끈질기게 간청하고 있는 실정이다.[571]

김활란은 학교교육을 통해 여성들이 사회책임의식과 사회봉사적 의지를 가지도록 훈련하는 것이 필요하다고 주장했다. "사회봉사적 의지란 인류의 행복과 사회의 복리를 위하는 것으로 모든 의지적 활동의 동기를 삼는 것"이었다.[572] 각 학교에는 과외활동으로 이화여전 학생YWCA와 같은 동아리가 있어 주말과 방학을 이용해 농촌봉사활동이 이루어지고 있었다. 김활란은 학교교육의 과외활동으로 사회봉사를 하는 단계에서 더 나아가 "사회사업"을 학교 정규 과목과 전공으로 하는 과를 개설하려는 계획을 구상했다.

1938년 김활란은 이화여전의 교육방향을 교사배출이라는 직업교육과 실용교육에 두고 문과와 음악과 학생이 교직을 실습할 수 있는 부속학교

---

570) 김활란, 「조선여성계 5개년 계획」, 『신가정』, 19쪽.
571) 김활란, 「어느 길로 나아갈 것인가」, "Which Way Forward?", *The Korea Mission Field*(1938.3); 『우월문집』 2, 21쪽.
572) 김활란, 「학교당국자로 신입생에게 주는 말 : 화살을 잘 견우라」, 『조광』 2-4, 1936. 4, 358쪽.

의 필요성을 호소했다.

> 문화교육에 치우쳤던 전통적인 교육태도를 벗어나 일정한 실업교육 방
> 향으로 보완, 방법이 제시되어야 한다. 학생들이 교사의 감독 밑에서 실
> 습하는 세 개의 실습유치원을 거느린 보육학과를 제외하면 이 부분에
> 서 다른 학과들은 모두가 미흡하다. 그 밖에 세 과 역시 교사훈련과정
> 이긴 하지만 교사가 일정한 사전 준비와 훈련을 쌓을 수 있는 적절한
> 시설이 없는 실정이다.… 실제로 우리 졸업생들은 학교에서 배운 이론
> 과 실제가 달라서 교단에서 학생들을 만났을 때의 엄청난 변화로 고전
> 을 겪고 있는 상황을 자주 볼 수 있었다.[573]

나아가 졸업생들이 사회에 나가 실제로 봉사활동할 때를 대비하여 훈련
할 수 있도록 사회사업관, 병원, 육아원과 같은 시설이 필요함을 강조했다.
조선의 현실에 필요한 실제교육을 해야한다는 소신과 의지의 반영이었다.
이런 내용은 1921년 김활란의 문화운동론에서 사회사업의 강화와 고아원
의 신설이라는 면에서 이미 제기된 것이기도 했다.

> 다수의 우리 졸업생들은 교회나 사회사업, 농촌부흥의 분야에서 일하게
> 될 것입니다. 그들도 자기들이 그 분야에서 일할 수 있는 적절한 훈련
> 을 받았다고 생각할 수 없습니다. 이런 종류의 봉사를 하려고 기대하는
> 사람들에게는 마땅히 학문적으로나 실제 활동하는데나 더욱 더 적절한
> 훈련이 주어져야 하겠습니다. 여기에는 두 개의 새로운 시설이 요구됩
> 니다. 즉 사회사업을 위한 사업관과 육아와 공중위생에 관한 과목을 실
> 천할 수 있는 병원이나 육아원이 필요합니다. 의사도 병원도 없는 농촌
> 에서 일할 수 있는 일군들의 요구는 놀라울 정도입니다. 농촌경험을 가
> 진 우리 졸업생들은 변함없이 위생에 대한 연구를 하게 하여 달라고 호
> 소하고 있습니다.[574]

---

573) 김활란, 「어느 길로 나아갈 것인가」, 『우월문집』 2, 21쪽.
574) 김활란, 「어느 길을 갈 것인가? : 친애하는 벗들에게 (Helen K. Kim, "Which Way

김활란은 이화여전이 근대적인 동시에 조선적인 여성고등교육기관이 되기를 꿈꾸었지만 그것은 재정적 자립 위에 가능한 꿈이었다. 일제의 선교사 추방으로 김활란은 1939년 이화여전 최초의 한국인 교장으로 취임하며 "조선의 이화"라는 꿈을 실현하기 시작했다. 선교사들이 강제 철수한 이후 독립적인 이화재단을 설립하는데 성공했고, 태평양전쟁으로 미국선교회로부터의 원조가 완전히 끊긴 상황에서도 혼신의 힘을 기울여 재단을 유지했다. 그러나 황민화정책을 넘어 민족말살정책이 강요되던 일제말기 전시체제하에서 폐교를 막기 위해 적극적 일제협력이라는 희생을 치르며 왜곡(일본어 사용, 제복 착용, 청년연성소로의 강제 전환)되어 일제 군국주의의 도구가 되었다는 점에서 김활란의 이상 실현은 한계를 내포하고 있었다.

1940년 김활란은 이화여전 교장으로서 기존의 문과, 음악과, 가사과에 더하여 이화보육학교를 보육과로 만들어 이화여자전문학교에 편입시키는 한편 1년제 전수과를 설치했다. 궁극적으로는 여자종합대학교 승격을 목표로 했다. 그러나 문제는 아직 여자대학 창설에 관련된 법령이 없다는데 있었다. 이 법령은 일본 본토에도 아직 없었기 때문에 일본에 있는 여자대학도 완전한 의미의 종합대학교는 아닌 상태였다. 김활란의 학교발전 비전은 일본과 미국의 여자대학(College)을 뛰어넘어 세계 최고 수준의 여자종합대학교(University)를 만드는데 있었다. 김활란이 목표로 했던 여자종합대학은 먼저 관련 법령이 만들어진 다음에야 가능한 일이었다.[575] 여자종합대학 설립 비전은 이화학당 당장 룰루 프라이 선교사가 1910년 이화학당 대학과를 설립하면서부터 앨리스 아펜젤러 교장 재임시 신촌 캠퍼스로의 확장기를 거쳐 김활란에 이르기까지 이화의 교장들이 지향한 궁극적

Forward?", *The Korea Mission Field*, 1938.3, p.46 영문 번역본)」, 김활란박사 교직근속 40주년 기념사업위원회 편, 『김활란박사 소묘』, 227쪽.

575) 「미래의 대학총장의 대학 창설 웅도 : 이화여전, 일천만원 기금을 세워서 종합여자대학 건립, 교장 김활란씨 담」, 『삼천리』 12-4, 1940.4, 45~49쪽.

목표이기도 했다. 선각자들의 비전과 미션은 해방이후 1946년 이화여자대학교가 종합대학 인가를 획득하면서 실현되었다.

1940년대가 되면 이화여전 뿐 아니라 연희전문학교, 중앙보육학교 등 여러 학교가 종합대학으로의 도약을 목표로 하는 등 교육계 인물과 언론에서 종합대학을 만들자는 분위기가 형성되고 있었다. 김활란은 외국의 여자대학 가운데 미국 매사추세츠주에 있는 웰슬리여자대학을 제일 마음에 들어 했고 그 대학을 모델로 이화를 발전시키고자 했다.[576] 이는 전 교장 앨리스 아펜셀러의 목표이기도 했다. 웰슬리대학은 앨리스 아펜젤러 선교사의 모교로 신촌에 새 캠퍼스를 마련할 때부터 규모·시설·교풍 면에서 이화전문학교의 모델이 되었던 학교였다.

1940년 김활란은 종합대학교를 향한 청사진에서 기존의 문과, 음악과, 가사과, 보육과 이외에 체육과, 의과, 상사학과商事學科, 사회사업과 개설을 계획했다. 이전부터 구상해왔던 학과들에다가 이번에 체육과가 새로이 추가된 것이었다. 앞서 계획에 나왔던, 농촌사업가를 양성하는 과 신설에 관한 구상은 사회사업과에 통합된 것으로 보인다. 새로운 학과 개설은 사회의 필요, 여성의 사회진출과 사회활동과 밀접한 관계가 있었으며 기존의 여성교육의 수준을 높인다는 의미도 있었다.

이 가운데 가장 먼저 '체육과' 신설 계획을 제시했는데 '보건상으로나 여러 가지 의미로 대단히 의미 있는 과'라고 생각했기 때문에 가장 우선순위에 두었다. 1933년 김활란이 언급했던 "이상적 건강체의 획득"이라는 여성고등교육의 의의에 부합하는 과이기도 했다.[577] 김활란이 1933년 조선여자체육장려회 회장을 맡고 있음을 볼 때 여성체육의 장려와 보급에 관심이 지대했음을 알 수 있다.[578]

---

576) 「미래의 대학총장의 대학 창설 웅도 : 이화여전, 일천만원 기금을 세워서 종합여자대학 건립, 교장 김활란씨 담」,『삼천리』12-4, 1940.4, 45~49쪽.

577) 김활란, 「여학교교육문제」,『신여성』, 1933.3, 10~11쪽.

578) 「체육 강연회 성황, 9일야 청년회관에서 남녀 연사 삼씨의 연설, 청중 감명깊게

같은 맥락에서 김활란은 장래 설립할 의과의 성격을 "간호 양성과 공중위생을 위주로 하는 의과"로 설정했다. 기존에 있는 각 병원 부속 간호부 양성소보다 수준을 높여 대학 의과라는 체계 안에서 간호부양성기관을 세우고자 했다. 시설 면에서 간호부 양성 전문학교인 도쿄 성누가聖路加전문학교를 모델로 한 것이었다. 의과를 신설하여 의사를 양성하는 한편 여성에게 적절한 간호학과 위생학(공중위생, 가정위생)에도 중점을 두어 운영하고자 했다.[579] 이는 김활란이 부교장으로 있었던 1933년 "장래 의전에 입학할 희망을 가진 여성을 위한 2년제 예비 의과(pre-medical)" 증설 계획, 1935년 여성교육 5개년 계획에서 보건교육의 강화 방침을 좀 더 구체화한 것으로, 보건교육과 예방의학에 중점을 둔 구상이었다.[580]

김활란이 일찍부터 보건교육을 중요하게 생각했던 것은 1927년 친구 이정애에게 하와이 퀸즈병원 장학금을 주선해주며 간호학을 전공하도록 권유한데서도 나타난다.[581] 그 때까지만 해도 간호사라고 하는 직업의 가치와 존엄성이 사회에서 정당하게 평가받지 못하고 있던 시절이었다. 그럼에도 간호학이 장차 개척해나갈 분야이고 사회에 직접적으로 공헌할 수 있는 학문이라는 점에서 그 장래성을 높이 평가했다. 김활란 자신도 할 수만 있다면 의사나 간호사가 되고 싶었다고 말했다.[582] 보건교육의 필요성과 중요성은 1931년 김활란의 박사학위논문에서도 다루어졌다. 김활란은 보건에 관한 과학적 지식과 함께 보건에 대한 기술, 습관, 자세와 이해가 중

들어」, 『조선중앙일보』 1933년 6월 11일. 조선여자체육장려회(회장 김활란, 선전부장 이길용) 주최 체육강연회.

579) 「미래의 대학총장의 대학 창설 웅도 : 이화여전, 일천만원 기금을 세워서 종합여자대학 건립, 교장 김활란씨 담」, 『삼천리』 12-4, 1940.4, 45~49쪽.

580) 「약진하는 조선의 학계 1. 이전 : 외관 내용을 확장 신촌에 신교사를 건축 商事豫醫 양과를 증설하여 조선 유일 여자최고학부」, 『동아일보』 1933년 1월 1일.

581) 김활란, 「나의 師友錄 1 : 고 이정애」, 『경향신문』 1967년 10월 11일 ; 『우월문집』 2, 286쪽.

582) 김활란, 『그 빛 속의 작은 생명 : 우월 김활란 자서전』, 194쪽.

요하다고 보았다.

> 질병이나 돌발사태의 경우 능숙한 치료는 기본적이다. 모든 사람이 내
> 과의사, 외과의사의 전문기술을 습득할 수는 없으나 응급치료의 초보기
> 술은 학교에서 할 수 있다.… 이닦기·목욕·수면·올바른 자세 등 규칙
> 적으로 길들여야 할 많은 보건활동들이 있다. 더욱 근본적인 것은 학교
> 에서 잡아줘야 할 자세와 올바른 인식이다.… 보건과 보건활동에 대한
> 계몽을 더욱 강화할 필요가 있다.[583]

　　김활란은 여성의 의학교육에도 꾸준히 관심을 기울여 왔다. 1933년 이
화여전에 예비 의과의 개설을 계획했고, 1934년 경성여자의학강습소를 여
자의학전문학교로 승격시키기 위한 준비위원회에 참여했다.[584]

　　또한 상사학과의 신설 계획은 1933년부터 구상된 것으로 "새로이 일반
여자에 대한 경제지식을 함양하여 여성의 생활독립능력과 경제능력을 갖
게" 하고자 했던 의도였다.[585] 임영신이 1935년 중앙보육학교에 경제과를
설치하고자 했던 구상보다 2년 빠른 것으로, 이때 이미 직업교육과 실생활
교육을 염두에 두고 상사학과 신설을 계획했다.[586] 1940년에는 상사학과의
목표를 구체적으로 제시했다. 상사학과의 목표는 고등정도의 상업교육을
실시하여 졸업생이 자립으로 상점을 경영할 수 있게 되거나 은행·회사에
들어가 상당한 지위를 차지하도록 한다는 것이었다. 이에 비해 여자상업학
교는 중등정도의 실업교육기관으로 졸업생들은 백화점 점원, 은행이나 회

---

583) 김활란 저, 김순희 역, 『한국의 부흥을 위한 농촌교육 *Rural Education for the
　　 Regeneration of Korea*』, 1931, 92~93쪽, 『우월문집』 2, 244~245쪽.
584) 「여자의전 목표로 각계 인사 적극 활동, 여자의학강습소를 승격코자 준비위원회
　　 를 조직」, 『조선중앙일보』 1934년 4월 5일.
585) 「약진하는 조선의 학계 1… 이전 : 외관 내용을 확장 신촌에 신교사를 건축 商事
　　 豫醫 양과를 증설하여 조선 유일 여자최고학부」, 『동아일보』 1933년 1월 1일.
586) 임영신, 「갱생의 중앙보육! 경제과도 둘 터, 정식 허가를 받은 임 교장의 포부담」,
　　 『조선중앙일보』 1935년 6월 4일.

사의 가장 낮은 사원으로 취직하는 것이 일반적이었다. 상사학과 여학생들에게 여자상업학교보다 더 높은 수준의 상업교육을 실시해 더 나은 사회적 지위에 진출하는 기반을 마련해주고자 했다.[587]

사회사업과 개설 계획은 예수의 정신과 사상으로 멸사봉공滅私奉公, 신애협력信愛協力, 희생봉사 등의 교육과 정신을 함양시키고자 한 것이었다. 사회봉사 정신을 바탕으로 탁아소·고아원·양로원·감화원에서 일할 수 있는 인력을 양성하고자 했다.[588]

이화여전을 매개로한 김활란의 여성고등교육 구상은 조선사회의 현실적 요구를 반영하여 근대적 가정건설, 봉사로써의 사회활동, 여성지위향상, 생계와 경제적 독립을 위한 직업교육을 함께 고려했다는 점에서 실제적이고 실용적이었다.

---

587) 「미래의 대학총장의 대학 창설 웅도 : 이화여전, 일천만원 기금을 세워서 종합여자대학 건립, 교장 김활란씨 담」, 『삼천리』 12-4, 1940.4, 45~49쪽.
588) 「미래의 대학총장의 대학 창설 웅도 : 이화여전, 일천만원 기금을 세워서 종합여자대학 건립, 교장 김활란씨 담」, 『삼천리』 12-4, 48~49쪽.

제3장 임영신의 교육인식과 중앙보육학교

1. 여성교육사업의 구상과 준비

1) 여권의식과 민족의식

임영신의 아버지는 기독교인으로 마을에 교회를 지을 만큼 개화되어 있었다. 그러나 대부분의 남성 기독교인이 그러했듯이 봉건적 여성관을 가지고 있었다. 임영신이 학교에 진학하여 교육을 받기 위해서는 결혼을 강요하는 아버지의 뜻을 거스르고 자신의 고집을 관철할 만한 저항정신과 용기가 있어야했다. 임영신은 어린 나이였음에도 어릴 때부터 남녀차별의 가족 분위기를 의식했고 이에 저항하여 여권의식을 키워갔다.[589]

교회와 여선교사는 임영신의 교육열정에 자극제가 되었다. 임영신은 다섯 살 때 교회에 나가 전도부인의 이야기를 듣고 난 후 전도부인이 되기를 꿈꾸며 한글을 배우기 시작했다. 아버지에게 매를 맞아가며 단식투쟁 끝에 고향 금산을 떠나 전주 기전여학교에 진학할 수 있었다. 당시 금산에서 여학교에 진학한 유일한 여아가 임영신이었을 정도로 여성교육에 대한 주위의 인식과 환경은 매우 열악했다. 이에 반해 임영신은 어린 나이였음에도 학교로 복귀하지 못할까봐 두려워 겨울방학 때 고향에 내려가지 않았을 정도로 교육에 대한 의지와 여권의식이 강했다.[590] 전주 기전여학교 시절

---

589) 임영신에 관한 서술은 김성은, 「1930년대 임영신의 여성교육관과 중앙보육학교」, 『한국민족운동사연구』 71, 2012를 중심으로 하였다.

590) 임영신, 「나의 이력서(『한국일보』 1976년 7월 24일부터 9월 28일, 40회 연재)」,

임영신은 친구들과 함께 시가치마(쓰개치마) 입기 반대운동을 벌이며 동맹휴학을 단행했다. 임영신 스스로도 여성해방운동의 성격을 띤 사건이었다고 기술할 만큼 그의 여권의식을 보여주는 일례이다.[591] 식민지시기에는 여성이 교육을 받는다는 것 자체가 투쟁의 과정이었다. 여성에게 공부는 특권 아닌 특권으로 '교육의 기회'였고 '결혼 이외의 길'로 독립운동, 사회활동을 꿈꿀 수 있는 발판이기도 했다.

임영신의 민족의식 역시 어릴 때부터 싹트기 시작하여 학생시절을 거치며 더욱 확고해졌다. 기전여학교 시절 김인전 목사(학교 친구의 아버지)를 만나면서 본격적으로 역사와 국제정세에 눈뜨게 되었고, 조국이 독립될 때까지는 독신으로 지내며 민족운동에 헌신하겠다고 결심했다. 미국에서 독립운동을 하는 이승만에 대해 알게 되면서부터 독립운동을 효과적으로 하기 위해 미국에 가겠다는 생각을 가지게 되었다. 이처럼 도미하겠다는 생각을 하게 된 것은 이미 오빠 임양희가 미국에 건너가 있었기 때문이기도 했다. 임영신의 민족의식은 학예회에서 이스라엘 민족을 이민족의 지배에서 구해내는 에스더 왕비 역할을 맡아하고, 김인전 목사에게서 『동국역사』를 빌려 우리나라 역사를 공부하며 점차 심화되었다.[592]

임영신은 이화학당 졸업 후에 결혼한다는 조건으로 이화학당(필자 주-대학과)에 보내주겠다는 아버지의 제안을 물리칠 정도로 여권의식과 사회활동에 대한 의지가 강했다. 근대교육을 받은 뒤 결혼해서 가정에 들어갈 바에야 차라리 상급학교 진학을 포기하는 것이 낫다는 생각을 했다. 그만큼 결혼보다는 미국에서 독립운동을 하거나 국내에서 사회활동을 하고 싶어 임영신은 기전여학교 졸업 후 천안 양대학교 교사로 활동했다. 그러다 3·1운동 때 전주 만세시위에 주도적으로 참가했고, 이로 인해 체포되어 6

『승당임영신박사문집』 2, 승당임영신박사전집편찬위원회, 1986, 911~918쪽.
591) 임영신, 「나의 이력서」, 921~923쪽.
592) 임영신, 「나의 이력서」, 913, 919~921쪽.

개월 옥고를 치렀다. 3년 집행유예 상태로 출옥해 고향 금산에 내려가 있으면서 독립운동을 하기 위해 임시정부가 있는 상하이로 가야겠다고 결심했다. 1919년 11월 일본유학과 히로시마고등여학교로의 편입은 상하이로 가기 위한 기회를 엿보기 위한 것이었다. 그러나 상하이로 도항하려던 시도는 결국 실패했다. 나가사키에서 상하이로 가기 위한 배표를 사려다가 형사에게 들켜 다시 학교로 송환되었다. 졸업하고 귀국 후 1921년 공주 영명여학교 교사로 있었다. 공주기독청년회 창립총회에서 연설을 하다 중지당한 후 일제 당국에 교사면허증을 압수당하고 심한 감시를 받았다. 국내에서 사회활동과 민족운동을 펼치기에는 여전히 일제의 제약이 따랐다. 현실의 억압에서 벗어나고자 도미를 결심하고 미국유학 수속을 밟기 시작했다. 이후 경성(서울) 이화학당에서 교편을 잡았는데, 선교사들에게 영어를 배우는 한편 미국으로 가는 여권발급에 도움을 얻기 위해서였다. 그러나 여권발급은 계속 거부되었고, 도미를 결심한 지 2년 뒤인 1923년에야 미국에 도착했다.[593)

임영신은 천성적이라고 할 만큼 여권의식과 민족의식, 자아실현과 사회활동, 독립운동에의 의지가 강했다. 어린 나이였음에도 부모와 투쟁하여 자신의 교육권을 쟁취했고, 학생시절 여권의식과 민족의식을 더욱 강화했으며, 결혼하라는 부모의 뜻에 따르지 않고 교사로서의 사회활동을 택했으며, 독립운동에 앞장섰다. 독립운동에 대한 임영신의 의지는 그의 민족의식을 나타낸 것이기도 하지만, 여성이 가정이라는 굴레를 벗어나 사회구성원으로서 사회의식을 가지고 사회에 적극 참여했다는 의미에서 여권의식의 표현이기도 했다. 이는 양성평등의식에 입각해 여성도 교육 등에서 남성과 같은 권리를 누려야하는 동시에 사회의 구성원이자 민족의 일원으로서 사회활동과 민족운동의 의무를 다하겠다는 뜻이었다. 여성의 사회참여가 교직과 같은 사회활동 뿐 아니라 민족독립운동에서도 큰 역할을 할 수

---

593) 임영신, 「나의 이력서」, 913·924~934쪽.

있다고 생각했음을 알 수 있다.

2) 미국유학생활

임영신이 도미를 결심하게 된 배경으로 독립운동을 하기 위해, 일제의 감시를 벗어나 자유사회에서 살기 위해 미국에 있는 오빠들을 만나기 위해 등 여러 가지를 들 수 있다. 이 가운데 스스로 밝힌 미국유학의 목표는 다음과 같다.

> 비록 삼일운동이 실패로 돌아갔지만 그로 인해 용기를 잃지는 않았어요.··· 제 생각으로는 군사적으로 일본을 이길 수는 없어요. 다른 방법으로 강해져야 하는데 저는 교육이라고 생각해요. 교육이야말로 우리들이 가질 수 있는 가장 강한 무기 중의 하나가 될 것입니다.··· 전 미국인들 사이에서 살면서 일하고 공부하겠어요. 전 책에서만 배움을 얻지는 않겠어요. 미국인들 속에서 그들의 강한 힘의 비밀을 배워 한국으로 가지고 가겠어요. 그리고 힘껏 일해 이곳을 떠날 때는 제가 배운 바를 가르칠 수 있는 학교의 설립을 위한 돈을 마련해 가겠어요.[594]

임영신은 3·1독립운동의 경험에 근거하여 군사적으로는 일본을 이길 수 없기 때문에 먼저 교육으로 일본을 이길 수 있는 힘을 길러야 한다고 생각했다. 교육(교육사업)이야말로 독립운동을 위한 무기라고 보았고, '미국을 배워 우리 민족의 독립에 도움이 되고자' 미국유학을 단행했다. 임영신의 미국유학 목표는 공부하고 일하는 과정에서 부강한 미국을 배우고, 여자전문학교를 설립할만한 자금을 모으는 것이었다. 임영신에게 미국유학과 교육사업 자금 마련은 독립운동의 과정이었다.

임영신은 1924년 미국에 도착하여 1926년 남가주대학교(University of Southern California)에 진학했다. 크로포드(Mary Sinclair Crawford) 학장과

---

594) 임영신, 『나의 40년 투쟁사』, 141~142쪽.

면담 후 장학생으로 입학 허가를 받았다.[595] 미국에 도착하여 대학에 입학
하기까지 시차가 있는 것은 일을 하여 어느 정도 돈을 모은 다음에 대학에
진학하겠다는 계획이기도 했지만, 한편으로는 대학에 진학할 만한 영어실
력을 갖추는데 걸린 시간이기도 했다.

미국에서 일하며 임영신은 노동에 대한 가치관을 확립하는 한편 상업에
눈뜨기 시작했다. 그는 이미 10살 즈음에 자신의 교육비를 마련하기 위해
스스로 돈을 불리고 모은 적이 있었던 만큼 남다른 경제관념 또는 경제감
각이 있었다. 아버지의 반대로 학교에 다니지 못하게 되자 오빠 임양회가
준 은반지를 팔아 암돼지 새끼를 사서 가난한 이웃 친구에게 배내로 주었
다. 이 돼지가 낳은 새끼들을 판 돈을 또 활용하여 제법 돈을 모을 수 있었
다. 또한 기전여학교 시절 기숙사에서 생활하며 생애 처음으로 교실과 침
실을 청소하고 밥 짓고 반찬을 만들면서, 그전까지 머슴이나 식모가 하는
일로 여겼던 육체노동에 대한 생각을 시정하고 노동의 가치를 인식하기
시작했다.[596]

이후 미국에서 일하고 생활하면서 노동의 가치를 확고하게 인식하게 된
다. 공부하는 한편 학교 설립에 필요한 돈을 벌겠다는 각오로 미국에 왔지
만, 자비로 일본의 고등여학교에 유학할 정도로 여유 있는 집에서 자라 교
사로 활동하던 전문직 신여성이 막상 가정부 일을 받아들이고 그 일에 가
치를 부여하기까지 심리적 저항이 없을 수 없었을 것이다. 그럼에도 그는
망국의 원인이 양반의 육체노동 천시에 있었음에 착안하여 민족을 위한
학교를 설립하기 위해서는 기꺼이 육체노동을 감수해야 한다는 사명감으
로 가정부 일을 시작했다. 이렇게 시작한 미국생활 첫 해의 경험을 '미국
에서 받은 오리엔테이션'이라고 표현했다.[597] 임영신은 자신이 미국에서

---

595) 임영신, 『나의 40년 투쟁사』, 147~148쪽.
596) 임영신, 「나의 이력서」, 914~918쪽.
597) 임영신, 『나의 40년 투쟁사』, 142쪽.

가정부 일을 시작하며 노동에 대한 가치관을 확립하게 된 경위를 오빠의
입을 빌어 다음과 같이 기술했다.

> 여기서(필자 주 : 미국)는 누구나 다 일을 한다. 그리고 일을 한다는 것
> 은 천한 것이 아니다. 모든 사람들은 평등하며 그들의 일도 다 귀중하
> 지. 남의 집에서 하인으로 일한다고 해서 하류계급은 아니야. 올해에 하
> 인으로서 일할지라도 다음해에는 대학졸업생이 되기도 한다. 일을 한다
> 는 것은 수치가 아니야(오빠 임양희의 말).[598]

임영신은 굳은 의지로 2여년(1924~26) 동안 가정부, 간호사로 일하며 2
천불을 저축했다. 그러나 여자전문학교를 설립할 만큼의 자금은 모이지 않
았다. 재정적 난관을 타파하기 위해 그는 과감하게 장사라는 신세계에 뛰
어들었다. 장사를 잘만 한다면 많은 돈을 빨리 벌 수 있었기 때문이었다.
이리하여 그는 청과와 채소 가게로 성공한 오빠의 자문을 받아, 트럭을 사
고 상점을 열어 청과물 장사를 시작했다. 임영신은 상업에 종사했던 자신
의 경험을 다음과 같이 기술했다.

> 장사라는 것은 순전히 눈치고 재치였다. 가격이 시간에 따라 달라지고
> 단 1달러 차이로 매매가 되기도 하고 안 되기도 했다. 때로는 가격 조성
> 을 위해 물건이 썩어 가는데도 안파는 경우도 있었다. 이 모든 것이 수
> 지 타산에서 오는 것이다.[599]··· 미국에서는 한 물건이 그 물건을 사용
> 할 수 있는 사람에게 얼마만한 가치가 있느냐 하는 것보다는 그 물건이
> 도매시장에서 얼마에 사고 팔리느냐하는 것이 중요하였다. 그 모든 과
> 정에서 어떤 잔인성마저 있어서 나의 마음에 드는 것은 아니었으나 어
> 떤 흥분스러운 느낌이 없는 것도 아니었다. 그것은 하나의 거대한 장기
> 판과 같았는데 많은 돈이 오가고 있는 장기판이었다.[600]

---

598) 임영신, 『나의 40년 투쟁사』, 143쪽.
599) 임영신, 「나의 이력서」, 937쪽.

　　임영신의 말에 따르면 미국 자본주의의 냉엄한 현실에서 가게를 연다고
해서 저절로 장사가 잘 되는 것은 아니었다. 장사를 위해 임영신은 시장을
조사하고 가장 적당한 물건이 무엇일까 궁리했다. 그리고 가난한 사람에게
는 관대하지만 경쟁자에게는 냉정하고 무자비한 미국인들과 경쟁해야했
다. 이와 같은 과정을 거쳐 임영신은 장사에 성공했고, 청과물 장사 이외에
주유소 경영, 불도저 운전까지 하며 고생 끝에 3만불을 모았다.

　　이는 부유한 계층의 여성지식인이 자신의 한계를 극복하고 미국식 사고
와 행동방식을 체화하여 완전히 새로운 인간형으로 재정비되었음을 의미
했다. 임영신은 유교적 관념에서 천한 일로 간주되던 육체노동과 장사를
통한 이윤 추구를 민족과 여성교육을 위해 자신이 해야 하는 일로 적극적
으로 받아들이고 임했다. 여성의 학교 진학, 해외유학, 교직 진출, 사회활
동만으로도 엄청난 진보로 간주되었던 식민지시기 임영신은 더 나아가 여
학교 설립이라는 원대한 목표를 세우고 이를 위해 과감하게 자신을 변화
시켰고 성공을 거두었다.

　　임영신은 대학 입학 4년 만에(1926.9~1930.8) 졸업하여 학사학위를 받았
고, 이어서 대학원 석사과정을 이수(1930.9~1931.9)하고 석사학위를 취득했
다.[601] 임영신도 대부분의 미국유학생들처럼 영어실력 부족으로 학업 이수
에 고생이 많았다. 미국 도착 후 일을 하면서 영어학원에 다니기 시작했고,
남가주대학교(University of Southern California)에 입학해서도 계속 영어와
씨름했다. 영어 부족으로 낙제하고 낙제로 인한 학점을 보충하기 위해 여
름계절학기를 들어야 했던 경우도 있었다. 그는 영어의 문리를 체득하기
위해 자신이 겪었던 어려움과 좌절을 '대학에서 사용하는 하나하나의 교
과서는 새로운 전쟁의 시작이었으며 내가 알지 못하는 말들에 대한 투쟁
이었다.' '웹스터사전은 불행하게도 내가 고민에 못 견뎌 고함을 지를 때면

---

600) 임영신, 『나의 40년 투쟁사』, 150쪽.
601) 임영신, 「나의 이력서」, 938~939쪽 ; 임영신, 『나의 40년 투쟁사』, 151~152쪽.

방바닥으로 날아갈 때가 많았다.'라고 기술할 정도였다.[602]

이와 함께 미국유학에서 제일 난관은 일과 학업의 병행 곧 고학의 어려움이었다. 임영신 스스로 자신을 '기계'에 비유했을 정도로 바쁘게 일해야 했다.

> 하루가 언제 지나고 날들이 언제 가는지 모를 정도로 바쁘게 일했다. 그때를 기억하면 내가 인간이라기보다는 기계였던 것 같다. 주유소에 와 나를 놀려대던 젊은이들… 학교 설립에 대한 나의 계획을 듣고 나를 돕고자 휘발유와 청과물을 사가던 사람들, 예금통장의 돈이 불어가던 기쁨 등이 지금도 생생하다. 하루하루의 일은 즐거움이 있었다. 그 즐거움은 고달픈 팔과 기운 없는 다리를 아무렇지도 않게 만들었다.[603]

임영신은 학업과 노동, 사업 이외에도 국내와 미국교포의 동정에 관심을 가지고 교포사회의 일에 적극 참여했다. 유학생의 이러한 참여는 미국 교포사회에서 생활하는데 필수사항이기도 했다. 다음은 미국유학시절 언론에 나타난 그의 활동을 정리했다.

〈표 3-4〉 미국유학 동안 임영신의 활동과 그 내용

미국에서 임영신의 활동	출처
이승만에게 관동대지진 때 일본인의 한국인 학살에 관한 자료 전달	나의 이력서 1924.1
도착 환영회에서 국내 동포의 극심한 생활난, 1923년 관동대지진 때 일본인들에게 살육당한 재일동포의 참상에 대해 연설	신한민보 1924.2.28
남편이 사망해 형편이 어려운 박부인에게 기부	신한민보 1924.11.6
로스앤젤레스 한국인 학생들이 기근으로 고통 받는 고국 동포에게 동정을 표시하기 위해 개최한 음악회에서 '기근에 빠진 동포를 위하여'란 제목으로 연설	신한민보 1924.12.4
나성(필자 주-로스앤젤레스) 국어학교에 1원 20전 기부	신한민보 1927.9.8

---

602) 임영신, 『나의 40년 투쟁사』, 144~149쪽.
603) 임영신, 『나의 40년 투쟁사』, 152쪽.

미국에서 임영신의 활동	출처
이인씨 장례비용 기부 1원	신한민보 1928.4.26
만국주일학교 한국대표 영접위원으로 활동	신한민보 1928.6.14
관북 수해 구제를 위한 성금으로 10불 기부 (북미 나성 조선인 장로교회 내 기독청년회원 자격으로)	동아일보 1929.4.17
나성국어학교에 기부 5원	신한민보 1929.7.25
따뉴바 고려학원이 나성에서 가극회 개최하는데 도움 줌	신한민보 1929.8.15
나성 한인장로교회 주일학교 교원으로 활동	신한민보 1929.9.5
나성지방 동지회 소식 전하는 통신원으로 활동	신한민보 1929.11.14
나성지방 동지회 서기로서 1929년 광주학생운동 이후 일어난 1930년 민족운동 돕기 위한 동지회 회의 참석	신한민보 1930.2.20
나성 애국단이 주최한 조선여자대학(이화여전) 기본금 모집에 10원 기부	신한민보 1930.4.17
나성 한인 동지회가 주최한 학생독립시위운동 후원에 3원 기부	신한민보 1930.4.24
장인환 묘소의 비석 건립에 50전 기부	신한민보 1930.7.3
충무공 유적 보존을 위한 성금으로 2원 기부	동아일보 1931.8.25
신한민보에 1달러 기부	신한민보 1933.9.28

임영신은 미국유학 중에도 고국의 사정에 귀를 기울이며 동포의 당면문제와 어려움을 돕는데 동참했다. 그리고 이승만과 동지회의 독립운동을 돕고, 로스앤젤레스 한글학교에 기부하며, 주일학교 교사를 하고, 교포사회의 필요에 의연하는 등 재미한인사회에 적극적으로 참여하고 기여했다.

임영신은 미국생활 만9년(햇수로 10년, 1924.1~1933.1)만에 학위 취득과 학교설립자금 확보라는 두 마리 토끼를 잡고 귀국했다. 이는 미국에 먼저 건너가 자리를 잡고 있었던 오빠들의 도움(장사), 남가주대학교 교수들의 도움(장학금), 임영신의 뚝심과 노력 덕분이었다. 미국유학 여성지식인 가운데 많은 이가 미국에 정착했듯이 임영신 역시 귀국하지 않고 미국에 머무르며 사업으로 큰 부를 축적하거나 교포 또는 이승만과 결혼하여 재미독립운동에 기여할 수도 있었다.[604] 그러나 그가 그렇게 하지 않았던 것은 고국에 돌아가 여학교를 세우고 교육으로 민족의 힘을 길러 독립운동에 기여하겠다는 확고한 의지가 있었기 때문이었다. 그는 자신의 사명이 귀국하여 국내에 여자전문학교를 세우고 여성교육사업에 헌신하는데 있다고 생각했다.[605]

2. 중앙보육학교의 발전기반 확립

1) 종합대학 구상과 기반 조성

임영신은 귀국 직후 장차 '교육사업'에 종사하겠으며[606] '기독교정신으로 여성운동'에 앞장서겠다는 포부를 밝혔다.[607] 여성교육과 기독교 여성운동이 양대 화두였음을 알 수 있다. 그는 일제의 착취로 극도의 빈곤에 빠진 농촌, 현실에 지쳐 독립의 희망을 잃은 사람들을 목격하고 그 해결책을 교육에서 찾고자 했다. 따라서 여성교육이 '독립운동을 위한 무기' '황무지로부터 나올 수 있는 유일한 길' '여권향상을 위한 길'이라고 생각했다.[608] 임영신은 자신이 국내에서 여성교육에 헌신하게 된 경위를 다음과 같이 설명하고 있다.

> 고국에 들어가니 보는 것마다 눈물이요, 듣는 것마다 가슴이 아프고 답답하여 견딜 수 없어서 자유의 나라로 다시 돌아오고 싶은 생각도 많이 있었으나, 불쌍한 우리 민족을 위하여 일해 보겠다는 일편단심 품었던 뜻을 이루려면 그래도 그 땅에서 일을 하며 먹던지 굶던지 같이 살고 울어도 같이 울고 죽어도 그 땅에서 죽겠다는 결심으로, 가장 급선무인 교육의 길로 들어왔습니다. 우리 민족이 오직 살길이 있다면 남과 같이

604) 김성은, 『1920~30년대 미국유학 여성지식인의 현실인식과 사회활동』, 서강대박사학위논문, 2012.2, 113쪽.

605) 임영신, 「나의 이력서」, 941~942쪽 ; 임영신, 『나의 40년 투쟁사』, 151쪽.

606) 「임영신양 금의환향(錦衣還鄕), 미국유학 마치고」, 『동아일보』 1934년 1월 14일.

607) 임영신, 「나의 이력서」, 944쪽.

608) 임영신, 「나의 이력서」, 944쪽 ; 임영신, 『나의 40년 투쟁사』, 157쪽.

배워야 될 것입니다. 금은보화를 갖다 주어도 그것을 쓸 줄 모르면 우리는 영원히 무서운 멸망과 죽음을 면치 못할 것입니다.[609]

임영신은 귀국 후 한국사회의 문화와 교육이 생각보다 너무나 미약한 상황에 있다고 판단했다. 한국사회의 현실에 맞는, 실생활에 도움을 줄 수 있는 교육이 필요하며 이를 위해 여학교를 창설하고자 했다.[610] 그러던 차에 중앙보육학교측이 재정난으로 폐교될 위기에 처해 인수자를 물색하고 있다는 소식을 듣게 되었다.

중앙보육학교는 1916년 종로구 인사동 중앙교회 신자 류양호와 영신학교 학감 박희도 등이 설립한 중앙유치원에서 비롯되었다. 1922년 중앙유치원에 보모 양성을 위한 유치사범과가 설치되었고, 이것이 승격 인가를 받아 1928년 중앙보육학교가 되었다. 입학자격은 여자고등보통학교 (또는 고등여학교) 졸업 정도였고, 수업연한은 2년이었다.[611] 1934년 현재 중앙보육학교는 10여년의 역사와 300여 명의 졸업생을 배출한 학교라는 위상을 가지고 한국여성고등교육의 한 축을 담당하고 있었다. 박희도·장두현·김상돈·신태화가 설립자, 박희도가 교장을 맡고 있었으나, 박희도에 얽힌 추문에 자금난이 겹치면서 결국 학교를 매각해야 할 상황에 처했다. 1934년 5월 황애덕이 자매들과 함께 중앙보육학교를 인수하고 교장이 되어 학교를 운영하기 시작했다.[612] 1여년에 걸친 이들의 노력에도 학교는 다시 자금난과 경영난에 봉착했다.[613] 1935년 4월 전前 설립자 대표 김상돈의 아들 김

---

609) 임영신, 「하와이에 계신 동포제위께」, 『국민보』 1937년 3월 3일.
610) 임영신, 「문화 조선의 호화판, 한강반(畔)에 신설되는 여자전문학교 : 내 일생에 마음먹은 바를 실현함에 오즉 깁뿔 뿐」, 『삼천리』 8-2, 1936.2, 89~90쪽.
611) 「중앙유치원에서 신설한 사범과는 여자만 모집한다」, 『동아일보』 1922년 8월 26일 ; 「중앙보육교 인가, 전신은 중앙유치원 사범과 설비 기타 면목 일신」, 『동아일보』 1928년 9월 9일 ; 임영신, 「나의 이력서」, 945쪽.
612) 「중앙보육학교 신설립자가 인계, 황애시덕 외 삼씨가 경영」, 『동아일보』 1934년 5월 18일.

명엽이 다시 중앙보육학교를 맡아 "여성의 교육은 여성 자신의 손으로 하
는 것이 타당하다."는 생각으로 적절한 학교인수자를 물색했다. 결국 임영
신을 적임자로 추천했다.

임영신은 원래 여성교육기관을 새로 세우려는 계획을 가지고 있었지만,
중앙보육학교의 폐교가 여성교육계나 사회적으로 큰 손실이라는 점에서
중앙보육학교를 인수하는 쪽으로 마음을 돌렸다. 그리하여 1935년 4월 중
앙보육학교를 인수하고 교장에 취임했다. '땅 한 평, 건물 하나 없이 재정
난에 빠져있던' 중앙보육학교에 1만원을 희사하는 동시에 학교를 창신동
주택에서 서대문정 피어슨성경학원으로 옮겼다.[614] 1936년 중앙보육학교
의 창설자 및 공로자는 김상돈·장두현·임영신·차사백·이인이었고, 교장은
임영신, 부교장은 차사백이었다.[615]

임영신은 중앙보육학교 인수 후 "의에 죽고 참에 살자."는 자신의 신조
를 교훈(교육이념)으로 제시했다.[616] 이에 근거하여 학생들에게 참된 마음
을 가지고 대의를 위해 자기 한 몸을 바치는 의지와 행동을 가져야한다고
교육했다. 훈시를 통해 항일의 애국심을 시사하는 한편 장래 한국여성의
사명이 중요함을 역설하며 협력·근면·창의력 있는 여성이 되어야 한다고

613) 김성은, 「1930년대 황애덕의 농촌사업과 여성운동」, 『한국기독교와 역사』 35,
    2011, 174~175쪽.
614) 임영신, 「문화 조선의 호화판, 한강반(畔)에 신설되는 여자전문학교」, 『삼천리』
    8-2, 90쪽 ; 「중앙보육 이전」, 『조선중앙일보』 1935년 4월 16일 ; 「중앙보육학교
    경영자 변경」, 『동아일보』 1935년 4월 20일 ; 「서광에 빛나는 중앙보육학교, 관리
    자 변경코 교사도 이전, 임영신씨 만원 희사」, 『조선중앙일보』 1935년 4월 21일 ;
    「소식」, 『동아일보』 1935년 6월 2일. 당시 재학생은 60~70명이었다.
615) 「경성 각 학교 입학 안내, 금춘 경성 중등이상 제학교 입학 지침」, 『삼천리』 8-2,
    1936.2.
616) 『승당임영신박사문집』 2, 1168쪽 ; 이영보, 「의와 참의 가르침」, 박현숙 편, 『아직
    도 그 목소리가 : 임영신박사를 회상하며』, 주간시민출판국, 1979, 133쪽 ; 조성
    녀, 「육신의 친밀감」, 박현숙 편, 『아직도 그 목소리가』, 194~196쪽 ; 『중앙대학
    교 80년사, 1918~1998』, 중앙대학교80년사 실무편찬위원회, 1998, 111쪽.

강조했다.[617] 이러한 교육의 영향으로 학생들은 "의에 죽고 참에 삶은 모교의 정신"이란 교가(나운영 작곡, 김태오 작사)를 부르며 그 정신을 기리고, "일생을 내 자신의 안락만을 위하지 않고 의를 위하여 동포를 위하여 힘쓰리라"고 다짐하기도 했다.[618]

중앙보육학교를 인수한 임영신의 꿈은 원대했다. 그는 1935년 6월 아직 자체 건물도 땅도 재단도 없는 2년제 보육학교를 놓고, 장차 '종합대학 설립'을 목표로 하는 학교발전계획을 제시했다.[619] 언론에서는 1935년 11월 중앙보육학교 창립 13주년을 보도하면서, 임영신 교장의 노력으로 학교가 충실해지고 있다며 학교 발전에 대한 기대를 표명했다.[620]

이러한 사회적 기대 속에서 임영신은 자신이 여성교육계에서 해야 할 역할이 크다는 사명감을 가지고 우선 '여자전문학교 설립' 인가를 목표로 계획을 세우고 실행에 착수했다.[621] 먼저 학교 기지를 물색하여 당시 경성부 외곽 지역으로 한강에 임해 있던 '노량진 명수대'를 최적지로 선정했다.[622] 그리고 이 땅(지금의 서울시 동작구 흑석동 221번지)을 사기 위해 1935년 11월부터 땅 소유주인 일본인과 절충을 시작했다. 그 결과 1936년 1월 자칭 '최소한의 가격'인 10만여 원으로 11,000여 평을 학교부지로 구입했다. 게다가 땅주인이었던 일본인으로부터 별도로 1,500평을 기숙사부지

---

617) 김옥련, 「옛 스승의 모습」, 박현숙 편, 『아직도 그 목소리가』, 102쪽.
618) 『중앙대학교 80년사』, 142쪽 ; 『여성』, 1938.10 ; 『중앙대학교 50년사』, 중앙대학교 교사편찬위원회, 1970, 96쪽 ; 『여성』, 1939.2 ; 『중앙대학교 사범대학 부속유치원 83년사』, 1999, 58쪽 각주 21).
619) 「갱생의 중앙보육, 경제과도 둘 터, 교장 정식 인가를 받은 신임 교장 임교장의 포부담」, 『조선중앙일보』 1935년 6월 4일.
620) 「중앙보육학교 창립 13주년」, 『동아일보』 1935년 11월 12일.
621) 「한강 건너 "명수대"에 중앙보육학교 신축…여자전문학교도 계획」, 『동아일보』 1936년 1월 16일 ; 「중앙보육학교 명수대에 신건축, 신여전 설립도 계획」, 『조선중앙일보』 1936년 1월 16일.
622) 「한강 건너 "명수대"에 중앙보육학교 신축…여자전문학교도 계획」, 『동아일보』 1936년 1월 16일.

로 기부 받았다. 임영신은 자신이 매입한 학교부지의 자연환경, 교육적 입지에 대해

> 장송長松이 낙락落落하고 울울하여… 산자수명山紫水明한… 경치 수려한 곳으로 더구나 여름 한 철은 옆으로 한강수 장류하여 말할 수 없이 좋은 곳입니다. 여름에 수영이며 겨울에 빙상운동은 학교의 기지로서는 무상의 낙원지일 것입니다. 이 한강변은 내가 일찍부터 그리워하든 곳입니다. 나는 늘 혼자 생각에 만약 집을 지어도 이 한강변을 택하였으면 할만치 항상 좋아하여 오든 곳입니다. 이러한 땅에다 내 일생의 소망인 여자전문학교를 세워보게 된 것은 둘도 없이 기쁜 일입니다.[623]

라며 매우 흡족해했다. 실제로 중앙보육학교 학생들은 학교에 임한 한강을 여름에는 교내 수영장으로 겨울에는 교내 스케이트장으로 이용하며 다양한 체육활동을 했다.[624]

임영신은 학교부지 근처에 경성상공학교의 건설이 착공되었고 그 외 유치원, 보통학교 건설이 예정되어 있어서 근방이 교육구로 탈바꿈하게 될 것이라고 기대했다.[625] 또한 이 땅이 멀지 않아 경성부로 편입될 것이며 인천의 철도창과 서울 사이의 중간에 위치하여 서울에서 중요한 지점이 될 것이라고 전망했다.[626] 실제로 흑석정 일대는 원래 경성에 가까운 궁벽한 촌이었다. 하지만 일제의 도시확장계획에 따라 1936년 4월 경성부에 편입되었고, 한강 신인도교가 완성됨에 따라 교통시설이 구비되어 훨씬 편리해졌다. 임영신이 학교 부지를 매입한 후 4개월이 지나지 않아서 생긴 변화

---

623) 임영신, 「문화 조선의 호화판, 한강반(畔)에 신설되는 여자전문학교」, 『삼천리』 8-2, 1936.2, 92쪽.
624) 「교문을 나서는 재원들 : 전문학교 편 4 중앙보육학교」, 『동아일보』 1939년 2월 7일.
625) 「한강 건너 "명수대"에 중앙보육학교 신축…여자전문학교도 계획」, 『동아일보』 1936년 1월 16일.
626) 임영신, 『나의 40년 투쟁사』, 160쪽.

였다. 중앙보육학교 학생들은 시내에서 전차를 타고 노량진 정류장에 내려 달구지 길을 따라 고개를 넘어 통학했다.[627] 1937년 7월 흑석정 일대는 중 앙보육학교, 경성상공학교, 양복재봉학교, 은로학교 건축 착공 등 학교촌 으로 바뀌며 날로 발전해갔다.[628] 이 덕분에 1936년 10만원으로 구입했던 학교부지가 1여년 뒤인 1937년에는 3.5배가 올라 35만원 이상의 가치를 지 니게 되었다.[629]

언론에서는 1936년 2월 중앙보육학교 제8회 졸업(졸업생 15명)을 기해 중앙보육학교가 교사 신건축과 새로운 계획에 힘쓰는 한편 사회의 인물양 성에 주력하고 있다고 보도하며 학교발전을 기대했다.[630] 이에 부응하듯 임영신은 학교부지 구입 직후인 1936년 2월 또다시 학교발전계획을 발표 했다. 주요 내용은 10만원의 예산으로 학교건물 신축에 착공하고, 10만원 의 학교재단법인을 만들어 총 30만원(필자 주-학교부지 10만원 포함)으로 500명의 학생을 수용할 수 있는 '여자전문학교'를 세우겠다는 포부를 밝혔 다.[631] 신설될 여자전문학교에는 우선 가정과와 보육과를 두고, 형편을 보 아가며 상과를 설치하겠다는 계획이었다.[632] 1937년 1월에는 학교발전계획 을 더욱 확대하여, '여자전문학교'를 목표로 재단법인을 설립하고 1,000여 명의 학생을 수용할 수 있는 학교의 교사校舍, 강당, 기숙사를 신축하겠다 는 계획을 발표했다.[633] 임영신이 1935년 중앙보육학교를 인수할 당시

---

627) 김옥련, 「옛 스승의 모습」, 박현숙 편, 『아직도 그 목소리가』, 102쪽.
628) 「"산책지" 한강안(岸), 중보 경상 진출」, 『동아일보』 1937년 7월 31일.
629) 임영신, 「하와이에 계신 동포제위께」, 『국민보』 1937년 3월 3일.
630) 「교문을 나오는 새 일꾼을 찾아서, 전문편 2 : 중앙보육학교」, 『동아일보』 1936년 2월 7일.
631) 임영신, 「문화 조선의 호화판, 한강반(畔)에 신설되는 여자전문학교」, 『삼천리』 8-2, 1936.2, 90~93쪽.
632) 「사업과 생활의 이상 : 사업가 임영신씨의 세계」, 『신인문학』 3-3, 1936.8, 69~71 쪽. 문과는 이미 이화여전에 개설되어 있었고, 상과는 국내 여자전문학교에 개설 되지 않은 과였다. 보육과의 경우 유치원 교사가 어린이들에게 한국적 정서를 심 어줄 수 있다는 점에서 개설이 필요하다고 보았다.

60~70명이었던 재학생 수를 생각하면 엄청난 확장 계획이었다. 여자전문 학교가 목표로 하는 학생 수용 규모도 1936년 500명에서 1937년 1천명으로 늘어났다.

여자전문학교로의 승격은 간단한 문제가 아니었다. 여자전문학교로 승격하기 위해서는 조선총독부의 인가를 받아야 했고, 인가를 받기 위해서는 자격을 갖추어야 했으며, 자격을 갖추기 위해서는 학교를 신축하고 재단을 설립하며 교사를 확충해야 했고, 이를 위해서는 자금이 필요했다.[634] 그러나 임영신이 미국에서 마련해온 자금은 학교 부지를 구입하는데 다 써서, 학교건물을 짓고 재단을 설립할 자금이 없었다. 게다가 일제 당국은 중앙보육학교의 발전을 위한 국내 모금행위를 금지했다. 이는 중앙보육학교에 대한 한국인의 기부를 금지한다는 의미였다. 국내에서는 모금 자체가 불가능했다. 사립학교의 재단 설립을 독촉했던 조선총독부가 한편으로는 재단설립을 위한 기부금 모금을 금지한 행위는 사실상 한국인을 위한 교육기관의 설립을 막으려는 의도였다.[635]

임영신은 조선총독부의 교육정책을 조목조목 반박하며 식민지교육의 실상을 폭로하고 한국인 본위의 교육을 실시하라고 주장했다. 예를 들어 조선총독부가 한국인의 교육발전을 위한다면 거액의 기본금을 가지지 않은 학교에 인가를 주지 않겠다는 방침을 재고해야한다고 지적했다. 극심한 입학난과 학교부족이라는 교육현실에도 조선총독부가 예산이 없어서 교육기관을 많이 시설하기가 어렵다는 변명만 늘어놓고 막상 학교인가에는 인색하다며 그 이중성을 비판했다. 민간 독지가들이 거액의 재산을 기부해 중등학교를 설치하도록, 조선총독부가 모든 편의를 제공해 민간학교 설립을 조장해야 한다고 촉구했다.[636] 이는 식민지 교육현실과 조선총독부의

---

633) 임영신, 「신춘 우리학교의 새 계획」, 『조광』 3-1, 1937.1, 84쪽.
634) 임영신, 『나의 40년 투쟁사』, 157·161~162·167쪽.
635) 이화100년사편찬위원회 편, 『이화100년사』, 이화여자대학교출판부, 1994, 271쪽.
636) 임영신, 「조선사람을 본위로 하라」, 『조선일보』 1937년 1월 1일.

교육정책에 직격탄을 날린 것으로 학교부족·입학난·취직난·실업이 식민
지 교육의 구조적 모순에 기인함을 지적한 것이었다. 비록 중일전쟁 이전
이기는 하지만 이 정도로 정확하고 구체적으로 식민지교육정책을 정면 비
판한 경우가 드물고 또 현실적으로 쉽지 않은 일이었다는 점에서 주목할
만하다.

임영신은 학교건축비와 재단설립자금 모금을 위해 1937년 3월 다시 미
국에 건너갔다.

2) 여성고등교육론

중앙보육학교를 인수하면서 임영신은 여성고등교육과 학교발전 방향에
대한 자신의 생각을 구체적으로 펼쳐 보이기 시작했다. 학교 인수 직후인
1935년 6월 종합대학 설립을 목표로 중앙보육학교에 '실업 상과實業 商科
또는 경제과經濟科' '가정과家政科'를 설치하겠다고 발표했다. 임영신의 교
육구상은 여성고등교육과정에서 사회현실에 적합한 실제교육을 강조하되
사회활동에 필요한 직업교육과 가정생활에 필요한 가사교육을 모두 중시
해야 한다는 뜻이었다. 학교를 졸업한 여성들이 전문 정도의 교육을 받았
음에도 사회생활에서 뒤떨어지고 가정에 들어가면 고등교육을 받지 않은
사람과 별 차이가 없어지는 경우가 많다고 보았기 때문이다.[637]

임영신은 "우리 사회에서 여성해방을 주장한 지 오래임에도 불구하고
아직 여성해방이 실현되지 못한 것은 여성이 경제적 독립을 하지 못했기
때문"이라고 파악했다. 임영신의 경제과(또는 실업 상과) 설치 계획은 여
성교육에 있어 여권향상을 위한 경제 독립의 기능을 강화해야 한다는 뜻
이었다.

또한 가정과 설치 계획은 한국사회의 현실과 학부모의 요구를 반영한
것이었다. 학부모들이 이전에는 딸이 학교 졸업 후 취직하는 것을 당연시

---

637) 「갱생의 중앙보육, 경제과도 둘 터」, 『조선중앙일보』 1935년 6월 4일.

하여 취직하기를 바랐지만, 1930년대에는 졸업 후 집에서 가사를 배우다 좋은데 출가하기를 바라는 경향이 크다고 보았다. 학부모들이 딸을 교육시키는 목적이 취직에서 결혼으로 바뀌게 된 것은 교육받은 여성이라야 자녀교육을 잘 하고 집안을 잘 다스려 완전한 가정을 이룰 수 있다는 인식의 변화가 일어났기 때문이라고 분석했다. 임영신은 '한국가정의 향상'이라는 면에서 이러한 현상을 긍정적으로 평가했고, 이러한 현실인식에 근거하여 가정과의 신설을 계획했다.[638]

임영신은 도식적이고 기계적인 교육을 지양하고, 한국사회현실에 맞는 교육, 사회에 나가 '실생활에 바로 활용'할 수 있는 교육, '자립적 신여성'을 만드는 여성고등교육을 지향했다. 졸업 후 가정으로 돌아가는 신여성에게는 가정주부와 아내로서 모든 것을 다 이행할 만한 상식과 지식을 알려주고, 사회로 진출하는 신여성에게는 자립적으로 사업을 운영하거나 상업을 경영할 만한 지식을 주는 것을 교육목표로 했다. 이를 위해 중앙보육학교에서 공부하는 2년 동안 가정으로 돌아가는 학생들이나 또는 다른 사업을 독자적으로 경영하려는 학생들에게 경제적으로 자립할 방법과 정신을 넣어주고 실제적인 교육을 실시하고자 했다. 이러한 여성교육관을 바탕으로 1936년 임영신은 또다시 학교발전계획을 제시했다. 신설될 여자전문학교에는 기존의 중앙보육학교를 '보육과'로 만들어 편입시켜 가정과·보육과·상과를 두게 될 것이라고 전망했다.[639] 이는 1935년 6월에 발표했던 학

---

638) 「교문을 나오는 새 일꾼을 찾어서, 전문편 2 : 중앙보육학교」, 『동아일보』 1936년 2월 7일. 언론 보도에 따르면 보육학교 졸업생 가운데 결혼하여 가정에 머무르는 졸업생이 많아짐에 따라, 유치원 교사의 공급이 수요를 충족하지 못하는 형편이었다. 이는 유치원 교사를 요청하는 곳이 지방이 많은 반면, 서울에 집이 있는 졸업생의 경우 부모의 절대 반대로 지방으로 가지 않으려 하기 때문에 일어난 현상이기도 했다.

639) 임영신, 「문화 조선의 호화판, 한강반(畔)에 신설되는 여자전문학교」, 『삼천리』 8-2, 1936.2, 91~92쪽 ; 임영신, 「사업과 생활의 이상 : 사업과 임영신씨의 세계」, 『신인문학』 3-3, 1936.8, 69~71쪽.

교발전계획과 같은 맥락으로 여성의 고등교육과 전문정도의 실업교육, 실용교육(실제교육)을 함께 강조한 것이었다.

여성의 경제적 독립을 위한 직업교육과 근대주부 양성을 위한 가사교육, 여성해방과 현모양처를 함께 강조하는 것이 일면 모순되게 보일 수도 있다. 하지만 임영신이 가사교육을 강조하며 가정과家政科 설치를 계획했던 것은 봉건적 의미의 현모양처 교육을 위한 것이 아니라 여권의식, 남녀동권에 입각한 근대가정과 근대주부를 지향한 것이었다. 또한 직업을 가지고 사회활동을 하는 여성도 결국은 결혼하고 가정생활을 해야 한다는 현실을 반영한 것이기도 했다. 임영신이 강연회에서 남존여비의 봉건사상과 현대 남성의 횡포를 비판하면서도 한국여성의 사명은 현모양처가 되는데 있다고 역설하거나, '가정에 대한 주부의 책임'과 함께 '사회에 대한 여자의 책임'을 강조한 배경도 이와 같은 맥락에서 이해할 수 있다.[640] 민족의 실력과 여권 향상을 위한 여성교육의 중요성을 인식하고 이를 실현하기 위해 고민했다. 여성교육에서 가사교육과 직업교육을 함께 추구했다는 점에서 임영신은 김활란·차미리·박인덕·황애덕·고황경과 비슷한 교육인식을 가지고 있었다.[641]

임영신이 중앙보육학교에 '가정과'를 설치하려고 한 것과 황애덕(임영신 교장의 직전 교장)·황신덕이 중앙보육학교를 가정학원으로 만들고자 했던 것은 가정학 교육의 필요성을 인식하고 전면에 내세우고자 했다는

---

640) 「성황의 진남포 여성문제 강연」, 『동아일보』 1936년 5월 12일 ; 「가정부인협회 주최, 가정문제강연회」, 『동아일보』 1934년 2월 2일 ; 「여성문제대강연회, 주최 평양여자기독교청년회」, 『동아일보』 1934년 6월 28일.
641) 한상권, 『차미리사 평전』, 푸른역사, 2008, 286쪽 ; 김성은, 「박인덕의 사회의식과 사회활동 : 1920년대 말~1930년대를 중심으로」, 『역사와 경계』 76, 2010, 201~202쪽 ; 김성은, 「일제시기 고황경의 여성의식과 가정·사회·국가관」, 『한국사상사학』 36, 2010, 434~438쪽 ; 김성은, 「일제시기 김활란의 여권의식과 여성교육론」, 『역사와 경계』 79, 2011, 193~194·213·219~220쪽 ; 김성은, 「1930년대 황애덕의 농촌사업과 여성운동」, 『한국기독교와 역사』 35, 2011, 174~175쪽.

점에서 공통된 인식이었다. 임영신이 전문학교나 종합대학을 목표로 했던 반면 황애덕·황신덕은 가정학원(이후 황신덕은 경성가정의숙 설립) 곧 중등교육기관을 목표로 했다는 점에서 차이가 있었다.[642] 마찬가지로 차미리사(근화여자실업학교 설립자이자 교장)도 중등정도의 실업교육을 추구했다는 점에서 고등정도의 실업교육을 목표로 했던 임영신과는 차이가 있었다. 임영신이 대학에 실업 상과 또는 경제과를 두고자 했던 계획은 남성과 같은 전문정도의 고등교육, 실업·직업교육을 여성교육의 방향으로 설정했다는 점에서 주목할 만하다. 이는 김활란이 1933년, 1940년에 이화여전의 발전 목표를 종합대학으로 설정하고 그 방안으로 상사과 또는 상사학과 설치를 제안했던 것과 같은 맥락이었다.[643]

결국 임영신의 여성실업교육론은 고등교육을 지향한 것으로 여자전문학교를 거쳐 궁극적으로 여자종합대학교 승격을 목표로 했다. 당시 현실에서 여자종합대학교의 실현이 불가능하다고 해서 이를 비현실적이라거나 원론적이라고 평가할 수는 없다. 왜냐하면 당대 여성고등교육에 있어 비슷한 사례로 이화학당 대학과大學科의 설립, 이화여전의 발전 과정이라는 역사적 모델이 있었기 때문이다. 임영신은 미국유학 전 잠시 이화학당 교사로 근무하며 앨리스 아펜젤러(Alice R. Appenzeller) 교장 등 여러 여선교사와 교류했다. 이 과정에서 이화학당 역대 교장을 역임한 여선교사들이 한국여성교육의 확산을 위해 장차 여자종합대학교 설립을 목표로 하고 있음을 보았을 것이다. 또한 이화학당 대학과를 개설하고 이화여자전문학교(문과, 음악과, 가사과) 인가와 신촌 캠퍼스(이화여전과 이화보육학교의 학교 부지와 신축 건물)를 만들어낸 업적에서 배운 바가 있었을 것이다. 앨리스 아펜젤러는 "교육자는 현재 상태에 대한 명확한 인식도 중요하지만 주어진 상황에서 가능성을 보아야 한다. 선견지명과 통찰력이 있어야 한다."고

---

642) 김성은, 「1930년대 황애덕의 농촌사업과 여성운동」, 174~175쪽.
643) 김성은, 「일제시기 김활란의 여권의식과 여성교육론」, 213~220쪽.

강조했다.[644] 현실에 매여 불가능만 보면 미래의 가능성과 필요를 놓치기 쉽다는 뜻이었다. 한국여성고등교육기관의 설립이라는 룰루 프라이 교장의 이상이 1910년 대학과 신설과 1922년 프라이 홀(대학과 교육을 위한 전용건물)로 실현될 수 있었던 것은 현실에 안주하지 않았기 때문이라고 지적했다.[645] 앨리스 아펜젤러는 프라이 당장의 비전을 계승하여 여자종합대학교 설립을 목표로 모금과 후원을 받아 부지를 매입하고 학교 건물을 신축해 신촌캠퍼스를 조성했다. 하지만 정책적으로 인가받을 수 있는 최고의 학교는 전문학교가 다였기에 차근차근 내실을 다질 수밖에 없었다. 그럼에도 이러한 비전과 재단 확립이라는 물질적 준비는 해방 후 이화여전이 종합대학교로 발전하는 기반이 되었다.

종합대학교 설립이란 최종목표를 설정하고, 중간목표로 여자전문학교 인가를 지향했던 임영신의 여성교육 비전 역시 앨리스 아펜젤러의 리더십을 모델로 하고 있다. 당대(식민지시기)에 실현하기 힘든 과제였고 달성하지 못했다 하더라도 결코 허망한 일은 아니었다. 오히려 이러한 단계별 목표 설정이 학교 부지를 매입하고 건물을 신축하며 학교후원재단을 확보할 수 있는 동력이 되었고, 해방 후 중앙보육학교가 여자전문학교, 남녀공학, 종합대학교로 발전할 수 있는 기반이 되었다.

중앙보육학교는 한국인들 사이에서는 중등학교를 졸업한 여학생에게 전문학교 정도의 교육을 실시하는 여성고등교육기관으로 간주되었지만, 조선총독부가 정한 법률적 측면에서 보면 중등정도의 각종학교에 불과했다. 임영신이 구상한 중앙보육학교 발전의 궁극적 목표는 종합대학교였지만, 일제의 교육정책에 따라 당대 실현가능한 최고의 여성교육기관은 여자전문학교였다.[646] 따라서 우선 중앙보육학교를 여자전문학교로 승격시키

---

644) Alice R. Appenzeller, "Higher Education for Women", *The Korea Mission Field*, 1918.10, pp.210~213.

645) Alice R. Appenzeller, "The first Women's College Building", *The Korea Mission Field*, 1922.12, pp.267~268.

는 일이 급무였다. 이러한 현실인식에 따라 1936년 2월 임영신은 여자전문
학교 설립의 당위성과 필요성을 다음과 같이 피력했다.

> 조선 안에 여자전문학교로서 완전하다고 할 만한 것은 이화여자전문학
> 교가 하나 잇슬 뿐입니다. 그러나 이것조차 조선사람의 손으로 운전 못
> 하고 서양사람의 손에서 경영되여가는 형편입니다. 그 뿐만 아니라 현
> 재의 교육제도는 공사립을 물론하고 넘우나 도식적이고 기계적인 교육
> 이여서 이상적인 교육을 밧기에는 힘듭니다. 이러한 점에 유의하여 현
> 재의 기계적인 교육 방침에서 가능한 데까지 그 방법을 달니하여 학교
> 문을 나스자 실사회에 나서서 일개 여성으로 어떠한 사회면에서든지
> 당당히 자립적으로 거러나갈 수 잇는 신여성을 만들기 위한 가장 이상
> 적이요 실제적인 학원 건설이 직접 목적하는 바임니다.[647]

임영신은 한국인이 운영하는 여자전문학교가 필요하다고 주장하며 민
족주체성과 실제교육을 강조했다. 이 점에서 김활란도 같은 생각이었다.
국내 하나뿐인 여자전문학교인 이화여전을 외국인 선교사가 운영하면서
인문학 위주의 대학교육과정을 꾸려 가는데 대한 한국사회의 불만이 적지
않은 상황이었다.[648] 1939년 일제의 강압에 의해 앨리스 아펜젤러가 이화
여전 교장에서 명예교장으로 물러났을 때야 비로소 김활란이 한국여성 최
초로 여자전문학교 교장에 취임할 수 있었다.[649] 그러나 이화여전 교장을
김활란에서 일본인으로 바꾸려고 하는 일제측의 기도가 있었고, 숙명여자
전문학교(1938설립)와 경성여자의학전문학교(1938설립) 교장이 모두 일본
인으로 채워졌으며, 경성보육학교 교장이 한국남자였다는 사실로 미루어,

---

646) 『조선총독부통계연보』 참조 ; 『중앙대학교 50년사』, 1970, 88~89쪽.
647) 임영신, 「문화 조선의 호화판, 한강반(畔)에 신설되는 여자전문학교」, 『삼천리』
    8-2, 1936.2, 90~92쪽.
648) 김성은, 「일제시기 김활란의 여권의식과 여성교육론」, 211~220쪽.
649) 김성은, 『아펜젤러 : 한국근대여성교육의 기틀을 다지다』, 이화여대출판부, 2011,
    99~101쪽.

한국여성에 의한 한국여성고등교육이 얼마나 실현되기 어려운 환경이었나 를 알 수 있다. 임영신이 중앙보육학교의 설립자이자 교장으로 유지된 것 은 한국여성으로서는 드문 사례로 매우 고무적인 일이었다. 중앙보육학교 학생 스스로도 "오로지 조선여자의 손으로 만들어 놓은 것이 중앙보육"이 라며 자부심을 내비칠 만큼 '한국여성에 의한 한국여성교육'은 큰 의미가 있었다.[650]

임영신은 1937년 1월 '한국인 본위의 교육이 되기 위해서는 조선총독부 가 중등교육(고등보통학교)을 정상적으로 발달시키는 한편으로 실업교육 을 실시해야' 한다고 주장했다. 다만 초등정도를 졸업한 후 바로 실업학교 로 진학시키는 것은 어중간한 인물밖에 양성해내지 못하기 때문에, 중등정 도의 교육을 거쳐 실업교육을 받도록 해야 이론의 기초가 서고 실제 기술 에도 서툴지 않게 될 수 있다고 강조했다.[651] 고등교육과정에서 실업교육 (직업교육)이 실시되어야 하며, 그래야 사회에서 유용하게 쓸 수 있다는 뜻 이었다. 이 점에서 임영신의 실업교육론은 초등정도나 중등정도의 실업교 육을 강조한 조선총독부의 교육정책과는 뚜렷한 차이가 있었다.

임영신이 여성의 실업·직업교육을 강조했던 것은 중앙보육학교가 유치 원교사 양성을 위한 직업교육기관이었던 데다, 여권의식에 입각하여 여성 의 경제적 독립과 사회진출을 위한 교육이 필요하다고 생각했기 때문이었 다. 실제로 1939년 2월 중앙보육학교 졸업생 33명의 진로 희망은 취업 24 명, 상급학교 진학 5명, 가사 종사자 3명으로 취업 희망자가 압도적으로 많 았다.[652]

임영신은 중앙보육학교의 교육목표가 민족의 미래를 좌우할 어린이의

---

650) 「校門을 떠나는 選手群, 中保篇」, 『조선일보』 1940년 2월 16일 ; 『중앙대학교 50년사』, 1970, 95쪽.

651) 임영신, 「조선사람을 본위로 하라」, 『조선일보』 1937년 1월 1일.

652) 「교문을 나서는 재원들 : 전문학교 편 4, 중앙보육학교」, 『동아일보』 1939년 2월 7일.

교육을 담당할 유치원 교사(보육학교 본연의 기능), "농촌의 어린이들과 부녀들을 위해 희생적 사업을 하는" 농촌지도자, "영웅과 호걸을 길러낼 참된"[653] 어머니와 아내(졸업 후 직업을 가지든 그렇지 않든 대부분의 여성이 가야할 길), 남녀 역할구분에 얽매이지 않고 능력에 따라 각종 직업에 진출(사회진출)하는 직업여성을 양성하는데 있다고 보았다. '여성의 직업을 성에 따라 구분하지 말고, 같은 인간으로서 그 인격이 그 직업에 적당하다면 남녀를 불문하고 길을 열어주는 것이 합리적'이라는 관점에서 직업을 가질 수 있는 기회가 남녀평등하게 보장되어야 한다고 요구했다.[654] 남녀구분 없이 능력에 따른 사회진출을 강조했다는 점에서 김활란, 고황경, 박인덕의 여권의식과 같은 맥락이었다.[655] 임영신은 중앙보육학교와 여성교육을 위해 헌신하겠다고 결심했는데,[656] 그 궁극적 목적은 '여성의 지식 향상' '여성의 지위 향상' '독립을 위한 실력양성'에 있었다. 중앙보육학교의 인수와 확장, 발전은 그 연장선상에 있었다.[657]

임영신은 졸업생들이 무엇보다 '현실에 입각한 조선여성'으로서 '농촌의 아동과 부녀들을 위해' 또 '농촌을 계발'하는데 심혈을 기울이고, 한국사회가 필요로 하는 농촌계몽운동가가 되기를 바랐다.[658] 이는 당대 농촌문제를 고민하며 농촌계몽운동을 전개했던 황애덕·박인덕·김활란 등 지식인들과 공통된 현실인식으로 사회현장에서 봉사하는 여성지도자 양성을

---

653) 임영신, 「하와이에 계신 동포제위께」, 『국민보』 1937년 3월 3일.
654) 임영신, 「나의 이력서」, 944쪽.
655) 김성은, 「일제시기 고황경의 여성의식과 가정·사회·국가관」, 438쪽 ; 김성은, 「일제시기 김활란의 여권의식과 여성교육론」, 193쪽 ; 김성은, 「박인덕의 사회의식과 사회활동 : 1920년대 말~1930년대를 중심으로」, 201~203쪽.
656) 반석 우에 선 중앙보육교, 100만원의 재단 성립」, 『동아일보』 1940년 6월 13일.
657) 복면자, 「조선 5대 여교장 인물평 : 중앙보육학교 교장 임영신여사 편」, 『삼천리』 13-1, 1941.1, 168쪽.
658) 임영신, 「교문을 나서는 지식여성들에게 : 현실에 입각한 조선여성이 되라」, 『조광』 2-3, 1936.3, 229~230쪽 ; 임영신, 「하와이에 계신 동포제위께」, 『국민보』 1937년 3월 3일.

지향했다.[659] 농촌계몽을 격려했던 교장 임영신의 영향인지 1937년 2월 졸업생에 비해 1938년 2월 졸업생의 진로에 큰 변화가 일어났다. 1937년 졸업생의 경우 대부분이 경성(서울)에 있는 유치원에 취직하려고 했던 반면, 1938년 졸업생의 경우 거의가 농촌에 있는 유치원으로 가기를 희망했다. 이런 현상에 대해 중앙보육학교 부교장 차사백은 "졸업생들이 유치원 교사와 보모로 유아들을 가르치는데 그치지 않고, 피폐해 가는 농촌에서 농민들과 함께 살면서 원아의 어머니들을 비롯해 농민을 지도해 보겠다는 사명의식을 가지게 되었기 때문"이라고 분석했다.[660]

나아가 임영신은 중앙보육학교에서 기독교교육을 실시하여 항일운동과 민주주의를 구현할 수 있는 독립운동지도자와 유능한 인재를 양성하고자 했다. 이를 위해 '학교를 독립운동지도자 양성을 위한 지적 기지로' 만들고 학생들을 교사로 훈련시켜 각지에 파견하여 전국에 지하운동 조직을 만들고자 했다. "학교를 항일지하운동의 근거지로 여성혁명지도자 양성을 위한 훈련소로 쓰겠다."는 임영신의 생각은 결국 교육으로 인재양성과 구국운동을 도모했다는 점에서 당시 여성교육가들과 같은 맥락이었다.[661] 임영신은 기독교교육의 효용에 대해 다음과 같이 전망했다.

> 나는 기독교육이 일본인들을 약화시키는데 있어서 훌륭한 첫 단계라고 생각했다. 아버지 하나님과 그 아들들의 평등함을 가르침으로써 압박자에 대한 투쟁이 다시 한 번 올바르게 시작될 수 있을 것이라고 생각했다. 그것은 혁명의 길로 이르는 방법이 될 것이다.[662]

---

659) 김성은, 「일제시기 김활란의 여권의식과 여성교육론」, 197~205쪽 ; 김성은, 「박인덕의 사회의식과 사회활동 : 1920년대 말~1930년대를 중심으로」, 204~217쪽 ; 김성은, 「1930년대 황애덕의 농촌사업과 여성운동」, 144~161쪽.

660) 「교문 나서는 재원 순방기 4 : 중앙보육학교」, 『동아일보』 1938년 2월 2일.

661) 임영신, 『나의 40년 투쟁사』, 157·161~162·167·170쪽.

662) 임영신, 『나의 40년 투쟁사』, 156쪽.

임영신은 기독교를 통해 평등을 가르쳐 일본의 압제에 저항하고, 교육을 통해 인재를 양성해 기독교 민주주의 실현에 기여할 수 있다고 보았다.[663] 임영신의 교육목표는 나라가 독립된 후 책임 있는 자리를 맡을 수 있는 인물을 양성하여 기독교적 민주주의의 토대를 만드는 것이었다. 해방된 조국에서는 교사와 인재들이 더욱 필요하게 될 거라고 생각했기 때문이었다. 임영신은 채플시간을 활용하여 학생들에게 민족의식을 고취했고, 일제에 의해 채플시간이 없어진 뒤에는 서양사 수업시간을 활용하여 기도하며 학생들의 민족정신을 일깨웠다.[664] 당시 학생이었던 조성녀는 임영신이 성서를 인용해 '등불을 높이 켜들고 준비하고 깨어있으라.'는 내용으로 했던 강연을, 비록 우리 민족이 일제 압정에 눌려 빈사상태에 처해 있지만 '독립될 날은 꼭 올 것이고 민족은 영원한 것이니 깊이 간직하라'는 뜻으로 받아들였다고 회고했다.[665]

임영신은 여성고등교육을 목표로 하면서도 가사와 직업, 사회적 요구, 독립국가 건설을 모두 고려하여 실제교육을 강조했다. 교육방법에 있어 '근로와 자립 의지'를 중시했다. 임영신도 미국유학시절 '자신의 일은 자신이 한다.'는 정신으로 일하며 고학했다. 학생들에게 자기 일은 자기가 해야 한다고 가르치며 자립정신을 심어주고자 했다.[666] 걸레질을 하고 휴지를 줍는 것을 천한 일로 생각하던 학생들의 생각을 바로잡기 위해 솔선수범하여 걸레와 쓰레받기를 들고 학교 주변을 청소했다. 학생들이 학교에서 교과목을 배우는 이외에 주변 환경을 깨끗이 하고, 사람들이 좋은 집, 큰 공장, 좋은 길을 건설하기 위해 열심히 일하는 것이 당연한 의무라는 것을 알게 해주고자 했다. 육체노동을 천시하여 부잣집이나 양반집 자녀는 일하지 않는 것을 당연히 여기는 유교적 사고방식을 비판했다. 강대한 선진 서

---

663) 임영신, 『나의 40년 투쟁사』, 157쪽.
664) 임영신, 「나의 이력서」, 954쪽.
665) 조성녀, 「육신의 친밀감」, 박현숙 편, 『아직도 그 목소리가』, 193~196쪽.
666) 임영신, 「나의 이력서」, 946쪽.

양문명은 하루아침에 이루어진 것이 아니라 창의, 노동, 땀으로 건설된 것이라고 보았다.[667] 예를 들어 미국대학생의 경우 자기 일은 자기가 한다는 관념이 강해 대부분 스스로 일해서 학비를 벌고, 자기 부모가 아무리 자산가라도 전문학교까지 다니는 사람이 부모에게 경제적으로 의지하는 것을 오히려 큰 수치로 여겼다. 미국학생들이 방학 동안에 산이나 해변으로 놀러 가기도 하지만, 방학을 노는 것으로만 인식하지 않으며 부호의 자녀라도 방학 때는 일을 해서 학비를 번다고 강조했다.[668] 이는 임영신이 친미적 사고를 가지고 있거나 미국을 이상향으로만 생각했기 때문이라기보다는 유교문화의 영향으로 육체노동을 천시하는 학생들에게 노동의 가치와 자립의 중요성을 일깨우기 위해 미국문화 가운데 바람직하고 본받을 만한 면을 부각한 것이었다. 학생들은 임영신을 "비가 오나 바람이 불거나 손에 삽과 호미를 들고 7부 바지에 고무신을 신고 교정의 구석구석을 다듬고 어루만지고 잠시도 쉬지 않는" 교장선생님으로 기억했다. 그리고 "근로와 근면을 몸소 실천하는 임영신에게 학교사랑과 함께 '자립의지'를 배웠다."고 회상했다.[669]

이상에서 임영신이 중앙보육학교를 통해 실시하고자 했던 여성고등교육의 방향을 살펴보았다. 가정부인의 육아·가사와 직업여성의 사회진출을 모두 고려한 실제교육, 전문정도의 실업교육, 여권의식과 민족의식, 기독교의 민주주의 사상, 근로정신과 자립의지가 함께 들어 있었다.

3) 2차 도미와 학교후원재단 설립

1937년 3월 임영신은 중앙보육학교의 확장과 승격을 목표로 50~60만원

---

667) 임영신, 『나의 40년 투쟁사』, 158~160쪽.
668) 「하기방학을 당하야 상 : 학생께 드리는 말씀」, 『동아일보』 1935년 7월 18일 ; 「하기방학을 당하야 하 : 학생에게 보내는 말, 부모의 노력을 이해하자」, 『동아일보』 1935년 7월 19일.
669) 김옥련, 「옛 스승의 모습」, 박현숙 편, 『아직도 그 목소리가』, 102쪽.

(20만불) 모금과 미국 교육계 시찰이라는 사명을 띠고 다시 미국에 건너갔
다. 임영신이 재도미한 것은 학교건물 신축자금과 재단 설립에 필요한 자
금을 모금하기 위해서였고 또 미국에서의 모금에 자신이 있었기 때문이었
다. 임영신은 중앙보육학교의 교사 신축 예산액을 1936년 500명 수용 가능
한 校舍 신축자금 10만원에서 1937년 1,000명 수용 가능한 校舍 신축자금
을 15만원으로 증액 설정했다. 게다가 학교재단 설립자금도 필요했다. 이
러한 상황에서 임영신은 1937년 3월 모금 목표를 50~60만원으로 올려 잡
게 되었다.[670]

임영신은 재미동포와 미국인의 후원을 얻기 위해 미국으로 가는 길에
먼저 하와이에 들러 모금운동을 시작했다. 그는 자서전에서 하와이 교포지
도자들이 "여자는 남자와 대항해서 싸울 수 없고 또 총을 들고 싸울 수도
없으니 비실제적"이어서 여성교육을 위한 모금이 성공하지 못할 것이라고
하며 협조하지 않았다고 기술했다.[671] 그러나 미국에서 발간되는 교포신문
인『국민보』에는 하와이 국민회가 총회장 차원에서 임영신의 모금을 적극
적으로 지지하며 회원들에게 후원을 당부했던 기사와 정황이 나타나있
다.[672] 주목할 점은 임영신이 미국유학시절 이승만을 지지하며 동지회 일
을 했음에도 불구하고, 중앙보육학교 신축을 위한 모금에는 동지회뿐 아니
라 국민회, 기독교청년회 회원 등 교포사회가 골고루 참여했다는 점이다.
이를 계기로 임영신은 국민회와 동지회 세력으로 분열되어 있던 하와이
교포사회가 서로 도우며 화합하고 지냈으면 하는 바람을 표명하기도 했
다.[673] 임영신은 하와이 교포사회에서 5,000여원을 모금했고, 이를 즉시 중

---

670) 「임영신양 하와이에 도착」, 『신한민보』 1937년 3월 4일 ; 「임영신씨 도미 활동
    60만원을 모집」, 『동아일보』 1937년 8월 1일 ; 「태평양 건너온 소식, 임영신씨 미
    국서 대활동」, 『조선일보』 1937년 8월 3일.
671) 임영신, 「나의 이력서」, 948~949쪽.
672) 「임영신의 호놀룰루 활동」, 『국민보』 1937년 2월 17일.
673) 「하와이에 계신 동포제위께」, 『국민보』 1937년 3월 10일 ; 「임영신, 떠나면서(4.1
    쓴 글)」, 『국민보』, 1937년 4월 21일.

앙보육학교에 보내 건축비에 충당하도록 했다. 모금은 하와이에서부터 성
공적이었다.[674] 임영신은 중앙보육학교 신축자금 모금에 하와이 교포사회
의 참여를 이끌어 내기 위해 특별한 제안을 했다. 첫째는 하와이에서 모금
한 "피와 눈물 섞인 거룩한 돈"으로 조국을 위해 많은 일을 한 하와이동포
를 기리는 "하와이동포기념관"을 짓겠다고 공언했다. 둘째는 중학교 과정
을 마친 하와이교포 2세 여학생을 중앙보육학교에 유학 보내주면 자신이
잘 보호하고 가르쳐서 고국의 문화와 정신을 하와이에 계승하게 하겠다고
제안했다.[675] 이민자의 애국심과 향수를 자극하며 고국과의 연결점을 강조
하는 이러한 제안이 하와이교포들의 마음을 움직여 호응을 이끌어 낸 요
인이라고 하겠다.

임영신이 하와이에 이어 미국 본토에서 계속 모금운동을 전개하며 중앙
보육학교에 건축비를 송금한 결과, 1936년 11월 주춧돌을 놓고 착공했던
건물이 1년 만인 1937년 12월 준공되었다. 건평 300평의 3층 석조 건물이
었다.[676] 1935년 이전까지 학교부지와 자체 건물 없이 빈약하고 불안정했
던 중앙보육학교는 1935년 임영신이 학교를 인수하고 교장에 취임한지 3
년이 되지 않아 12,500평의 학교부지와 3층 석조건물, 장기발전의 청사진
을 가진 전도유망한 학교로 변모했다.[677] 중앙보육학교의 교사校舍 준공에
대해 언론은 "한국사회에 전문 정도의 여성교육기관이 부족한 때, 교육기

---

674) 「임영신양 하와이에 도착」,『신한민보』1937년 3월 4일 ; 「임영신 여사의 활동」,
    『신한민보』1937년 5월 6일.
675) 임영신, 「하와이에 계신 동포제위께(2.26 쓴 글)」,『국민보』1937년 3월 3일 ; 임
    영신, 「하와이에 계신 동포제위께(2.26 쓴 글)」,『국민보』1937년 3월 17일. 매월
    미화 10원이 소요될 것이라는 글로 미루어 무료는 아니었다.
676) 「중앙보육 신교사 명수대에 신축 준공」,『동아일보』1937년 12월 12일. 여기에는
    1937년 4월 건축에 착공했다고 되어 있지만, 중앙대 영신관 주춧돌,『중앙대학교
    80년사』, 임영신 자서전에 의하면 1936년 11월 착공이었다.
677) 임영신,『나의 40년 투쟁사』, 159쪽 ; 「경성보육 창립 10주년과 신교사 낙성기념
    식 성대」,『조선중앙일보』, 1936년 5월 16일. : 경쟁 학교라고 할 수 있는 경성보
    육학교는 1936년 봄 청진동에 신교사가 낙성되었다.

관이 힘차게 늘고 자라는 것은 조선의 딸들로서 기쁜 일"이라며 의의를 부
여했다.[678]

중앙보육학교 발전에 대한 구상과 계획은 임영신이 미국에서 모금운동
을 전개하는 가운데서도 꾸준히 진행되었다. 1938년 1월 교장 대행 차사백
부교장은 곧 신축 교사로 이사할 것이며, 앞으로의 "학교발전계획은 기숙
사·유치원·대강당의 신축, 전문학교 승격, 한국인의 실지생활에 적당한
'가정과家政科' 증설, 든든한 '기초재정' 확립"이라고 언명했다.[679] 중앙보
육학교는 1937년부터 이미 조선총독부 학무국에 '가사과' 설치를 신청하고
수속 중이었는데, 이는 전문학교 승격을 위한 준비과정이기도 했다. 이와
함께 학교근방이 새로운 도시계획에 따라 개발되는데 따라 학교근방을 이
상촌으로 만들어보려는 계획도 수립되었다.[680]

드디어 1938년 5월 중앙보육학교 학생들과 교사들은 세 들어 있던 피어
슨 성경학원을 떠나 새 교사校舍로 이사했다.[681] 학생들은 희망과 기쁨에
넘쳤고, 새 교사校舍는 학생들의 큰 자랑이 되었다.[682] 중앙보육학교를 방
문한 언론사 기자는 "한적하고 아름다운 환경 명수대 교사에서 소요하는
학생들을 보면 지상낙원의 아가씨들 같다."고 묘사하며 학교의 자연환경과
교육환경을 높이 평가했다.[683]

이상과 같은 학교발전을 가능하게 하기 위해 임영신은 한인교포뿐 아니
라 미국인 특히 미국사회의 유력자들에게 한국여성고등교육을 위한 기부
를 호소하며 적극적으로 모금운동을 전개했다. 이 과정에서 임영신은 미국
인 교육가(대학총장)들의 학교발전 기금모금을 모델로 삼았다.[684] 이화여

---

678) 「교문 나서는 재원 순방기 4 : 중앙보육학교」, 『동아일보』 1938년 2월 2일.
679) 「명년에 새 집으로 이사할 중앙보육의 산파, 중앙보육 부교장 차사백」, 『동아일
    보』 1938년 1월 4일.
680) 「명수대 신교사로 중앙보육교 이전」, 『동아일보』 1938년 5월 3일.
681) 명수대 신교사로 중앙보육교 이전」, 『동아일보』 1938년 5월 3일.
682) 『여성』, 1938.10 ; 『중앙대학교 50년사』, 96쪽.
683) 『중앙대학교 50년사』, 95쪽.

전 교장 앨리스 아펜젤러 선교사는 여자종합대학교를 목표로 신촌에 학교
부지를 마련하고, 법률상 각종학교(비정규교육기관)였던 이화학당 대학과
를 정규교육기관인 사립여자전문학교로 인가받았다. 학교건물 신축을 위
해 국내와 미국에서 모금운동을 전개하여 마침내 1935년 이화여전 신촌캠
퍼스 시대를 열게 한 인물이었다.[685] 임영신은 앨리스 아펜젤러의 비전과
활동, 이화여전의 발전과정을 모델로 삼았다. 마침 임영신이 재도미한
1937년에 앨리스 아펜젤러는 안식년을 지내기 위해 미국에 머무르고 있었
다. 임영신은 앨리스 아펜젤러에게 학교신축계획에 대해 의논했고, 앨리스
아펜젤러는 독지가 애니 파이퍼(Annie Merner Pfeiffer)에게 임영신을 소개
했다.[686] 애니 파이퍼는 이화여전 신촌 캠퍼스의 본관을 비롯해 건물 신축
자금으로 엄청난 액수를 기부했던 인물이었다. 임영신의 꾸준한 방문과 앨
리스 아펜젤러의 소개 덕분에 애니 파이퍼는 임영신을 신뢰하고 중앙보육
학교의 발전을 위해 많은 기부금을 희사하게 되었다.[687]

한편으로 임영신은 미국인들이 한국여성을 위한 교육 사업에 돈을 기부
하는 것 못지않게 한국에 관심을 가지길 원했다. 한국(한국문화 등)을 모르
는 미국인들에게 한국을 알리는 것이 필요하다고 생각했다.[688] 미국언론은
임영신에 대한 이야기를 소개하며 한국여성교육을 위한 모금운동에 미국
인의 관심을 촉구했다.[689] 『뉴욕 선』 신문에는 한복을 입은 임영신의 사진

---

684) 임영신, 『나의 40년 투쟁사』, 173~175쪽. 남가주대학교 총장 클라인스미드(Rufus
von Kleinsmid), 버크넬(Bucknell)대학 총장 마쓰(Arnaud C. Marts).

685) 김성은, 『아펜젤러 : 한국 근대 여성교육의 기틀을 다지다』, 61~85쪽.

686) 임영신은 제1차 도미 전 이화학당에서 교사로 근무한 적이 있기에 앨리스 아펜젤
러와 친분이 있었다.

687) 「반석 우에 선 중앙보육교, 100만원의 재단 성립, 25주년 기념으로 전문 승격도
운동, 환향한 임영신 교장의 선물」, 『동아일보』 1940년 6월 13일 ; 임영신, 「나의
이력서」, 952쪽 ; Korean Student Bulletin, 1937.10~11.

688) 임영신, 『나의 40년 투쟁사』, 176쪽.

689) "College for Teacher Training", Bulletin of Research and Review, 1937.11 : 『승당임
영신박사문집』 2, 1001~1002쪽.

과 함께 임영신에 대한 소개글이 보도되었다.[690] 임영신에게 뜻깊었던 일
은 미국대통령 부인 엘리노어 루즈벨트(Eleanor Roosevelt)를 만나 한국여
성교육사업에 대해 설명하고 도움을 요청하는 한편 한국을 소개할 수 있
는 기회를 갖게 된 것이었다. 임영신의 바람대로, 엘리노어 루즈벨트는 임
영신과의 만남을 계기로 한국과 한국인에 대해서 보다 더 많은 관심을 가
지게 되었다. 그리고 임영신과의 대화에서 받은 감동을 『World Telegram』
(1937.8.21)이라는 뉴욕 일간신문에 기고했다. 엘리노어 루즈벨트는 한국여
성 임영신과 그가 하고 있는 여성교육사업에 대해 다음과 같이 기술했다.

> 임영신은 나에게 현재 80%의 여성들이 문맹이며, 소녀들이 매우 아름
> 다운 수공품을 만듦에도 불구하고 교육을 받지 못해 사업을 하거나 전
> 문적인 지위를 가질 수 없다고 말해주었다. 이러한 교육을 주는 것이
> 그녀의 목표이다. 그녀는 여기 미국에서 교육에 관심이 있고 또 극동에
> 관심이 있는 미국인들의 도움을 얻고자 한다. 우리 가운데 중국과 일본
> 의 학교에 관심을 가졌던 사람은 많다. 그러나 한국에 관해서는 잘 알
> 지 못한다. 나는 **한국인들이 중국과 일본과는 확연히 다른 언어를 가지
> 고 있음을 알게 되었다. 또한 임영신은 한국역사에 대해 많은 이야기를
> 해 주었다.**[691]

엘리노어 루즈벨트의 기고문은 미국 상류사회 인사들이 임영신의 모금
에 더욱 흥미를 갖고 도움을 주게 되는 전환점이 되었고, 미국사회에 한국
인의 활동과 한국문화를 알리고 그들에게 깊은 인상을 심어주는데 일정한
역할을 했다. 또한 임영신은 모금운동을 통해 경제적, 문화적 성과뿐만 아
니라 독립운동에 도움이 될 만한 미국인 유력자들과의 인맥 형성이라는

---

690) 「태평양 건너온 소식, 임영신씨 미국서 대활동, 중앙보육에 큰 기쁨이 있을 듯」,
　　『조선일보』 1937년 8월 3일.
691) "Korean Educator Meets Mrs. Roosevelt, First Lady of the Land Writes About
　　Talking with Miss Louise Yim", *Korean Student Bulletin*, 1937.10~11.

부수적 성과를 거두었다.[692]

임영신은 1940년에 귀국하기까지 만3년(1937.3~1940.5) 동안 미국 전역을 돌며 각지의 교육시설 특히 여성교육기관을 시찰하는 한편 모금운동을 전개했다. 이 결과 중앙보육학교의 신축건물을 완공했고, 중앙보육학교 후원회로 뉴욕에 애니 머너 파이퍼 재단(30만불)을 설립했다. 당시 30만불은 국내 돈으로 100~140만원에 해당하는 큰 액수였다. 학교발전계획은 임영신이 중앙보육학교를 인수한 1935년 10만원 재단 설립과 학생 500여 명을 수용할 교사 신축 계획안으로 시작되었다. 2년 후인 1937년에는 20~30만원 재단 설립과 학생 1,000여 명을 수용할 교사 신축 계획안으로 확대되었다. 임영신의 중앙보육학교 발전안은 1937년 3층 석조건물의 교사 신축, 1940년 80여 명을 수용할 수 있는 기숙사 신축, 100~140만원 상당의 학교후원 재단 설립으로 실현되었다.[693]

임영신은 선교회 등 외부단체의 보조 없이 개인의 역량을 발휘하여 사업과 모금, 후원금으로 학교의 부지를 매입하고 건물을 신축하며 재정의 기초를 확립하는 엄청난 성과를 이루어냈다. 중앙보육학교의 발전은 독립운동의 대안으로 여성교육사업을 구상하고 추진했던 임영신의 비전과 노력으로 거둔 성과였다. 또한 '평화와 인종간의 진정한 이해는 교육을 통해서만 가능하다.'고 생각했던 애니 파이퍼, 굶주림과 소외로 고통 받는 이들에게 단순히 구제품을 제공하는 것에 그치지 않고 '암흑으로부터 벗어나는 수단으로써의 교육'을 적극 지지했던 제시 암스트롱(Jessie W. Armstrong)같은 미국기독교인의 이상과 후원으로 맺어진 결실이었다. 나아가 한국인의 손으로 운영되는 학교, 한국여성에 의한 한국여성고등교육, 교육의 확대를

---

692) 임영신, 「나의 이력서」, 952쪽.
693) 「삼십만불 재단을 선물로 중앙보육 임영신교장 귀국, 연내로 전문학교 승격 실현 기도」, 『조선일보』, 1940년 6월 13일 ; 「반석 우에 선 중앙보육교, 100만원의 재단 성립」, 『동아일보』 1940년 6월 13일 ; 「반석 우에 오른 중앙보육, 140만원 재단 완성」, 『동아일보』 1940년 7월 31일.

원했던 한국사회의 열망을 실현했다는데 큰 의의가 있다.

　1940년 미국에서 귀국한 직후 임영신은 "국내 재단법인 수속도 곧 하겠고 학교 창립 25주년 기념으로 전문학교 승격운동과 증과 수속도 하겠다."는 포부를 밝히며 궁극적으로 종합대학으로의 발전을 꿈꾸었다.[694] 그러나 1941년 12월 일본의 태평양전쟁 도발로 미국과의 교류와 자금 유입이 중단되었고, 1944년 일제에 의해 신입생 모집이 중단되었다. 전시체제가 강화되면서 끊임없이 일제협력을 강요당하는 상황에서 임영신은 1945년 3월 17회 졸업생을 마지막으로 폐교를 선택했다. 학교 건물은 철도학교에 임대했다.[695] 이렇게 하여 여성고등교육을 위한 임영신의 학교발전계획 추진은 중단되었지만, 해방 후 1953년 중앙대학교가 종합대학교로 승격되면서 꿈은 실현되었다.

694)「반석 우에 선 중앙보육교, 100만원의 재단 성립」,『동아일보』1940년 6월 13일.
695)『중앙대학교 80년사』, 137쪽 ; 임영신,『나의 40년 투쟁사』, 184~192쪽 ; 임영신,「나의 이력서」, 954~947쪽 참조 : 전시 일제교육정책은 고등교육과는 거리가 멀어 이화여전조차 1년 단기과정의 지도자연성소로 운영되었다. 임영신 개인도 일제협력행위를 강요하는 일경의 고문과 협박에 큰 고통을 겪었다.

제4장 방신영의 『조선요리제법』 저술과 사회활동

　방신영方信榮(1890~1977)은 한국 최초로 근대식 한국음식 요리책을 출판한 요리연구가이다. 또한 식민지시기 여자중등학교 교사, 이화여자전문학교 가사과 교수를 역임한 교육가이며, 기독교여자청년회(YWCA), 망월구락부, 근우회에 참여했던 여성운동가이다.[696]

　그가 저술한 『조선요리제법』은 식민지시기를 거쳐 해방 이후까지 반세기 동안 인기를 모은 베스트셀러이자 스테디셀러였다. 방신영이 책 제목 "조선요리제법" 앞에 "만가필비萬家必備" "주부의 동무"라고 부기했듯이 『조선요리제법』은 당대 한국인 가정과 주부의 필수품처럼 여겨졌다. 『조선요리제법』은 해방 후 『조선음식 만드는 법』(1946), 『우리나라 음식 만드는 법』(1952)이라는 제목으로 개정 증보되었다. 『조선요리제법』(광학서포, 1917)은 1917년 처음 출판된 이래 개정 증보를 거쳐 『우리나라 음식 만드는 법』(장충도서출판사, 1960)까지 33판이 출간되었을 정도로 인기를 끌었다.

---

696) 1890년 서울 출생으로 1910년 정신여학교 졸업 후 정신여학교 교사와 기숙사 사감을 맡았다. 1917년 『조선요리제법』을 신문관과 광학서포에서 발행했다. 1925~26년 도쿄영양요리학원(일설 영양연구소, 도쿄영양학교) 수료(diploma)하고 1926~29년 정신여학교 교사를 지냈다. 근우회에 주도적으로 참여했다. 1932년 경성여자상업학교 교사, 1933년 배화여학교 교사로 재직했다. 1929~39년 이화여전 가사과 교수(1935~39년 과장), 1938년 일본연수, 1939년 이화 창립 53주년 기념식에서 10년 근속 표창을 받았다. 1949년 미 캔사스주립대 영양학 연수 후 1950년 귀국했다. 1952년 정년퇴임 이후에도 적극적으로 사회활동에 참여했다. 1977년 숙환으로 사망하였다.

방신영은 자신의 전문지식을 살려 식민지시기 이화여전, 해방 후 이화여대에서 한국음식 만드는 법을 가르치며 가정학 전공교육에 매진해 가정학을 근대학문, 고등교육과정으로 정립하는데 기여했다.

1967년 과학기술자의 후생복지를 도모하고 과학기술을 진흥하기 위해 재단법인 과학기술후원회(회장 윤일선)가 발족되었다. 그 첫 사업이 고령으로 정년퇴직한 '한국과학기술 진흥에 일생을 바쳐온 과학기술자' 9명을 선정해 생활비와 연구지원금을 지급하는 것이었다. 방신영은 선정된 9명 가운데 유일한 여성이었다. 23년 동안 이화여대에서 봉직한 경력과 『조선요리제법』의 저술이 주요업적으로 부각되었다.[697] 주목할 점은 방신영이 '영양학 전공' 과학기술자로 분류되어 당대 각 분야에 뛰어난 업적을 남긴 남자과학기술자들과 나란히 그 공로를 인정받았다는 점이다. 전통요리법, 가정학 분야가 근대학문이자 과학기술분야로 간주되어 그 공헌을 인정받았다는데 큰 의의가 있다.

방신영은 전통적으로 여성의 고유영역인 음식 만들기와 가사에 근대성을 부여해 '요리제법' '영양학' '가정학'으로 재탄생시켰다. 이를 통해 각 가정에 실질적 도움을 제공하는 한편 근대여성고등교육 발전에 기여했다. 뿐만 아니라 여권의식과 사회의식을 가지고 여성단체에 적극적으로 참여해 활발하게 활동했다. 방신영의 삶은 전통과 근대성의 조화, 전통의 재발견과 근대적 계승이라는 면에서 주목할 만하다.

그럼에도 방신영에 관한 연구는 전무한 상황이다. 본고는 이러한 문제의식을 가지고 방신영의 업적과 활동을 조명해보았다.

---

697) 「지원받는 과학의 길」, 『경향신문』 1968년 8월 10일.

1. 전통음식문화의 근대적 체계화

1) 가정요리책 저술의 배경과 경과

방신영의 『조선요리제법』은 우리 음식 만드는 법에 관한 가장 기본이 되고 필수적인 책으로 "장안의 지가紙價(종이값-필자 주)를 올렸다"는 기사가 있을 정도로 시중에서 많이 팔린 책이었다. 1917년 발간된 이후 개정 증보를 거듭하며 1960년 『우리나라 음식 만드는 법』까지 33판이 출간되었다. 이 책은 우리 음식을 전반적·체계적으로 정리해 한국음식의 과학적 요리법을 소개하고 마지막에 식단표까지 제시한 조리서이다. 동시대 지식인인 김활란, 백낙준은 이 책의 서문에서 우리 음식과 조리법이 단순히 먹고 마시는 생존도구의 차원을 넘어선 "문화"라고 부각했다. 우리 음식이 "우리문화와 전통" "문화유산"이라는 면에서 이 책의 가치를 높게 평가했다.

방신영은 서문에서 이 책을 쓰게 된 동기를 다음과 같이 밝히고 있다.

> 이 책이 세상에 나온 지도 어느 듯 45년이 지났다. 45년 전 그 때 선생님 한 분이 계셨으니, 그 분은 애국지사의 한 분으로 몸을 나라에 바쳐서 애국정신을 길러주시는 한편 계몽사업에 열중하신 분이시었다. 방방곡곡으로 다니시면서 수천만 군중을 울리시고 곳곳에 학교를 세우시고 또 지도자 양성에 전력을 기울이신 분이었으니, 이 분이 고 최광옥 선생이시었다. 오랜 감옥생활과 아울러 너무 과로하신 결과에 일찍이 세상을 떠나시게 되었다. 세상을 떠나시기 얼마 전 하루는 나에게 큰 충격을 주신 것이 동기가 되어, 그 날부터 나는 붓을 들기로 시작을 하였던 것이다. 그 분은 이렇게 말씀하셨다. "한적한 우리 여성사회에 큰 도움이 되라!"

민족운동가 최광옥은 방신영에게 우리 음식문화의 중요성을 일깨워주고 이를 기록으로 남기도록 동기를 부여했다. 이를 계기로 방신영은 우리

음식문화를 정리하고 집대성하는 것이 우리문화를 계승 발전시키는 길이
며 여성계에 도움이 되는 일이라고 생각하게 되었고, 이를 실천에 옮겼다.

방신영은 최광옥이 경신학교 교사로 재직할 때 가르친 학생의 여동생이
었다. 방신영의 어머니는 아들의 선생님인 최광옥을 종종 집에 초대해 식
사를 대접하곤 했다. 최광옥은 방신영의 어머니의 음식솜씨에 매우 깊은
인상을 받았다. 그리하여 당시 여학교 학생이었던 방신영에게 전통음식문
화 계승의 필요성과 가치를 강조하며 어머니의 조리법을 기록해보라고 격
려했다. 또한 여자교육의 필요성을 매우 강조했다.[698] 이를 계기로 방신영
은 사명감을 가지고 어머니에게서 음식조리법을 전수받아 기록하는 일에
매진했다. 최광옥과의 만남은 잠깐이었지만 방신영의 삶과 진로에 큰 영향
을 주었다. 베스트셀러, 스테디셀러 작가로서 방신영의 인생은 이때 움트
기 시작했다고 해도 과언이 아니다.

방신영의 책 집필에 가장 기본이 되었던 것은 조상 대대로 전해온 음식
문화를 바탕으로 한 어머니의 요리법이었다. 본문에 "나는 나의 어머니 앞
을 떠나지 않고 날마다 정성껏 차근차근 일러 주시는 대로 꾸준히 기록해
놓은 것이 나중에 보니 꽤 많았다"고 했다. 내용으로는 한식의 가장 기본
이 되는 밥, 국, 찌개, 전골, 찜, 볶음, 조림, 무침, 장아찌, 김치, 김장김치,
장, 젓, 나물, 구이 등을 만드는 방법이 소개되었다.[699]

당시 한국요리계는 "여자로서 응당 잘 할 것 같지만 실상은 잘하는 이
가 드물고 더구나 학리상, 실제상으로 연구하고 실험해 보는 이가 없는"
상황이었다.[700] 안메례는 "한국음식 가운데는 세계적인 음식이 될 만한 것

---

698) 최기영, 「한말 최광옥의 교육활동과 국권회복운동」, 『한국근현대사연구』 34, 2005,
52쪽 ; 방신영, 「나의 갈 길을 가르쳐주신 최광옥 선생」, 『우리나라 음식 만드는
법』, 장충도서출판사, 1960, 머리말 ; 최이권, 『최광옥 略傳과 遺著문제』, 동아출
판사, 1977, 62~63쪽.

699) 방신영, 『우리나라 음식 만드는 법』, 청구문화사, 1954, 1쪽 ; 『우리나라 음식 만
드는 법』, 청구문화사, 1956, 1쪽.

700) 「讀者여러분께 보내는 名士 諸氏의 年頭感, 年賀狀 代身으로 原稿 着順」, 『별

이 많지만, 연구가 부족하고 그 증명과 발표가 없어서 아직도 유치기에 있다"고 지적했다. 표준이 없어 조리법이 통일되지 못하고, 분석이 없어서 영양가가 얼마나 있는지 모르는 실정이었다.[701] 이러한 문제를 일찌감치 인식했던 방신영은 1920년대 중반 일본유학을 떠나 도쿄영양학교(영양연구소)에서 '영양학'을 공부했다. 이를 통해 조선요리에 과학적, 이론적 측면을 보완하고자 했다.[702] 그러나 "方信榮여사의 『조선요리제법』대로 음식을 만들어 보면 '짜지 않으면 싱겁고 타지 않으면 설더라.' "는 농담 섞인 비판이 있었을 만큼 요리제법의 표준화와 통일은 쉽지 않은 과제였다.[703]

방신영은 1926년 '가정개량'에 관한 각 여학교 교사들의 인터뷰 기사에서 다음과 같이 지적했다. "조선요리는 다른 나라 음식에 비해 영양의 가치가 떨어집니다. 또 만드는 시간이 불규칙하며, 분량이 너무 많아 경제적으로 보아 남의 나라 음식보다 훨씬 떨어집니다." 따라서 가정주부는 '영양, 시간, 경제'를 염두에 두고 음식을 연구하고 개량해나갈 필요가 있다고 강조했다. 이때는 방신영이 도쿄영양학교에서 영양학을 연구하고 귀국한 다음해로, 요리에 '영양'이라는 개념이 확고하게 자리 잡고 있는 점이 특징적이다. 또한 '어린이를 위한 음식' '병자를 위한 음식'이라는 개념을 음식에 도입해 음식의 기능성을 강조했다.[704] 다음 인용문에는 음식에 대한 방신영의 영양학적 관점이 드러나 있다.

"지금처럼 밥을 많이 먹지 않고 조금씩 먹고 사는 방법"을 묻는 기자에

건곤』 36, 1931.1, 64쪽.

701) 「음식, 번거로운 조선음식 어떻게 고쳐볼까 : 안메레 담」, 『동아일보』 1935년 1월 1일.

702) 「米國, 中國, 日本에 다녀온 女流人物 評判記, 해외에서는 무엇을 배웟스며 도라와서는 무엇을 하는가?」, 『별건곤』 4, 1927.2, 21쪽.

703) 金八蓮, 「新村동산에 爛然하게 핀 大梨花의 푸로펫사들, 梨花女敎授陣」, 『삼천리』 7-3, 1935.3, 136쪽.

704) 「가정개량에 관한 각 여학교 선생님들의 말슴 3」, 『동아일보』 1927년 1월 3일.

게 "밥만 먹는 것이 관습"이 되어서 그런 것이라고 그 원인을 분석했다. 그리고 밥을 지금보다 적게 먹는 대신 영양가 있는 것, 예를 들어 상당한 채소를 조화되게 잘 먹으면 된다고 대답했다.[705]

방신영의 『조선요리제법』이 처음 출간된 지 1년 만에 재판을 찍어야 할만큼 폭발적인 인기를 끌면서 방신영의 이름도 유명해졌다.[706] 일본유학후에는 『조선요리제법』 저자에 '도쿄유학생 출신'이라는 수식어가 더해져더욱 저명인사가 되었다.[707] 다음의 인용기사에는 요리전문가로서 방신영의 실력과 명성이 드러나 있다.

해마다 경성 연지동 정신여학교 바자회에 가서 특설식당의 음식을 사먹어 보고는 누구나 탄복치 않는 이가 업는데 그 음식이 누구의 손을거처 그렇게 맛있고 보기 조케 되야 나오는지는 아는 이야 알고 모르는이는 모르지만 그야말로 조선서는 유일의 녀류 료리가 방신영 녀사의머리와 손을 빌어서 만드러 나오는 것이라 한다.[708]

비슷한 사례로 정신여학교를 포함한 여학교들의 바자회 기사를 들 수있다. 방신영은 김영순과 함께 정신여학교의 가정학 담당교사로 정신여학교 바자회를 이끌었다. 여학교 바자회 행사를 취재했던 기자가 "방신영표약식이나 과자는 정신여학교의 가장 특별한 자랑거리가 될 뿐 아니라 바자회 왔다가는 부인들의 선물거리로도 훌륭하다"고 추천할 정도로, 방신영은 요리의 대가로 인정받고 있었다.[709]

---

705) 「一問一答記 6」, 『별건곤』 36, 1931.1, 54쪽.
706) 「새 학기도 두 달밧게, 부내 여학교 소개」, 『동아일보』 1925년 1월 23일 ; 「광무 융희시대의 신여성 총관」, 『삼천리』 15, 1931.5, 69쪽.
707) 金八蓮, 「新村동산에 爛然하게 핀 大梨花의 푸로펫서들, 梨花女敎授陣」, 『삼천리』 7-3, 1935.3, 136쪽.
708) 「讀者여러분께 보내는 名士 諸氏의 年頭感, 年賀狀 代身으로 原稿 着順」, 『별건곤』 36, 1931.1, 64쪽.

　방신영의 『조선요리제법』이 세상에 나온 후 베스트셀러이자 스테디셀러가 되면서 여러 개정 증보판이 발간되었다. 인기에 편승하여 이 책을 표절한 요리책이 등장했다. 1930년 11월 강의영이 출간한 『조선무쌍신식요리제법』이다.[710] 이에 대응하여 1933년 4월 20일 방신영외 1인은 강의영이 자신의 저작권을 침해했다며 법원에 2,500엔의 손해배상청구소송을 제기했다. 강의영의 『조선무쌍신식요리제법』 내용이 방신영의 『조선요리제법』 전부를 복사해 무단으로 저작권을 침해했기 때문이다.[711] 1933년 7월 21일자 경성지방법원 판결에 따르면, 방신영외 1인은 요청한 금액대로 다 배상받지는 못했지만, 310원의 배상과 저작권을 침해한 책의 판매 금지라는 판결을 받아 승소했다.[712] 이 소송은 복심법원(현재 고등법원)까지 올라가, 1934년 4월17일 경성복심법원 민사부 판결까지 받았다.[713] 식민지시기 저작권 소송과 판결은 방신영 포함 총2건으로 매우 희귀한 사례였다.[714] 방신영은 오늘날 주요 이슈로 제도와 캠페인을 통해 겨우 정착되고 있는 저작권문제를 중대한 소유권 침해로 인식했다. 지금으로부터 90년 전에 그것도 식민지시기 한 여성이 지적재산권 침해를 인식하고 법정에 민사소송을 제기해 배상금을 청구했다는 사실은 주목할 만하다. 1930년대 초반 여성지식인이 자신이 저술한 요리책의 독창성과 저작권에 대한 권리의식을 가지고 지적재산권을 주장하며 배상금을 청구했다는 면에서 선구적인 사례이다.

　방신영은 강연 이외에도 꾸준히 잡지, 신문에 글을 기고해 "채소소독

---

709) 雙S, 돌이, 「아홉 女學校 빠사會 九景」, 『별건곤』 4, 1927.2, 53쪽.

710) 「출판일보」, 『동아일보』 1930년 11월 14일.

711) 「料理の本で 著作權 侵害」, 『大阪每日新聞 朝鮮版』 1933年 4月 22日 ; 「문제된 요리법 책 저작권 침해로 소송 원고가 된 방신영 여사 2500원을 청구」, 『조선중앙일보』 1933년 4월 23일.

712) 「저작권 侵害訴 방여사가 승소, 21일 경성법원에서, 『요리제법』 모작사건」, 『조선중앙일보』 1933년 7월 23일.

713) 『조선사법협회잡지』 13-5, 1934.

714) 정광현, 「저작권 법안의 재비판 1」, 『동아일보』 1956년 3월 27일.

법"[715] "조선인의 일상식료품에 대하여"[716] "주부와 요리"[717] "영양소란 무
엇인가"[718]와 같은 글을 게재해 음식문화계몽에 앞장섰다. 이외에도 "(입
다 남은 옷은 찢어서 따가지고) 방석을 만들 것"[719] "(마루에) 불 피우는
곳을 만들 것"[720] "(부엌과 마루를) 꼭 방과 같이 만들고 밝고 규칙 있게
할 것"[721] "부엌일의 능률, 식모 없이 살 수 있는 방법, 부엌은 너무 넓어도
좁아도 못 쓴다"와 같은 생활개선방안을 제안했다.

이화여전 가사과 교수 모리스(Harriet P. Morris) 선교사는 방신영이 이화
여전 가사과 교수가 되어 『조선요리제법』을 토대로 강의를 할 때 열심히
청강했다.[722] 미국으로 귀국한 뒤 모리스는 방신영에게 틈틈이 배운 한국
요리 가운데 미국인의 입맛에 맞는 음식을 중심으로 요리책 *The Art of
Korean Cooking*(1943년 초판), *Korean Recipes*(Wichta, Kansas, 1945)을 출
간해 큰 호평을 받았다. 해방 후 1949년 방신영은 모리스 선교사의 초청으
로 미국으로 건너가 캔사스주립대학교에서 1년 동안 연구했다. 이 비용은
모리스가 미국에서 한국요리책을 출간하고 이를 판매한 수익으로 충당되
었다.[723]

---

715) 「채소의 소독법」, 『동아일보』 1927년 5월 29일.
716) 「중앙교회 사교부 추계 상식 강좌」, 『동아일보』 1932년 10월 16일.
717) 「주부와 요리」, 『여성』 1-3, 1936.6, 36~37쪽.
718) 「신영양독본 : 영양소란 무엇인가」, 『가정지우』 27, 1939.12, 33~36쪽.
719) 「가정으로부터 출발할 우리의 신생활운동 1」, 『동아일보』 1935년 1월 2일.
720) 「마루, 겨울이면 무용지물! 이용 방도는 무엇?」, 『동아일보』 1935년 1월 1일.
721) 「우리의 부엌과 마루를 이상적으로 고치자면」, 『동아일보』 1935년 1월 4일.
722) 민숙현·박해경, 『한가람 봄바람에』, 지인사, 1981, 455쪽.
723) Harriett Morris, *Korean Recipes*, Wichta, Kansas, 1945 : 참고로 모리스의 책에 관한
    기존의 설명 가운데 모리스가 방신영의 『조선요리제법』을 영문으로 발간한 것이
    라고 소개한 경우가 있어서 직접 확인해 본 결과, *Korean Recipes*(서문 포함)에는
    방신영과 그의 요리책에 관한 언급이 없다. ; 모리스가 저술한 *The Art of Korean
    Cooking*은 1943년 초판, 1979년 현재 14판으로 미국에서 인기리에 판매되었다
    (『이화 가정학 50년사』, 이화여대출판부, 1979, 176~178쪽).

2) 『조선요리제법』의 개정증보와 의의

현존하는 자료에 의하면 방신영의 『조선요리제법』이 최초로 발간된 것은 1917년이며 신문관·광학서포에서 공동으로 출간되었다. 내용은 순한글로 되었으며, 책 제목은 "죠선료리제법"이라고 되어 있으되 책 내지에는 萬家必備 朝鮮料理製法(죠선료리만드는법)이라고 부기되어 있다. 정가는 40전이었다. 뒷장에는 조그만 타원 안에 한자로 "복제불허" 표시가 있었다. 방신영이 자신의 첫 저서를 세상에 내놓을 때부터 저작권 침해를 경계하며 자신의 지적 재산권과 저작권을 지키겠다는 권리의식을 가지고 있었음을 알 수 있다.

이 책의 서문은 위관 이용기가 썼다. 이용기는 서문에서 방신영의 요리책이 세상과 사람을 유익하게 한다며 그 공로를 치하했다.

> 대체로 음식이란 것은 문건과 솜씨를 몹시 찾는 것이니 마찬가지 훌륭한 감을 가지고도 맛과 꼴을 만들지 못하고 죠와 격을 이루지 못해 음식 모양이 사나운 때에 집안 모양이 따라 사나운 사실은 흔히 있는 일이라.… 진실로 솜씨 곧 없으면 좋은 가음과 많은 거리로써 암만 애를 쓰고 정성을 드려도 맛있는 음식을 남의 입에 넣어줄 수 없는 것이니… 갖가지 음식 만드는 법을 가장 차례 있고 가장 알기 쉽게 편집해 아무리 궁벽한 곳에서와 무무한 집에서와 무재주한 사람이라도 이 책 한 권만 가지면 일등 솜씨를 저절로 얻고 일등 음식을 임의로 만들어 소채라도 고량보다 맛나게 하고 같은 고량이라도 갑절 맛나게 할 수 있는지라(현대어로 번역).[724]

방신영은 민간에 전승하는 한국음식조리법을 체계적으로 정리 보급했다. 궁중음식이나 양반가 음식이라기보다 일반 가정주부가 가족이나 손님

---

724) 방신영, 『죠선료리제법』, 신문관·광학서포, 1917(고려대학교 소장), 1~3쪽 ; 방신영, 『죠선료리제법』, 1918(독립기념관 소장), 1~2쪽.

을 위한 상차림에 도움이 되는 내용을 위주로 책을 구성했다. 음식조리법
을 장, 국, 찌개, 지짐이, 나물, 무침, 포, 전유어, 산적, 찜, 회, 기타 반찬
순으로 소개했고, 이어 다식, 정과, 어채, 화채, 유밀과, 강정 등의 후식, 이
어 밥, 죽, 미음, 암죽, 떡, 김치, 젓 담그는 법, 그리고 차 만드는 법을 기술
했다. 이와 함께 과일과 채소 보관법, 상극류 등 꼭 알아두어야 할 음식 관
련 상식에 대해 기술했다. 한국음식을 위주로 기술하되, 일본요리, 서양요
리, 중국요리 만드는 법도 소개했다. 부록으로 약주 제조법을 부기했다.[725]

　1921년 광익서관에서 3판으로 출간된 『朝鮮料理製法』에는 방신영이 쓴
서문이 실려 있다.[726] 방신영은 자신이 저술한 책의 의의를 다음과 같이 피
력했다.

> 인류생활에 제일 필요한 것은 음식이니 음식은 곧 우리 생명을 유지케
> 하는 것이라. 생명을 귀중히 여기는 자 어찌 식물(食物)을 선택하지 않
> 으며 음식 만드는 법에 대해 연구치 않으리오. 그럼으로 과학이 발달되
> 고 위생사상이 보급된 각국에서는 식물에 대한 연구와 음식 만드는 법
> 에 대한 노력이 적지 않은 것입니다.… 촌 가정을 들여다보면 같은 좋
> 은 재료를 가지고도 볼품없이 맛없이 만들어 먹는 가정이 얼마나 많은
> 지 모르는 것입니다. 제가 이러한 것을 볼 때에는 우리 조선에 가정의
> 교육까지 제일치 못한 것을 크게 애석히 여기는 동시에 이러한 일에 대
> 해 도움이 될 만한 책도 한 가지 없음을 더욱 크게 유감으로 여겼습니
> 다.… 우리 조선 가정에 만분의 일이라도 도움과 편의가 되기를 원함이
> 오니[727]

　서문에는 음식에 관한 방신영의 인식과 저술 동기가 나타나있다. 음식
물과 음식 만드는 법에 대한 연구는 생명유지에 필수적 요소로 인류생활

---

725) 방신영, 『죠선료리제법』, 신문관·광학서포, 1917(고려대 소장), 1~6쪽
726) 방신영이 쓴 서문 바로 뒤에 이용기가 쓴 서문이 실려 있다.
727) 방신영, 『朝鮮料理製法』, 광익서관, 1921, 1~2쪽.

에 가장 필요한 작업으로, 과학이 발달하고 위생이 보급된 선진국과 문명
국일수록 요리연구와 음식문화가 융성하다고 했다. 요리법의 중요성과 필
요성을 과학과 위생의 관점에서 강조하고 있다. 또한 자신의 저서가 한국
역사상 최초의 근대적 요리서이며, 조선의 각 가정에 도움이 되기를 바란
다고 피력했다. 이는 방신영이 요리연구의 중요성과 근대성을 강조해 요리
책 발간의 필요성과 의의를 부각한 것이었다.[728]

방신영은 당초 자신이 저술한 『죠선료리졔법』이 자신의 경험에 의한 것
이 아니라 어머니의 경험을 그대로 전수받아 기록한 것이며, 그 한계점과
미흡함을 보완하기 위해 교정과 증보를 거처 제3판을 출간하게 되었다고
밝혔다. 이처럼 방신영은 자신의 저서를 더욱 보완해 대중의 수요와 필요
에 적극 부응하는 모습을 보였다.[729] 이러한 자세는 5판에도 그대로 이어
졌다. "때는 연소했고 경험도 없었으나 자연으로 일어난 붉은 마음 하나로
어머님 무릎 앞에서 한 가지 한 가지를 여쭈어보고 조고마한 손으로 적어
만들었든 것입니다.… 이에 실지로 경험해본 결과를 가지고서 다시 교정
하고 증보해" 제5판을 출판하게 되었다고 밝혔다.[730]

1924년 조선도서주식회사에서 출판된 방신영의 『됴선료리졔법』에는 이
용기의 서문이 빠지고 대신 구암동인龜岩洞人의 서문이 추가되었다.[731] 구
암동인은 서문을 통해 "영양" 및 "취미"의 측면에서 음식의 가치를 다음과
같이 평가했다.

원래 음식이란 사람의 생활에 두 가지 사명이 있는 것이외다.… 한 가
정에 있어서는 사람의 영양을 도와서 하루의 근로로 말미암아 피로한

---

728) 방신영, 『朝鮮料理製法』, 1~2쪽.
729) 방신영, 『朝鮮料理製法』, 2쪽.
730) 방신영, 「조선요리제법 서문」, 『日日活用 朝鮮料理製法』, 1931(연세대학교 소
장), 1~2쪽.
731) 방신영의 서문 앞에 구암동인(龜岩洞人)의 서문이 실려있다.

육체와 심신을 회복케 하는 동시에 가정의 단란을 도탑게 하고 사교상
으로는 이로 말미암아 화창과 돈목을 더하게 합니다.… 한 나라의 요리
라든지 그 요리법이라는 것은 그 나라의 풍토와 관습과 민족성이라는
깊은 근저로부터 자연히 발달된 것… 그 요리를 잘 만들고 못 만드는
데에 따라서 한국인의 영향과 취미에 큰 관계가 있는 것입니다. 요리법
이 발달되지 못해 좋은 재료로도 십분의 영양을 얻을 것을 오분밖에 얻
지 못한다하면 그 국민의 체질이 허약해질 것은 물론이며, 또 같은
재료로도 솜씨가 좋지 못해 그 맛과 빛과 보임이 그릇될 지경이면 한
집안의 쾌락을 깨트려 국민의 풍화상에 미치는 손실이 얼마나 되겠
습니까.[732]

음식과 요리법은 한 나라의 민족성, 관습, 풍토를 반영하는 문화라는 면
에서 의의를 부각했다. 이와 함께 음식을 조리함에 있어서 영양을 고려할
뿐만 아니라 맛, 형태, 색을 적절하게 살려 감각의 즐거움을 누리도록 하는
것은 심신의 피로회복, 가정의 화목, 국민의 체질 향상에 매우 큰 영향을
끼친다며 '조리의 중요성'을 강조했다. 음식조리법은 영양과 맛, 아름다운
모양과 색을 통해 개인의 피로회복과 가족의 즐거움을 주는 동시에 국민
의 체질향상에 기여한다는데 의의가 있었다.

특히 구암동인은 방신영의『됴선료리제법』이 가정주부, 특히 여학교 출
신으로 가정家政에 서투른 젊은 주부에게 유용할 것이라는 점을 부각했다.
가정주부의 서투름을 바로잡고 애씀을 덜고자 출판된 책이라고 강조했
다.[733] 1929년 방신영이 이화여전 가사과 교수로 부임한 이후 그의 책은 가
사과 여학생들의 교재로 널리 활용되었다. 1931판 책 서문에서 방신영은
"옛 때와 달라서 지금 여자는 부모 앞에 있을 기회가 적은 연고로 자연 책
자의 필요와 각 학교에서 힘써 가르쳐야 할 필요를 더욱 깊이 느꼈습니

---

732) 龜岩洞人, 「'됴선료리 만드는 법'에 대하야」, 방신영, 『됴선료리제법』, 됴선도서
　　주식회사, 1924(연세대학교 소장), 1~3쪽.
733) 龜岩洞人, 「'됴선료리 만드는 법'에 대하야」 2~3쪽.

다."라고 책의 필요성을 부각했다. 1931년판 책의 서문에서 정인보가 기술했듯이, 『됴션료리제법』은 이화여전 여학생들의 가정학 교재로 활용되었다. 실제로 1931년 판 책부터는 "신학기 학교교재"로 활용할 수 있도록 시기를 고려해 출간되었다.[734] 1952년 김활란 역시 서문에서 방신영의 저서가 가정주부의 필수품이자 요리법을 연구하는 가정학 전공생들의 필수품이라고 강조했다.[735]

1931년 한성도서(주식)회사에서 수정증보 5판으로 발간된 방신영의『日日活用 朝鮮料理製法』제일 첫 장은 이 책이 '어머니의 크신 사업이요 선물이며 이 책을 어머니의 영전에 바친다.'는 헌정사로 시작된다. 또한 지은이인 방신영이 쓴 서문의 내용도 상당히 바뀌었다. 이와 함께 이 책을 추천하는 글로 실린 서문의 저자도 바뀌어 미국인 여선교사 마제시, 정인보의 글이 서문으로 실렸다.

서문에서 마제시는 "인간은 요리하는 동물"이라는 정의로 시작한다. 이어서 요리술이 오곡, 고기, 채소 등 음식 재료의 원미를 보장하고 향취를 증가시키며 소화를 조장한다며 그 유용성을 강조했다. 나아가 '요리법을 문화 또는 문명'으로 간주해 "인류가 문명할수록 요리의 기술을 더욱 높이 상찬하게 된다"고 역설했다.[736]

또 다른 서문의 저자 정인보는 이전에 벽초 홍명희가 조선도서회사에서 근무하며『조선요리제법』을 간행할 때, 벽초의 부탁으로 책 제목 글씨를 써 준 인연으로 1931년판 책의 서문을 맡았다. 그는 이 책을 통해 수년전 벽초와의 인연과 어릴 때 요리 관련 책을 보시던 어머니의 추억을 떠올리게 되었다고 기술했다. "조선인의 식성을 조선음식이라야 옳게 맞출 수 있음을 생각할 때 누구나 이에서 한 걸음 더 나아가 깊은 회고와 사무치는

---

734) 방신영, 「조선요리제법 서문」, 『日日活用 朝鮮料理製法』, 한성도서회사, 1931 (연세대학교 소장), 1~2쪽.
735) 방신영, 『우리나라 음식만드는법』, 청구문화사, 1952, 1쪽.
736) 마제시, 「서문」, 방신영, 『日日活用 朝鮮料理製法』, 한성도서회사, 1931, 1쪽.

느낌이 있을 수 있는 것이다"라고 말하며 '조선요리에 깃든 개인의 추억과 민족성'을 보고자 했다.[737]

　1931년판의 특징은 우선 책의 한글 제목 표기가 '조선요리제법'으로 안착된 것을 필두로 전체 글이 보다 현대적으로 오늘날에 가까운 어법의 형태로 기술되었다는 점이다. 서문에서 방신영은 5판으로 발간된 자신의 책한글 표기가 이윤재 선생이 고쳐준 결과물임을 밝히고 그 공로를 치하했다. 방신영의 책은 한글의 표준화 정착과정을 살펴보는데도 중요한 자료가될 것이다. 둘째 무엇보다 방신영이 『조선요리제법』 초판을 출판한 이후그동안의 성과를 되돌아보는 중간평가의 성격을 띠고 있었다. 초판이 2천부 발간된 이래 4판까지 총 8천부가 발간되어 모두 판매되었고, 그럼에도 책에 대한 수요가 계속되어 수정증보판으로 다시 5판을 내게 되었다는 것이다. 그야말로 한국역사상 최초의 베스트셀러이자 스테디셀러의 탄생이었다. 주목할 점으로 자신의 책이 초판 이래 발전하고 진화해왔음을 피력했다.

　1934년을 기점으로 방신영의 『조선요리제법』은 총 1만권이 팔려나갔고그래도 수요가 멈추지 않아 증보판을 찍어야 했다. 1934년 한성도서주식회사에서 증보 7판으로 출간된 방신영의 『조선요리제법』은 책 표지에 한글붓글씨로 '조선요리제법' 그리고 안쪽 표지에는 '主婦의 동무 朝鮮料理製法'으로 표기되었다. 어머니 영전에 바친다는 내용이 책의 맨 앞장에 있고, 제일 첫 번째 서문을 김활란이 썼다. 마제시, 정인보, 방신영의 서문 앞에김활란의 서문이 추가된 것이다. 김활란은 "이 책이 주부측에 가장 인기라는 말은 우리 가정주부들이 그들의 생활을 점점 조직화하고 과학화해가는사실을 증명하는 것이다"라고 하며 방신영의 『조선요리제법』이 근대가정에 필수품으로 자리 잡아가고 있음을 적시했다. 또한 맛뿐만 아니라 영양을 고려해 조리한 음식으로 건강을 유지하고, 건강하게 자기가 맡은 일을

---

737) 정인보, 「서」, 방신영, 『日日活用 朝鮮料理製法』, 2쪽.

능률 있게 하는 것은 곧 가정과 사회에 기여한다는 면에서 요리법의 중요
성을 강조했다.[738]

한성도서주식회사에서 발간된 1937년 증보 8판과 1939년 증보 9판의 책
표지 제목은 한문 인쇄체로『조선요리제법』이라고 되어 있으며 나머지는
7판과 같다(국립중앙도서관 소장).

6·25전쟁의 와중인 1952년 방신영은『조선요리제법』의 제목을『우리나
라 음식만드는법』으로 바꾸어 청구문화사에서 출간했다. 이 책에는 백낙
준·김활란·방신영의 서문이 차례대로 실렸다. 다음은 백낙준의 서문이다.

> 사람은 살기 위해 문화를 만들고 또한 문화를 만들기 위해 사는 것이
> 다.… 문화의 정도가 발달된 민족은 그 문화를 체계화해 그 문화의 업
> 적을 남기는 동시에 후대에 전해 주는 것이 사실이다.… 우리 민족의
> 식생활은 우리 문화생활에 가장 발달된 한 면이다.… 말로만 전하고 솜
> 씨로만 가르친다면 오래지 않아 그 아름다운 법(필자 주-음식 만드는
> 법)을 잃어버리기 쉬운 것이요 또 이 아름다운 법을 골고루 얻어 배우
> 기도 어려운 것이다.… 방여사는 학교에서 가르친 경험과 손수 음식을
> 만들어 본 경험을 모아 이 책을 지었으니 이 책은 단순한 우리 음식 만
> 드는 법만을 가르치는 것이 아니요 우리의 문화와 전통을 후대에 전해
> 주고 발전시키려는 노력과 피땀의 결정이라 하겠다.

이상에서 백낙준은 '문화' 코드에 입각해 한국음식문화에 주목했으며
방신영의 요리책을 '민족전통문화의 계승과 발전'이라고 평가했다. 방신영
의 책은 어머니와 자신의 경험에 근거해 발전시킨 요리책으로 우리 민족
의 문화생활을 대표하는 작품이자 전통문화의 근대적 탄생이라는데 의의
가 있었다.[739]

---

738) 김활란,「요리제법 칠판을 맞으며」, 방신영,『조선요리제법』, 한성도서주식회사,
    1934(국립중앙도서관 소장), 1쪽.
739) 방신영,『우리나라 음식 만드는 법』, 청구문화사, 1952, 1쪽.

1952년 김활란의 서문은 이전과 달라져있었다. 김활란은 먼저 방신영의 책이 "일생을 교육계에서 젊은 학도들과 연구와 시험을 거듭한 결과"라고 하며『우리나라 음식 만드는 법』이 실험과 경험의 축적임을 강조했다. 또한 방신영의『우리나라 음식 만드는 법』을 "자랑스러운 우리 식생활문화"를 대표하는 작품이라고 평가했다. 이와 함께 한국음식은 우리민족의 "문화적 유산"임으로『우리나라 음식 만드는 법』을 통해 한국음식을 배우고 연구하며 시대에 맞게 개량, 발전시켜 나가야한다고 강조했다.[740]

방신영의 서문 역시 이전의 내용과 달라졌다. 방신영은 음식의 가치를 '생명'과 '문화'라는 두 가지 코드로 조명했다. "음식은 문화를 재는 척도"이며, 5천년 역사 동안 독특한 노선으로 발달된 "우리 음식문화는 우리 민족의 자랑"이라고 강조했다. 그리고 자신이 책을 저술해 출판하는 과정에서 '한글 표준말'과 각 가정에서 실제로 쓰는 말 사이의 간극, '물명과 용어의 통일문제'에 고민했음을 밝히고 있다. 요리책 내용뿐 아니라 독자에게 글로 전달되기까지의 형식과 방법을 개선하기 위해서도 끊임없이 노력했다.[741]

2년 뒤인 1954년과 1956년 청구문화사에서 출간된『우리나라 음식 만드는 법』의 서문은 여전히 백낙준, 김활란, 방신영의 글이었다. 방신영은 서문에서 자신이 요리책을 쓰게 된 계기와 이번 책의 특징에 대한 설명을 덧붙였다. 자신이 처음에 어머니의 요리법을 받아 기록하고 이를 요리책으로 출간하게 된 계기를 처음으로 상세하게 밝히고 있다. 이번 책의 특징으로 맨 뒤에 "식단표"를 여러 개 넣어 '영양가를 고려한 음식 만들기'의 모델을 제시했다고 부각했다. 다음은 방신영의 서문이다.

45년 전 그 때 한 분 선생님이 계셨으니 그 분은 애국지사의 한 분으로

---

740) 방신영,『우리나라 음식 만드는 법』, 1쪽.
741) 방신영,『우리나라 음식 만드는 법』, 청구문화사, 1952, 1쪽.

몸을 나라에 바쳐서 애국정신을 길러주시는 한편 계몽사업에 열중하신 분이셨다. 방방곡곡으로 다니시면서 수천만 군중을 울리면서 곳곳에 학교를 세우시고 또 지도자 양성에 전력을 기울이신 분이셨으니 이 분이 고 최광옥 선생이셨다. 오랜 동안을 감옥생활과 아울러 너무 과로하신 결과에 일찍이 세상을 떠나게 되었다. 세상을 떠나시기 얼마 전 하루는 나에게 큰 충격을 주신 것이 동기가 되어 그 날부터 나는 붓을 들기 시작했던 것이다. 나는 나의 어머니 앞을 떠나지 않고 날마다 정성껏 차근차근 일러주시는 대로 꾸준히 기록해 놓은 것이 나중에 보니 꽤 많아 졌던 것이다. 한적한 우리 여성사회에 큰 도움이 되어라하고 간곡히 일러주시던 선생의 그 뜻을 받아 기어이 책을 내기로 했으니… 이와 같은 동기를 일으켜주신 고 최광옥님과 지극히 애써주신 나의 어머님의 은공을 다시 생각하며[742]

방신영은 자신의 역작인 『우리나라 음식 만드는 법』이 최광옥과 어머니 덕분이라고 그 은공을 치하했다. 이전에 출간된 책들에 비해 두드러진 특징은 자신이 어머니의 요리법을 기록하고 출판하게 된 동기가 최광옥이었음을 처음으로 밝혔다는 점이다. 1921년 광익서관에서 3판으로 출간된 『朝鮮料理製法』에서부터 1952년 『우리나라 음식 만드는 법』까지 자신의 서문에 한 번도 언급하지 않았던 사실이다. 1960년 33판으로 장충도서출판사에서 발간된 『우리나라 음식 만드는 법』이 가장 최후에 발간된 책이다. 책이 발간되는 50년 기간 동안 거의 마지막에 이르러서야 자신이 요리책을 집필하게 된 결정적인 동기를 기술했다. 방신영이 40년 넘게 밝히지 않았던 사실을 1954년에 가서 비로소 밝히고 감사를 표하게 되기까지, 심경의 변화를 일으키게 된 동기나 이유는 알 수 없다.

방신영은 1957년 장충도서출판사에서 발간한 『우리나라 음식 만드는 법』 서문에서 "이 책이 세상에 나온 지 어느덧 46년이 지났다"고 기술했다. 이에 따르면 1912년 즈음 책이 처음 출판되었다는 말인데, 현재 찾을 수 있

---

742) 방신영, 『우리나라 음식 만드는 법』, 청구문화사, 1954, 1956, 1쪽.

는 가장 오래 된 『조선요리제법』은 1917년 신문관·광학서포에서 발간된
것이어서 연도가 일치하지 않는다는 문제가 있다.

2. 여성운동과 교육활동

1) 여성운동과 사회운동

　방신영이 요리책을 지었다는 사실만 아는 사람은 그가 여권의식이나 여
성운동과는 먼 인물일 것이라고 생각하기 쉽다. 그러나 방신영은 여성운동
과 사회운동에도 활발하게 참여했다. 1922년 6월에는 김활란, 김필례 등과
함께 조선YWCA 설립을 위해 여자하령회를 조직하고 11일간 강습회를 열
었다. 과목은 종교학, 심리학, 윤리학, 사회학, 세계여자사업, 수양 강연으
로 교양과목에 가까운 성격을 띠었다. 언론에서는 방신영을 포함한 일단의
여성들을 "신진여자"라고 표현하며 아들의 활동에 주목했다.[743]

　1926년 YWCA계열과 사회주의계 여성이 연합해 직업여성의 친선도모
를 목적으로 망월구락부가 조직되었고, YWCA계열의 방신영도 참여했
다.[744] 좌우합작의 분위기와 신간회 조직을 계기로 여성계에서도 통합의
의지를 모으기 시작했다. 1927년 4월 외국에 유학한 한국여성들의 모임인
조선여자친목회 석상에서 "조선여성운동에 대하여 각 방면 운동자가 역량
을 집중해 전국적 기관을 조직하자"는데 의견일치를 보았다. 유각경 외 12
인이 지정되어 각 방면으로 노력한 결과, 40인의 발기인으로 근우회 발기
총회를 열게 되었다.[745] 근우회 발기총회에서는 근우회 강령으로 "조선여
성은 경제적으로 사회적으로 정치적으로 인간적 지위에 있지 못했고, 가정
에 있어서까지 세상과는 벽을 쌓고 살아왔으니, '여성의 지위 향상과 단

---

743) 「여자하령회」, 『동아일보』 1922년 5월 11일.
744) 「知識階級女子로 望月俱樂部組織」, 『시대일보』 1926년 5월 8일.
745) 「근우회 발기회 조선여성의 전국적 기관으로」, 『동아일보』 1927년 4월 27일.

결'''을 내걸기로 약정했다. 창립준비위원 15명을 선정하고 이어 개최된 제
1회 창립준비위원회에서 사무를 분담했다.[746] 1927년 5월 27일 근우회 창
립총회가 열렸고 창립총회에서 21명의 집행위원이 피선되었다. 5월 29일
에는 신임 집행위원회를 열어 각 부를 분담하고 상무를 두었다.[747] 근우회
창립총회에서 결의된 창립취지는 다음과 같다.

> 인류사회는 많은 불합리를 해산하는 동시에 그 해결을 우리에 요구하
> 야 마지아니한다. 부인문제는 그 중의 하나이다. 세계는 이 요구에 응해
> 분연하게 활동하고 있다. 세계자매는 수천년래의 악몽으로부터 깨어서
> 우리 생활의 고통을 이기기 위해 싸운 지 오래이다. 조선자매만 어찌
> 홀로 이 역사적 세계적 ○○에서 낙오될 리가 있으랴. 우리 사회에서도
> 부인운동이 개시된 것은 또한 이미 오래다. 그러나 회고해보면 과거의
> 조서부인운동은 분사되어 있었다. 그것에는 아무 통일조직이 없었고 통
> 일된 목표와 지도정신도 부족했다. 그럼으로 그 운동은 효과를 충분히
> 나타내지를 못했다. 우리는 운동상 실천으로부터 배운 것이 있으니 우
> 리가 실제로 우리 자체를 위해 우리 사회를 위해 분투하려면 우선 조선
> 자매 전체의 역량을 단결해 운동을 전반적으로 전개하지 않으면 안 된
> 다. 일어나라 오너라! 단결하자 분투하자 조선자매들아 미래는 우리의
> 것이다.[748]

근우회는 15일을 선전일로 정하고 제1회 선전사업으로 회원이 만든 '형
겊단추'를 거리에서 팔기로 했다. 이를 위해 회원들이 단추 1,000개를 만들
었다. 회원들은 오전대, 오후대로 나누어 출동하기로 했고, 방신영은 종로
네거리 팀에 배정되었다.[749] 1928년 4월 18일 공평동 근우회관에서 근우회

---

746) 「각계 여성을 망라한 근우회 발기총회」, 『동아일보』 1927년 4월 28일.
747) 「각 항 결정 만세리에 폐회」, 『동아일보』 1927년 5월 29일 ; 「근우회위원회」, 『동
    아일보』 1927년 5월 31일.
748) 최의순, 「10년간 조선여성의 활동 3」, 『동아일보』 1929년 1월 3일.
749) 「근우회 선전일」, 『동아일보』 1927년 7월 15일.

전국대회 준비위원회가 열렸다. 21명의 위원 가운데 6명이 근우회 창립기
념 준비위원으로 선정되었다. 나머지 15명은 대회 준비위원으로 하고 서무
부·재무부·접대부·의안작성부로 나누었다.[750] 방신영은 1927년 근우회 발
기인, 창립준비위원(재무부), 집행위원(재무부), 1928년 근우회 제1회 전국
대회 준비위원(재무부)으로 활동했다. 요리책으로 유명한 방신영이 근우회
조직 처음부터 참여해 본부의 중앙 집행위원이었던 사실은 의외다. 요리책
을 지어 유명해진 까닭에 전통적인 여성이라고 오해하기 쉬운데 전혀 그
렇지 않고, 오히려 여권의식과 여성운동의 집합체인 근우회의 간부를 맡아
적극적으로 활동했던 여성운동가였다.

사회운동에도 참여하여, 1923년에는 민립대학 발기인으로 참여했다.[751]
1934~35년 조선어표준어사정위원회 위원으로 활동했다. 조선어학회는
1933년 10월 "한글 맞춤법 통일안"을 발표해 혼란한 철자법을 통일하고자
노력했다. 그리고 1934년에는 제2단계 사업으로 '조선말 표준어'를 제정하
기 위해 자료를 수집하고 방언을 조사해 정리했다. 그리고 교육계·종교계·
언론계 등 각 분야의 인물을 망라해 표준어사정위원회를 열어, 이를 회의
에 상정하고 토의를 마친 초안을 다시 심사해 완전한 체계로 만들어 일반
사회에 발표하고, 한글철자법 통일안을 기초로 철자사전을 편찬할 계획을
세웠다.[752] 조선어표준어사정위원 일행은 1935년 1월 2일 모여 조선어학회
이희승의 개화사로 준비회의를 개최하고, 사정진행 방침에 대해 의견을 교
환했다. 이 결과 교통·문화·정치의 중심지인 경성어를 표준어로 하되 통속
적이고 중류 계층이상의 언어로 토의 사정하기로 했다.[753] 그리고 8월 5일
조선어 표준어 사정위원회 일독회(위원 40명)에 이어 그동안 수정과 보충
을 마치고 마지막 심의를 위해 이독회(위원 70명)가 개최되었다.[754] 방신영

---

750) 「근우 전국대회 제1회 준비위원회」, 『동아일보』 1928년 4월 20일.
751) 「민대 발기인 또 다음과 가치 선발」, 『동아일보』 1923년 3월 27일.
752) 「한글 통일의 제2단 표준어를 제정」, 『동아일보』 1934년 12월 30일.
753) 「통속적 京語」, 『동아일보』 1935년 1월 5일.

이 한글표준화사업에 관심을 가졌던 것은 『조선요리제법』을 출판한 경험에 근거하며 또 이 책이 증보를 거듭해 발간되면서 글의 표현과 전달에 관심을 가졌기 때문이었다. 방신영의 1931년도판 『조선요리제법』은 한글학자 이윤재의 노고 덕분에 오늘날의 표준 한글에 가깝게 수정되어 출판되었다.

2) 교육활동

방신영은 이화여전 가사과에서 요리법과 재봉을 가르쳤다.[755] 이외에도 다양한 방면으로 여성교육활동에 힘을 기울였다. 우선 1920년 조선여자교육회의 총무를 맡아 초기 조선여자교육회의 조직과 활동에 적극적으로 참여했다.[756] 조선여자교육회 주최의 통속강연회에서는 "사람이 이 세상에 살려면 지식도 있어야 하고 금전도 있어야 하고 여러 가지가 있어야 한다. 그러나 사람은 충성이 없으면 살 수가 없다. 무엇보다 먼저 자기에게 충성되지 아니하면 살 수 없다"며 여성의 자아실현을 강조했다. 여권의식에 입각해 적극적으로 여성교육활동을 전개했던 방신영이었지만 의외로 그 몸가짐은 매우 차분했다. 언론은 방신영의 강연 스타일에 대해 다음과 같이 묘사했다. "얌전하고 질소한 태도로 감안한 거름을 옮기어 단에 오르더니 붓그러운 듯 수줍은 듯 사양하는 듯한 태도로… 모기소리만한 소래로 말을 끄내여" 연설을 했다. 그럼에도 그의 강연은 매우 조직적이어서 청중을 감동시키는 힘이 있었다고 한다. 이 날은 비가 왔음에도 참석한 여성청중이 300명이었을 정도로 성황을 이루었다.[757]

---

754) 「조선어 표준어 사정회 개최」, 『동아일보』 1935년 8월 1일.
755) 金八蓮, 「新村동산에 爛然하게 핀 大梨花의 푸로펫사들, 梨花女敎授陣」, 『삼천리』 7–3, 1935.3, 136쪽 ; 『이화 가정학 50년사』, 이화여대출판부, 1979, 210–211쪽.
756) 「신여자의 교육열」, 『동아일보』 1920년 6월 13일. 조선여자교육회 회장 김미리사, 부회장 김선, 총무 방신영 등이었다.
757) 「부인을 위하야 신시험」, 『동아일보』 1920년 4월 14일.

여성교육에 대한 방신영의 관심은 여자야학회 설립으로 이어졌다. 1921년 3월 경기도 안성여자교육회를 조직하고, 그 사업으로 기독교복음전도관에 여자야학회를 개설하는 한편 강연회를 개최했다. 야학은 방신영외 1인이 창립해 무보수로 가르쳤고, 전도관 남녀신도가 내는 약간의 연조로 겨우 유지되었다. 방신영은 야학교 교사, 강연회 사회자, 교회 주일학교 교사로 봉사했다. 사실상 방신영이 안성여자야학회를 주관했다. 그러다 같은 해 9월 방신영이 여자야학을 개설해 운영한 지 불과 6개월 만에 경성 동양선교회 성서학원 강사로 고빙되어 가게 되었다. 그런데 무보수로 봉사할 후임 교사를 찾지 못해 70여 명의 학생이 다니던 부인야학회 유지가 곤란해지면서, 안성부인야학회 유지문제가 이 지역의 사회문제로 떠올랐다. 마을사람들 가운데는 당초 야학회를 일으켰다 몇 달이 못 되어 그대로 버리고 가는 방신영을 은근히 원망하거나, 야학회에 대한 사회의 관심과 후원이 너무 없다고 한하는 이도 있었다. 부인 가운데는 방신영의 소매를 잡고 흐느껴 울거나 야학을 유지할 방법을 강구했지만, 사회적으로 경제적으로 아무 힘이 없는 부인들로서는 한계가 있었다. 다행히 안성유지들이 나서서 안성부인야학후원회를 조직해 9월 말에 부인야학을 재개함으로 이 문제는 원만하게 해결되었다. 지역의 부녀교육이 지속가능한 여성교육으로 발전하기 위해서는 외지에서 온 지사 한 명의 일방적인 봉사와 희생에 기댈 것이 아니라 지역민의 자각과 자립의지가 필요하다는 면에서 전화위복의 사례로 시사하는 바가 있다.[758] 이 와중에도 방신영은 함열교회당 신축 기념 강연회에 연사로 초청되어 가는 등 왕성하게 활동했다.[759]

방신영이 참여했던 조선여자교육협회는 1922년 5월 교육사업을 확장하기 위해 회관·학관·기숙사를 설비하고자 했다. 이를 위해 10만원의 기부금

---

758) 김형목, 「안성여자야학회」, 『한국독립운동사사전(운동·단체편 Ⅲ)』 5, 독립기념관 한국독립운동사연구소, 2004.
759) 「함열교회 강연회」, 『동아일보』 1921년 9월 22일.

을 모집하겠다는 신청서를 총독부에 제출해 허가를 받았다. 순회강연이나 모금도 마음대로 할 수 있는 게 아니었고, 총독부에 신청을 하고 허가를 받아야 했다. 총독부가 이런 종류의 허가를 내주는 경우도 드물었다. 그런 데 다행히 3·1독립운동 후 문화통치정책을 펴던 총독부의 정책에 따라 허 가가 나게 된 것이었다.[760] 회장 차미리사를 비롯해 임원들은 각지에서 순 회강연을 하며 기부금을 모집하기로 했다. 방신영도 조선여자교육협회 임 원으로서 이에 참여했다.[761]

1927년 11월 이매자·김숙경·방신영 3인의 경영자는 "가정부인에게 경 제적 독립의 길과 가정 의복개량의 방도를 개척할 목적"으로 '부인수예사' 를 창설했다.[762] 방신영은 정신여학교 교사 김영순과 함께 가난한 부녀자 를 위한 직업교육을 실시했다. 1927년 11월 30일부터 연동주일학교 안에 '부인직업소'를 설치하고, "부녀자의 자활정신을 함양하는 동시에 수입을 창출하여 실제생활에 도움"을 주는 것을 목표로 했다. 삼월오복점三越吳服 店과 특약을 맺고, 여성들이 삼월오복점의 털실을 가져다가 편물을 짜서 그 수수료를 받도록 했다.[763] 이에 따라 편물을 익숙하게 짤 수 있는 이는

---

760) 김성은, 「신여성 방신영의 업적과 사회활동」, 『여성과 역사』 23, 230쪽.
761) 「여자의 교육을 위하야」, 『동아일보』 1922년 5월 27일.
762) 「부인수예사 학생모집」, 『동아일보』 1928년 6월 9일.
763) 서울에 백화점이 처음 들어선 것은 1906년 일본인 소유의 '미쓰코시 오복점(三越 吳服店)'이 시초이다. 오복점이란 우리의 포목점과 같은 것이다. 충무로 1가 현재 의 사보이 호텔 건너편에 처음 자리를 잡은 미쓰코시 오복점은 일본 '미쓰코시 백화점'의 서울 출장소로, 처음부터 본격적인 백화점은 아니었고, 수출입을 주업 으로 하면서 겸하여 소규모 잡화상을 경영하는 정도였다. 미쓰코시 오복점이 백 화점의 면모를 갖춘 것은 1929년 서울 출장소가 지점으로 승격되면서부터였다. 1929년 경성부 청사가 있던 현재의 충무로 1가 진고개 입구에 지상 4층, 지하 1 층, 종업원 360명으로 명실 공히 현대식 백화점다운 모습을 드러냈다. 바로 오늘 날의 '신세계 백화점 본점 건물'이다. (한국문화사 16권 『장시에서 마트까지 근현 대 시장 경제의 변천』, 국사편찬위원회.
http://contents.history.go.kr/mobile/km/view.do?levelId=km_016_0060_0030_0030)

즉시 삼월오복점 수공부의 털실을 가져다 편물을 짤 수 있었다. 또한 편물 짜기를 모르는 여성들의 경우 편물을 가르쳐주었다. 여성들이 편물을 짜주고 수수료를 받아 수입원으로 삼게 한 것이다. 그런데 '부인직업소'를 개설한 그 날부터 지원자가 몰려 당분간은 장소문제 등으로 더 이상 지원자를 받을 수 없게 되었다. 이에 장차 대규모로 확장이 필요한 실정이었다. 1927년 12월 현재 15세부터 40세까지 여성 70여 명이 '부인직업소'에 수용되었다. '부인직업소'는 일요일을 제외하고 매일 오전 10시부터 12시까지, 오후 1시부터 4시까지 두 반으로 나누어 운영되었다.[764] 여성들은 무료로 배우는데다 그 기술에 따라 1~3개월 뒤에는 상당한 수입을 얻을 수 있었다. 이렇게 편물로 해서 여성들이 벌어들이는 수입이 매달 15원 가량, 완성한 이가 20여 명에 달했다. 이에 삼월오복점 수공부에서 일거리를 맡아다가 만들던 데서 더 확장해 장차 '부인수예공장'을 설치할 계획을 세웠다. 1928년 6월 신입생 모집을 보면, 15세에서 30세까지 월사금 없이 재료도 무료로 제공했다. 입회금은 2원이었다. 입학수속은 연동주일학교에서 받았다. 교수시간은 매주 4일 오전9시부터 12시 30분까지였다. 교수과목은 편물·미국자수·불란서자수·아동양복이었다. 교사는 4명이었다.[765]

방신영은 학교 밖에서 여성교육단체를 조직하고 활동하는 한편 정신여학교 교사 겸 기숙사 사감으로 여러 해 근무했다. 한편으로는 지극히 온정이 있으면서도 한편으로는 지독히 엄해서 학생의 감찰을 엄밀히 한 까닭으로 여학생들에게 꽤 눈총을 받았다고 한다.[766] 1929년 이화여전 가사과 교수로 부임한 후에도, 1933년 모교 정신여학교 발전을 위해 재단법인 설립 자금 30만원을 모으기 위한 정신여학교 후원회 발기 총회에 참가했다.[767] 동창회에서는 모교의 발전을 돕기 위해 바자회를 열고 그 수입을 교

---

764) 「부인을 위한 직업소」, 『동아일보』 1927년 12월 8일.
765) 「부인수예사 학생모집」, 『동아일보』 1928년 6월 9일.
766) 「評判 조흔 女先生님들, 京城 各 女學校」, 『별건곤』 2, 1926.12, 65쪽.
767) 「학계에 또 기쁜 소식 정신여학교 후원회」, 『동아일보』 1933년 6월 27일.

실 증축에 쓰고자 했다. 이렇게 개최된 정신여학교 창립기념바자회에서는
방신영의 지도하에 식당과 차실이 운영되었다. 1935년에는 정신여학교 설
립 50주년 기념사업으로 기념관(강당)을 건설하기 위해 동창회측 준비위원
을 맡기도 했다.[768] 방신영은 모교인 정신여학교 발전을 위한 행사와 봉사
활동에 적극적으로 참여했고, 궁극적으로 여성교육 향상에 기여했다.[769]

정신여학교 교사로서 방신영이 표명했던 '여성의 본분과 여성교육'에
대한 입장은 다음과 같다. 그는 과거에 비해 여학생 수도 몇 배로 늘고 배
우고자 하는 여성들의 마음도 명확하다는 면에서 여성교육에 많은 진보가
있었다고 평가했다. 다만 여성들이 기계적으로 '과학'을 배우는 것이 걱정
스럽다고 보았다. 방신영은 "여자는 여자로서의 본분"이 있다고 보았고,
그 본분을 벗어나서 남성적 교육을 받는 것"을 우려했다. 방신영은 여성이
남성화하여 주부의 책임과 자모로서의 의무를 다하지 못하면 여성의 본분
을 잃은 것이라고 보았다. 그리하여 '여성은 사회인인 동시에 가정의 주인'
이라고 정의했다. 이어서 "여성의 본분은 주부의 책임과 자모의 의무를 다
하는 것" "여성의 사회적 책임 가운데 가장 중요한 것이 현명한 주부가 되
어 제2세 국민인 자녀교육에 치중하는 것"이라고 강조했다. 여성이 인간으
로서의 권리, 가정주부로서의 권리를 주장하는 동시에 주부와 자모로서의
의무, 여성지도자로서의 책임을 자각해야한다고 촉구했다.[770] 가정주부의
역할을 사회적으로 높이 평가해 여성지도자의 위상을 부여했다는 면에서
의의가 있다. 그러나 김활란, 임영신, 고황경은 사회진출과 직업선택에 있
어 여성도 과감하게 남성의 영역에 도전하고 새로운 영역을 개척하자고
주장했다.[771] 이에 비해 방신영은 현명한 주부, 현모로서 여성의 본분을

---

768) 「창설 어언 반세기 육영의 금자탑 정신여교」, 『동아일보』 1935년 12월 20일.
769) 「정신여학교 빠사는 금일」, 『동아일보』 1934년 10월 20일.
770) 「여학생에게 희망하는 것」, 『동아일보』 1927년 7월 4일.
771) 김성은, 「일제시기 김활란의 여권의식과 여성교육론」, 『역사와 경계』 79, 2011 ;
     「일제시기 고황경의 여성의식과 가정사회국가관」, 『한국사상사학』 36, 2010 ;

강조하며 진취성이나 적극성의 차원으로 나아가지 못했다는데 한계가 있었다.

정신여학교 교사로서 방신영은 "소위 신여성"이라고 하는 이들이 가정에 들어가면 그 완고의 지배를 받아서 "구식"사람이 되어 버리고 마는 세태를 안타까워했다. 왜냐하면 구식이 나쁘고 신식이 좋다는 것이 아니라, 여학생이 학교에서 배운 신학문이 아무런 소용이 없어지기 때문이었다. 따라서 그는 "새 학문을 배운 사람은 가정에 있어서도 좀 더 신식 생활을 해서 전일보다 나은 생활"을 해야 한다며 결혼하는 신여성은 근대가정을 만드는데 힘써야한다고 보았다.[772]

1928년 이화여전에 가사과가 신설되었다. 가정학을 전공으로 가르치는 고등교육과정이었다. 방신영은 1929년부터 이화여전 가사과 교수로 초빙되었다. 대학을 나오지 않고도 실력과 경륜으로 교수가 된 것이다. 방신영은 당대 최초의 한국음식요리서, 스테디셀러, 베스트셀러였던 『조선요리제법』을 저술한 한국요리의 대가로 유명인이었다. 게다가 정신여학교와 광주 수피아여학교에서 15년간 교사로 활동한 경력이 있었다. 가사과 초기 교수진은 미국유학으로 학사, 석사학위를 취득한 김합라 과장, 연희전문학교·도후쿠제국대학 출신의 장기원, 한국요리의 대가 방신영, 미국선교사 모리스, 이 4명이 주축이었다.[773] 방신영은 당시 여자고등보통학교 제도와 교과과정상의 한계를 지적하며, 가정생활에 직접 필요한 가사전문학교의 설립이 필요하다고 제안했다.[774]

당시 이화여자전문학교 여학생들을 보는 사회의 시선은 선망과 우려가

「1930년대 임영신의 여성교육관과 중앙보육학교」, 『한국민족운동사연구』 71, 2012. (같은 이름은 생략하는지 아니면 또 쓰는지요?)

772) 「各界各人 新年에 하고 십흔 말 」, 『별건곤』 18, 1929.1, 23쪽.

773) 민숙현·박해경, 『한가람 봄바람에』, 454~455쪽.

774) 「讀者여러분께 보내는 名士 諸氏의 年頭感, 年賀狀 代身으로 原稿 着順」, 『별건곤』 36, 1931.1, 65쪽.

섞여 미묘한 갈등양상을 보였다. 예를 들어 여학생들은 "온실에 자라난 화분의 꽃" 모양으로 세상의 모진 풍상을 모르고 따뜻한 부모의 사랑 속에서 고이 자라, "알고도 실천하지 않는" 것이 더 많다는 비판을 받았다.[775] 이화여전에 가사과가 신설되어 이러한 이미지가 불식되는 듯 했지만 "별유천지인 석조대궐에서 4년 동안 고이 지내다가 졸업한 후 어지러운 조선 살림을 달게 받을 수 있겠느냐"는 우려는 몇 년이 지나도 여전했다.[776] 이화여전 가사과는 이화여전 출신 여성들에 대한 이러한 왜곡된 이미지와 우려를 불식시키는데 직간접으로 기여했다. 방신영 역시 가사과 과장으로서 기자의 인터뷰에 응하며 이화여전의 이미지 개선에 기여하고자 했다.

첫 번에 취직이나 하려고 입학하던 때와는 달리 참말 주부의 의무를 해보려고 근실한 주부가 되려고 지원하는 이가 많기 때문에 가사과 졸업생이 가정으로 들어가는 비율이 제일 많습니다. 이것은 학교측으로도 기쁜 일이요 참으로 주부다운 주부를 만드는데 큰 책임을 느끼고 있습니다.

이와 함께 이화여전 가사과 학생들이 학문적 이론으로만 배우지 않고 직접 실습하고 연구하려고 애를 쓴다며 장점을 부각했다. 방신영의 인터뷰는 이화여전 가사과의 교육목표가 현모양처 양성이라는 인상을 줄 소지가 다분한 것이었다. 그러나 한편으로는 여학생들이 얌전하기보다는 활발하고 씩씩하며 명쾌한 여성으로 성장하기를 원했는데, 이는 전통적인 여성상과 차별화된 근대적인 여성상을 지향하는 것이었다.[777]

여론을 대변하여 동아일보 기자는 여학생들이 장차 부인으로 어머니로 일가의 주부로서 몸소 실천하고 책임을 다하는 자세를 가져야한다고 요구

---

775) 「이화전문학교 가사과 실습소를 보고서」, 『동아일보』 1934년 2월 18일.
776) 「교문을 나서는 재원 순방기 : 전문학교편, 이화전문 가사과」 1938년 1월 29일.
777) 「교문을 나오는 새 일꾼을 찾아서, 전문편 : 이화전문 가사과」, 『동아일보』 1936년 2월 6일.

했다. 이와 반대되는 여성의 이미지가 "손등에 물을 튀기는 소위 신여성상"이었다. 방신영은 가사과에서 학문을 가르치는 한편 실습소에서 실제 실습을 지도했다. 이화여전 가사과 실습소는 송월동에 있는 기와집으로 한국인 가정의 표본적 살림집에 준하는 "조선가정의 '살림살이' 실습장"이었다. 여학생들은 실습소에서 음식 만드는 법, 가정 관리하는 법, 세탁하는 법, 아이 기르는 법, 청소하는 법, 상보는 법 등을 실제로 해 보았다.[778]

이화여전 가사과 과장으로서 방신영은 가사과 교육의 목표를 '조선의 살림살이에 적당한 인재양성', 주부다운 주부를 만드는데 두었다.[779] "최하로는 움집으로부터 최고로 백만장자의 살림이라도 형편 되는 대로 순응할 수 있는 능란한 주부로 양성하는 것이 이화 가사과의 목적이요 실행하는 바"라고 밝혔다. 학생들이 가사과 실습을 통해 "조선의 정취"를 잃지 않으면서도 적극적으로 "생활의 향상을 도모하여 개량"하도록 만드는데 주력했다.[780]

변호사이자 여성운동가인 이태영은 이화여전 가사과 시절의 스승인 방신영에 대해 "어머니와 같은 정으로 제자인 자신을 보살펴준 은사"였다고 회고했다. 방신영은 학생과의 개별면담시간에 신입생이었던 이태영의 어려운 가정형편을 알게 되어 종종 함께 기도하며 격려했다. 그러다 이태영이 2학년이 되어 특대생으로 학비를 면제받게 되었다. 이때 방신영은 함께 기뻐하며 졸업할 때까지 달마다 자신의 봉급에서 이태영의 용돈을 주겠다는 결단을 할 정도로 제자를 아끼는 마음이 각별했다. 이태영은 이 용돈을 받을 때마다 분발해서 공부를 더 잘 해야겠다는 다짐을 했다고 한다. 사실 이태영은 어릴 때부터 법학을 전공하고 싶어 했기에 자연과학 과목이 많

---

778) 「이화전문학교 가사과 실습소를 보고서」, 『동아일보』 1936년 2월 6일.

779) 「교문을 나오는 새 일꾼을 찾아서, 전문편 : 이화전문 가사과」, 『동아일보』 1936년 2월 6일.

780) 「교문을 나서는 재원 순방기 : 전문학교편, 이화전문 가사과」, 『동아일보』 1938년 1월 29일.

은 가사과에서 문과로 전과하고픈 마음이 있었다. 그러나 전과할 경우 장학금이 상실될 우려가 있는데다가, 스승인 방신영의 곁을 떠나는 것이 싫어서 가사과에 머물렀다고 한다. 이 정도로 두 사람은 서로를 아끼는 마음이 두터웠다.[781]

방신영은 제자인 이태영이 졸업하고 결혼했어도 경제적으로 어려움을 겪는다는 이야기를 듣고 몸소 찾아가, 학교교사 봉급보다 수입이 더 나으니 누비이불 장수를 해보라고 권했다. 이를 계기로 이태영은 누비이불 장사를 시작했고, 여기서 얻은 수익으로 남편 옥바라지를 하며 생계를 꾸릴 수 있었다. 이외에도 방신영은 이태영이 남편을 면회하러 갈 때마다 엿과 마른반찬을 손수 만들어 싸줄 정도로 제자를 생각하고 보살피는 마음이 살뜰했다고 한다.[782] 교육자로서 방신영의 면모가 드러나는 일화이다.

---

781) 이태영, 『나의 만남 나의 인생』, 1991, 118쪽.

782) 졸업 후 이태영은 개척교회에서 목회하던 정일형과 결혼했다. 그런데 정일형이 수감되어 복역하게 되자, 학교 교사를 하는 이태영의 봉급(60원)으로는 세 자식들과 시어머니를 모시고 먹고 살기도 빠듯해 남편 옥바라지(사식비 50원, 주사약값 45원)를 제대로 못할 지경이었다. 해방 후에도 방신영은 정일형의 선거 때마다 도움을 주었고, 신문에서 이태영 부부의 기사를 보면 꼭 편지를 써서 함께 기뻐해주었다. 편지에는 제자를 존중하는 뜻에서 꼭 '태영 선생'이라고 썼다고 한다(이태영, 『나의 만남 나의 인생』, 1991, 118쪽).

제 4 부

1920~30년대 여성운동과 사회사업

제1장 황신덕의 현실인식과 사회활동

1. 가족의 기독교 신앙과 근대여성교육

황신덕의 출생은 로제타 홀(Rosetta Sherwood Hall) 의사의 평양 지역 선교활동과 밀접한 관계가 있다. 황신덕과 그의 어머니는 난산으로 거의 죽기 직전에 처했다가 로제타 홀의 왕진과 의술 덕분에 살아났다. 황신덕의 집안은 원래 기독교 집안이 아니었지만 이 일을 계기로 생명의 은인인 로제타 홀에게 감화를 받아 온 가족이 교회에 나가기 시작했다.[783] 이러한 인연으로 황신덕은 생명의 은인인 로제타 홀의 회갑연에 참석해 감상담을 발표하는 순서를 맡기도 했다.[784] 황신덕의 가족은 황신덕, 어머니 홍유례, 언니 황애시덕 등 여성들의 높은 교육열과 적극적인 사회활동을 통해 성공적인 기독교 집안으로 성장했다. 당대 황신덕과 황애시덕 자매의 명성은 『삼천리』 잡지사의 기획 기사인 "명문 가족 자매"란에 소개될 정도로 평양과 기독교계는 물론이고 경성(오늘날의 서울)과 일반사회에 널리 퍼져 있었다.[785]

실제로 황신덕은 "기독교가 조선에 들어오고 또 물질문명이 발달하면서 노예생활을 해왔던 조선부인의 생활에 인류의 광명이 비치기 시작했다"고 기술했다. 그 전까지 조선여성은 "여자를 노예, 기계, 장난감, 물건으로밖

---

783) 박화성,『새벽에 외치다: 송산 황애덕 선생의 사상과 생애』, 휘문출판사, 1966, 119쪽.
784) 「조선민족의 은인, 홀부인의 華宴」,『동아일보』 1926년 10월 24일.
785) 「명문 따님 5형제 행진곡, 황애시덕 황신덕씨의 5형제」,『삼천리』 4-2, 1932.2, 53~54쪽.

에 생각지 못하는 야만적이요 비인도적인 남존여비사상을 기초로 만든 정치·법률·도덕, 습관 등 모든 제도"의 압박 속에서 인내하고 순종하며 보수 없는 노동을 해왔다는 것이다. 이는 여성이 교회에 다니고 공장노동자로 일하면서 세상 구경을 하고 세상 소식을 듣고 사회인으로 공적인 생활에 참여하기 시작했음을 의미했다. 그리하여 "세상이 기독교를 무엇이라고 하든 조선여자만은 그 혜택으로 눈을 뜨기 시작하고 대문 밖 구경을 시작하게 되었다. 그 증거로 과거는 물론 현재 지식 있고 사회활동 하는 여자로서 30 넘은 이는 거의 전부가 한 번씩 교회 물을 마신 분들이다. 그만큼 기독교의 정신이 조선부인운동에 미친 영향도 큰 것이었다"며 한국여성해방과 부인운동에 있어서 기독교의 역할을 높이 평가했다.[786]

선교사 로제타 홀은 평양에 광혜여원廣惠女院(Women's Hospital of Extended Grace, 평양 최초의 여성병원)을 개원하고 의료선교를 했다. 황신덕의 어머니 홍유례洪裕禮(유니스황)는 로제타 홀 선교사를 도와 전도부인으로 활동했다. 한국여성을 대상으로 의료 활동을 전개하던 로제타 홀은 몇 명의 외국인 여성 의료선교사만으로 서양의술을 필요로 하는 한국여성의 수요를 충족하기에는 턱없이 부족하다는 판단에서 한국인 여의사 양성을 계획하고 실현하기 시작했다. 전도부인 홍유례는 로제타 홀이 한국인 여의사 양성 프로젝트를 가동하던 초기에 중요한 역할을 담당했다. 평양 '광혜여원 부속 여자의학반'에서 공부하던 여학생들을 인솔해 경성 '조선총독부의원 부속 의학강습소(1916년부터 경성의학전문학교)'에서 마련해준 기숙사에 머물며 여학생들이 성공적으로 의학강습소의 공부와 생활에 적응할 수 있도록 보살폈다.[787] 이 기간 동안 황신덕은 어머니 홍유례와 함께 경성에 머물며 이화학당에 다녔다.

786) 황신덕, 「조선부인운동은 어떻게 지나왔나?」, 『농민문화』 5-2, 도쿄농업대학출판부, 1931.1, 31~32쪽.
787) 김성은, 「로제타 홀의 조선여의사 양성」, 『한국기독교와 역사』 27, 26쪽.

　황신덕의 집안은 평양 외성에 살던 양반가문이었다. 황신덕의 아버지 황석청은 로제타 홀의 의술이 산모와 아기의 생명을 살린 것에 감동을 받아 기독교를 받아들였다. 이후 양반의 고정관념을 탈피해 중인의 일이라고 간주되던 일에 과감하게 도전했다. 장사하는 상인들이 거주하던 평양 성내로 과감하게 이사했다. 한의학을 독학하고 시험을 통과해 한의 자격을 땄으며 동화약국 지점을 성공적으로 운영했다. 이후 수산약국을 설립했다. 한방 겸 양약을 파는 가게였다. 기독교의 영향으로 여성교육의 필요성에 눈을 떴고, 딸들을 학교에 보내 근대교육을 받게 했다. 황석청은 딸 황애시덕이 학교 보내기에 늦은 나이가 되어 내외법 관습에 따라 학교 통학이 부적절하다고 생각했다. 덕분에 황신덕은 언니인 황애시덕보다 먼저 소학교(오늘날 초등학교)에 입학할 수 있었다. 황신덕의 자매들은 아버지의 기독교 개종과 열린 사고 덕분에 학교에 다닐 수 있었다. 양반 가정에서는 상상조차 하지 못했던 일이었다.[788] 황애시덕이 숭의여학교를 졸업할 무렵 딸이 얼른 결혼하기를 바라 약혼을 서둘렀던 아버지 황석청은 이후 황애시덕에게 의사가 되기를 권하며 도쿄여자의학전문학교로의 유학을 격려하는 모습으로 변화했다. 막내딸 황신덕에게도 일본유학을 권유했다. 당시는 일본이 지배하던 사회였기에 남성들도 출세하기 위해서는 일본유학이 대세였다. 게다가 당시 황애시덕이 로제타 홀의 경제적 지원으로 도쿄여자의학전문학교에 유학하고 있었기에 황신덕이 일본으로 건너가 유학하기에 용이했던 측면이 있었다.[789]

　요컨대 황신덕은 일찌감치 기독교를 받아들여 개화된 의식을 갖고 있던 아버지와 전도부인으로 활동하던 어머니 덕분에 여성의 학교교육과 고등교육, 전문직을 장려하는 분위기에서 성장했다.

　일찌감치 근대여성교육의 수혜를 받은 황신덕과 황애시덕은 사회에 일

---

788) 황신덕, 「잊을 수 없는 숭의학교 시절」, 『북한』 58, 북한연구소, 1976, 241쪽.
789) 박화성, 『새벽에 외치다 : 송산 황애덕 선생의 사상과 생애』, 68~79쪽.

찍 눈뜨게 되었다. 민족의 독립문제에 관심을 가지고 기도와 함께 '송죽회'라는 비밀단체를 조직했다. 송죽회는 평양 숭의여학교 교사 황애시덕을 중심으로 조직되었으며, 숭의여학교 학생이었던 황신덕은 평양지회 조직 책임자로 활동했다. 송죽회의 존재는 여학생들이 자신의 성장을 위한 근대교육에만 관심을 가졌던 것이 아니라 배운 지식인으로서 의식을 가지고 민족문제 해결 곧 독립운동의 책무를 다하고자 했음을 반영하는 것이다. 또한 비밀조직으로 많은 여성들에게 투철한 민족정신을 불어넣었고, 비밀이 유지되었으며 일경에게 발각되지 않았다.[790] 무엇보다도 한국여성운동사에 있어서 송죽회 출신의 인물들이 독립운동과 여성운동에 있어 큰 역할을 했다는데 의의가 있다.

2. 1920년대 사회주의 수용과 여성단체 활동

3·1운동 이후 일제가 유화정책을 실시하면서 해외유학이 자유로워졌고 일본유학생이 급증했다. 황신덕은 1918년 12월 일본에 건너가서 1926년 3월 졸업하고 귀국할 때까지 일본유학생활을 하며 한국인 유학생들과 친분을 쌓았다.[791] 여자 일본유학생들은 도쿄에서 '학흥회'를 만들어 친목을 도모함은 물론이고 귀국 후에도 '동유회' 등 친목회를 만들어 관계를 유지했다. 그의 사회주의 사상 수용과 사회주의 여성단체 조직, 그리고 근우회 활동은 일본유학시절의 인맥과 밀접한 관계가 있다. 남편 임봉순 역시 일본유학생으로 본격적인 만남은 동아일보 입사 후에 시작되었지만 이미 도쿄 유학시절 알고 있던 사이였다.[792] 임원근은 서울청년회 간부를 역임한 사

---

790) 최은희, 『여성개화열전』, 정음사, 1985, 162~171쪽.
791) 「태평양회의 대조선독립운동 계획에 관한 건」, 조선 고등경찰 비밀 을호 제128호 국외정보.
792) 신영숙, 「황신덕(1898~1983): 중앙여고 전신 경성가정의숙 설립」, 『한국 역사 속의 여성인물 하』, 한국여성개발원, 1998, 146쪽.

회주의자였다.[793] 그리고 출옥한 사회주의자 임원근을 마중나간 사회주의자 인사들 가운데 황신덕의 이름을 발견할 수 있을 정도로 황신덕은 사회주의자들과 공고한 동지적 유대관계를 맺고 있었던 사회주의자였다.[794]

1920년에 3·1운동 1주년을 기념해 도쿄 히비야 공원에서 이현경·현덕신·최원순과 함께 태극기를 뿌리며 시위했다. 이로 인해 2주간 경시청에 수감되었다가 풀려났으며 이후 요시찰 인물이 되었다. 1920년 6월부터 조선여자유학생친목회 '학흥회' 서기로 활동했다. 당시 이 회의 회장은 손정규, 총무 유영준, 회계 성의경, 공동 서기는 현덕신이 맡고 있었다. 학흥회의 주요인물은 유영준·현덕신·황신덕·박순천·이덕요·윤심덕·황귀경·최덕성 등이었다.[795] 이들은 『여자계』를 발간했고, 독립운동자금을 모금했다.[796] 황신덕을 비롯한 학흥회 소속의 9명의 도쿄여자유학생은 여름방학에 잠시 귀국해 경성·부산·대구·광주·마산·황주·평양 등 주요 도시에서 순회강연을 개최했다.[797]

황신덕을 비롯한 30여 명의 도쿄유학 한국여자유학생들은 1921년 도쿄 조선기독청년회관에서 여자기독청년회를 조직했다.[798] 훗날 남편이 되는, 일본유학생 임봉순도 교회에서 만난 적이 있었을 정도로, 이 시기 황신덕은 일요일이면 빠지지 않고 교회에 다니던 독실한 기독교인이었다.[799]

황신덕은 1918년 12월 일본에 건너와 1919년 4월부터 치요다(千代田)고등여학교를 거쳐 쓰다(津田)여자영학숙에서 영어를 배웠고, 1921년 와세다

793) 「삼천리 기밀실」, 『삼천리』 6-7, 1934.6, 16쪽.
794) 「임원근 옥중기」, 『삼천리』 9, 1930.10, 48쪽.
795) 「반도에 기다 인재를 내인 영, 미, 노, 일 유학사」, 『삼천리』 5-1, 1933.1, 26쪽.
796) 신영숙, 「황신덕(1898~1983): 중앙여고 전신 경성가정의숙 설립」, 147쪽.
797) 「도쿄 유학 중의 여학생 강연단」, 『동아일보』 1920년 7월 7일.
798) 「도쿄유학 중의 여학생 단체 성립」, 『동아일보』 1921년 5월 12일 ; 「황신덕 등 동경에서 조선호기독청년회(朝鮮好基督靑年會) 조직」, 『동아일보』 1921년 5월 21일 ; 국사편찬위원회, 『일제침략하 36년사』 6, 175쪽.
799) 「여류 명사의 동성연애기」, 『별건곤』 34, 1930.11.

(早稻田)대학 사회철학과에 청강생으로 있었다.[800] 당시 황신덕은 경제적으로 매우 고통 받고 있던 상황이었다. 도쿄 조선기독교청년회 총무였던 최승만(황신덕과 같은 하숙생으로 있었던 박승호의 약혼자)의 소개로 도쿄대학교 요시노 사쿠조(吉野作造) 교수를 찾아갔다. 장학금을 받기 위해 요시노 교수와 면담했을 당시 황신덕은 자신이 "조선민족의 독립을 위해 일본에서 공부하고 있다"고 밝혔다. 요시노 교수는 약소민족을 동정하고 군국주의에 물든 일본에 처음으로 민주주의를 도입해 민주사회 창건을 부르짖던 선각자였기에 이에 개의치 않고 황신덕에게 장학금을 지급하기로 했다. 정규학교 재학생이라는 장학금 지급 조건에 따라 황신덕은 1922년 니혼여자대학日本女子大學 사회사업부 여공보전학과에 입학했고, 1926년 제1회 졸업생이 되었다.[801] 황신덕과 절친한 친구인 박순천, 사회주의 동지인 이현경도 이때 함께 졸업했다.[802]

황신덕이 사회주의사상에 관심을 보인 것은 1919년 3·1운동에 이어 1923년 관동대지진 때 일본인의 한국인 대학살에 대해 항일의식이 더욱 깊어졌기 때문이다. 포악한 일본제국주의를 타도하기 위해 러시아혁명을 모델로 일본에서 혁명을 일으켜 일본정부를 전복하면 한국인이 독립을 되찾을 수 있다고 생각했다.[803] 사회주의자들이 일본제국주의를 약소민족과 무산계급의 공동의 적이라고 규정한 점은 한국인 유학생들이 사회주의사상에 관심을 가지게 된 동기가 되었다.[804] 이리하여 황신덕은 일본여자대

800) 「도쿄의 조선여학생계 이채」, 『동아일보』 1921년 5월 2일.
801) 노영희, 「황신덕의 일본체험과 일본선각자들과의 지적 교류」, 『인문과학연구』 8, 200쪽.
802) 「일본여자대학 사회사업부를 졸업하시는 우리의 세 재원」, 『동아일보』 1926년 2월 1일.
803) 황신덕, 「나의 자전적 이야기 : 연극대본을 위한 인터뷰」 1959.1.12, 추계황신덕선생기념사업회, 『무너지지 않는 집을: 황신덕 선생 유고집』, 1984, 151~152쪽.
804) 노영희, 「황신덕의 일본체험과 일본선각자들과의 지적 교류」, 『인문과학연구』 8, 203쪽.

학 재학시절 사회주의 이론가이자 여성운동가였던 야마카와 기쿠에(山川
菊榮)의 사상에 깊은 관심을 가지게 되었다. 1923년 황신덕은 박순천과 함
께 야마카와의 집에 찾아가 자신들의 모임에 나와서 강연해달라고 초대했
다. 이렇게 해서 한국인 여학생들과 야마카와의 만남이 이루어지게 되었
다. 이를 회상하며 야마카와는 그 자리에서 3·1운동에 관련된 이야기도 있
었다고 기억했다.[805] 야마카와는 사회주의 사상에 관한 서구의 책들을 많
이 번역했고, 여성문제와 사회문제를 주제로 여러 권의 책을 저술한 일본
의 여성지식인이었다. 민족해방을 위해 근대화를 추구했던 황신덕은 사회
주의 사상을 근대화의 일환으로 간주해 야마카와 기쿠에의 사상을 받아들
였다. 야마카와는 일본을 부르주아 혁명을 마친 사회라고 인식해 여성해방
의 주역을 여성노동자라고 보았다. 황신덕 역시 여성노동자를 주축으로 한
사회주의 여성해방이론을 현실사회에 적용시켜 보려고 했다.[806] 황신덕은
1925년 3월 이현경·박순천·권명범·주경애 등 도쿄여자유학생들과 함께
"무산계급 해방과 한국여성의 계급적 인습적 구속 및 민족적 압박 철폐"를
목적으로 '삼월회'를 조직해 사회주의 사상을 연구했다.[807] 이러한 맥락에
서 귀국 후 사회주의 여성단체인 여성동우회와 좌우합작 여성단체인 근우
회에 적극 참여했다.[808] 함께 활동한 유영준·최은희·이현경·현덕신·이덕
요 등 많은 이들이 도쿄유학생 출신이었고 이 가운데 사회주의 동지가 많
았다. 귀국 후 여성단체의 조직과 활동에 도쿄유학시절의 인맥이 크게 작

---

805) 노영희, 「황신덕의 일본체험과 일본선각자들과의 지적 교류」, 204쪽.
806) 송연옥, 「야마카와 기쿠에와 황신덕 : 제국 일본과 조선 여성 리더의 만남과 엇갈
    림」, 『여성과 역사』 15, 159·177쪽. 그러나 이론과 현실의 모순에 봉착했고, 이러
    한 모순을 극복하기 위해 근대화의 추진을 열망하다 조선총독부의 식민지 근대
    화정책에 휘말려 들어갔다.
807) 鵑園生, 「조선여성운동의 사적 고찰: 여성운동의 선구와 현역」, 『동아일보』 1928
    년 1월 6일 ; 『조선사상가총람』, 삼천리사, 1933, 81쪽 ; 국사편찬위원회, 『한민족
    독립운동사』 8, 475쪽.
808) 「여성동우 중앙협의 참가 태도를 결정」, 『동아일보』 1927년 5월 15일.

용했음을 알 수 있다.

1926년 귀국한 황신덕은 시대일보사 기자를 하며 조선여자기독교청년
회연합회 총회 및 하령회에서 강연을 하는 한편 여성동우회를 대표해 청
년회에서 여성문제에 대한 강연을 하고, 천도교 제2대 교주 해월 탄생 기
념행사에서 부인문제에 관해 강연하는 등 다양한 행보를 보였다.[809]

황신덕은 "조선부인운동의 역사가 1919년 3·1운동에서 시작되었다"고
보았다. 이는 한일병합 이전의 찬양회·여우회, 국채보상부인회 등 여성들
이 활동했던 역사를 알지 못했기 때문에 나온 분석이라고 생각된다. 그럼
에도 여성운동의 시작을 '여성의 자각'에서 찾았다는데 시사점이 있다. 황
신덕은 여성의 3·1운동 참여가 사회적 훈련으로 작용해 여성계의 자각을
촉신시키고 여성의 사회 진출에 자신감을 제공하는 계기가 되었다고 보았
다. 여성이 자각하게 되면서 배움의 길을 찾아 교육을 받게 되었고 그 힘
이 사회운동으로 구체화되었다는 것이다.[810]

그리하여 1920년대 한국여성운동의 흐름을 크게 기독교 중심의 부인운
동과 사회주의적 부인운동으로 정리했다. 각지에 기독교여자청년회를 조
직해 부인야학, 지방순회강연, 토론회를 개최했던 기독교계의 여성운동은
부인운동을 표방하지는 않았으되 실제에 있어서 부인운동을 표방한 단체
와 거의 비슷한 내용으로 전개되었고, 수천 여성을 한 깃발 아래 조직한
점에서 성공했으며, 여자계몽운동에 많은 공헌을 했다고 지적했다. 비록
자신은 사회주의 여성운동계에서 활동했지만 기독교계 여성운동의 성과와
공헌을 높이 평가했다. 그리하여 사회주의 여성계와 기독교 여성계가 "주
의主義"는 다르지만 그들이 했던 사업은 비슷했다고 기술했다.[811] 이로 미

---

809) 여자청년회 제4회 총회」, 『동아일보』 1926년 8월 29일 ; 「신원청년회 주최 사회
　　문제 대강연」, 『동아일보』 1926년 11월 24일 ; 「해월 탄생 기념」, 『동아일보』
　　1927년 3월 17일.
810) 황신덕, 「조선부인운동은 어떻게 지나왔나?」, 『농민문화』 5-2, 32쪽.
811) 황신덕, 「조선부인운동은 어떻게 지나왔나?」, 『농민문화』 5-2, 33쪽.

루어 결국 당시 한국여성의 처지나 상황에서는 여성해방을 위한 계몽운동
이 우선이었으며 이런 면에서 두 계열에 공통점이 있었음을 의미한다.

　두 계열의 연합은 이미 근우회 이전에 이루어지고 있었다. 그 중심에
1926년 도쿄유학에서 귀국한 황신덕이 있었다. 그 해 12월 황애시덕·김활
란·손메례·방신영 등 조선기독교여자청년회 계열 여성과 황신덕·정종명
등 사회주의 계열 여성이 연합해 '직업여성의 친선 도모'를 목적으로 망월
구락부를 조직했다. 그리고 1927년 1월 망월구락부를 직업부인단체로 재
조직해 황신덕·최은희·김활란·홍에스더·곽성실이 실행위원을 맡았다.[812]
이때의 친분과 인맥이 향후 근우회 조직의 밑거름이 되었으리라 생각된다.

3. 1920년대 말~30년대 초 근우회 활동

　1927년 2월 황신덕, 길먹석(일명 길정희), 유영준의 주선과 노력으로 국
내에서 처음으로 '도쿄여자유학생친목회'가 조직되었다.[813] 1927년 민족단
일운동의 결과로 신간회가 조직되면서 여성계에서도 단일운동을 모색하게
되었다. 이러한 사회변화에 부응해 도쿄여자유학생친목회가 통일된 여성
단체 조직에 앞장서게 되었다. 그리하여 1927년 4월 17일 '도쿄여자유학생
친목회' 주최로 조선일보사에서 '여자외국유학생 간담회'가 개최되었다.
여기에 참가한 여성 60여 명은 "현재 미미한 조선부인운동을 활발히 진행
시키기 위해서는 전국 부인이 일치단결" "조선여성운동에 대해 각 방면 운
동자가 역량을 집중해 전국적 기관을 조직"하자는데 의견을 모았다. 그리
하여 창립 준비위원으로 유영준·김활란·박원희·유각경·정칠성·황신덕 등
12명을 선거하고 폐회했다. 준비위원이 동지 모집에 노력한 결과 황신덕을
포함해 40~50명의 발기인으로 발기총회를 개최했다.[814] 이 결과 회의 이름

812) 박용옥, 『한국여성 항일운동사 연구』, 지식산업사, 1996, 259~311쪽.
813) 「동경여자졸업생 친목회」, 『동아일보』 1927년 2월 15일.

을 '근우회'라고 하고, 강령은 "조선여성은 경제적으로 사회적으로 정치적
으로 인간적 지위에 있지 못했고 가정에 있어서까지 세상과는 벽을 쌓고
살아왔으니 여성의 지위 향상과 단결"로 하기로 약정했다. 황신덕은 창립
준비위원(15명), 의안작성위원(3명)으로 선출되었다.[815] 5월 27일 경성 중
앙기독교청년회관에서 119명의 출석 회원으로 창립대회가 개최되었다. 근
우회의 창립 취지는 다음과 같다.

> 인류사회는 많은 불합리를 생산하는 동시에 그 해결을 우리에게 요구
> 해 마지않는다. 여성문제는 그 중의 하나이다. 세계는 이 요구에 응하여
> 분연하게 활동하고 있다. 세계 자매는 수천년래의 악몽으로부터 깨어서
> 우리의 생활 도정에 橫在해 있는 모든 질곡을 분쇄하기 위해 분투해온
> 지 이미 오래이다. 조선 자매만이 어찌 홀로 이 역사적 세계적 oo에서
> 낙오될 리가 있으랴. 우리 사회에서도 여성운동이 개시된 것은 또한 이
> 미 오래이다. 그러나 회고해 보면 과거의 조선여성운동은 분산되어 있
> 었다. 그것에는 통일된 조직이 없었고 통일된 목표와 지도정신도 없었
> 다. 고로 그 운동은 효과를 충분히 내지 못했다. 우리는 운동상 실천으
> 로부터 배운 것이 있으니 우리가 실지로 우리 자체를 위해 우리 사회를
> 위해 분투하려면 위선 조선자매 전체의 역량을 곤고히 단결해 운동을
> 전반적으로 전개하지 아니하면 아니 된다. 일어나라! 오느라! 단결하자!
> 분투하자! 조선자매들아 미래는 우리의 것이다.[816]

근우회의 강령은 "1. 조선여자의 공고한 단결을 도모함, 1. 조선여자의
지위 향상을 도모함"으로 조선여성운동전선의 통제적 사명을 다한다는 포
부를 밝혔다. 황신덕은 전형위원, 집행위원(교양부 상무)으로 선출되어 활

---

814) 「근우회 발기회 조선여성의 전국적 기관으로」, 『동아일보』 1927년 4월 27일.
815) 각계 여성을 망라한 근우회 발기 총회」, 『동아일보』 1927년 4월 28일 ; 「여성단
체 근우회 창립대회는 27일」, 『동아일보』 1927년 5월 21일.
816) 鵑園生, 「조선여성운동의 사적 고찰: 여성운동의 선구와 현역」, 『동아일보』 1928년
1월 6일.

발하게 활동했다.[817] 근우회의 중앙위원은 위원장 유영준을 비롯해 박신우·박경식·조원숙·황신덕·방신영·김활란·이현경·문인순·현덕신·이덕요·최은희·유각경·우봉운·박원희·김영순·김동준·정칠성·정종명·박호진·김선·홍애시덕·차사백을 포함한 23명의 위원으로 구성되었다. 황신덕은 근우회가 처음 조직될 때부터 적극적으로 참여해 간부로 활동했던 핵심세력이었다. 또한 유영준·현덕신은 황신덕과 같은 도쿄유학생으로 도쿄유학생출신이 근우회의 중심세력 가운데 하나로 활동하고 있었음을 볼 수 있다.[818] 게다가 황신덕·유영준·최은희는 같은 일본여대를 졸업했듯이 이러한 인맥에 기반을 두고 여성의 좌우합작 움직임이 근우회로 구체화될 수 있었다.[819]

근우회 집행위원회는 그 지도정신을 표시하기 위해 1929년 7월 근우회 선언문을 작성 발표했는데 그 전문은 다음과 같다.

역사가 있은 후로부터 지금까지 인류사회에는 다종다양의 모순과 대립의 관계가 성립되었다. 流動無常하는 인간관계는 각 시대에 따라서 혹은 이 부류에 유리하게 혹은 저 부류에 유리하게 되었나니 불리한 처지에 서게 된 대중은 그 시대 시대의 사회적 설움을 한껏 받았다. 우리 여성은 각 시대를 통해 가장 불리한 지위에 서있어 왔다. 사회의 모순은 현대에 이르러 대규모화했으며 절정에 달했다. 사람과 사람의 사이에는 인정과 의리의 정은 최후 殘渣도 남지 않고 물질적 이욕이 전 인류를 모두 相伐의 수라장에 들어가게 했다. 전쟁의 화는 갈수록 참담해가며 광대해가고 빈궁과 죄악은 극도에 달했다. 이 시대 여성의 지위에는 비록 부분적 향상이 있었다 할지라도 그것은 환상의 일편에 불과하다. 조선에 있어서는 여성의 지위가 일층 저열하다. 미처 청산되지 못한

817) 「각 방면 망라 근우회 창립」과 「각 항 결정 만세리에 폐회」, 『동아일보』 1927년 5월 29일 ; 「근우회위원회」, 『동아일보』 1927년 5월 31일.
818) 황신덕, 「조선부인운동은 어떻게 지나왔나?」, 『농민문화』 5-2, 33~35쪽.
819) 「청춘에 과수된 신여성기」, 『삼천리』 7-8, 1935.9, 73쪽.

구시대의 유물이 오히려 유력하게 남아있는 그 우에 현대적 고통이 겹겹이 가해졌다. 그런데 조선여성을 불리하게 하는 각종의 불합리는 그 본질에 있어 조선사회 전체를 괴롭게 하는 그것과 연결된 것이며 일보를 進하여는 전 세계의 불합리와 依存 합류된 것이니 모든 문제는 이제 서로 관련되어 따로따로 성취될 수 없게 되었다. 억울한 인류가 다 한 가지로 새 생활을 개척하기 위해 분트하지 아니하면 아니 되게 되었으며 또 역사는 그 분투의 필연적 승리를 약속해 주고 있다. 조선여성운동의 진정한 의의는 오직 如斯한 역사적 사회적 배경의 이해에 의해서만 비로소 파악될 수 있는 것이니 우리의 역할은 결코 편협하게 국한될 것이 아니다. 우리가 우리 자신의 해방을 위해 분투하는 것은 동시에 조선사회 전체를 위해 나아가서는 세계인류 전체를 위해 분투하게 되는 행동이 되지 아니하면 아니 된다. 조선여성운동은 세계사정과 조선사정에 의해 또 조선여성의 성숙 정도에 의해 바야흐로 중요한 계급으로 진전했다. 부분적으로 분산되어 있던 운동이 全線적 협동전선으로 조직된다. 여성의 각 층에 공동되는 당면의 운동 목표가 발견되고 운동방침이 결정된다. 그리하여 운동은 비로소 광범하게 또 유력하게 발진될 수 있게 되었다. 이 계단에 있어서 모든 분열정신을 극복하고 우리의 협동전선으로 하여금 더욱더욱 공고하게 하는 것이 조선여성의 의무이다. 조선여성에게 얽혀있는 각종의 불합리는 그것을 일반적으로 요약하며 봉건적 유물과 현대적 모순이니 이 양 시대적 불합리에 대해 분투함에 있어 조선여성의 사이에는 큰 불일치가 있을 리가 없다. 오직 반동층에 속한 여성만이 이 투쟁에 있어서 회피 낙오할 것이다. 근우회는 여사한 견지에서 사업을 전개하려하는 것을 선언하니 우리의 앞길이 여하히 험악할 지라도 우리는 일천만 자매의 힘으로 우리의 역사적 임무를 이행하려 한다. 여성은 벌써 약자가 아니다. 여성 스스로 해방하는 날 세계가 해방될 것이다. 조선자매들아 단결하자.[820]

근우회가 창립된 직후 황신덕은 현덕신·김선 등과 함께 숙명여자고등보

---

820) 鵑園生, 「조선여성운동의 사적 고찰: 여성운동의 선구와 현역」, 『동아일보』 1928년 1월 6일.

통학교 동맹휴학 사태에 대한 조사위원으로 활동했다.[821] 숙명여자고등학교 여학생들이 학교당국의 식민지교육에 대항해 동맹휴학을 일으켰는데, 학교와 학생측이 모두 강경하고 중재하던 학부형회마저 강경해져 해결의 기미가 보이지 않는 상황이었다. 이에 근우회에서는 그대로 방관할 수 없어 위원회를 열고 토의한 결과 "학생들의 요구가 어느 편으로 생각하던지 무리한 것이 아닐 반면에는 학교측에 무슨 흑막이 있는 것이 분명하니 그것을 먼저 조사할 필요가 있다"고 해 조사위원들로 하여금 조사하게 했다.[822]

이외에도 황신덕은 근우회 본부의 집행위원으로서 주요 행사와 사업의 핵심에서 활동했다. 발회식, 일반회원들과 집행위원들의 간담회 등에서 사업보고를 도맡았다.[823] 유각경·이현경과 함께 의안 작성과 규약 초안 위원으로 활동했다.[824] 매월 15일 근우회의 선전일에 가두에 나서서 헝겊단추를 팔기도 했다.[825] 그리고 근우회 대표로 각지의 지방단체에 초빙되어 가서 부인문제에 대한 강연을 했다. 이와 같은 순회강연을 통해 김천지회와 같은 지회가 각지에 조직되었다.[826] 황신덕은 근우회 상무위원으로 각지를 순회하며 경성지회와 대구지회 설치의 실무를 담당했다.[827]

한편 공산당 사건의 고문사건, 공판의 사법권 침해에 대한 사법권침해 탄핵대연설회, 언론집회폭압대연설회의 연사, 이 사건에 대한 진상을 조사

---

821) 정세현, 『항일학생민족운동사연구』, 일지사, 1975, 221쪽.
822) 「교원이 학부형 개별 방문」, 『동아일보』 1927년 6월 12일.
823) 「각 단체 성원리 의미 깊게 거행」, 『동아일보』 1927년 6월 19일 ; 「근우회 간담회 대성황리에 종료」, 『동아일보』 1927년 7월 4일.
824) 「즉석에 준비위원회」, 『동아일보』 1928년 3월 26일.
825) 「근우회 선전일」, 『동아일보』 1927년 7월 15일.
826) 「김천청년동맹 부인문제 강연회」, 『동아일보』 1927년 8월 26일 ; 「전주 근우 창립 기념 강연」, 『동아일보』 1927년 8월 27일 ; 「근우 김천지회」, 『동아일보』 1927년 8월 28일.
827) 「성황으로 발기된 근우 경성지회」, 『동아일보』 1928년 2월 23일 ; 「소식」, 『동아일보』 1928년 2월 25일 ; 「근우 경성지회 설립 준비위원회」, 『동아일보』 1928년 2월 27일 ; 「근우 경성지회 제1회 위원회」, 『동아일보』 1928년 4월 5일.

하려고 입경한 일본인 변호사 환영회를 준비하는 발기인으로 활동했다.[828]

근우회는 재만동포옹호동맹을 지지해 연하장을 보낼 경비를 절약해 기부하기로 했고, 근우회 주최로 재만동포동정음악대회를 열어 기부금을 조성하기로 했다. 이를 위해 황신덕은 음악대회 준비위원(11명)으로 활동했다.[829]

드디어 1928년 한국여성운동 역사상 처음으로 전국에서 각 지회 대표가 상경해 2일 동안 전국대표대회가 열렸다. 황신덕은 근우회 제1회 전국대회 대의원, 대회 준비위원(의안작성부), 대의원 자격심사위원, 전형위원을 맡았고, 1928년 제1회 전국대회에서 중앙 집행위원, 1929년 근우회 전국대회 준비위원(접대부), 제2회 전국대회에서 중앙 집행위원, 중앙 상무위원(정치문화부), 근우회관건축기성회 재경위원으로 선출되었다.[830]

1927년 근우회 창립과 함께 황신덕은 '조선부인운동의 과거와 현재를 정리하고 장래를 전망하는 글을 언론에 게재했다.[831] 황신덕은 1928년을 맞아 지난 1여년간 근우회 운동을 하며 절실하게 느낀 점을 다음과 같이 반성했다. 첫째, 단체적 훈련이 부족하다. 곧 여성들이 개인과 단체를 구별하지 못하고 다수의 결의에 복종하는 습관과 의지가 없어서 단결과 단체투쟁에 많은 지장이 있다는 것이다. 둘째, 모든 문제에 대해 둔감하다. 곧 여성들이 일반문제에 대한 기초지식이 부족하고, 정치문제, 사회문제를 자기 자신의 문제로 생각해 이해하는 능력이 부족하다는 것이다. 이를 극복

---

828) 「금월 13일 변사 39인」, 『동아일보』 1927년 10월 12일 ; 「고문 사실 들어나는 대로 2차 3차 고소 제기」, 『동아일보』 1927년 10월 22일.

829) 「재만동포동정 음악대회 근우회 주최」, 『동아일보』 1927년 12월 29일.

830) 「대성황리에 근우경성지회 설치」, 『동아일보』 1928년 4월 3일 ; 「근우전국대회 제1회 준비위원회」, 『동아일보』 1928년 4월 20일 ; 「남북 각처 대표 참석 조선여성 초유 회합」, 『동아일보』 1928년 7월 16일 ; 「중앙 집행위원 선정」, 『동아일보』 1928년 7월 18일 ; 「근우전국대회의 준비위원회 개최」, 『동아일보』 1929년 7월 6일 ; 「제1차 위원회 작일 그 회관서」, 『동아일보』 1929년 7월 31일 ; 「근우 상무위원회」, 『동아일보』 1929년 8월 6일 ; 「근우회관 기성위원회」, 『동아일보』 1929년 9월 4일.

831) 朝鮮思想通信社, 『朝鮮 及 朝鮮民族』 1, 1927, 170~181쪽.

하기 위해서는 지식 습득과 함께 모든 문제에 대해 실제로 투쟁하고 실천해가는 가운데 이해를 얻을 필요가 있다고 지적했다. 셋째, 여자의 반항이 전체적으로 아직 부족하다. 우리 여성이 경제적, 정치적, 성적으로 극도의 압박을 받고 있음에도 맹렬하게 반항하지 않는다는 것이었다. 따라서 여자 측의 반항이 활발하도록 노력해야 한다고 지적했다.[832]

당시 부인운동은 구미에서 전 세계로 확장되어갔던 사회운동의 한 부문운동이었다. 황신덕은 부인운동에 대해 다음과 같은 정의를 내렸다. "부인운동이란 부인의 지위를 향상시키려는 운동, 남성만을 중심으로 조직된 사회제도를 개선해 건전한 남녀평등사회를 건설하려는 목적을 가진 모든 운동"이라고 정의했다. 그리고 한국여성운동은 일본의 식민지 지배로 활동이 자유롭지 못해 직접 부인운동의 목표를 향하지 못하고 간접적인 먼 길로 방황하고 있다고 지적했다. 곧 다른 나라의 여성운동은 부인참정권 문제, 노동부인 문제, 남녀교육균등, 직업의 자유, 법률상 평등문제 등 정치·법률에 관련되는 부인운동을 전개하는 반면, 식민지 여성운동은 사회적으로 봉건적 사상·습관·도덕에 대한 반항, 문맹퇴치 정도로 더 이상 발전시키기 어렵다는 현실을 지적했다.[833]

황신덕은 근우회 운동을 회고하며 근우회를 조직한 후 간부들은 "밤과 낮을 헤아리지 않고 굶주림을 참아가며" 활동한 결과 1년 만에 40개가 넘는 지회가 설립되었고, 지방순회강연 등으로 부인문제와 일반사회지식을 보급하기에 노력했다고 기술했다. 곧 근우회 조직 1년 동안 선전 조직에 힘을 기울였음을 알 수 있다. 여기서 주목할 점은 근우회 간부들이 "굶주림을 참아가며" 활동했다는 기술이다. 이 정도로 여성운동가들이 경제적으로 매우 곤궁했고 근우회에 대한 후원자가 없었음을 의미한다. 또한 40개가 넘는 지회 설립은 대단한 성과이지만, 회의 운영에 필요한 회원의 회비

---

832) 「일년 간 운동의 교훈」, 『동아일보』 1928년 1월 1일.
833) 황신덕, 「조선부인운동은 어떻게 지나왔나?」, 『농민문화』 5-2, 31쪽.

가 잘 걷히지 않고 조직의 자금력이 없어 실제 사업 수행이 힘들었을 것임을 의미한다.[834] 남편을 선택하는데 있어서 부자를 택하기보다는 둘이 벌어서 살 수 있는 평등한 동지적 관계를 원했던 황신덕도 사업 자금의 중요성은 잘 알고 있었다. 그래서 그런지 1931년 즈음 황신덕은 "개인의 생활쯤이야 다소 돈이 없어 곤란할 지라도 그다지 큰 곤란은 아니지만 단체의 큰 사업이야 돈이 없어 가지고야 어찌 잘 할 수 있겠습니까. 나는 내 개인보다도 사업을 위해 돈이 좀 있었으면 합니다'라는 의견을 피력하기도 했다.[835]

황신덕의 글에서 더욱 주목할 만한 사실은 근우회 초기 명목상으로 근우회 내의 기독교 여성계와 사회주의 여성계 두 진영이 거의 같은 수효의 의원이었으나 사실상 사회주의운동자들이 핵심세력으로 활동했다고 기술했다는 짐이다. 또한 그 이유를 기독교계 여성들은 직업이 있고 또 이전에 활동하던 조선여자기독교청년회가 해체되지 않고 존속해있어서 시간과 여유가 없었기 때문이라고 분석했다. 반면 사회주의계 여성들은 사회주의 여성단체를 거의 다 해체하고 근우회 운동에 전력했고 또 사회운동에 전 생애를 바친 투사가 많았기 때문이라고 분석했다. 근우회 발회식을 축하한 단체 가운데 중앙여자청년동맹, 조선여성동우회가 있는 것을 보면 사회주의 여성단체 또한 완전히 해체한 것은 아니라는 것을 알 수 있다.[836] 어떻든 황신덕의 기술은 기독교계 여성들이 경제적으로는 여유가 있었지만 시간이 없어서 적극적으로 활동하지 못했던 반면 상대적으로 다른 일이 없어 시간적 여유가 있었던 사회주의 여성들이 더 관심을 가지고 적극적으로 활동해 근우회의 주도세력이 되었음을 의미했다. 이는 1928년 제1회 근우회 전국대회 석상에서 일어난 근우회 본부와 근우회 도쿄지회 사이의 분규(도쿄지회 停權문제), 목포지회 분규문제가 근우회의 주도권을 둘러싼

---

834) 황신덕, 「조선부인운동은 어떻게 지나왔나?」, 『농민문화』 5-2, 35쪽.
835) 「나의 욕심나는 것」, 『별건곤』 41, 1931.7, 16쪽.
836) 「각 단체 성원리 의미 깊게 거행」, 『동아일보』 1927년 6월 19일.

사회주의세력 간의 쟁탈전이었다는 사실에서도 잘 나타난다. 황신덕은 이 일을 계기로 기독교계 여성들이 근우회에 실망을 느끼고 거의 전부가 탈퇴했고 이후 근우회는 사회주의 세력이 주도하게 되었다고 기술했다.[837] 이에 대해 동아일보 기자 최의순은 조선여성운동을 정리하며 1928년 근우회 전국대회를 기점으로 "부녀들이 일시 가졌던 단결력과 열성이 흐트러져 분열과 파쟁으로 여성운동의 침체기"로 접어들었다고 평가했다.[838] 근우회는 단결된 조직과 전국대회 개최라는 역사적 의의에도 이미 이때부터 분열과 파쟁이 드러났다. 실제로 1929년에는 신문사에서 근우회 활동에 별 관심을 가지지 않아 기사로 나는 경우도 줄었고 또 제2회 근우회 전국대회에는 기자석을 특설했음에도 기자가 오지 않아서 근우회 측의 지탄을 받을 정도였다. 이는 근우회의 영향력과 근우회에 대한 사회적 관심이 전반적으로 줄어들었음을 의미했다.[839]

『동아일보』가 1928년 창립 8주년 기념사업으로 기획했던 문맹퇴치운동은 경무국의 금지로 좌절되었다. 문맹퇴치는 조선의 현상에서 가장 절박한 문제로 조선인이면 누구나 문맹퇴치에 나서지 않을 수 없는 연대적 의무라고 할 수 있었다. 비록 동아일보사의 계획은 좌절되었지만 이는 사회 각 방면에 많은 반향을 일으켰다. 이러한 맥락에서 황신덕은 근우회 활동을 하는 한편 서울고무공장(동대문 밖 신설리 소재)의 여공 70여 명(17세~30세)에게 3년의 연한을 정해 매일 주간 3시간, 야간 2시간씩 계몽 정도에서 보통학교 정도까지 가르치기로 했다.[840]

광주학생운동(1929년)에 이어 일어난 서울여학생만세시위(1930년)와 관련해 많은 근우회 간부들이 투옥되었다. 황신덕은 실천여학교 교사 자격으

---

837) 황신덕, 「조선부인운동은 어떻게 지나왔나?」, 『농민문화』 5-2, 35쪽.

838) 「십년간 조선여성의 활동 3」, 『동아일보』 1929년 1월 3일.

839) 「삼일만에 종료한 근우대회」, 『동아일보』 1929년 7월 31일.

840) 남자직공 30여 명은 백홍균이 담당. 「주야로 양부 교수 직공의 지식 계발」, 『동아일보』 1928년 3월 30일.

로 관련 여학생들에 대한 성격·성적, 평소 소행의 양호 여부에 대한 심문을 담당 검사로부터 받았다.[841]

그러다 1931년 신간회 해소와 함께 모든 운동이 지하운동으로 방향을 바꾸게 됨에 따라 근우회도 대회를 소집해 해소 여부를 결정하고자 했다. 그러나 지방대의원들이 출석하지 않아 여러 번 대회가 연기되었고 근우회는 공평동 근우회관에 간판만 달려있는 상태로 침체되었다. 그러나 황신덕은 이러한 상황도 "운동의 과정이며 퇴보가 아니라"고 강조했다.[842] 이는 향후 새로운 형태의 여성운동을 모색함을 의미했다. 황신덕은 침체된 부인운동을 다시 일으키기 위해서는 첫째, 통일된 지도정신 곧 지도층의 단결이 필요하다. 둘째, 경제문제가 해결되어야 한다고 보았다. 본격적으로 운동을 전개하는데 있어서 경제문제가 가장 선결되어야 한다는 것이었다. 여기서 주목할 점은 '경제문제'를 강조한데 있다. 황신덕은 근우회 운동을 하는 과정에서 경제문제가 얼마나 중요한지 깨닫게 되었다며 다음과 같이 말하고 있다.

> (돈 때문에 일하는 것은 아니지만) 희생적으로 일하는 사람에게 세끼 밥이라도 주어야 하지 않아요, 근우회 운동을 할 때에 전차도 못 타고 서대문에서 동대문까지 걷는 일이 많았으며 또 점심이라고 호떡이나마 한 개씩 잘 얻어먹을 수가 있었나요. 그렇다고 월급을 말하는 것은 아닙니다.… 근우회 운동 때에 보더라도 몇 달까지는 사람들이 잘 왔습니다. 그러나 차차 안 오기 시작해요. 그것은 결국 이해관계에 달렸지요. … 일부분은 각성해 나올지 모르지만 전체로는 어렵습니다.[843]

근우회 해소이후에도 정칠성·황신덕·심은숙·서석전·우봉운·정순희·강

---

841) 「시내 남녀 각 학교 교원 등 호출 심문」, 『동아일보』 1930년 2월 6일.
842) 「시내 남녀 각 학교 교원 등 호출 심문」, 『동아일보』 1930년 2월 6일.
843) 「조선부인의 당면문제 3: 조선여성계 타진과 그 처방은 여하」, 『동아일보』 1934년 1월 4일

아근니아·조원숙·유영준·허정숙·정종명·주세죽·이현경·현계옥 등은 각
자의 생활을 영위하면서도 근우회 활동 시기를 떠올리며 서로를 그리워하
거나 허정숙의 모친상과 같이 일이 있으면 가끔 모이기도 했다.[844]

4. 1930년대~45년 사회활동과 일제협력

근우회 활동을 하는 가운데 황신덕은 '경성여자소비조합'의 창립위원
(1929년), 감사(1930년)로 여자소비조합운동에 참여했다.[845] 경성여자소비
조합은 이사장 김수준, 전무이사 황애시덕 등 근우회 관련 여성들을 중심
으로 전개된 사업이었다. 소매상과 중간상인에게 돌아가는 이익을 조합원
들이 직접 취해 가정경제에 도움이 되게 하자는 목적에서 조직되었다. 이
사장 김수준은 여자소비조합이 가정경제에 도움이 될 뿐 아니라 여성의
경제적 각성, 지식의 향상, 단결의 정신, 사회적 훈련의 효과를 거둘 수 있
다는 점에서 여성운동의 하나라고 보았다. 전무이사 황애시덕은 여자소비
조합을 여성운동이자 민족운동이라는 차원에서 접근했다. 가정 살림의 주
체이자 소비자인 여성의 경제적 역할에 주목해 여자소비조합이 여자경제
운동의 제일보이며 약자인 개인 소비자와 우리 민족이 살 길이며, 가정경
제와 민족경제에 일익을 담당할 수 있으리라고 보았다. 황신덕 역시 여성
의 경제력, 경제적 역할이라는 면에서 이 사업에 적극 동참했다. 경성여자
소비조합은 1932년 침체상태에 빠져 유야무야되었지만, 경제적으로 각성
한 100여명의 여성들이 단결해 스스로의 힘으로 협동조합을 결성하고 가
정경제 나아가 민족경제의 향상을 목표로 노력했다는데 의의가 있었다.[846]

---

844) 정칠성, 「동지 생각」, 『삼천리』 7-3, 1935.3, 97~101쪽 ; 「강남 풍월」, 『삼천리』
    8-12, 1936.12, 47쪽.
845) 「각 방면 여성 망라 여자소조 창립」, 『동아일보』 1929년 8월 20일.
846) 김성은, 「1930년대 황애덕의 농촌사업과 여성운동」, 『한국기독교와 역사』 35, 2011,
    162~168쪽.

황신덕은 일본유학에서 귀국(1926년)한 후『시대일보』와『중외일보』,『신
가정』등 신문사와 잡지사 기자, 여학교 교사로 생계를 유지하는 한편 근
우회를 조직하고 핵심간부로 활동하며 여성운동을 전개했다. 또한 결혼해
아이를 낳고 어린 아이를 키우면서도 가정생활과 직업, 여성운동을 병행했
다. 아들을 낳고(1930년) 딸이 병사하는(1931년) 가정사 가운데서도 실천여
학교 교사(1930년), 명성여자실업학교 교사(1932년)로 가정생활과 직장생
활을 양립했다.847) 이러한 삶의 패턴은 결혼하고 아이를 출산해서도 계속
되었다. 남편 임봉순과 황신덕은 동지적 관계였으며, 남편은 유순한 성격
에 사회운동에 적극적이어서 서로 협조가 잘 되었다. 황신덕은 돈 있는 남
자와 결혼해 압제받느니 가난한 남자와 결혼해 서로 노력하며 사는 것이
좋다는 생각을 가지고 있었기에 자신이 선택한 남편을 사상적 동지이자
반려자로 만족해했다.848) 그리고 결혼 후에는 남편과 아내의 할 일을 공평
하게 나누어서 하며 평등한 부부로 생활을 영위했다. 결혼 후 직업과 사회
활동에다 가정생활에 대한 경험이 더해지면서 가정부인에 대한 이해가 더
욱 깊어졌다. "가정부인들이 집에서 매일 하는 일이 직업 가진 사람들이
바깥에 나가서 매일 노동하는 것의 몇 갑절이나 된다.… 밤낮 해도 끝 안
나고 티 안 나는 일인데도 본치조차 안 나는 집안일·육아·음식·의복·가정
정리까지 더욱이 신여성으로서는 재무 처리까지 하게 되는 것입니다. 그
자세한 사정을 살필 것 같으면 바깥일을 하는 남자들보다 정신과 육체를
얼마나 과로하게 하는지 모릅니다." "아이 기르는 것도 곧 생산"이라고 해
가사노동의 가치를 높이 평가했다.849) 그러면서도 한편으로는 "신여성들이

---

847) 「동맹휴교사건 재판기록 3: 서울여학생 동맹휴교사건 2」,『한민족독립운동사 자
    료집』51, 239~241쪽 ; 「명문 따님 5형제 행진곡, 황애시덕 황신덕씨의 5형제」,
    『삼천리』4-2, 1932.2, 54쪽.
848) 신영숙, 「황신덕(1898~1983): 중앙여고 전신 경성가정의숙 설립」, 146쪽.
849) 「신여성의 가정생활 이것이 불평이라면 12: 여성문제의 의견 相違」,『동아일보』
    1929년 4월 21일 ; 「조선부인의 당면문제 3: 조선여성계 타진과 그 처방은 여하」,
    『동아일보』1934년 1월 4일.

제일 자기본위로 경제부터 독립해야 한다." 그리하여 여성들이 "자기의식"
을 세우고, 직업에 귀천 없이 자기가 타고난 재능대로 "노동"해 벌어먹고
살아야 한다는 생각을 가지고 있었다.[850] 주부들에게 부업을 권하며, 여성
들이 부업을 통해 사회를 내다볼 수 있고 경제적 각성이 생겨 경제적 자립
을 갈망하게 될 것이고 이러한 각성이 여자해방의 열쇠라고 보았다.[851] 또
한 "정치는 전체 사회의 행복을 위해 있는 것이니 전체의 하나인 여성도
남성과 평등하게 정치를 해야 사회가 완전하게 된다"고 하며 여성의 정치
참여와 사회활동을 강조했다.[852] 그리고 평소 "여자는 조선여자뿐 아니고
세계적으로 보아서 이중으로 자유가 없다. 일은 경제, 이는 남자의 억압이
다.… 자기를 망각치 말아야 한다. 여자도 앞으로 점점 사회적 지위와 정
치적 무대에서 자기를 자랑할 날이 있을 줄 안다"라고 할 정도로 확고한
여권의식을 가지고 있었다.[853] 무엇보다도 황신덕은 여성이 직업을 가져야
한다는 신념과 함께 확고한 직업관을 가지고 있었다. 그는 배운 여성이 직
업을 가지지 않는 것을 퇴보라고 간주했고 심지어 직업을 가지지 않아도
경제적으로 넉넉한 집안의 여성도 직업을 가져야 한다고 주장했다. 다만
여성이 직업과 가정을 병행하기 위해서는 남편의 이해와 협조, 가사도우
미, 탁아소와 같은 사회시설이 필요하다고 보았다.[854] 그의 가정생활과 직
업, 여성운동의 병행과 조화는 이와 같은 신념에서 나온 것이었다. 직업과
가정의 양립은 당대의 화두였다.[855]

---

850) 우봉운, 「여류 연설객과 잡감: 열변 우 열변의 황신덕씨」, 『삼천리』 7-2, 1935.2,
    115~116쪽.
851) 황신덕, 「가정부업의 필요」, 『신가정』 1-10, 1933.10, 27쪽.
852) 「〈좌담회〉 조선부인의 당면문제 1: 조선여성계 타진과 그 처방은 여하」, 『동아일
    보』 1934년 1월 1일.
853) 우봉운, 「여류 연설객과 잡감: 열변 우 열변의 황신덕씨」, 116쪽.
854) 「조선부인의 당면문제(완) 조선여성계 타진과 그 처방은 여하」, 『동아일보』 1934
    년 1월 6일.
855) 황신덕, 「부인시간: 여성과 직업」, 『동아일보』 1938년 7월 14일.

한편 로제타 홀이 설립하고 운영하던 조선여자의학강습소는 정년을 맞
은 로제타 홀 선교사가 미국으로 귀국하면서 김탁원과 길정희 부부가 인
수하게 되었다. 그리고 이름을 경성여자의학강습소로 바꾸어 운영했다. 그
동안 여자의학강습소는 "직업선상에서 사회적 활동을 함에는 남성과 여성
의 구별이 없는 이상 여자에게도 의학을 수득할 수 있는 기회를 주어 민족
보건을 증진하자"는 의미에서 분투하며 힘들게 운영되어왔다. 여학생이 국
내에서 공부해 의사가 되기 위해서는 이 여자의학강습소를 졸업하고 총독
부에서 시행하는 의사검정시험을 통과해야만 자격을 얻을 수 있었다. 그런
데 앞으로 이 시험제도마저 철폐될 위기에 처하게 되어 여자의학강습소를
재단법인 여자의학전문학교로 만들고자 기성운동이 일어나게 되었다. 황
신덕은 여자의전 발기 준비위원(72명)으로 선정되었다.[856] 평소 황신덕의
여성교육관, 직업교육관과 부합되는 행보라고 하겠다.

황신덕이 신문사 기사로 근무하면서 통절하게 느낀 것은 부인들의 비참
한 처지와 무지함이었다. 때문에 무엇보다 가장 필요하고 급선무가 여성교
육이며, 여성들을 교육하는 것이 신문기자로 활동하는 것보다 더 중요하다
고 느끼게 되었다. 또한 "교육이 독립의 기초"라는 생각으로 학교 설립을
계획했다. 황신덕은 자신이 교육가가 된 이유로 "한국여성의 지위와 수준
이 최소한 일본 정도가 되어야 한다"는 것, 자신이 총을 가지고 싸울 수
없다면 여성단체를 통해 독립운동을 하는 한편 교육을 통해 여성의 지식
수준의 기초를 잡기 위해 교육사업이 필요하다고 강조했다.[857]

몇 년간 신문사에서 근무도 해보고 여성단체에서 부인운동도 해본 결과
황신덕은 여성교육을 하는 것이 가장 효과적이라는 결론에 이르게 되었
다.[858] 그리하여 이를 자신이 직접 실현해보기 위해 자매인 황애시덕·황인

---

856) 「여자의전교 준비위원 선정」, 『동아일보』 1934년 4월 12일 ; 「여자의전교 기성운
동 발기 준비위원 72명」, 『동아일보』 1934년 4월 22일.
857) 노영희, 「황신덕의 일본체험과 일본선각자들과의 지적 교류」, 205~207쪽.
858) 추계황신덕선생기념사업회, 『무너지지 않는 집을 : 황신덕 선생 유고집』, 153쪽.

덕과 함께 경영난에 처해 있던 중앙보육학교를 1934년에 인수했다.[859] 언니인 황애시덕이 교장을 맡고 황신덕은 황애시덕을 보좌하며 재담법인 설립과 학교 확장을 목표로 노력했다. 그러나 재정난을 극복하지 못하고 이들 자매들은 1년 만에 중앙보육학교에서 손을 떼게 된다.[860]

여학교 설립이라는 목표를 가지고 노력하면서 황신덕은 여학생에 대한 제언에 관심을 가졌다. 여학생들이 사치와 자살 성향에서 벗어나야 하며, 정당한 이상과 목적을 가진 건전한 "야심"을 가져야 한다고 강조했다.[861] 한국여성교육에 대해 "우리 조선여성교육계도 50년의 역사를 가졌으며, 누구의 힘을 믿고 의지해야만 살고 누구의 흉내로만 과거를 청산할 줄 알던 시기는 지났다"고 하며 "우리 생활범위 안에서 얼마든지 우리의 창조력을 연마하며 발휘할 수 있다"고 보았다. 여성이 창조력이 부족한 것은 인형의 껍질을 벗지 못한 것을 의미한다고 보았다. 여성이 창조력을 발휘한 사례로 이화여전 가사과 실습소에 조선의 고전미를 살리면서 개량해놓은 가구, 용의주도하게 개량된 부엌을 들었다. 곧 창조력이란 전통과 근대의 조화, 끊임없는 개량을 의미했다. 결론적으로 황신덕은 여성이 자신의 가정적 사회적 역할이 중대함을 깨달아 여성의 머리로 고안하고 창안해 우리의 가정과 사회를 살기 좋도록 만들자는 것이었다.[862]

근우회가 해소되고 난 뒤 1930년대에는 적극적으로 부인운동을 표방한 단체는 없어도 가정부인협회·직업부인협회·동유회·여자기독교청년회 등이 있어서 여성단체의 명맥을 이어갔다.[863] 이 가운데 동유회는 전문학교

---

859) 「종차 분투 전 설립자에 감사」,『동아일보』1934년 5월 18일 ; 「백인백태」,『개벽』 3, 1935.1, 98쪽.
860) 「중앙보육교 피어선으로 이전」,『동아일보』1935년 4월 17일 ; 김성은, 「1930년대 황신덕의 농촌사업과 여성운동」,『한국기독교와 역사』35, 2011, 174~175쪽.
861) 「시류통론대회 抄記 2: 여학생에게 충고하노라(상), 황신덕」,『동아일보』1934년 12월 14일 ; 「여성시론 3 : 조선여성과 야심」,『동아일보』1935년 7월 6일.
862) 「여성과 창조력」,『동아일보』1938년 10월 7일 ; 「여성과 창조력(하)」,『동아일보』 1938년 10월 10일.

이상 졸업한 도쿄여자유학생 출신을 중심으로 한 조직으로 황신덕, 유영준 등이 임시위원이 되어 발기한 단체였다. 황신덕은 동유회 주최 시류통론대회의 연사를 맡기도 했다.[864] 또한 황신덕은 가정부인협회에도 참여해 활동했다. 가정부인협회는 제1회 '가정부인대운동회'를 개최했는데 참가회원이 200명을 초과하는 대성황을 이루었다. 이 운동회는 의외로 서울에 사는 가정부인들이 손꼽아 기다리는 행사였던 것으로 보이며, 언론에서는 이 날을 기쁘게 뛰고 놀 '가정부인데이'라는 별칭으로 부르기도 했다. 제1회 가정부인대운동회의 경기부 위원(소집 담당), 제2회 가정부인대운동회의 서무부 임원, 가정부인협회의 위원(15명)을 맡았다.[865] 그리고 신가정사 기자였던 관계로 신가정사(동아일보사)가 주최하는 부인습률대회의 경기부 임원을 맡기도 했다.[866] 또한 황신덕은 직업부인협회(회장 이숙종)의 사업부 임원으로 참여했다.[867] 직업부인협회는 망월구락부(1926년 결성)를 변경한 단체로 직업을 가진 여성이 회원이었다.[868] 이와 같이 황신덕은 다른 사회주의 동지들과 달리 근우회가 해체된 뒤에도 여성단체와 여성을 위한 행사에 참여해 여성의 향상을 위해 무언가를 해보고자 노력했다. 직업부인협회와 가정부인협회의 가장 큰 행사가 운동경기와 부인대운동회였다. 황신덕이 이러한 단체에 가입해 활동은 것은 "남녀동등은 체력에서"라고 생각이 강했기 때문이었다.[869]

863) 황신덕, 「조선부인운동의 사적 고찰」, 홍병철 편, 『학해』, 학해사, 1937, 671쪽.
864) 「동경여자유학생 출신 구락부 조직」, 『동아일보』 1934년 5월 19일 ; 「동유회 주최 시류통론대회」, 『동아일보』 1934년 11월 30일.
865) 「내일로 임박한 가정부인대운동회」, 『동아일보』 1935년 5월 3일 ; 「기부가 막 들어오고 참가는 오늘까지」, 『동아일보』 1936년 5월 14일 ; 「가부협회 위원 개선」, 『동아일보』 1936년 6월 14일.
866) 「오시오 위정부로 시내 끼고 넓은 들에 부인습률대회」, 『동아일보』 1935년 9월 28일.
867) 「직업부인협회 임언을 개선」, 『동아일보』 1935년 12월 12일.
868) 김성은, 「박인덕의 사회의식과 사회활동」, 『역사와 경계』 76, 217쪽.
869) 황신덕, 「통쾌한 일 두 가지」, 『신가정』, 1934.7 ; 추계황신덕선생기념사업회, 『무

황신덕은 1934년 신가정사 기사로 활동하며 여권문제와 사회문제에 관심을 가지고 글을 썼다. 그러다 1937년부터 일제협력행위를 시작했다. 애국금차회 회원으로 금품 1원을 헌납했고, 여성단체들이 주최한 시국강연회에서 "비상시국과 가정경제"를 주제로 연설을 했다.[870] 그러면서도 1938년 안창호가 서거했을 때 신변안전에 개의치 않고 장례비를 기증(12명)해 안창호에 대한 존경과 추도의 뜻을 표현했다.[871] 황신덕은 해방 후에도 안창호에 대한 추모 글을 신문에 연재하고 미국에 있는 안창호의 부인에게 안부편지를 하는 등 안창호 집안을 각별하게 여겼다.[872] 어떻게 보면 매우 모순적인 행위이지만, 현실의 복잡성을 나타내는 단면이라고 생각된다.

"손에 미치지 않는 하늘에 별만을 따려고 버둥거리던 시절도 이미 지나갔다"라는 말처럼 이 시기 황신덕은 현실과의 타협에 가까워졌다고 보인다.[873] 여학교를 설립하겠다는 첫 시도가 실패로 끝났음에도 황신덕은 여학교를 설립하고 인가를 받을 수 있는 방법을 꾸준히 모색했다. 그리하여 사립학교 설립을 억제하던 조선총독부의 교육정책에 거스르지 않으면서 여성교육을 하는 방법으로 일 년 일 년씩 허가를 받아야 하는 강습소 형태로 여성교육기관을 설립하기로 했다.[874] 이것이 학원 형식의 비정규학교인 '경성가정의숙'이었다. 이는 '가사'를 주로 가르치는 예비주부학교의 성격

너지지 않는 집을: 황신덕 선생 유고집』, 1984, 45쪽.
870) 「애국금차회원 금품 다수 갹출 헌납」, 『동아일보』 1937년 8월 21일 ; 「비상시의 여성 시국강연회」, 『동아일보』 1938년 6월 22일.
871) 「요시찰인 사망에 관한 건」, 京鍾警高秘(경성 종로경찰서 고등계 비밀문서) 제1070호, 1938.3.12.
872) 「황신덕, 황에스더가 이혜련(안창호 부인)에게 보내는 편지」, 1959, 독립기념관 소장 ; 황신덕, 「최후의 애국가」, 『자유신문』 1948년 3월 1일 ; 도산안창호선생전집편찬위원회, 『도산 안창호 전집』 13, 2000, 355쪽.
873) 「여성과 창조력」, 『동아일보』 1938년 10월 7일.
874) 추계황신덕선생기념사업회, 『무너지지 않는 집을: 황신덕 선생 유고집』, 1984, 156쪽.

이 짙었다. 이는 조선총독부 학무국으로부터 인가 받기가 쉽고, 당대 딸을 가진 부모들이 원하던 교육과정이었으며, 황신덕 자신이 실천여학교 교사로 재직할 때 담당했던 과목이 '가사'였고, 비록 1년 동안이었지만 중앙보육학교를 가정학교로 바꾸려는 계획을 세운 적이 있었던 경험이 복합적으로 작용했을 것이다. 언론에는 황신덕이 경성가정여숙을 설립한 동기를 다음과 같이 보도하고 있다. "영양과 요리에 대한 지식이 결여된 우리 일반 가정에 상식을 보급시키는 것이 시급한 과제였는데 이에 오래 전부터 뜻을 둔 황신덕"이 여학교를 설립하게 되었다는 것이다. 가장 시급하고 필요한 일이 여성교육이라고 생각했던 자신의 여성교육관을 현실적으로 구현해 여성에 대한 상식과 지식 보급에 기여하고자 했다.

경성가정여숙은 예과, 본과, 연구과로 나누어 운영할 예정이었다. 예과는 소학교 졸업 정도, 본과는 고등소학 정도의 학생을 대상으로 1~2학년을 두어 영양요리와 일반과학도 교수할 계획이었다. 연구과는 본과 졸업생, 고등여학교 졸업생을 대상으로 1년간 영양과 가사에 주력해 교수할 계획이었다. 학교는 학교 건물은 왕손인 이우가 운현궁 소유의 양옥(서대문 서재 건물)을 불하해 증축한 것으로 각 과에 50명씩 150명을 수용할 수 있는 규모로 예상되었다. 그리고 학교에 부설 영양연구소를 두어 조선요리연구와 강습회를 통해 일반여성에게도 지식을 보급할 계획이었다.[875]

결국 경성가정의숙은 "취학 연령을 초과한 가정부인들에게 음식과 영양을 가르친다"는 취지로 총독부의 설립 인가를 받을 수 있었다.[876] 수업시간에는 황신덕의 제자인 조자호의 『조선요리제조법』을 교재로 채택해 학생들에게 교수했다. 경성가정의숙의 설립과 운영에 있어 박순천, 박승호, 조자호·황애시덕 등 여러 사람에게 많은 도움을 받았다.[877]

---

875) 「가사와 영양에 주력 경성가정여숙 신설」, 『동아일보』 1940년 8월 9일.
876) 『우리 황신덕 선생』, 156쪽.
877) 「황신덕 여사와 그의 교육사업」, 『새가정』 2-7, 1955, 18쪽.

여학교를 설립할 만한 장소를 찾던 황신덕은 땅 주인인 이우를 만나기 위해 박순천과 함께 일본 도쿄에 건너갔다. 황신덕과 박순천은 그 길에 소마 콧코(相馬黑光) 부부를 방문했다. 소마 콧코 부부는 신주쿠에 있는 제과 회사 나카무라야(中村屋)의 주인으로 국내외의 예술가와 문화인에게 관심을 가지고 경제적인 지원을 하는 것으로 널리 알려져 있었다. 기독교를 바탕으로 남녀평등사상에 깊은 이해를 가지고 있었고, 한국여성, 인도여성, 중국여성과 인간적 교류를 깊게 나누던 인물이었다. 황신덕과 박순천이 일본에 온 목적이 학교 설립에 필요한 토지와 건물을 인수하기 위한 자금 2만원을 구하기 위해서라는 것을 안 소마 콧코는 1만 원을 원조했다. 노영희의 연구에 의하면 황신덕은 이 자금으로 경성가정의숙을 설립할 수 있었음에도 일본인의 경제적 도움을 받았다는 언급을 한 적이 없었다.[878] 이는 아마도 한국여성에 의한 한국여성교육이라는 이상과 현실의 괴리에서 온 반응이었을 것이라고 생각된다.

그런데도 자금이 모자랐는지 황신덕은 황애시덕의 집문서를 담보로 받은 은행 융자로 교실을 수리하고 교실 3개에 37명의 여학생으로 개교했다. 그러나 화재가 나는 바람에 명동성당에서 임시 수업을 하다가 1944년에는 견지동으로 이전했다. 견지동으로 교사를 사서 이전할 수 있었던 것은 상하이에 살면서 공장을 운영해 돈을 많이 번 손창완의 기부금 덕분이었다.[879] 비상체제하에 소개 명령에 의해 인문 중등교육과정은 폐쇄하고 실업학교만 남겨 중앙여자상과학교로 개편했다. 1945년부터 교육은 일본말, 근로 작업, 훈련을 위주로 학교가 유지되었다. 학교를 살리기 위해 학생들에게 근로정신대에 지원하라는 권유 강연을 했고 이 결과 2명의 학생이 근

---

878) 山川菊榮, 『おんな二代の記』, 平凡社, 1978, 319쪽 ; 『우리 황신덕 선생』, 131~156쪽 ; 노영희, 「황신덕의 일본체험과 일본선각자들과의 지적 교류」, 205~207쪽 재인용.
879) 추계황신덕선생기념사업회, 『무너지지 않는 집을: 황신덕 선생 유고집』, 1984, 157쪽.

로정신대에 동원되었다. 이는 황신덕이 적극적 일제협력행위자로 지탄받는 결정적 계기가 되었다.[880]

---

880) 장하진, 「황신덕, 제자를 정신대로 보낸 여성교육자」, 반민족문제연구소, 『친일파 99인』 2, 돌베개, 1993, 289~291쪽 ; 신영숙, 「일제시기 여성운동가의 생활과 활동 양상: 황애덕,신덕 자매를 중심으로」, 『한국여성학』 13-1, 1997, 198쪽.

제2장 고황경의 근대체험과 사회사업

1. 일본·미국유학과 근대문물 체험

고황경은 일제시기 일본유학을 거쳐 미국유학을 했으며 한국여성으로서 세 번째로 박사학위를 받은 인물이었다.[881] 10년 이상(7년은 일본유학, 5년은 미국유학)을 외국에 체류하며 학문을 연구하고 선진문물을 접했다. 해방 후 이화여대 사회학과를 창설하고 서울여자대학을 설립하는 등 여성교육에 많은 업적을 남겼고, 대한어머니회, 한국걸스카우트연맹, 한국여성소비조합 등 여성단체활동에도 큰 업적을 남겼다.

필자는 일제시기 최고의 지식인이자 신여성으로서 기나긴 유학생활을 마치고 귀국한 고황경의 삶은 어땠을까, 무슨 생각을 하고 어떤 활동을 했을까 궁금해졌다. 그러나 친일파라는 낙인만 있을 뿐 한국사뿐만 아니라 여성사 분야에서도 고황경에 대한 연구를 찾아볼 수 없었다. 그나마 교육학 부문에서 해방이후 활동을 중심으로 성인교육·체육교육·생활관교육에 초점을 맞춘 연구가 소수 있을 뿐이었다.[882]

---

881) 김성은, 「1920~30년대 여자미국유학생의 실태와 인식」, 『역사와 경계』 72, 부산경남사학회, 2009, 193쪽. 한국여성 1호 박사는 1929 미시간대학교 (공중)보건학 송복신, 2번째는 1931 콜롬비아대학교 사범대 김활란이다.

882) 이희수, 「고황경의 성인교육사상」, 한준상 외, 『근대한국성인교육사상』, 원미사, 2000 ; 지연숙, 「고황경의 삶에 대한 심리전기적 분석」, 연세대석사학위논문, 2003 ; 박주한, 「바롬 고황경의 교육사상과 체육」, 『한국체육학회지』 42-6, 2003 ; 이원명 외, 『바롬교육으로의 초대』 2, 정민사, 2009.

이 글은 고황경이 해외유학생활과 귀국을 전후로 어디에 관심을 가지고 어떤 활동을 전개했는지, 외국유학생활 동안의 체험과 학문연구가 귀국 후 사회활동에 어떤 영향을 미쳤고 어떻게 전개되었는지 밝히고자 했다. 귀국 후 고황경의 사회활동은 이화여전 교수 이외에도 경성자매원 설립과 운영 그리고 일제협력으로 나타났다. 1937년에 시작된 고황경의 경성자매원 사회사업은 그녀의 친일단체 활동과 같은 시기에 이루어진 까닭에 역사적 의미가 반감되어 제대로 평가받기 어렵다는 한계를 갖고 있다. 본고는 해방 후 대한민국 건설에 중요한 역할을 담당했던 지식인군의 일원으로서 일제시기 고황경의 학문적·체험적 원류를 살펴보았다.

1) 일본유학과 미국유학

고황경은 1909년 서울에서 태어났다. 아버지와 어머니는 황해도 장연 송천 출생으로 기독교인이었다. 아버지 고명우는 고황경의 할아버지 고학윤이 선교사의 통역으로 일한데다 세브란스 의학교에서 공부하며 외국인 선교사 의사들과 소통해야 했기에 영어에 능숙했고 기독교를 통해 일찍부터 개화되어 폭넓은 세계관을 가지고 있었다.[883]

고황경의 사고와 진로에 가장 많은 영향을 준 사람은 아버지였다. 일제시기 많은 기독교 집안의 딸들이 선교회 여학교에 진학했다. 그러나 고명우는 기독교인이었음에도 불구하고 고황경을 관립인 경성여자고등보통학교로 보냈다. 우리 민족의 적인 일제를 알기 위해서였다고 하지만 경성여고보 졸업 후 일본유학을 떠난 것으로 미루어 일본어 숙달과 일본유학도 염두에 둔 것으로 보인다.[884] 덕분에 고황경의 일본유학은 일본어에 대한

---

883) 고명우는 세브란스병원에서 의사로 근무하던 중 1926년 미국유학을 떠났고 1928년 의학박사 학위(M.D.)를 취득했다. 외국인 선교사들과 교류와 미국유학으로 국내에서는 일본이 지배세력이지만 세계적으로는 미국이 강대국으로 그 영향력이 증대되고 있다는 사실을 알 만큼 세상물정에 밝았다.

884) 림영철, 『고황경 박사 그의 생애와 교육 : 농촌·여성운동을 위한 교육』, 삼형,

어려움 없이 진행될 수 있었다.

고황경은 도시샤여자전문학교同志社女子專門學校에서 영문학을 전공하며 4여 년간 영어공부에 매진했다. 영문학을 선택했던 것은 미국유학을 염두에 두었기 때문이었다.[885] 이 시기 고황경은 일본어에 대한 어려움은 없었으나 대신 입학 초기 같은 과 친구들에 비해 영어실력이 엄청나게 뒤떨어져 따라잡느라고 무척 고생을 했다.[886] 이후 영어는 고황경이 미국유학과 박사학위라는 학문적 성취를 이루어내고, 해방 후 국제무대에서 활약하는 밑거름이 되었다.

고황경은 도시샤여전을 졸업한 뒤 도시샤대학교同志社大學校 법문학부에 진학해 법학과 경제학을 전공했다. 일제시기 여성이 법학을 전공한 경우는 고황경을 제외하고 단 한 명도 없었다. 법학과 경제학이 남성들의 전유물로 인식되고 있던 그 때 여성이 법학과 경제학을 전공했다는 것은 너무나 혁신적 발상이었다.

한편 고황경이 일본유학을 통해 얻을 수 있었던 이점은 일본어에 능숙하게 되었다는 점, 일본 문부성 지정 고등학교와 전문학교 고등 교원의 자격을 갖추었다는 점,[887] 그리고 일본인과의 인맥을 형성할 수 있었다는 점이다.[888] 고황경이 일제의 식민통치가 강화되던 1935년 귀국하여 이화여전에 자리잡는 과정에서도 그녀의 일본유학 경험과 인맥, 일본어 구사 능력

1988, 32쪽.

885) 고황경, 「여성지위 향상 위해(김선애 기자의 1973년 7월 28일 인터뷰)」; 경향신문사 편, 『내가 겪은 20세기 : 백발의 증언, 원로와의 대화』, 1974, 364쪽.

886) 고황경, 「거북의 쌍등」, 『이화』 7, 이화여자전문·이화보육학교 학생기독교여자청년회 문학부, 1937, 48~52쪽.

887) 「교비생으로 뽑혀 미국 가는 두 재원, 고봉경과 고황경」, 『동아일보』 1931년 4월 16일.

888) 이태영은 이화여전 가사과 스승이었던 고황경의 일본인 고위층 학맥 덕분에 남편 정일형이 감옥에서 사형되지 않고 해방 때까지 살아남을 수 있었다고 회고했다(이태영, 「고봉경·고황경 선생」, 127쪽).

과 교사자격증, 독립운동 전력이 없다는 면에서 총독부 당국으로부터 교수 임용 허가받기가 비교적 수월했기 때문으로 생각된다.

일본유학을 통해 고황경이 일본의 근대문물과 일본기독교, 일본기독교인(가가와 도요히코, 하니 모토코)으로부터 많은 영향을 받은 것은 분명하다. 각도를 달리해서 본다면 친일과 일선동화, 내선일체의 요소를 찾아볼 수 있는 배경으로 해석될 수 있다. 그러나 이것만으로 고황경의 사회활동과 의식세계를 파악했다고 말할 수 없다. 다음 절의 연구 결과와 같이 고황경은 일본에 머무르면서도 일본에 동화되지 않고 한국인으로서 민족정체성과 여성의식의 싹을 키워가고 있었다.

미국유학에서도 고황경은 경제학과 사회학을 전공으로 선택하며 진취적 학문 경향을 나타냈다. 사회학 전공으로 박사학위를 받기까지 이전에 공부했던 법학, 경제학이 큰 도움이 되었다고 한다.

고황경의 지도교수는 카버(H.C.Carver)로 무엇보다 연구방법론을 중시했던 인물이었다. 연구방법론이 좋다면 어느 사회에서나 통용될 수 있다고 생각했기 때문이었다. 고황경의 입장에서는 박사학위논문을 연구하면서 자신이 잘 모르는 미국사회를 조사대상으로 하기보다는 자신이 잘 아는 한국사회를 조사대상으로 하는 것이 더 쉬웠다. 그러나 사회학적 조사방법론에 중요한 의미를 두었던 지도교수 카버는 고황경이 박사학위논문 연구 대상을 미시간에서 가까운 디트로이트시에서 찾기를 바랐다. 때문에 그녀의 박사 논문은 '디트로이트시에서 발생하는 소녀 범죄의 계절적 분포'에 관한 연구가 되었다. 그리하여 고황경은 당시 사회학계 경향인 실증적 연구방법에 따라 이론적인 정립보다는 사회를 조사하여 통계적으로 처리하는 방법에 따라 논문을 썼다. 한편 당시 미시간대학교의 사회학과에는 지도교수 카버 이외에 사회학과장 맥켄지(R.D.Mckenzie), 우드(A.E.Wood), 카(L.J.Carr)교수 등이 있었다. 이들은 사회복지문제와 관련하여 사회학적 관점에서 비행청소년을 분석하던 교수들로서 고황경의 학문과 사회사업의

방향에 많은 영향을 주었다.[889]

고황경이 전공했던 법학·경제학·사회학 등은 일제시기 여성들이 선호하던 전공은 아니었다. 여성들은 무엇보다 교사로 취직하는데 유리한 음악, 교육학 전공이 많았다. 그럼에도 소신껏 새로운 학문을 추구하여 박사학위까지 취득한 것은 매우 진취적이고 선구적인 업적이었다. 해방 후 고황경은 이화여대에 사회학과를 개설하고 초대 사회학 과장을 역임하며 사회학을 학문적으로 정립하고 교육과정을 개발함으로써 사회학 연구 발전에 초석이 되었다.

2) 여권의식의 성장

고황경의 아버지는 그의 딸이 결혼해 가정주부가 되는 것보다 사회지도자로서 활동하기를 바랐고 아들을 능가하는 인재로 키우기 위해 높은 교육열을 가지고 딸의 교육에 관심을 기울였다.[890] 그는 어린 딸에게 세계 여러 나라 여성지도자의 전기를(영어로 된 책을 번역하여) 읽어 주며, 딸이 여성지도자자가 되기를 기대했다.[891] 딸들에 대한 교육열과 기대가 아들 이상이었던 특별한 아버지였다. 이런 집안 분위기의 영향인지 고봉경·고황경·고난경 자매들은 모두 미국유학생 출신으로 전문직 여성으로 활동했다.

고황경이 법률공부를 하게 된 계기는 그녀가 평생 결혼하지 않겠다고 결심한 이유와 관련이 있었다. 고황경은 어릴 때 어른들이 한국여성의 지위를 가리켜 '문서 없는 종'이라고 하는 이야기를 자주 들었다. 그녀는 종이 되고 싶지 않았고 또 종이 된 한국여성들을 해방시켜야할 사명이 자기에게 있다고 믿었기 때문에 법학을 공부하기로 결심했다.[892]

---

889) 림영철, 『고황경 박사 그의 생애와 교육 : 농촌·여성운동을 위한 교육』, 43쪽.
890) 고황경, 「눈물도 아껴 흘리시라던 그 말씀」 ; 『어머니』 편찬회, 『어머니』 상, 창조사, 1969, 61쪽.
891) 림영철, 『고황경 박사 그의 생애와 교육 : 농촌·여성운동을 위한 교육』, 31쪽.
892) 림영철, 『고황경 박사 그의 생애와 교육 : 농촌·여성운동을 위한 교육』, 39쪽.

고황경의 법학 전공은 일제시기 여성지식인으로는 유일한 경우였다. 그
녀가 아동학대방지법에 대한 지지 견해를 밝히고,[893] 남다르게 한국여성문
제에 있어 '여성의 법적 지위와 권리'의 중요성을 피력했던 데에는 일본에
서 전공한 법학 지식의 영향이 컸다.[894]

귀국 후 이화여전 가사과 교수로 있으면서도 여성의 법적 지위와 권리,
법률제정문제에 관심을 가짐으로써 제자들에게 영향을 미쳤던 것으로 보
인다. 이화여전 가사과 학생이었던 이태영이 해방 후 법학을 전공하여 우
리나라 최초의 여자변호사가 되고 가정법률상담소를 운영하며 가족법 개
정운동을 하게 된 데에는 일제시기 학문연구에 있어 선구적인 길을 개척
했던 고황경의 영향이 일정부분 작용하지 않았나 생각된다. 회고록에 의하
면 이태영이 이화여전에 다닐 때 가장 존경했던 스승이 고봉경과 고황경
이었기 때문이다.[895]

학문 연구 이외에 특히 주목할 점은 고황경이 1928년 근우회 교토京都
지회 설립대회에 참가했을 뿐 아니라 재정부 총무라는 임원까지 맡고 있
었다는 점이다.[896] 근우회 각 지회 가운데 교토지회가 상당히 진보적이고
활동적인 성향을 가지고 있었다는 점에서 이시기 고황경의 사회의식과 여
성의식의 일단을 유추할 수 있다. 고황경이 일본 기독교의 범위를 넘어 재
일본 교토 한국여자유학생들과의 교류를 통해 여성의식을 공고히 하고 여
성문제 해결에 대한 답을 찾고자 사회개혁의 의지를 갖고 근우회 활동을
했다고 할 수 있겠다.

고황경의 여권의식이 뚜렷이 드러나는 때는 미국유학시기 1934년의 강
연과 1935년의 글을 통해서였다. 미국유학시절 고황경의 여성의식은 하층

---

893) 고황경, 「아동학대방지에 대한 여론 : 보호는 당연하다」, 『신가정』 3-11, 1935.11,
138~139쪽.
894) 고황경, 「조선여성과 가족제도」, 『여성』 2-10, 1937.10, 36~37쪽.
895) 이태영, 「고봉경·고황경 선생」, 『나의 만남, 나의 인생』, 정우사, 1991, 125쪽.
896) 「근우 경도지회 설립대회 성황」, 『중외일보』 1928년 2월 20일.

여성과 문제여성에 대한 사회시설의 필요성을 자각하는 것과 함께, 가정과 사회에서 교육받은 신여성의 정체성과 역할에 대한 제안과 전망으로 정리 되었다. 1934년 12월 인간관계를 연구하는 동양학생회(Institute of Oriental Students for the Study of Human Relations) 10번째 회가 시카고 브렌트하우 스에서 개최되었다. 한국학생 대표 5명이 참석했는데, 고황경은 이때 "오 늘날의 조선여성(Women in Korea Today)"에 대해 강연했다.[897]

신여성 가정주부는 구관습과 신문화 사이에서 유연하게 '이중생활'을 하며 신구문화교체, 사회개선의 다리 역할을 해야 한다고 강조했다. 특히 3·1운동 때 여성의 역할을 높이 평가하면서 우리 여성이 사회개혁과 미래 국가 건설을 감당할 준비가 되어 있고 또 그럴 자격과 능력이 있음을 피력 했다. 그리고 신여성의 새로운 삶의 방식으로서 직업과 독신이 여성의 사 회적 경제적 독립을 가능하게 한다고 지적했다.[898] 이 내용은 당시 Korean Student Bulletin(1935.1~2)에 영문으로 실렸고, 귀국 후 몇 년 뒤 한글 잡지 『여성』(1937.10) 「조선여성과 가족제도」에 다시 게재되었다.

고황경은 미국에서 돌아온 직후 우연히 길에서 어린 소녀가 매를 맞고 있는 처참한 장면을 목격했다. 이 소녀는 빚으로 인해 권번으로 팔려갔는 데 도망치다 잡혀 매를 맞는 것이었다. 고황경은 이 일을 계기로 현실에서 어려움을 겪는 청소년들에게 관심을 갖게 되었다.[899]

고황경은 여성의 지위 향상을 위해서 고등교육 이외에 여성을 위한 사 회시설의 설립과 운영이 필요하다고 보았다. 사회교육과 교화를 통해 경제 적, 사회적 어려움에 처한 하위계층여성을 도와야 한다고 생각했고, 사회 시설의 설립, 일반사회의 봉사와 후원·참여를 촉구했다. 여성문제에 대한

---

897) *Korean Student Bulletin*, 1934.12.
898) Whang-Kyung Koh, "Women in Modern Korea", *The Korean Student Bulletin*, 1935.1~2.
899) MBC 라디오 방송자료 "남자 속의 여자" 1988 : 지연숙, 「고황경의 삶에 대한 심 리전기적 분석」, 연세대석사학위논문, 2003, 61쪽 재인용.

고황경의 인식은 문제여아와 범죄여성, 직업여성을 위한 미국의 사회제도와 사회복지시설에 강한 영향을 받았다. 고황경에게 여성을 위한 사회사업은 기독교정신과 근대화의 구현이자 사회문제, 여성문제 해결에 기여하는 구체적인 방안이었다.

귀국 후 고황경은 사회복지관을 열고 사회사업을 시작했다. 경성자매원은 "우리 여성들은 다 서로 남남끼리가 아니라 같은 어머니에게서 난 언니요 동생이다. 다정한 자매끼리다"라는 의미에서 '자매원'이라고 이름 지었다. 경성자매원은 한 마을의 전 연령대 여성을 대상으로 여성의 문제를 해결하기 위한 기관이었다.[900] 이런 의미에서 사회사업을 통한 여성의식의 구현이었다고 하겠다.

고황경은 언론을 통해 경성자매원 사회사업에 대한 일반인들의 관심과 후원을 호소하는 한편 각 개인과 가정의 경제에 도움이 될 만한 사업을 구상했다. 농촌부녀자에게 부업을 가르치고 알선하여 가정경제 향상에 직접적인 방법으로 기여하고자 했고[901] 이런 맥락에서 사회복지관 사업으로 농촌가내공장이 설립되기를 희망했다.[902] 또한 학생들의 작품을 외국으로 수출해보는 것을 신년계획으로 세우기도 했다. 조선 고대 예술품 중 우수한 그림을 많이 참고하여 외국인이 좋아할 만한 작품을 많이 만들어 상품화한다는 계획이었다.[903] 가정료의 소녀들에게는 재봉과 자수 등 직업기술교육을 통해 자립의 기반을 마련해주고자 했다.[904]

---

900) 고황경, 「경성자매원」, 『삼천리』 13-1, 1941.1, 173~174쪽.
901) 「세궁민의 부녀와 자질(子姪)도 문화혜택에 균점토록」, 『동아일보』 1937년 10월 27일.
902) Whang Kyung Koh, "A Social Welfare Experiment", *The Korea Mission Field*, 1938.1, pp.16~17.
903) 「여성조선의 기라군성(綺羅群星) 중견여성 인기여성의 활약상 : 어두움에 나타난 빛난 별 자매원의 탄생, 경성자매원 고봉경, 고황경」, 『동아일보』 1938년 1월 4일.
904) 림영철, 『고황경 박사 그의 생애와 교육 : 농촌·여성운동을 위한 교육』, 108쪽.

이와 같이 고황경이 여성의 자립적 경제활동을 강조했던 것은 생존권 확보와 범죄 예방을 위해서 뿐 아니라 여성의 사회적·경제적 지위 향상을 위한 방법이기도 했기 때문이었다. 고황경은 여성이 직업을 가지고 사회활동을 함으로써 사회적 경제적 독립을 이룰 수 있다고 생각했다.[905] 이러한 시도들이 경비 부족으로 다 실현되지는 못했다. 예를 들어 가정료의 경우 소녀들에게 맡길 만한 일거리를 찾기가 쉽지 않았고 일거리를 맡아 수입이 조금 생겼다 하더라도 가정료의 경비에 보태야 했기 때문이었다.

3) 민족의식의 확장

고황경은 일본유학 갈 때의 심정을 다음과 같이 묘사하고 있다. 막연하게나마 민족문제에 대한 고민이 싹트고 있었다.

> … 겨우 열여섯 살이었다. 바다를 건너 먼 외국 땅에 왔다는 외로움도 있었지만, 그보다는 우리나라를 침략한 나라라는 점에서 적개심으로 가득 차 있었다. 우선 공부에서 그들보다 떨어지지 말아야 한다는 결심은 단단히 갖고 있었지만 독립을 하려면 어디서부터 시작해야 되겠는가 하는 구체적 문제를 생각하려면 절벽에 서있다는 느낌을 갖던 때였다.[906]

기숙사생활을 하면서 한국인과 일본인의 문화적 차이를 확연하게 체감하면서 민족정체성에 대해 자각하기 시작한 것으로 보인다. 고황경은 결코 일본문화가 우월하다고 생각지 않았다. 그의 세계관에는 한국이나 일본뿐 아니라 서구문화에 대한 지식이 있었기 때문에 비교문화적 관점에서 한국문화에 대한 자부심이 있었다.

---

905) Whang-Kyung Koh, "Women in Modern Korea", *The Korean Student Bulletin*, 1935. 1~2.
906) 고황경, 「공부도 항일하는 심정으로」, 강신재 외, 『나의 소녀시절』, 범우사, 1982, 44쪽.

> 내 마음은 가뜩이나 한국이 일본보다 훨씬 먼저 야만에서 벗어난 문명한
> 민족이요, 단지 현대문명을 일본이 먼저 수입해서 우리를 지배한 것이니
> 우리도 속히 현대화해서 그 속박을 풀어버리기 위해 실력을 기르려고 아
> 니꼽지만 일본에 공부하러 왔다는 생각으로 가득차 있는데…[907]

학교에서 일본왕의 생일인 천장절 기념행사를 치르며 한국문화(한국왕의
생일기념 행사)에 대해 궁금해하는 일본학생의 질문을 받고 민족의 식민지
현실을 직시하게 된다.[908] 그리고 지도자로서의 자각과 책임감을 느끼기 시
작했다. 이는 국내 경성여고보 시절의 주입식 교육에서 벗어나 대학과정에
서 받은 자발적·연구적 교육으로 형성된 자치정신 덕분이기도 했다.

> 장차 사회에 나가서 지식계급, 지도계급에 처하게 될 때 나는 무엇으로
> 써 그들의 요구와 기대에 응할 수 있을까? 또 무슨 준비가 제일 필요한
> 가를 생각하던 끝에 인격수양이란 결론을 내리게 되었다.[909]

고황경은 교토에서 학교를 다니며 재일 한국인노동자의 비참한 삶을 목
격하게 되면서 민족문제와 사회사업에 더욱 관심을 가지게 된 것으로 보
인다. 한국인노동자들은 일본에서 제대로 사람대우를 못받고 있었다. 최하
의 직업을 가지고는 식구를 먹여 살리기도 벅차 빈민굴 생활을 했고, 직업
을 못가진 동포들의 경우 상황은 더욱 비참했다. 한국인노동자들과 그 가
족들은 일본인들에게 천민이라고 손가락질 받으며 수모를 당하고 있었다.
고황경은 이들을 '일본의 식민정책에 희생당한 사람들'이라고 생각했다.
그렇지만 당장 독립이 요원한 상태에서 자신이 할 수 있는 일은 가난한 상
태에서 방치되어 한국말을 잘 모르는 동포 아이들에게 한국말을 가르치는

---

907) 고황경, 「공부도 항일하는 심정으로」, 『나의 소녀시절』, 47쪽.
908) 고황경, 「공부도 항일하는 심정으로」, 『나의 소녀시절』, 44~45쪽.
909) 고황경, 「거북의 쌍등」, 『나의 소녀시절』, 49쪽.

일이라고 생각했다. 한국인들이 모여 사는 마을에 있던 한국인교회에 나가서 여러 해 동안 주일학교 아이들에게 한국어와 한국문화를 가르쳤다. 그동안 고황경은 재일 한국인유학생들과도 친해지게 되면서 한국의 독립과 사회문제에 대한 관심을 공유했던 것으로 보인다.[910]

일본유학생활 동안 고황경은 나라없는 민족, 힘없는 민족의 위상이 땅에 떨어진 모습을 보았다. 가난한 재일동포뿐 아니라 한국인 유학생들까지 일본인에게 멸시당하는 모습을 목격하고 경험하면서 운명공동체로써 민족정체성을 확고히 해 갔다.

일본사람들이 서양사람들에게 멸시당하듯이 한국학생들도 일본사람들에게 멸시당한 일이 한두 번이 아니었습니다. 일본경찰관에게 마치 죄인이 수색받듯 학생들이 수색을 당할 때는 말로 표현할 수 없는 분노가 일어나곤 했습니다.… 경찰 뿐 아니라 대학교수들도 한국학생들을 멸시하는 사람이 있었습니다. 강의 중에 고의든 무의식적이든 한국인을 모욕하는 언사를 쓰는 것입니다. 그 순간에는 모욕감이 일어나지만 곧 냉정을 되찾고 우리가 왜 남의 나라에서 이 수모를 받으면서 공부를 해야 하는가를 생각했습니다.[911]

고황경은 '우리 민족해방운동에 무엇보다도 경제문제 연구가 필요하다'고 생각했고, '한국의 경제를 개조'하려는 희망을 가지고 경제학이라는 학문을 연구했다.[912] 그리고 미국 미시간대학교에서 경제학 전공으로 석사학위를 취득했다.[913]

---

910) 고황경, 「공부도 항일하는 심정으로」, 45~46쪽.
911) 고황경, 『나의 생에 힘되신 주』, 399~400쪽.
912) 「고황경양의 연설」, 『신한민보』 1934년 10월 4일.
913) 「이역서 금의 입고 고황경양 귀국, 미쉬건대학에서 M.A.학위 획득」, 『동아일보』 1935년 7월 19일.

그 당시 고여사의 머리에서는 식민지정책으로 착취당하기만 하는 나라
의 참상이 떠나지 않았고 어차피 전쟁을 해서 일본을 물리치지 못할 바
에야 우리가 받고 있는 피해만이라도 최소한으로 줄여야겠다고 생각했
다. 그리고 그러기 위해선 공부하는 길이 첩경이라고 생각했다.[914]

고황경은 이즈음 경제문제를 해결하기 위해서는 정치적 독립이 선결과
제라는 결론을 내리게 되었고, 정치적 독립 없이는 경제문제의 해결이 불
가능하다는 점에서 경제학에 한계를 느끼게 되었다. 그러던 중 한국의 사
회문제 해결을 위한 방안으로 당시 새롭게 떠오르고 있던 사회학에 관심
을 가지게 되었다.

사회학은 당시 미국에서 부상하고 있던 새로운 학문이었기 때문에 취직
을 생각하면 전공으로 선택하기 곤란한 학문이었다. 그래도 당시 미국유학
생들은 대학의 교과과정이나 학풍에서 사회학적 영향을 많이 받았다. 그것
이 민족의 사회문제를 고민하며 해결방안을 모색하는데 도움이 되리라고
생각했기 때문이다. 예를 들어 박인덕은 콜롬비아대학교 사범대학에서 종
교교육 전공으로 석사학위를 받았지만 사회학 과목을 많이 들었고, 조지아
주 웨슬리안대학에서는 철학 전공에 사회학을 부전공으로 학사학위를 받
았다.

고황경이 사회학에 관심을 가진 것은 지적 호기심도 있었지만 사회학적
안목을 가지고 한국인의 사회생활과 사회적 행동, 사회관계와 사회집단,
문화를 분석하고 파악하는 것이 자기가 하고자 했던 사회운동과 여성운동
에 절대적으로 필요하다고 생각했기 때문이었다.[915] 그리하여 고황경은 박
사과정에서 사회학을 전공으로 선택했다.

한편 고황경은 미국에서 학문연구, 사회시설과 사회사업 시찰 외에 학
생회 활동을 통해 한국유학생들과 교류하고 강연을 통해 해외유학생들과

---

914) 고황경, 「여성지위 향상 위해(김선애 기자의 1973년 7월 28일 인터뷰)」, 364쪽.
915) 림영철, 『고황경 박사 그의 생애와 교육 : 농촌·여성운동을 위한 교육』, 41쪽.

미국인들에게 한국을 알리는 일을 하며 민족정체성을 재인식하게 되었다.

　고황경이 있었던 미시간주는 미국 중서부였고 따라서 고황경은 한국유학생들로 조직된 북미유학생총회의 중서부학생회 소속으로 활동했다. 1933년에 열린 중서부학생연회 때 시카고 국민회의가 그 해 졸업생들을 축하하는 자리에 고황경도 석사 졸업생으로서 그 자리에 참석했다.[916) 그리고 1934년에는 중서부학생연회 토의부 준비위원으로서 활동했다.[917) 이 과정에서 고황경은 미국유학시기 독립운동단체인 시카고 국민회와의 접촉 그리고 한국학생들과의 교류를 통해 민족정체성을 재확인하고 민족문제를 고민하게 되었을 것이다.

　1933년 미시간대학교(앤아버) 교내 코스모폴리탄 클럽 집회에서 '한국의 밤(Korean Night)' 축제가 개최되었다. 이때 고황경은 미시간대학교 한국학생들로 조직된 앤아버학생회 소속으로 200여 명의 교수와 학생, 청중 앞에서 한국을 갖가지로 설명하고 소개하는 시간을 가졌다. 고황경은 한국말로 시낭독을 했고 음악과에 재학 중이던 김메리는 가야금을 연주하는 등 한국시와 한국음악을 외국인에게 소개했다.[918) 이러한 행사 역시 고황경이 민족문화와 한국인으로서의 정체성에 대해 다시 한 번 하는 기회가 되었을 것이다.

　고황경의 민족의식이 뚜렷이 드러난 때는 1934년 시카고에서 개최되었던 동양인학생대회 연사로 초빙되어 연설을 했을 때였다. 연제는 '조선의 경제개조'였지만 내용은 한국의 독립을 주장한 것으로써 한국의 경제문제는 정치적인 면에서부터 풀어나가야 한다는 소신을 피력했다. 그리하여 한국경제의 위기는 일제 식민 통치와 교육으로 인한 구조적 문제 때문임을 분명히 지적했다.

---

916) 「중서부학생연회」, 『신한민보』 1933년 7월 13일.
917) 「북미유학생총회」, 『신한민보』 1934년 5월 31일.
918) 「앤아바 학생의 활동」, 『신한민보』 1933년 2월 2일.

한국이 정치적으로 독립해야만 경제개조도 할 수 있다, 한국의 교육제도가 불완전하기 때문에 경제개조도 실현하기 어렵다.[919]

자신이 한국인임에도 불구하고 국내 관립여학교와 일본의 대학교에서 받은 교육과정에서 한국의 역사에 대해 배우고 생각할 기회가 없었음을 고백했다. 그녀의 미국유학은 새로운 학문연구와 학위취득이라는 면에서뿐 아니라 한국인으로서 한국역사를 처음으로 접하고 한국인의 정체성을 재인식하는 계기가 되었다는 점에서 의의가 있었다.

나 자신이 조선과 일본에서 유치원부터 대학까지 교육을 받았으나 조선역사를 가르치는 것은 보지도 듣지도 못했다. 지금 미국유학을 와서야 도서관에서 비로소 조선역사책을 읽어보았다. 그래서 나는 먹고 자는 시간도 잊어버리고 도서관에서 조선역사를 읽고 있다. 이만하면 교육의 부자유를 넉넉히 증명할 수 있다.[920]

고황경은 미국유학시기를 '고뇌 가득 찬 시절, 그 당시엔 공부하는 것도 조국을 위해서 였고 모든 일들이 애국이라는 한 가지 초점으로 집약되었던 시절'이었다고 회고했다.

학문에 대한 집착, 식민지 국가에서 온 유학생이 이국땅에서 겪는 어려움, 어려운 시기에 교육받은 여성으로서 조국과 민족에 대한 의무감 등은 자신을 완전히 정신적인 파산상태로 몰아넣을 정도로 심각한 것이었다.[921]

---

919) 「고황경양의 연설」, 『신한민보』 1934년 10월 4일.
920) 「고황경양의 연설」, 『신한민보』 1934년 10월 4일.
921) 고황경, 「여성지위 향상 위해(김선애 기자의 1973년 7월 28일 인터뷰)」, 364쪽.

고황경의 민족의식은 일본유학과 미국유학을 거치면서 더욱 강화되어
갔다. 미국유학생활 동안 한국사 인식, 전통문화의식을 통해 민족정체성을
확고히 하고 지식인의 사명의식을 가지고 학문을 연구하고 사회복지관, 사
회시설 시찰을 통해 민족을 위한 길을 모색했음을 알 수 있다.

4) 사회복지관과 사회시설 체험

고황경은 일본에서 빈민으로 살아가고 있는 동포의 생활을 목격하고 민
족적 사명의식으로 일본 내의 사회사업기관과 사회사업을 직접 관찰하고
체험해보려고 노력했다. 특히 일본 기독교인 사회사업가인 가가와 도요히
코(賀川豊彦)를 자주 방문했는데, 가가와 도요히코는 빈민을 위한 사회운동
과 농촌운동으로 유명한 인물로 당대 한국인에게도 많은 영향을 끼쳤던
사람이었다. 이외에도 도쿄(東京), 오사카(大阪), 미주 각지에서 사회사업
단체와 시설을 시찰하고 연구했으며[922] 사회복지관(인보관隣保館)사업 관
련 서적을 읽었다.[923] 동지사여전시절 '오사카 사관도(大阪 四貫島) 인보관'
을 참관했고, 도시샤대학시절에는 사회복지사업에 대한 논문을 썼다.[924]
고봉경, 고황경 자매는 경성자매원을 운영하면서 1939년 다시 일본 오사카
로 사회사업 시찰을 떠나게 되었다.[925] 고황경이 귀국 후 시작한 경성자매
원의 사회사업과 강습소 운영은 일본에서의 사회사업 체험과 밀접한 관련

---

922) 고고황경, 「여박사의 독신생활기 : 모든 정열을 사회에」, 『조광』 4-3, 1938, 242~
243쪽.
923) '인보'는 가까운 이웃끼리 서로 도움 또는 그런 목적으로 세운 조직을 말한다.
'인보사업'이란 빈민의 실태를 조사하고 그들의 보건·위생·의료·교육과 복지 향
상을 위해 노력하는 사회사업이다. 일제시기 조선총독부는 사회사업정책으로 몇
곳에 '인보관'을 설치했다. 또 한국인이 개인적 차원에서 설립한 인보관도 몇 곳
있었다.
924) 고황경, 「나의 이사 고난기 : 흑인가」, 『조광』 4-2, 1938.2, 203쪽
925) 「자매원의 자모, 대판에서 시찰 초빙, 고봉경·고황경 양씨」, 『동아일보』 1939년
7월 18일.

이 있었다.

한편 고황경은 일본유학 동안 YWCA회관에 방을 얻어 자취생활을 하면서 YWCA에 많은 관심을 가지게 되었고, 야간 영어반을 가르치기도 했다.[926] 또한 미국유학에서 귀국(7월)하기 전 1935년 6월 3주 동안 중서부에 있는 몇 군데 YWCA대회(Conference)에서 강연을 하기도 했다.[927] 고황경은 일본과 미국유학시절 꾸준히 교회에 나가고 YWCA와 관계를 맺으며 기독교인으로서의 정체성을 지켜 나갔음을 알 수 있다. 일본과 미국 YWCA에서의 체험은 귀국 후 이화학생기독교청년회를 맡아 지도하는 것으로 연결되었다.

원래 사회사업에 관심이 많았던 고황경은 미국유학시절 사회학 전공과 관련하여 사회복지시설과 범죄자수용시설 등을 견학할 기회가 많았다. 고황경은 디트로이트 소년심판소에서 박사학위논문에 필요한 자료를 수집하기 위해 디트로이트에 6개월간 머무는 동안 소년심판소 근방에 있던 사회복지관(인보관隣保館, Sophie Wright Settlement)에서 사회복지관 생활을 체험했다. 디트로이트 소년심판소에서 아침부터 5시까지 박사논문에 필요한 통계자료를 수집·연구했다. 저녁식사 후에는 2개월 동안 인보관 직원으로 일하며, 매일 오후 7시부터 10시까지 도서실 감독, 아동발표회가 있을 때 도우미, 문단속 등을 했다. 이 사회복지관의 소재지는 디트로이트시에서도 하층민과 빈민들이 모여 살고 있던 곳으로 폴란드인과 흑인이 많았다. 이 구역은 전반적으로 아동의 범죄율도 많았다. 소년심판소가 그 근방에 있었고 사회복지관이 그 중앙에 설립되어 있었다. 디트로이트 사회복지관 생활을 통해 고황경은 다음과 같은 변화를 체험했다.

첫째, 흑인아동들과 친하게 되고 흑인어른들과도 반갑게 인사하고 지내게 되면서, 흑인과 그 거주지를 두려워하는 선입관이 사라지고 그들에게서

---

926) 림영철, 『고황경 박사 그의 생애와 교육 : 농촌·여성운동을 위한 교육』, 39쪽.
927) *Korean Student Bulletin*, 1935.5~6.

다정함과 희망을 발견하게 되었다.

> 지금까지 무시무시하던 그 동리가 몇 주일이 못가서 딴 세상이 되었다.
> 객관적으로는 변한 것이 하나도 없지만 주관적으로는 전연 딴 세상에
> 온 것같이 다정해졌다. 컴컴하고 충충하고 징글징글하던 그 곳이 지금
> 은 마치 은쟁반에 흑진주가 굴러다니는 것처럼 백설이 고요히 덮인 시
> 가에 번쩍이는 눈을 가진 흑인들의 왕래가 이채있는 예술같이도 보이
> 고 앞날의 희망을 가지고 향상하려고 애쓰는 풍기가 은연 중 어둠을 돌
> 파하는 것도 같았다.[928]

둘째, 흑인들과 빈민들의 복지 향상을 위해서 열심히 노력하고 있는 백
인 여성지도자들에 주목했다. 이들은 전부 고등교육을 받은 여성들이었고
사회복지관에서 습숙耆宿하며 매우 검소한 생활을 했다. 고황경의 이들의
존재를 통해 여성지도자의 자세와 역할에 대해 생각했을 것이고, 이러한
체험이 귀국 후 이화여전 교수를 하면서도 경성자매원을 설립하고 운영하
며 사회사업에 지속적인 관심을 가지게 되는 직접적인 계기가 되었던 것
으로 보인다.

흑인들을 대상으로 하는 사업임에도 불구하고 이 사회복지관에 유숙하
며 전임으로 일하는 흑인이 없다는 점, 모든 행사에서 흑백인 대우는 같되
흑백 구분이 철저히 시행되고 있다는 점도 간과하지 않았다. 흑인이 법률
적으로는 백인과 동등한 지위를 가지고 있지만 실제 사회생활에서는 뚜렷
한 경계선으로 철저하게 분리되어 사실상 차별이 존재하고 있던 현실에
놀랐다. 이 경험은 일본인과 한국인 사이의 관계(내선일체를 외치며 실제
로는 민족차별), 한국인의 법적 지위와 사회적 위상을 직시하는 계기가 되
었을 것으로 생각된다.

고황경은 일본유학시절에도 사회사업에 관심을 가지고 사회복지관을

---

928) 고황경, 「나의 이사 고난기 : 흑인가」, 『조광』 4-2, 202쪽.

시찰했고, 디트로이트 사회복지관을 체험하기 이전에 이미 당대 제일가는 사회복지관이었던 시카고 '헐 하우스'를 방문하기도 했다. 이어 디트로이트에서도 두려움을 무릅쓰고 슬럼가에 있던 사회복지관 생활을 체험했고 결국 선입관과 악조건 속에서도 긍정적인 면을 발견하고 시각의 변화를 경험했다. 그만큼 사회복지사업에 대한 고황경의 관심과 의지가 강했음을 알 수 있다.

또한 고황경은 1933년 여름 계절학기 범죄학 교수의 인솔하에 수강생 50여 명과 함께 남녀감옥을 견학했고 특히 '부인감옥(여자감화원)'에 깊은 인상을 받았다. 여자감화원은 과거의 죄를 징벌하는 곳이 아니라 장차 좀 더 나은 사회의 일원이 되도록 지도해주는 특별교육기관의 역할을 했다. 따라서 행정이 어느 정도 학교식으로 간수는 선생, 죄수는 학생이라고 불렀다. 매일 해야 하는 일도 복종의 의미를 띤 강제노동이 아니라 학교에서처럼 수업시간을 정해 각 개인에게 체계적으로 지식을 넣어주는 것이 본위였다. 게다가 숙식하는 처소도 가정처럼 꾸며져 있어서 가족적 분위기를 띠었다. 또한 구내 채소밭은 농림 모범장처럼 과학적 채소재배법을 가르치는 실험장인 동시에 자급자족을 위한 생산지 역할을 했다. 미국 학생들조차도 감옥 죄수에게 이런 과도한 후대를 하는 것이 과연 좋은 결과를 가져다줄 지 의문을 나타낼 정도로 선구적 시도였다. 그럼에도 감옥의 기능은 교육적 기능을 강조하는 방향으로 나아가야하며, 체형의 고통을 주어 과거의 죄를 벌하는 방법은 지양되어야 한다는 것이 당시 미국사회정책의 입장이었다. 고황경은 이에 많은 영향을 받았다.[929]

고황경은 직접 여자감화원을 시찰한 이외에도 디트로이트 소년심판소의 한 사무실에서 연구(자료수집)하면서 옆방의 미스 필린스키라는 여자감호사女子監護司에게서 범죄여아를 다루었던 경험담을 들었다. 또한 몇 달 동안 '직업여성기숙사'에 숙소를 정하고 생활하면서 직업여성기숙사를 체

---

929) 고황경, 「미국 부인감옥 방문기」, 『조광』 창간호, 1935.11, 344~347쪽.

험했다.

미국에서의 체험을 바탕으로 귀국 후 우리 사회에 필요한 사회시설로써 직업여성기숙사·소년심판소·소녀감화원 설립을 주장했다.[930] 실제로 1943년 본인이 직접 경성자매원 가정료(소녀감화원)를 설립하여 2여 년간 운영했다. 소년심판소가 개정될 때 출정하여 유죄판결을 받은 여아 가운데 보호해 줄 사람이 없는 19세 미만의 소녀를 인수받아 수용하여 기독교정신으로 감화를 주고, 한글교육, 직업교육을 통해 자립능력을 길러 주고자 했다. 고황경은 여성문제와 사회문제 해결을 위해 자신의 박사학위논문에서 연구했던 소녀범죄 예방과 미국에서 체험했던 소녀감화원을 당시 현실에서 구현하고자 했다. 이 일은 당시 중일전쟁과 태평양전쟁을 동시에 수행하고 있던 일본 당국으로써도 국내 사회통제를 위해 유익한 제안으로 일제 사회정책에 부합되는 것이었다.[931]

> 그때 법조계에서는 소년범죄자들에 대한 문제가 논의되었고 소년범을 일반 범죄자들과는 다르게 취급해야 한다는 세계적 추세에 따라 서울에도 소년심판소가 생겨 소년 범죄자들을 따로 수용하도록 하는 시설을 만들었다. 그러나 불량소녀들에 대한 문제는 해결되지 못한 채 여전히 문제로 남아 있었다. 이때 시작한 것이 불량소녀 감화원…[932]

고황경은 학문연구에 힘쓰는 한편 빈민가를 비롯해 소년심판소, 여죄수 감화원(감옥), 남자감옥, 사회복지관, 직업여성기숙사 등 미국의 여러 사회시설을 시찰하며 귀국 후 국내에서 전개할 사회사업의 준비를 착실히 다져나갔다. 1937년 경성자매원, 1942년 영아관, 1943년 가정료(소녀감화원) 설립과 운영, 직업여성기숙사와 소년심판소 설립 제안 등은 미국유학 시기

---

930) 고황경, 「경성개조안」, 『삼천리』 12-9, 1940.10, 94쪽.
931) 림영철, 『고황경 박사 그의 생애와 교육 : 농촌·여성운동을 위한 교육』, 105쪽.
932) 고황경(김선애 기자의 1973년 7월 28일 인터뷰), 「여성지위 향상 위해」, 365쪽.

의 체험과 밀접한 관련이 있었다.

고황경은 해방 후 미군정청에 부녀국 설치를 건의하여 초대부녀국장을 맡아 일했다. 이것 역시 고황경이 미국유학시절 미국 노동청 산하에 있는 부녀국이 여성들을 위해 여러 가지 유익한 일을 하는 것을 보고 부러워했던 바를 실현한 것이었다.[933]

그리하여 고황경은 유학시절 지도자로서 사명의식을 가지고 인격수양에 힘쓰는 동시에 봉사와 희생의 삶을 강조하는 기독교정신과 민족과 여성의 실력양성과 생활향상이라는 과제를 결합하여 사회사업에 대한 관심으로 연결했다. 고황경에게 있어 사회사업은 빈민·농민의 교육과 근대화를 통한 민족문제, 사회문제, 여성문제의 해결방안이라는 의미를 가지고 있었다.

2. 경성자매원의 설립과 운영

1) 강습회, 보건의료 활동

고황경은 '사회사업은 모성애를 제도화한 것이며 가난하고 외로운 사람들에게 동무가 되어 주는 것'이라고 풀이했다.[934] 1937년 박사학위를 취득하자마자 어릴 때부터 관심을 가지고 준비해왔던 사회사업의 꿈을 실현하는데 착수했다. 이화여전 교수로서 여성고등교육에 힘쓰는 한편 언니 고봉경과 함께 경성자매원을 설립하여 여성사회사업에 몰두했다. 고봉경은 경성자매원 사업에 전념하기 위해 교사직까지 그만둘 정도로 강력한 동업자이자 동반자였다. 당시 언론에서는 경성자매원을 '빈민을 위한 문화사업'이자 '조선 최초의 사회사업'(1937년 신문기사), '세민부락사업'(1940년 신문기사)이라고 보도했다. 그만큼 고황경의 사회사업은 당시 사회에서 센세

---

933) 고황경(김선애 기자의 1973년 7월 28일 인터뷰), 「여성지위 향상 위해」, 366쪽.
934) 고황경, 「가난하고 외로운 생명들에 동무하야」, 『여성』 4-12, 1939.12, 75쪽.

이서널한 사건이었다. 고황경 자신은 Social Settlement Work, Social Welfare Experiment(1938년 잡지기사), '부락인보사업'部落隣保事業(1941년 잡지기사)으로 표현했는데, 곧 사회사업의 다른 표현들이었다.

고황경은 1937년 서울 외곽에 있는 동교정 세교리東橋町 細橋里 우종관의 땅 100평에 속한 10간짜리 기와집을 빌려 사회복지관(또는 인보관隣保館, settlement house)을 개원하고 사회사업을 시작했다. 당시 동교정 일대의 총 호수는 111호로 남자 311명, 여자 276명, 합 587명이 살고 있었다. 이 가운데 세민細民 16호 76명, 궁민窮民 9호 29명, 급료생활자 6명, 일용노동자 18명, 기타 노동자 32명, 취업자 56명으로 이들 대부분은 근대문화시설의 혜택을 입지 못하고 있었다.[935] 이런 점에서 고황경의 사회사업은 빈민구제와 자선사업이라는 전통적 가치에 더하여 가난하고 무지한 민의 근대화 방안이라는 복합적 성격을 띠고 있었다.

> … 현대문명도 그 혜택을 입는 사람은 소수의 부유자뿐이요 다수의 빈궁자는 그 혜택의 권외에… 다른 선진사회에서는 이 문명권외에서 우는 대중을 위해 혹은 공비 혹은 사비로써 각종의 사회적 시설에 힘을 쓰고 있다. 그러라 조선사회에서는 아직까지 다수의 무력자를 위한 사회적 시설이 너무나 부족한 상태이며 더욱 무산부녀자를 위한 시설에 있어서 더욱 그러하다.[936]

고황경과 고봉경은 "일반부녀자를 위하여 가정생활, 사회생활에 필요한 도덕 함양, 지식 획득, 취미 향상을 도모하고 상조의 정신을 연마함으로써 각자의 행복과 사회의 복리를 증진시키자"는 사명을 가지고 있었다.[937] 이

---

935) 「세궁민의 부녀와 자질(子姪)도 문화혜택에 균점토록, 사회에 보내는 경성자매원의 사업보고, 물심양면의 원조 갈망」, 『동아일보』 1937년 10월 27일.

936) 「경성자매원의 사업 : 사회독지가여 많이 성원하라」, 『동아일보』 1937년 10월 29일 사설.

937) 「세궁민의 부녀와 자질(子姪)도 문화혜택에 균점토록」, 『동아일보』 1937년 10월

364 제4부 1920~30년대 여성운동과 사회사업

에 따라 사회복지관의 목적은 '수양·지식, 살림법을 가르쳐 개인의 행복과
사회복지를 증진하기 위해 여성과 소녀를 돕는' 것이었다.[938] 경성자매원
사업은 개인의 행복과 사회복지가 밀접하게 연결되어 있다는 근대사회복
지 개념에 근거하여 전개한 사회복지사업이었다.

'경성자매원'의 첫 사업은 여성을 대상으로 한 부락인보사업이었다. 한
마을을 선택하여 출생 전(임산부)부터 출생 직후의 영아에서 노인에 이르
기까지 전 여성을 사업대상으로 했다. 한 공간(사회복지관)에서 장소를 최
대한도로 이용하여 많은 사업을 벌여야 했던 관계로 각 부서의 사업이 요
일과 시간을 달리하여 주간과 월간 행사로 진행되었다. '자매학원'은 강습
소였고 매일 가는 학교형태로 운영되었다. 자매학원은 1937년 7월 경성부
학무과의 학술강습회 인가를 받아 개원했다. 처음에는 여아들만 받아들였
으나 얼마 후 남아도 받아들여 함께 교육했다. 자매학원이 비교적 쉽게 인
가가 났던 것은 교수과목에 일본어가 있었고 또 고황경이 관변단체 소속
회원이었던 점이 많이 작용했을 것이다. 경성자매원의 직원은 원장 고봉경
과 고황경, 학교교사 홍순희, 재봉과 수예(바느질과 뜨개질) 교사 김동주,
영아부 의사 한소제, 영아부 고문 러들로우 부인(Mrs. Ludlow, 일명 나부
인) 총 6명이었다.[939]

---

938) 고황경, 「경성자매원」, 『삼천리』 13-1, 1941.1, 174쪽.
939) 「세궁민의 부녀와 자질(子姪)도 문화혜택에 균점토록」, 『동아일보』 1937년 10월
    27일 ; 「여성조선의 기라군성(綺羅群星) 중견여성 인기여성의 활약상 : 어두움에
    나타난 빛난 별 자매원의 탄생, 경성자매원 고봉경, 고황경」, 『동아일보』 1938년
    1월 4일 ; 고황경, 「경성자매원」, 『삼천리』 13-1, 1941.1 ; 림영철, 『고황경 박사
    그의 생애와 교육 : 농촌·여성운동을 위한 교육』 참조.

〈표 4-1〉 경성자매원의 부서와 사업 구성

사업부서	대상자	목적과 하는 일	운영 날짜	인원수	담당자
영아부	출생 직후~4살	*유아의 보건과 건강 상담 *신체검사, 발육점검, 육아지도	1938년 1월 현재 매주 둘째 넷째 금요일 오후, 1941년 1월 현재 1달에 1번씩	1937년 10월30명, 1941년 1월 70여명	한소제 의사, 러들로우부인, 세브란스 간호사양성소 학생 두 명
유치부	영아부를 마친 아기들	*유치원 *유희, 노래, 수공(공작, 그림그리기)		1938년 4월 30명	보육학교 졸업생
소녀부	15세에서 20세 사이 결혼적령기 소녀	*결혼생활에 도움주기 *가사를 가르침	매주 수요일: 바느질 뜨개질 매주 금요일: 육아 아동지도법	1937년 10월 6명	
자매학원 오전반	7세~14세 학령기인데도 집안이 가난해 학교에 가지 못하는 여아들 1939부터 소년도 받아들임	*초등학교 4년 정도를 단축하여 *수업연한 2년의 속성과 정으로 *수신(morale, 근로의욕, 사기, 의기), 일본어, 한글, 산수, 노래 등 5과목	매일 4교시	1938년 1월 30명	
자매학원오후반 일명 모자회 (母姉會) 또는 어머니회)	학령 초과로 학교에 가지 못하는 15세~40세 부인들	*보통학교 1,2학년 정도의 과목 *읽기, 쓰기, 산수	매일 1시간씩	1938년 1월 현재 16명	
경로부	할머니	*위안회 *오락	다섯 번째 토요일 오후 곧 두 달에 한 번		고황경과 자매원 교사들
인사상담부	부인	제반 상담	매월 한 번		
방문간호			매주 둘째 넷째 토요일 오후		
시료부	집안이 가난해 병원에서 의료혜택을 받지 못하는 부인과 아동	출장 와서 무료진찰과 치료	셋째 주 토요일 오후	1937년 10월까지 시료환자 60여명	의사와 간호사
임산부 상담부		호별 방문해 보건 상담, 임산부 진찰과 상담	첫째 주 토요일 오후		간호사 2명과 자매원 책임자 1명

고황경은 경성자매원 사업 초기 학원 여아들에게 노래를 가르치기 위해 풍금 1대, 위생지도를 위한 자매원 건물의 변소 개량, 가정상식을 가르치며 생활개선지도를 위한 부엌 1칸을 필요로 했다. 그리고 농한기를 이용해 부녀자들에게 수산授産(살 길을 열어주기 위해 일자리를 줌)을 하고 싶다

는 포부를 밝히기도 했다.[940] 곧 여성의 부업에도 관심을 가지고 있었음을
알 수 있다. 이렇게 볼 때 고황경이 진행하고 기대했던 사회사업의 내용도
결국 한글과 산수, 위생과 보건상식을 가르치고, 생활개선을 지도하며, 농
한기를 이용해 부업을 가르치는 방식의 농촌계몽운동의 하나였다고 할 수
있겠다.

그럼에도 "조선에서 새로운 시험인 사회사업"으로써 고황경의 사회복지
관사업이 황애덕, 박인덕 등이 했던 농촌사업에 비해 특징적인 점은 영아
부, 시료소와 방문간호, 임산부 상담이었다.[941] 예방의학적 측면에서 위생
과 청결에 대한 지도를 하고 진찰을 하는 한편 병이 났을 때 무료로 진료
와 치료를 해줄 수 있는 체계를 갖추고 있었다는 점이었다.

따라서 고황경의 경성자매원은 당시 한국사회의 큰 흐름이었던 농촌운
동·여성운동·생활개선운동과 맥을 같이 하면서도 사회사업의 성격이 강했
다. 사회사업이 제도적 성격(사회정책, 사회시설)이 강하다면 농촌계몽운
동·여성운동은 민족운동·사회운동의 성격이 강하기 때문이다. 고황경의
사회사업은 내용상 계몽적 측면도 있지만 무엇보다도 사회사업적 성격이
강했다는 점에서 농촌계몽운동과 일정부분 차이가 있었다.

고봉경·고황경이 경성자매원 사업을 하는데 있어 애로점은 경제적 문제
뿐만이 아니었다. 농촌운동가였던 황애덕·김노득·최용신이 농촌사업 초기
에 부딪혔던 난관과 같은 어려움을 겪었다. "경성자매원 사업 처음에 그
동네 하이칼라 양반들이 자신들(의 사업)을 이상한 눈으로 보고 반항적 태
도를 보였으나 점차 성의에 감동해 사사로운 생활의 고충까지 상담하며
자매원에 모이는 것을 낙으로 여기게 되었다"는 것이다.[942] 이런 과정을

---

940) 「세궁민의 부녀와 자질(子姪)도 문화혜택에 균점토록」, 『동아일보』 1937년 10월
     27일.
941) 영아부는 어린 아이의 발육상태를 계속적으로 점검하고 지도함으로써 병을 예방
     하고 올바른 양육을 도왔다는 점에서 아이뿐 아니라 어머니들에게 큰 도움이 되
     었다.

거쳐 경성자매원의 사회복지관은 그 마을의 사랑방이자 상담센터 역할을
함으로써 변화를 창출하는 사회개선의 작은 중심지로써 의의를 가지게 되
었다.

고황경의 경성자매원 사업은 마을사람들의 의식을 변화시키고 자발적
참여를 이끌어냈다는 점에서 최용신의 수원 천곡학원, 황애덕과 김노득의
농촌계몽운동(황해도 수안, 신계, 곡산 지역에 교회와 학교 설립), 박인덕
의 농촌계몽운동과 같은 맥락에서 그 의의를 찾을 수 있다.[943] 림영철은 그
변화를 다음과 같이 정리했다.

경성자매원은 교육을 담당하고 그 교육을 통해 주민들의 의식변화가
오고 바로 그 변화를 통해 그 지역사회의 발전이 왔다면 그것은 가장
정상적이고 원칙적인 농민운동, 농민교육의 모델이 된 것이다. 이 마을
에는 이 변소개량을 시발로 하여 부엌개량, 음식개량 등 생활개선운동
과 함께 의식개혁운동이 서서히 그러나 지속적으로 계속되었다.[944]

2) 경성자매원 사업의 추이

고황경의 사회사업 비전은 한 마을을 넘어 주변의 농촌에도 사회복지관
을 설립하여 사회사업을 확산하는데 있었다. 그리하여 서울시에 모든 사회

---

942) 「여성사업가의 이모저모 몸을 바치는 아름다운 일꾼」, 『동아일보』 1940년 1월 6일.
943) 유달영, 『최용신양의 생애』, 아데네사, 1956 참조 ; 황애덕 (유고), 「황무지를 헤
치며 4」, 『신여원』, 1972.7, 213쪽. 여름동안 낮에는 어린이, 밤에는 청춘남녀를
모아놓고 가르쳤다. 어느 날 저녁 동네 한 노인이 와서 "이 못된 년놈들아! 해 뜨
고 달 떠서 명랑한데 또 무슨 문명을 밝히려느냐?" 소리 지르며 지팡이를 휘둘러
내어 쫓기도 했다. 그러다 개학이 다가와 이들이 서울로 돌아가려 하자 학부형
몇 명이 아이들을 계속 가르쳐달라고 먼저 요청하는 자세로 변화되었다(Induk
Pahk, *The Hour of the Tiger*, pp.51~53 ; 김성은, 「박인덕의 사회의식과 사회활동 :
1920년대 말~1930년대를 중심으로」, 『역사와 경계』 76, 부산경남사학회, 2010,
215쪽).
944) 림영철, 『고황경 박사 그의 생애와 교육 : 농촌·여성운동을 위한 교육』, 100쪽.

사업을 총괄할 수 있는 회관(community center)이 생기기를 희망했다.[945]

고봉경·고황경은 "없는 것을 있게 하는 것은 일하는 이의 성의 여하에 있다"는 모토 아래 경성 부근을 총망라하는 사회복지관을 만들겠다는 이상을 가지고 사업을 추진해나갔다.[946] 1938년 10월 경성(서울) 공덕정 175-2125호에 집을 마련하고 경성자매원 본부사무소를 개원하면서 사업을 확장했다. 경성자매원 본부사무소로 쓸 공덕정 집을 마련하면서 많은 금액을 대출받았다. 대출이 가능했던 것은 경성자매원이 일제의 사회사업 확대정책에 부합하는 사업이었기 때문이다. 1930년대 일제는 세계적 불경기와 식민지 착취로 인한 한국인의 빈곤과 사회불안에 직면했다. 그리하여 식민지의 지속적·안정적 경영을 위해 관제 사업으로 농산어촌진흥운동을 전개하고 인보관을 설치하는 등 사회사업에도 관심을 가졌다. 그러나 한국인의 필요에 부응하기에는 턱없이 부족한 실정이었다. 경성자매원 본부사무소에서는 자매원 사업을 계획하고 준비하는 사무를 취급하는 동시에 경성 시내 여성들의 향상을 위해 시내 여성들을 대상으로 가정상식을 보급했다. 그리하여 요리강습회, 가계家計(집안 살림의 수입·지출 상태, 생계-필자 주)좌담회, 부인강연회가 열렸고 서적이 출판되었다.[947] 경성자매원 사업은 도심과 시골의 경계에서 농촌마을의 사회복지기관, 농촌여성의 교육, 계몽, 상담, 보건의료기관, 도시여성의 교양·계몽기관으로 다원화하며 확장되고 있었다.

경성자매원이 무료로 베푸는 사회사업기관으로 계속 발전하고 확장하기 위해서는 경제적 기반이 있어야 했다. 경성자매원의 경비는 고봉경과 고황경의 개인 출자에 협찬 받은 후원금을 더한 것으로, 고봉경은 감리교

---

945) Whang Kyung Koh, "A Social Welfare Experiment, *The Korea Mission Field*, 1938.1, pp.16~17.
946) 「여성사업가의 이모저모 몸을 바치는 아름다운 일꾼」, 『동아일보』 1940년 1월 6일.
947) 고황경, 「경성자매원」, 『삼천리』 13-1, 1941.1, 175쪽 ; 「경성자매원 본부 주최 빵 요리강습회 본사 학예부 후원으로」, 『동아일보』 1940년 6월 27일.

협성신학교 음악교수와 이화여전 음악강사, 고황경은 이화여전 가사과 교
수로서 받는 봉급으로 자금을 충당했다.[948] 1940년 1월 고봉경이 감리교신
학교 교수를 그만두고 경성자매원 사업에만 집중할 즈음, 사업은 찬조원을
모집해 그 회비로 유지되고 있었다. 한 달에 1원의 회비로 찬조원이 될 수
있었고, 1940년 1월 현재 40여 명의 찬조원이 1원씩 보내와 한 달에 40원
의 후원금으로 자금을 충당하고 있었다.[949] 여성의 부업교육과 알선, 전통
문화상품 제조와 판매, 직업기술교육 등 여성의 자립적 경제활동을 위해
고황경이 계획했던 사업들이 제대로 시행되지 못한 것은 경비부족 때문인
것으로 보인다.

게다가 일제의 식민지정책에 의해 1938년 중등학교에서, 1941년 국민학
교에서 조선어교육이 금지되었고, 1942년에는 조선어 사용이 전면적으로
금지되어[950] 경성자매원의 교육도 모두 일본어로 이루어져야 했다. 그러나
학원의 오전반 학생 몇 명을 제외하고 일본어를 아는 사람이 없었기 때문
에 부녀자들에 대한 교육은 계속할 수가 없었다. 아동들에 대한 교육만 계
속하는 정도로 그 기능이 위축되었다.[951] 일본어를 아는 사람이 거의 없었
던 상황에서 이는 경성자매원 사업의 중단을 의미했다. 고황경은 동교정
마을에서의 농민교육과 농촌운동을 접어야 했다.[952] 박인덕이 농촌사업과
교회청년모임을 계속하지 못하고 중단해야했던 경우와 비슷했다. 태평양
전쟁 이후 일제는 농촌에 불온한 생각이 전파될까봐 두려워했다. 게다가

---

948) 「세궁민의 부녀와 자질(子姪)도 문화혜택에 균점토록」, 『동아일보』 1937년 10월
   27일. 1937년 경상비 예산은 300원이었고, 학원 담임교사의 수당금과 비용 240원,
   각 부 비용과 의사 수당금 40원을 지출했다.
949) 「여성사업가의 이모저모 몸을 바치는 아름다운 일꾼 : 영예직과 집을 버리고 세
   민부락사업에 착수, 경성자매원 고봉경, 고황경」, 『동아일보』 1940년 1월 6일.
950) 최유리, 『일제말기 식민지지배정책 연구』, 국학자료원, 1997 참조.
951) 고황경, 「여성지위 향상 위해(김선애 기자의 1973년 7월 28일 인터뷰)」, 경향신문
   사 편, 『내가 겪은 20세기 : 백발의 증언, 원로와의 대화』, 경향신문사, 1974, 365쪽.
952) 림영철, 『고황경 박사 그의 생애와 교육 : 농촌·여성운동을 위한 교육』, 101~102쪽.

일본어를 전면적으로 사용하도록 강제함에 따라 일본어를 모르는 사람들을 대상으로 일본어로 강습을 계속한다는 것이 불가능했기 때문이다.[953]

고황경은 우리말과 글을 가르쳐 조선의 문맹을 퇴치하는 것이 독립을 위한 실력양성이란 면에서 민족운동이라고 생각했었다.[954] 그러나 일본어 전용 정책으로 인해 한글과 우리말을 사용하지 못하게 됨으로써 문맹퇴치를 통한 민족운동이 불가능해졌다는 점에서 큰 타격이었다.

1940년 국민총력 조선연맹이 조직되어 위로는 총독부 고관과 아래로 일개 부락민까지 조직화하여 결전체제를 위한 총력운동을 전개했다. 지방조직의 말단은 10호 단위로 된 애국반을 기본으로 했다. 따라서 부락인보사업의 성격을 띠고 있었던 경성자매원의 기능과 중복되는 면이 있었기에 경성자매원 사업은 기능이 축소되어 유야무야된 것으로 보인다. 이후 고황경은 경성자매원의 이름으로 영아관과 가정료를 설립하여 경성자매원의 명맥과 사업을 이어갔다.[955]

3) 영아관·가정료의 설립과 운영

고황경은 자신이 박사학위논문에서 지적한 바와 같이 범죄재발을 방지하고 건강한 사회를 만들기 위해서는 사회시설이 시급하다고 생각했다.[956] 그리하여 외국 도시에 비해 사회(복지)시설이 부족한 한국의 현실을 지적하며 더 많은 사회시설이 개설되어야 한다고 주장했다. 그리고 도쿄·오사

953) 김성은, 「박인덕의 사회의식과 사회활동 : 1920년대 말~1930년대를 중심으로」, 『역사와 경계』 76, 215~217쪽.
954) 고황경, 『나는 누구인가』, 100쪽 ; 지연숙, 「고황경의 삶에 대한 심리전기적 분석」, 61쪽.
955) 「十個所 새로追加- 京畿道內救護施設認可」, 『매일신보』 1944년 6월 2일. 조선구호령으로 인가된 경기도 구호시설 보육사업으로 경성자매원 영아관이 있었다.
956) 「소녀범죄 연구로 박사 된 고황경양」, 『동아일보』 1937년 6월 10일 ; 「고황경씨의 박사논문 사회의 이면을 말하는 소녀들의 범죄, 16세 이하 소녀범죄가 제일 많아」, 『동아일보』 1937년 6월 12일.

카나 다른 외국 대도시에 비해 서울에 부족한 시설로 소년심판소, 소녀감
화원, 직업여성기숙사, 가정문제상담구호기관, 무료탁아기관(기아棄兒를
방지하기 위함)을 꼽았다.[957] 특히 "아동보호는 사회연대책임"이라는 소신
을 피력하며 아동보호시설의 확충을 주장했다.[958]

1942년과 1943년 고황경은 무료탁아기관, 소녀감화원, 아동보호시설이
필요하다고 했던 평소 소신대로 영아관嬰兒館, 가정료(소녀감화원)을 설립
했다. 영아관은 버려진 아이들을 모아 키우다가 2살이 되면 고아원에 인계
해주는 사업으로 대부분의 아이가 여아였다. 가정료는 소년심판소에서 유
죄판결을 받은 여자아이 중에 보호해 줄 사람이 없는 19세 미만의 소녀만
을 인수받아 수용했다.[959] 소녀감화원은 고황경이 미국에서 깊은 인상을
받았던 사회시설이었다. 당시 새롭게 대두되었던 법철학 곧 감옥이 형벌의
의미보다는 사회교화에 중점을 둔 감화원으로 기능해야 한다는 이상을 실
현해보고자 했다는데 의의가 있다. 고황경은 소녀범죄에 대한 사회학적 고
찰과 여자감옥의 체험을 학문적 이론에 그치지 않고 우리사회의 현실에
적용하여 소녀범죄에 대한 예방과 대책을 마련하고자 했다. 사회를 개선하
고자 하는 지식인의 사명의식과 지속적인 실행력을 보여주었다.

경성자매원의 사업은 일제의 사회정책(사회사업과 일본어 강습의 확대,
우리말 사용 금지) 변화에 따라 공덕정 세교리 마을 내 학원 강습 인가, 공
덕정 본부사무소의 개원과 사업 확장, 경성자매원 기능의 축소와 사실상
폐쇄, 영아관 개원, 가정료(소녀감화원) 개원이란 순서로 전개되었다. 다만
경성자매원의 사업은 일제정책에 부합하는 범위 내에서 전개될 수밖에 없
었다는 한계가 있다.

경성자매원이 설립되었던 1937년부터 고황경은 표면적으로 일제협력의

---

957) 「경성개조안」, 『삼천리』 12-9, 1940.10 ; 고황경, 「경성자매원」, 『삼천리』 13-1,
    1941.1, 175쪽.
958) 고황경, 「아동보호시설 확충의 제창」, 『春秋』 2-6, 조선춘추사, 1941.7, 535쪽.
959) 림영철, 『고황경 박사 그의 생애와 교육 : 농촌·여성운동을 위한 교육』, 103~105쪽.

길에 들어서고 있었다. 고황경의 진술을 직접 들었을 림영철은 이를 소극적 친일이라는 입장에서 서술하고 있다.

> 일제가 고황경 박사에게 사용했던 모략술수는 그의 신변과 사업, 지위 등의 안전을 위협하여 그의 태도를 소극적으로 만들어 놓은 다음, 대외적으로는 그가 친일한 사람처럼 선전하고, 그 후에는 그들의 의도대로 조종하려고 했다. 이런 경우 대개 정면으로 반항하지 못하고 피동적으로 끌려 다니며 동조하는 척했지만 실제로는 일제의 일에 동조하지 않았다.[960]

고황경의 사회사업과 일제협력은 '변화하는 사회지형에 대한 다면적인 저항과 협상'의 과정에서 불가분의 관계였다.[961]

> 고 박사는 두 갈래 길에서 고민했다. 이들의 요구를 깨끗이 거절하느냐, 아니면 들어주는 척하면서 그의 농민교육운동(경성자매원 사업-필자 주)을 지속하느냐하는 것이었다. 그러나 그에게 있어서 농민교육운동은 생명과도 바꿀 수 없는 소중한 사업으로써 버린다는 것은 생각조차 할 수 없었다.[962]

결국 고황경은 자신이 처한 현실을 수용하고 최대한 활용하여 자신의 이상을 실현하고자 했던 이상적 현실주의자였다고 하겠다.

> 경성자매원의 명맥이 비록 희미하게나마 이어지고 있는 동안에는 실낱 같은 희망이라도 있어서 그것을 버리지 못해 일제의 갖은 위협과 수모를 참고 견딜 수 있었다. 그것은 그의 일이 비록 적은 일일지라도 그

---

960) 림영철, 『고황경 박사 그의 생애와 교육 : 농촌·여성운동을 위한 교육』, 64쪽.
961) 김지화, 「김활란과 박인덕을 중심으로 본 일제시대 기독교 여성지식인의 '친일적' 맥락 연구」, 이화여대석사학위논문, 2006, 114쪽.
962) 림영철, 『고황경 박사 그의 생애와 교육 : 농촌·여성운동을 위한 교육』, 65쪽.

속에는 보람이 있고 희망이 있기 때문에 그에게는 큰일이었으며 그래서 무엇과도 바꿀 수 없는 가장 귀한 진주였음으로 그것을 보존하고 싶었다.… 그것을 잃고 싶지 않았던 것이다.… 외형상으로 일제에 순종한 것처럼 보이면서까지 지켜온 경성자매원…[963]

고황경은 일제와의 정면대결을 피하고 일제의 술수에 더 이상 이용당하는 것도 원치 않았기 때문에 1942년 영아관 사업을 시작했다. 그러나 경제 상황의 악화로 영아관 운영도 심하게 고전하던 상황에서 1943년 가정료 사업을 시작하고 후원(자금 대출과 식량 배급)을 받기 위해서는 일본인 관료의 도움이 절대적으로 필요했다.[964] 가정료 사업 추진과정에서도 고황경의 이상적 현실주의자로서의 면모가 드러난다. 자신의 이상을 실현하기 위해서는 현실의 권력을 활용해야 했고 협조를 요청하는 과정에서 타협은 불가피했다.

그때의 감격을 지금도 잊을 수 없다는 고여사는 학교시절의 이상을 펴볼 수 있으려니와 자라나는 소녀들만이라도 직접 선도해 볼 수 있다는 것이 무척 자랑스러웠다고 한다.[965]

고황경은 일제시기 상당수 지식인이 그랬듯 일제에 협력 또는 동원되었다. 친일의 불명예를 감수하면서까지 계속해야했던 사회활동은 한편으로 이들의 존립 발판이자 이상의 실현이었지만 한편으론 민족에게 실질적인 도움을 주기 위한 불가피한 선택이었을 수도 있다. 그러나 황애덕과 같이 모든 직책과 사업에서 물러나 끝까지 친일의 유혹을 물리친 지식인도 있었다는 점에서 일제시기 지식인들의 판단과 선택, 현실대처에 차이가 있었음도 사실이다.[966] 때문에 사회사업 그 자체만으로 고황경의 사회활동과

---

963) 림영철,『고황경 박사 그의 생애와 교육 : 농촌·여성운동을 위한 교육』, 103쪽.
964) 림영철,『고황경 박사 그의 생애와 교육 : 농촌·여성운동을 위한 교육』, 104~105쪽.
965) 고황경,「여성지위 향상 위해(김선애 기자의 1973년 7월 28일 인터뷰)」, 365쪽.

인물을 평가하기 어려운 점이 있다.

경성자매원의 사회사업은 1920년대부터 서울, 인천, 공주, 대전에서 진행되고 있던 기독교복지관, 1930년대 몇 군데 설립된 관립 사회복지관의 보완적 역할을 담당했던 민간 사립 사회복지사업이었다. 고황경이 여성문제 해결을 위해 설립한 기관들은 사회사업을 통한 여권의식의 구현, 농촌계몽활동, 여성교육, 재활교육이었다는데 의의가 있다. 당시 언론이 표명한 지대한 관심과 언론에 비친 일반사회의 반응을 볼 때 고황경의 사회사업은 시대적 사회적 요청에 부응한 사업이었다.

경성자매원의 학원 강습, 보건의료 및 상담, 교양강좌 개설은 교육기관, 사회문화센터, 공중보건센터 역할을 하며 마을복지사업이자 문화사업이란 복합적 성격을 띠었다. 또한 영아관과 가정료는 아동보호시설, 가정료는 사회교화기관이자 갱생보호기관의 역할을 했다.

기독교 신앙은 고황경의 의식세계의 기본요소로 지도자로서 인격수양, 사명의식, 사회봉사정신의 바탕이 되었다.

> 나의 생활철학이나 신조는 어릴 때부터 주일학교에서 자주 외우던 성경구절 중 제일 중심적인 것이 누구나 자기 실속만 차리지 말고 남의 어려움을 돌아보라(빌립보서2:4)는 성구이다. 이보다 더 쉽고 평범한 것이 없을 듯 하지만 이것만 실천된다면 가정불화도 없고 국가적 내란도 없고 세계전쟁도 없고 사회학을 연구 안 해도 다 해결될 것 같기 때문이다.[967]

> "사색하면서 생활하면서 기도하면서"라는 문구는 내가 스무 살 때부터 좌우명으로 삼았던 명문으로 하니 모토코 선생의 영향을 받아 새긴 것이었는데 그 후로는 우리들(고황경, 고봉경, 이태영-필자 주) 공통의 좌

---

966) 김성은, 「1930년대 황애덕의 농촌사업과 여성운동」, 『한국기독교와 역사』 35, 2011, 176~177쪽.

967) 지연숙, 「고황경의 삶에 대한 심리전기적 분석」, 48쪽 재인용.

우명이 되었다.[968]

미국유학을 마치고 귀국한 직후 고황경은 장티프스에 걸려 3개월 동안 투병생활을 하면서 죽을 고비를 넘겼고 병마를 극복해가는 과정에서 회심의 체험을 하며 자신의 사명을 다시 다짐하게 되었다. 그리하여 기독교 신앙을 바탕으로 현실사회에서 예수의 사랑과 희생정신을 계승하여 인격수양과 사회봉사정신을 구현하고자 했다.[969] 가정료 운영에서 성경공부와 찬송가 부르기, 기도를 통해 문제소녀들을 기독교정신으로 감화시켜 교육하고자 했다. 소녀들에게 성경을 읽고 쓰게 하여 한글을 익히게 했고, 그렇게 익힌 한글 실력으로 매주 한 번씩 부모에게 편지를 써서 부치도록 했다.[970]

개인의 인격을 향상시키며 사회를 아름다운 것으로 만들어서 다시 하느님께 바치고 싶다.[971]

고황경은 사회개혁을 자신의 이상이자 꿈이요 하나님께 받은 사명이라고 생각했다.[972] 기독교인으로서 사회사업에 헌신하는 고황경의 정체성은 일본유학시절 강화되었다. 일본 기독교인 가가와 도요히코賀川豊彦, 하니 모토코羽仁もと子의 사업과 활동을 본받고자 했다. 일본YWCA에 기숙하며 YWCA사업을 관찰했고, 영어수업 봉사, 재일동포들이 사는 가난한 마을 교회에 나가 주일학교 봉사를 했다. 또한 미국에서도 교회에 나가고 미국YWCA와 교류하며 지속되었다. 고황경은 더 나은 사회를 만들기 위해 봉사하고 희생하는 삶을 살고자 했다. 사회사업은 고황경의 사회책임의식

---

968) 이태영, 「고봉경·고황경 선생」, 『나의 만남, 나의 인생』, 26쪽.
969) 지연숙, 「고황경의 삶에 대한 심리전기적 분석」, 56~57쪽 ; 고황경, 「거북의 쌍등」, 『이화』 7, 1937, 51쪽.
970) 림영철, 『고황경 박사 그의 생애와 교육 : 농촌·여성운동을 위한 교육』, 106~107쪽.
971) 고황경, 「버드나무 그늘(8월의 수필)」, 『동광』 24, 1931.8, 54쪽.
972) 정석기, 『새벽을 깨우는 위대한 여성들』, 혜선출판사, 1984, 90쪽.

과 기독교신앙의 구현이었다.

고황경은 유학시절 신학문 연구 뿐 아니라 학생회 등 단체활동과 사회사업에도 많은 관심을 가졌다. 고황경의 세계관은 민족·여성·사회·기독교, 근대화를 중심으로 형성되었고 사회복지사업을 통해 이를 구현하고자 했다. 외국 체류기간 동안 여러 사회복지관과 사회시설을 견학하며 관련인물들을 만나고 이야기를 듣고 책을 읽고 논문을 쓰면서 기회 닿는 대로 가능한 한 많이 체험했다. 귀국 후 박사학위논문을 마치자마자 자신이 뜻을 두어왔던 사회사업에 눈을 돌려 식민지 현실에서 가난으로 고통당하는 우리 사회를 위해 봉사하려고 노력하였다.[973]

1920년대 말 1930년대 초 농촌계몽운동과 농촌사업에 주목했던 대다수 지식인들과 같이 고황경은 자신의 사명을 사회사업에서 찾았다. 고황경·고봉경의 사회복지(관)사업은 당대 여타 미국유학생 출신 여성지식인들과도 다른 차별화된 특징이었다. 경성자매원은 한 마을 전 연령의 여성을 대상으로 한 사회복지사업이었다는 면에서 부락사업이자 여성사업이었다. 또한 서울 근교 농촌지역에서 강습회를 열고 교육과 계몽을 했다는 점에서 농촌계몽운동의 성격도 띠고 있었다. 하지만 건강진단으로 병을 예방하고 질병을 치료하는 등 의료적 측면을 병행했고 상담기관의 역할을 추가했다는 면에서 마을사회복지사업의 성격이 강했다. 영아관과 가정료(소녀감화원) 또한 우리 사회에 필요한 사회시설이라고 피력했던 평소 자신의 소신에 따라 실행했던 사회복지사업이었다.

고황경은 경성자매원의 사업을 "신체제에 입각하여… 과거를 반성하고 미래의 광명을 찾는 사회사업"으로 규정했다.[974] 신체제란 일본이 일으킨 1937년 중일전쟁 이후의 전시체제를 의미했다. 이런 면에서 고황경은 일본

---

973) 박용옥, 「'바롬선생의 가계와 활동을 통한 삶의 재조명' 토론 요지」, 이원명 외, 『바롬교육으로의 초대』 2, 36쪽.
974) 고황경, 「경성자매원」, 『삼천리』 13-1, 1941.1, 175쪽.

의 지배와 전시상황이란 현실을 받아들이고 가난한 동포와 사회를 위해
자신이 할 수 있는 일에 최선을 다하고자 했던 현실주의자였다. 고황경의
이상을 실현하는 매체였던 경성자매원·영아관·가정료는 식민지 현실에서
일제 협력(외형적으로든 실제로든)을 통해서야 사업의 허가와 지속적 운영
이 가능했다는데 한계가 있다. 고황경은 1937년 중일전쟁 이후 강화된 식
민지 지배정책과 전시체제 하에서 이화여전 교수직과 사회사업을 유지하
며 가난하고 불우한 처지의 동포를 돕고 더 나은 사회를 만들고자 했다.
당시 이화여전 학생이었던 이태영은 고황경의 민족의식에 대해 다음과 같
이 회상하고 있다.

> … 공덕동에 있는 두 분 형님(고봉경, 고황경-필자 주)을 자주 찾아가
> 우리 내외(이태영, 정일형-필자 주)는 즐거운 시간을 가졌다. 세상 돌아
> 가는 이야기, 나라를 염려하는 이야기, 민족의 앞날에 관한 이야기 등
> 서로의 신념과 주장이 일치해 시간가는 줄 몰랐다.[975]

　일본과 미국유학 동안 싹텄던 고황경의 민족적 자각과 민족주의적 성향
은 귀국 후 국내 정세에 순응하고 일제 당국과 타협하면서 현실주의적 경
향을 띠어갔다. 이런 점에서 그녀는 현실의 지배세력인 일본의 전시체제에
동조하는 제스처를 취하며 눈앞의 실리를 추구했던 현실주의자였다. 그러
나 고황경이 아무 고민 없이 일제체제에 순응하고 협력했던 것은 아니었
다.[976] 세상일이 뜻대로 되지 않는데 번민하고 자신이 가는 길에 대해 회의했
지만 사회사업을 위해 소극적 친일을 선택해 후세에 미완의 숙제를 남겼다.

---

975) 이태영, 「고봉경·고황경 선생」, 『나의 만남, 나의 인생』, 126쪽.
976) 고황경, 「나의 거문고 : 만족이 행복」, 『여성』 5-5, 1940.5, 60쪽.

책을 마무리하며

한국 근대 여성지식인들 가운데 이 책에서 다룬 인물은 총 12인이다. 처음부터 기준을 세우고 인물을 선택해서 연구를 시작했다기보다는 관심이 가는대로 자료가 모아지는 대로 연구한 결과이다. 연구를 진행하다 보니 그 시대의 큰 흐름과 굵직한 움직임들 속에서 개인과 단체의 네트워크, 생각과 활동이 포착되기 시작했다.

이들 가운데 일본유학을 갔다 온 여성이 8명, 미국유학을 한 여성이 9명으로 일본유학생과 미국유학생의 수가 비슷하다. 일본유학을 했다가 다시 미국유학을 가는 경우는 꽤 있었다. 반면 미국유학을 갔다가 다시 일본유학을 가는 경우는 없었다. 이 책에서 다룬 12인의 학문적 배경을 보면 미국과 일본 유학생이 골고루 분포되어 있다.

기자 경력이 있는 황신덕을 포함해 이 책에 나오는 여성지식인의 직업은 모두 교사 또는 교육가, 학교(학원) 설립자이자 경영자이다. 이들의 활동영역은 기독교계, 교육계가 압도적이다. 근대 한국여성교육이 기독교 선교회 여학교에서 시작된 역사가 반영된 현상이다. 이 가운데 황신덕은 기독교인이었다가 사회주의 사상을 받아들였고, 윤정원은 기독교인이 아니었던 경우로 예외적이다.

이들 12인 가운데 김활란·방신영·고황경은 독신이었고, 나머지는 기혼, 이혼(박인덕·임영신), 사별(차미리사·윤정원) 등 결혼한 경험이 있었다.

이들 가운데 3·1운동 때 투옥되었던 이는 박인덕·황애시덕·임영신이고, 비밀 여성독립운동단체인 대한민국애국부인회 간부로 활동하다 투옥된 이는 황애시덕·장선희이다. 중국에서 망명생활을 하며 독립운동을 했던 이는 최선화이고, 미국에서 생활하며 국권회복운동 관련 일을 했던 이는 차미리사이다. 윤정원은 중국에서 독립운동가들과 교류하며 독립운동단체에 참여해 민족유일당운동을 했다. 하란사는 고종·의친왕과 함께 독립운동을 계획했으나 고종의 급사로 무산되었다. YWCA에 참여한 이는 김활란·황애시덕·방신영·고황경·임영신 5명이고, 근우회 활동을 했던 이는 황신덕·김활란·방신영·황애시덕 4명이다. 농촌계몽운동과 농촌여성지도자 양성에 참여한 이는 황애시덕·박인덕·김활란이고, 농촌부흥방안에 관한 책을 저술하거나 역술한 이는 박인덕·김활란·황애시덕이다. 도시여성들을 대상으로 경성여자소비조합을 조직하고 활동한 이는 황애시덕과 황신덕이다. 근우회 해소 이후 조선직업부인협회·가정부인협회를 조직하고 활동했던 이는 박인덕·황애시덕·황신덕이다. 이처럼 우리가 개별로 알고 있던 여성지식인들은 일정한 범주와 형태로 상호작용하며 관련을 맺고 있었다.

12인의 여성지식인 가운데 8명은 3·1운동, 대한민국애국부인회, 해외독립운동 등 직접 독립운동에 참가했던 이들이다. 나머지 4명(고황경·황신덕·김활란·방신영)은 눈에 띄게 독립운동에 참여한 적은 없지만 넓은 범주에서 민족운동과 여성운동, 교육활동과 농촌계몽활동을 활발하게 전개했다. 이 책에 나오는 여성지식인의 3분의 2가 독립운동을 했고, 넓은 범주로 보면 모두가 민족운동에 헌신했다. 반면 일제협력행위자로 분류되는 인물은 김활란·박인덕·고황경·황신덕이다. 임영신은 본인의 의지와 상관없이 친일단체에 이름이 올랐던 경우이고, 나머지 7명은 일체 일제협력행위를 하지 않았다. 이 가운데 박인덕은 당대에 독립운동가, 농촌계몽운동가로 알려졌던데 비해, 오늘날 일제협력행위자라는 오명으로 더 많이 알려진 인물이다. 김활란 역시 교육가라는 명성과 동시에 일제협력행위자라는 오명이 공존하는 대표적인 여성지식인이다. 근대 한국여성지식인에 관한 연구를 하면서 늘 걸렸던 문제는 전시체제 하에서 여성교육가, 여학교를 운영했던 여성지식인들의 일제협력행위였다. 여성지식인들의 업적과 의의, 이미지를 잠식하는 강력한 한계이기 때문이다.

1930년대 초 근우회 해소 이후 잠적해 사회활동을 하지 않았던 사회주의 여성지식인들(황신덕은 예외)과 결혼 후 가정주부 역할에 전념했던 여성지식인들은 대부분 일제협력행위를 하지 않았다. 반면 전시체제 하에서 여학교를 설립하거나 운영하면서 일본인으로부터 학교를 지켜내겠다고, 어려운 시기에 여성을 위한 사회복지사업을 하겠다고 나섰던 이들은 일제협력행위를 했던 경우가 많다. 학교를 운영하고 있었으면서도 일제협력행위가 거의 보이지 않는 임영신은 매우 예외적인 경우다. 차미리사는 조선총독부 당국의 강압과 나이, 건강으로 인해 송금선에게 학교를 물려주고 물러났기에 학교를 살리기 위해 일제협력행위를 하지 않아도 되었을 가능성이 높다. 그런 차미리사도 일제의 강압에 못 이겨 학교 이름을 민족적 색채가 짙은 '근화'에서 무난하게 '덕성'으로 바꾸었다. 학교를 인수한 송금선이 차미리사가 원하는 대로 학교를 발전시키는데는 성공했지만, 일제협력행위로 인해 비판받는 사실과 비교된다. 또한 황애시덕, 황신덕과 같이 절친하고 각별한 자매라도 각자의 처신은 달랐다. 황애시덕은 모든 공직과 사회활동에서 물러나 일체 일제협력행위를 하지 않았던 반면에 황신덕은 경성가정의숙을 설립하고 운영하느라 그렇게 하지 못했다. 그래도 황애시덕은 자신의 집을 저당 잡혀서 동생의 학교 설립에 금전적 도움을 주었다.

이러한 의문은 있다. 한국인 지식인들이 일제협력행위가 싫어서 모든 공직과 사회활동에서 사퇴해 모든 사회단체와 학교(재산)가 일본인의 손에 들어가고 그 상태가 수십 년 지속되었다면, 누구의 판단과 선택이 더 나았다고 할 수 있을까. 합법적 단체나 활동 없이 가정에만 머무르는 것이 가능했을까. 전시체제기 사회 제일선에서 물러나 재야에 잠적해 있었던 것과 일제 지배라는 현실과 타협하며 사회활동을 했던 것 그 차이가 일제협력행위자와 아닌 자의 차이를 만든 주요인이었던 것 같다. 현실에 직면해 무엇이 시급한지 무엇이 대의인지 무엇이 올바른 판단이고 행동인지 결정하기가 쉽지 않았을 것이다. 지식인과 지도자의 책임감과 상징성에 대해 다시 한 번 더 생각하게 되는 지점이다.

지혜와 교훈을 얻고 미래를 전망하기 위해 역사 연구를 한다는 것은 좀 딱딱하고 재미가 없을 것 같다. 한국 근대 여성지식인 연구도 처음에는 궁금함과 호기심에서 시작해 사명감이 더해지고 전공으로 자리 잡게 되어 여기까지 오게 되었다.

저자가 근대 한국여성지식인 연구를 하면서 궁금했던 점은 이들이 탄생할 수 있었던 연결고리였다.

첫 번째 연결고리가 외국인 여선교사였다. 여선교사들은 고등교육을 받은 고학력자였고 전문직(교사, 의사, 간호사) 종사자였으며 자신의 일에 사명감을 가지고 헌신했던 인물들이었다. 고국에 있었으면 평범한 중산층 여성이었을 이들은 당시 가난한 나라 조선과 대한제국, 식민지 한반도에 와서 한국교육사와 여성사에 큰 업적을 남겼다. 대표적인 인물이 메리 스크랜튼·로제타 홀·룰루 프라이· 앨리스 아펜젤러 등이다.

두 번째 연결고리는 전도부인과 초기 여성 기독교인이었다. 이들은 근대적 신여성이나 여성지식인 집단이 출현하기 전까지 잠시 동안이지만 근대 지식인의 역할을 수행하며 한국선교 초기에 중요한 역할을 담당했다. 이들은 교회와 성경반 수업을 통해 익힌 지식 덕분에 일반여성들보다 빨리 넓은 세계에 눈을 떴던 선각자였다. 시골 아낙네들에게 이들은 유용한 정보를 알려주는 근대지식인이자 지도자였다. 이들의 딸이나 손녀 가운데 상당수-황애시덕·황신덕·박마리아·윤성덕·윤심덕·김필례·김폴린·박인덕·김활란 등-가 주목할 만한 여성지식인으로 성장했다.

한국 근대 여성지식인 연구가 이 책의 제목이자 주제이지만 그 연구범위는 식민지시기의 12인의 여성지식인으로 한정되어 있다. 당대 다른 여성지식인은 어떻게 살았을까도 궁금하고 또 이시기 여성지식인의 활동이 해방 후에 어떻게 이어졌는지도 앞으로의 연구과제이다. 이들에게 관심이 가는 이유는 이들이 최초의 근대 여성지식인 집단으로 현대 여성지식인의 출발점이기 때문이다.

또 하나 근대 한국여성지식인에게 있어 특징적인 점은 기독교계 여성과 사회주의계 여성의 행보에 차이가 있다는 점이다. 기독교계 여성들은 3·1운동과 대한민국애국부인회에 적극적으로 참가해 독립운동을 전개했다. 반면 1920년대 활발하게 활동했던 사회주의계 여성 가운데 3·1운동이나 대한민국애국부인회에 참가했던 이는 거의 보이지 않는다. 이들은 1920년대 조선총독부의 문화정치 이후 사회주의 여성단체를 조직하여 간부나 회원으로 활동하다가 근우회 해소 이후에 사라져서 보이지 않았다. 독립운동을 했다기보다는 사회주의 사상투쟁과 계급투쟁, 주도권 쟁탈을 위한 분파 행동을 하다가 1930년대에는 별다른 단체 활동을 하지 않고 잠적했다. 이들 가운데는 코민테른의 지령에 충실하게 따랐던 이들도 있다. 1930년대 사회활동이 없었고 교사와 같은 일정한 직업이 없었기에 일제협력행위에 대한 압박 역시 없었던 것으로 보인다. 반면 기독교계 여성은 3·1운동 때부터 시작해 개인적으로 또 단체 조직과 참여를 통해 꾸준히 사회활동을 전개했다. 조선여자기독교청년회는 근우회 결성 이전에도 있었고 근우회 해소 이후에도 여전히 존속했다. 근우회 해소 이후 1930년대에는 조선직업부인협회·가정부인협회가 새로이 결성되었다. 무엇보다 기독교계 여성들은 여학교를 통한 근대여성교육과 농촌여성에 대한 계몽이 매우 중요하고 시급하다는 생각을 가지고 있었다. 그들 자신이 근대교육의 수혜자로 교육을 통해 그만큼 발전하고 성장할 수 있었기 때문이었다. 1931년 만주사변 이후 1930년대 중반 농촌계몽운동조차 금지되고 1937년 중일전쟁 이후 전시체제가 시작된 시기, 여성교육에 미래의 희망을 걸고 여성교육기관의 설립과 운영에 지대한 관심을 보였다. 그러나 일본 제국주의와 군국주의가 극에 달한 시점에서 합법적으로 무언가를 시도하기 위해서는 현실의 지배권력과 타협하지 않을 수 없었던 한계가 있었다.

근대 한국 여성지식인은 현대 한국여성의 뿌리가 된다. 이들의 모습과
활동은 한국여성의 역사일 뿐만 아니라 한국사회의 역사이기도 하다. 이들
은 식민지 지배와 가난, 여성이라는 민족적 경제적 사회적 악조건을 헤치
고 지도자로 성장한 의지의 한국인이다. 한국근대사를 만들어온 장본인이
자 증인이기도 하다. 무엇보다도 배운 여성으로서 가정과 직업의 양립에
고민하며 때로는 독하게 때로는 약하고 나태해진 마음으로 때로는 실수하
며 노력해왔던 우리의 모습이기도 하다. 이 책의 발간으로 한국 근대 여성
지식인 연구의 지평이 넓어지기를 기대해본다.

참고문헌

1. 1차 사료

『감리회보』『경향신문』『관보』(隆熙)『국민보』『기독신보』『大阪每日新聞 朝鮮 版』『동아일보』『독립신문』(대한민국 임시정부)『매일신보』『婦女新聞』『시 대일보』『신한민보』『新華日報』『여성중앙』『자유신문』『조선일보』『조선 중앙일보』『중앙일보』『중외일보』『한국일보』『황성신문』『해조신문』. 『家庭之友』『家庭の友』『건강생활』『개벽』『근우』『農民文化』『대한흥학보』 『대한자강회월보』『동광』『만국부인』『별건곤』『부인』『북한』『삼천리』 『새가정』『신가정』『신동아』『신세기』『신여성』『신여원』『신인문학』『신천 지』『신학지남』『아희생활』『여성』『여성중앙』『우라키』『이화』『조광』『朝 鮮司法協會雜誌』『朝鮮總督府統計年譜』『청년』『春秋』『태극학보』『학생』. Annual Report of the Korea Woman's Conference of the Methodist Episcopal Church, The Korea Mission Field, (The) Korean Student Bulletin, Korean Student Directory. 발송자 학부대신 이완용, 수신자 외부대신 김윤식, '여학생 金蘭史를 관비유학생 의 예로 감독해 줄 것을 照會', 「學部來案 第一號」, 개국오백사년(1895) 윤오 월 이일, 조선 외부 편, 『學部來去文』; 발송자 외부대신 김윤식, 수신자 학부 대신 이완용, '일본 관비유학생 金蘭史 감독의 건에 대한 照覆', 개국오백사 년(1895) 윤오월 사일, 朝鮮 外部 편, 『學部來去文』, 『각사등록 근대 편』. '朝鮮人 河相驥夫人 歸國에 관한 건', 발송자 來栖三郎(시카고영사), 발송일 1917 년 09월 19일, 수신자 本野一郎(외무대신), 수신일 1917년 10월 10일, 機密 제 10호 受 10995호, 「不逞團關係雜件-朝鮮人의 部-在歐米(3)」, 일제외무성기록, 국사편찬위원회. '고등여학교교수 윤정원의 서임날짜 반포건' 通牒, 學秘機密發 제183호, 발송일 隆熙三年三月三日(1909.3.3), 발송자 學部祕書課長 李晚奎, 수신자 內閣文書 課長 金明秀 座下, 「내각왕복문 4」, 『각사등록 근대 편』. '3월4일任관립한성고등여학교교수敍奏任官四等윤정원' 『관보』 제4318호 융희 3년 3월 6일. '京城婦人들의 女子奬學會組織推進 件,' 憲機第一一六三號, 발송일 明治四十二

年六月四日(1909.6.4), 「憲兵隊機密報告」 『統監府文書』 6.

'시카고에 있는 金蘭史(Nansa Kim Hahr)가 로스앤젤레스에 있는 安昌浩(C. H. Ahn)에게 보낸 서신(1916.12.31)에 안창호가 다시 글을 써서 보낸 영문 편지', 안창호문서, 독립기념관.

'朝鮮人 河相驥夫人 歸國에 관한 건', 발송자 來栖三郎(시카고영사), 발송일 1917년 09월 19일, 수신자 本野一郎(외무대신), 수신일 1917년 10월 10일, 機密 제10호 受 10995호, 「不逞團關係雜件-朝鮮人의 部-在歐米(3)」, 일제외무성기록, 국사편찬위원회.

Soon Hyun, 「3·1운동과 我의 사명」, My Autobiography, 연세대 현대한국학연구소 편, 「통합정부수립기 문서」(1919), 『대한민국임시정부자료집』 8.

「장선희 외 12인 대구복심법원 판결문」(1920.12.27), 관리번호 CJA000757, 문서번호 771816, M/F번호 00930764, 국가기록원(번역본).

「공판시말서(三)」, 『韓民族獨立運動史資料集 6(大同團事件 2)』.

「北京 在留 朝鮮人의 概況」, 발신자 木藤克己(朝鮮總督府 通譯官, 北京派遣員), 1927년 5월 22일, 『일제육해군문서』, 국가보훈처.

'大獨立黨組織 北京促成會에 관한 건', 朝保秘 제1401호, 「諺文新聞譯」, 발신자 朝鮮總督府 警務局長, 발송일 1926년 11월 02일, 수신자 拓殖局長 등, 수신일 1926년 11월 05일, 『일제경성지방법원 편철자료』, 국사편찬위원회 ; '大獨立黨組織 北京促成會의 宣言書 發表에 관한 건', 朝保秘 제1458호, 발송자 朝鮮總督府 警務局長, 발송일 1926년 11월 17일, 수신자 拓殖局長 등, 수신일 1926년 11월 19일, 「諺文新聞譯」, 『일제경성지방법원 편철자료』, 국사편찬위원회.

「조선인 항일운동 조사 기록」, 『사상문제에 관한 조사 서류』, 1929, 독립기념관 소장.

사상에 관한 정보철 제2책, (근우회) 집회 취체 상황 보고, 京鍾警高秘 제 2146호, 발신자 종로 경찰서장, 수신자 京城지방법원 검사정(수신일 1930년 02월 21일) ; 사상에 관한 서류(1), 집회취체 상황보고(통보), 京鍾警高秘 제18257호, 발송자 경성 종로경찰서장, 발송일 1930년 12월 27일, 수신자 경무국장, 경기도 경찰부장, 경성부내 각 경찰서장, 경성지방법원 검사정.

『朝鮮總督府所藏 朝鮮人 抗日運動 調査記錄』(독립기념관 소장, 국회도서관 자료).

「태평양회의 대조선독립운동 계획에 관한 건」, 조선 고등경찰 비밀 을호 제128호 국외정보.

「동맹휴교사건 재판기록 3 : 서울여학생 동맹휴교사건 2」, 『한민족독립운동사 자료집』 51.

「요시찰인 사망에 관한 건」, 京鐘警高秘(경성 종로경찰서 고등계 비밀문서) 제
    1070호, 1938.3.12.
「황신덕, 황에스더가 이혜련(안창호 부인)에게 보내는 편지」, 1959, 독립기념관 소장.
경상북도 경찰부, 『고등경찰요사』, 1934.
김동환 편, 『평화와 자유』, 삼천리사, 1935.
김보린 편저, 『에덴동산』, 기독교조선감리회 총리원 교육국, 1938.
_____ 편, 『(주일학교) 유년부 교과서』 권1, 기독교조선감리회 총리원 교육국,
    1935.
김상태 편역, 『윤치호 일기 : 1916~1943』, 역사비평사, 2001.
김윤식, 『續陰晴史』 卷十三, 隆熙3年 己酉 四月, 1909.4.28.
김필례, 『성교육』, 조선야소교서회, 1935.
김활란, 『정말인의 경제부흥론』, 조선기독교청년회연합회, 1931, 『우월문집』 1,
    1979.
김활란 저(김순희 역), 『한국의 부흥을 위한 농촌교육 Rural Education for the
    Regeneration of Korea (Dunlap Printing Company, 1931, 콜롬비아대박사학
    위논문, 1931)』, 『우월문집』 1, 1979.
국사편찬위원회 편, 『대한민국임시정부 자료집』 2·6·26·33·34·40·44· 별책 1 重
    慶版.
대한민국 임시정부 비서처, 『임시정부 지원 요청 공문 및 중경 한인 명부』, 독립
    기념관 소장.
『대한제국 직원록』 1908.
몽고머리 Helen Barrett Montgomery 저(박인덕 편역), 『예루살넴에서 예루살넴
    Jerusalem to Jerusalem』, 농촌여자사업협찬회, 1933.
박인덕, 『정말국민고등학교』, 조선기독교청년회연합회, 1932.
_____, 『농촌교역지침(農村敎役指針)』, 농촌여자사업협찬회, 1935.
_____, 『세계일주기』, 조선출판사, 1941.
반하두(潘河斗) 편, 『살 길로 나가자』, 조선기독교청년회연합회, 1928.
「반민족행위특별조사위원회 증인신문조서(증인 신의경)」, 1949.
「반민족행위특별조사위원회 증인신문조서(증인 장선희)」, 1949.
「반민족행위특별조사위원회 의견서(피의자 오현주)」, 1949.
방신영, 『죠선료리제법』, 신문관·광학서포, 1917(고려대학교 소장).
_____, 『죠선료리제법』, 1918(독립기념관 소장).
_____, 『朝鮮料理製法』, 광익서관, 1921.

_____,『됴선료리제법』, 됴선도서주식회사, 1924(연세대 소장).

_____,『日日活用 朝鮮料理製法』, 한성도서회사, 1931(연세대 소장).

_____,『조선요리제법』, 한성도서주식회사, 1934(국립중앙도서관 소장).

_____,『朝鮮料理製法』, 한성도서주식회사, 1937·1939(국립중앙도서관 소장).

_____,『조선음식 만드는 법』, 1946.

_____,『우리나라 음식 만드는 법』, 청구문화사, 1952·1954·1956.

_____,『우리나라 음식 만드는 법』, 장충도서출판사, 1960.

신형숙,『공자와 아리스토틀의 윤리 비교 연구 The Ethics of Confucius and Aristotle (보스톤대 석사학위논문, 1927)』, 한국기독교문화원, 1983.

『尹致昊日記』.

이순탁,『최근 세계일주기』, 한성도서, 1934(이순탁,『최근 세계일주기』, 학민사, 1997).

『조선사상가총람』, 삼천리사, 1933.

朝鮮思想通信社,『朝鮮 及 朝鮮民族』1, 1927.

『조선여자기독교청년회연합회회록』, 대한YWCA연합회 소장.

『조선총독부 및 소속관서 직원록』, 1910.

채핀부인·최봉칙,『뎡말나라 연구』, 조선야소교서회, 1930.

촬쓰 포스터 Charles Foster 원저, 김필례 번역,『성경사화대집 The Story of the Bible』, 조선기독교서회, 1940.

한상권 편저,『차미리사전집』1·2, 덕성여대 차미리사연구소, 2009.

홍병철 편,『학해』, 학해사, 1937.

홍애시덕 편,『절제동화집』, 일본기독교부인교풍회 조선연합부회, 1940.

Harriett Morris, Korean Recipes, Wichta, Kansas, 1945.

강신재 외,『나의 소녀시절』, 범우사, 1982.

경향신문사 편,『내가 겪은 20세기 : 백발의 증언, 원로와의 대화』, 1974.

고황경,『나의 생에 힘 되신 주』, 보이스사, 1989.

_____,『나는 누구인가』, 보이스사, 1989.

국가보훈처,『한국독립운동사료』(양우조 편), 1999.

김갑순 엮음,『영어연극 공연사 : 이대 영문과 연극 70년을 돌아보며』, 이화여대 출판부, 2000.

_____,「남편과 네 아이 두고 마흔두 살에 떠난 미국 유학」, 여성신문사 편집부 엮음,『이야기 여성사 : 한국여성의 삶과 역사』, 여성신문사, 2000.

김 구 저(도진순 주해),『백범일지』, 돌베개, 2005.

김메리,『학교종이 땡땡땡』, 현대미학사, 1996.

김신실, 「여성체육에 헌신 : 나의 30대」, 『신동아』 51, 1968.11.

김영의, 『이화를 빛낸 음악인들』, 한국심리검사연구소 출판부, 1977.

김폴린, 『주님이 함께 한 90년』, 보이스사, 1989.

_____, 『그 빛 속의 작은 생명 : 우월 김활란 자서전』, 이화여대출판부, 1965.

독립기념관 한국독립운동사연구소, 「광복군 13 지복영」, 『독립운동가의 삶과 회
    상』 1, 2012.

『독립운동자 증언 자료집』 1·2.

박마리아, 「나의 도미유학생 당시의 회상」, 『여성과 교양』, 이화여대출판부, 1955,
    1957(개정판).

_____, 「기독교와 한국여성 40년사」, 김활란박사 교직근속 40주년 기념논문집
        편집위원회 엮음, 『한국여성문화논총』, 이화여대출판부, 1958, 1999(제2판).

박용옥, 「지복영 선생의 광복군 활동 증언」, 3·1여성동지회, 『3·1여성 : 광복60주
    년 특집호』 17, 2006.

박인덕, 『구월원숭이 September Monkey (1954)』, 인덕대학, 2007.

_____, 『호랑이 시 The Hour of the Tiger (1965)』, 인덕대학, 2007.

Induk Park, September Monkey, Harper & Brothers, New York, 1954.

_____, The Hour of the Tiger, Harper & Row, New York, 1965.

_____, The Cock Still Crows, Vantage Press, 1977.

박은혜, 『난석소품』, 경기여자중고등학교 학도호국단, 1955.

서은숙, 「신여성교육」, 공저, 『남기고 싶은 이야기들 1』, 중앙일보사, 1973.

승당임영신박사전집편찬위원회 편, 『승당 임영신 박사 문집』 2, 1986.

양우조·최선화 지음, 김현주 정리, 『제시의 일기 : 어느 독립운동가 부부의 8년간
    의 일기』, 혜윰, 1999.

『어머니』 편찬회, 『어머니』 상, 창조사, 1969.

우월문집 편집위원회 편, 『우월문집』 1·2, 이화여대출판부, 1979·1986.

임영신(Louise Yim), 『나의 40년 투쟁사 (My Forty Year Fight For Korea, Chungang
        University, 1951)』, 승당 임영신박사전집간행위원회, 1986.

_____, 「나의 이력서 (『한국일보』 1976년 7월 24일~9월 28일, 40회 연재)」, 승당
        임영신박사전집편찬위원회 편, 『승당 임영신 박사 문집』 2, 1986.

정정화, 『녹두꽃-여자독립군 정정화의 낮은 목소리』, 미완, 1987.

_____, 『장강일기』, 학민사, 1998.

찰스 포스터 저(김필례 옮김), 『성경사화집』, 대한기독교서회, 1957.

최이순, 『살아온 조각보』, 수학사, 1990.

최정림, 『외교관의 아내, 그 특별한 행복』, 여성신문사, 1998.
추계황신덕선생기념사업회, 『무너지지 않는 집을 : 황신덕 선생 유고집』, 1984.
황애덕, 「(유고) 황무지를 헤치며」, 『신여원』, 1972.5·6·7·8.
황현, 『梅泉野錄』 6, 隆熙 3(1909년) 己酉, 국사편찬위원회, 1955.

2. 2차 자료

『경기여고 100년사』, 경기여고·경기여고 동창회 경운회, 2008.
고(故)이정애여사전기편찬회 편, 『-우리 친구 이정애』, 동아출판사, 1959.
국가보훈처, 『대한민국 독립유공자 공훈록』 5·13.
국사편찬위원회, 『한민족독립운동사』 8, 1990.
_____, 『일제침략하 36년사』 6, 1971.
기러자 송상도, 『기려수필』, 1919.
김명순, 「혁명가의 아내이자 여성독립운동가 미당 연충효 여사의 일대기」, 『충청
　　　문화』, 1994.3.
김영삼, 『김마리아』, 한국신학연구소, 1983.
김원경 엮음, 『(중앙대학교 설립자 승당) 임영신의 빛나는 생애』, 민지사, 2002.
김원용 저(손보기 엮음), 『재미한인50년사』, U.S.A.: Reedley, Calif., 1959(혜안, 2004).
김정옥, 『이모님 김활란』, 정우사, 1998.
김징자 엮음, 『우리 서은숙 선생님』, 이화여대출판부, 1987.
김형목, 『최용신 평전 : 농촌계몽에 헌신한 영원한 상록수』, 민음사, 2020.
김활란박사 교직근속 40주년 기념사업위원회 편, 『김활란박사 소묘』, 이화여대
　　　출판부, 1959.
단운선생기념사업회, 『만년 꽃동산 : 장선희 여사 일대기』, 인물연구소, 1985.
도산안창호선생전집편찬위원회, 『도산 안창호 전집』 13, 2000.
류형기, 『은총의 85년 회상기』, 한국기독교문화원, 1983.
림영철, 『고황경 박사 그의 생애와 교육 : 농촌·여성운동을 위한 교육』, 삼형, 1988.
민숙현·박해경, 『한가람 봄바람에 : 이화100년 야사』, 지인사, 1981.
민윤식, 『청년아, 너희가 시대를 아느냐 : 소파 방정환 평전』, 중앙M&B, 2003.
박현숙 편, 『아직도 그 목소리가 : 임영신박사를 회상하며』, 주간시민출판국, 1979.
박용옥, 『김마리아 : 나는 대한의 독립과 결혼하였다』, 홍성사, 2003.
박은식, 『한국독립운동지혈사』, 소명출판사, 2008.

박화성, 『새벽에 외치다 : 송산 황애시덕 선생의 사상과 생애』, 휘문출판사, 1966.
백낙준, 『한국개신교사 : 1832~1910』, 연세대 출판부, 1973.
『배화60년사』.
서경석, 우미영 엮고 씀, 『신여성, 길 위에 서다』, 호미, 2007.
『숭의80년사』.
『신명90년사』.
신정완, 『해공 그리고 아버지 : 영애 신정완 수기』, 성진사, 1981.
신창현, 『해공 신익희』, 해공신익희선생기념회, 1992.
안인희·이상금, 『애마 선생님 이야기』, 정우사, 2003.
유달영, 『최용신양의 생애 : 농촌계몽의 선구』, 아데네사, 1956.
이강렬, 『꿈을 찾아 떠난 젊은이들 : 한국사 유학생 열전』, 황소자리, 2007.
이교남, 『설산 장덕수』, 동아일보사, 1982.
이기서, 『교육의 길, 신앙의 길 : 김필례 그 사랑과 실천』, 태광문화사, 1988.
이덕일, 『우리 역사의 수수께끼』 3, 김영사, 2004.
이덕주, 『한국 교회 처음 여성들 : 개화기 여성 리더들의 혈전의 역사』, 홍성사,
        2007(개정판).
이상경, 『한국근대여성문학사론』, 소명출판, 2002.
이상금, 『사랑의 선물 : 소파 방정환의 생애』, 한림, 2005.
이숙희, 『중앙대학교 사범대학 부속유치원 83년사』, 1999.
이옥수 편저, 『한국근세여성사화』, 1·2, 규문각, 1985.
이태영, 『나의 만남 나의 인생』, 정우사, 1991.
이효재, 『한국YWCA 반백년』, 대한YWCA연합회, 1976.
이화가정학50년사편찬위원회, 『이화 가정학 50년사』, 이화여대출판부, 1979.
이화100년사 편찬위원회 편, 『이화100년사』, 이화여대출판부, 1994.
_____, 『이화100년사 자료집』, 이화여자대학교출판문화원, 1994.
이화여자대학교 영학회 편, 『홍복유, 김갑순 교수 송수(頌壽)기념논총』, 이화여대
        출판부, 1974.
이희천 편저, 『사진으로 보는 정절과 신앙의 정신 120년사』, 정신여자중·고등학
        교, 정신여자중·고등학교 총동문회, 2007.
전택부, 『인간 신흥우』, 대한기독교서회, 1971.
정석기, 『새벽을 깨우는 위대한 여성들』, 혜선출판사, 1984.
정세현, 『항일학생민족운동사연구』, 일지사, 1975.
정충량, 『이화80년사』, 이화여대출판부, 1967.

조종무, 『아메리카대륙의 한인풍운아들』 상, 조선일보사, 1987.

중앙대학교교사편찬위원회 편, 『중앙대학교 50년사』, 1970,

중앙대학교80년사 실무편찬위원회 편, 『중앙대학교 80년사, 1918~1998』, 1998.

차경수, 『호박꽃 나라사랑 : 대한여자애국단 총무 차경신과 그의 가족이야기』, 기독교문사, 1988.

최병현 대표집필, 『강변에 앉아 울었노라 : 뉴욕한인교회 70년사』, 뉴욕한인교회 역사편찬위원회, 깊은샘, 1992.

최은희, 『조국을 찾기까지 : 1905~1945 한국여성 활동비화』 중·하, 탐구당, 1973.

_____ 저, 추계최은희문화사업회 편, 『한국개화여성열전』, 조선일보사, 1991.

_____, 『여성을 넘어 아낙의 너울을 벗고』, 문이재, 2003.

최이권, 『최광옥 略傳과 遺著문제』, 동아출판사, 1977.

한국여성개발원, 『한국 역사 속의 여성인물 하』, 1998.

한상권, 『차미리사 평전 : 일제강점기 여성해방운동의 선구자』, 푸른역사, 2008.

3. 연구저서

강선미, 『조선파견 여선교사와 (기독)여성의 여성주의 의식형성』, 이화여대 여성학과 박사학위논문, 2003 (『한국의 근대 초기 페미니즘 연구 : 서양여선교사와 조선여성들은 어떻게 만났을까』, 푸른사상, 2005).

김경일, 『여성의 근대, 근대의 여성』, 푸른역사, 2004.

김성은, 『아펜젤러 : 한국근대여성교육의 기틀을 다지다』, 이화여대출판부, 2011.

_____, 『1920~30년대 미국유학 여성지식인의 현실인식과 사회활동』, 서강대박사학위논문, 2011.

_____, 『김순애, 통일국가 수립을 위해 분투한 독립운동가』, 독립기념관 한국독립운동사연구소, 2018.

_____, 『근대 한국 신여성의 성장과 미국유학』, 선인, 2023.

_____ 외, 『한국 근대 여성의 미주지역 이주와 유학』, 한국학중앙연구원출판부, 2018.

김준엽·석원화, 『신규식·민필호와 한중관계』, 나남출판, 2003.

김항구, 『대한협회(1907~1910) 연구』, 단국대박사학위논문, 1993.

박선미, 『근대여성, 제국을 거쳐 조선으로 회유하다 : 식민지 문화지배와 일본유학』, 창비, 2007.

박용옥, 『한국근대여성사』, 정음사, 1975.
_____, 『한국근대여성운동사연구』, 한국정신문화연구원, 1984.
_____ 『한국여성독립운동』, 한국여성독립운동사연구소, 1988.
_____, 『한국여성항일운동사연구』, 지식산업사, 1996.
_____, 『한국여성근대화의 역사적 맥락』, 지식산업사, 2002.
박정은, 『근대 한국여성운동의 정치사상 : 1910~1930년대의 여성운동을 중심으로』,
    경북대 정치학과 박사학위논문, 2009.
신영숙, 『일제하 한국여성사회사 연구』, 이화여대 사학과 박사학위논문, 1989.
윤정란, 『한국 기독교 여성운동의 역사』, 국학자료원, 2003.
이만열, 『한국기독교의료사』, 아카넷, 2003.
이배용·이현진, 『스크랜튼 : 한국근대여성교육의 등불을 밝히다』, 이화여대출판
    부, 2008.
이원명 외, 『바롬교육으로의 초대』 2, 정민사, 2009.
이인숙, 『대한제국기의 사회체육 전개과정과 그 역사적 의의에 관한 연구』, 이화
    여대박사학위논문, 1993.
이현희, 『승당 임영신의 애국운동 연구』, 동방도서, 1994.
이효재, 『한국의 여성운동, 어제와 오늘』, 정우사, 1996.
이화여대한국여성사편찬위원회 편, 『한국여성사』 1·2·3, 이화여대출판부, 1972
    (1993 1판 4쇄).
정 관, 『한말 계몽운동단체 연구』, 대구가톨릭대박사학위논문, 1992.
조범래, 『한국독립당 연구 : 1930~1945』, 중앙대박사학위논문, 2007(선인, 2011).
천화숙, 『한국여성기독교사회운동사』, 혜안, 2000.
_____, 『한국사 인식의 두 관점 : 여성의 역사, 문화의 역사』, 혜안, 2009.
최기영, 『식민지시기 민족지성과 문화운동』, 한울아카데미, 2003.
최유리, 『일제 말기 식민지 지배정책연구』, 국학자료원, 1997.
한규무, 『일제하 한국기독교 농촌운동 : 1925~1937』, 한국기독교역사연구소, 1997.

4. 연구논문

구완서, 「박인덕의 생애와 사상」, 『대학과 복음』 13, 2008.
김경일, 「식민지시기 신여성의 미국 체험과 문화수용 : 김마리아, 박인덕, 허정숙
    을 중심으로」, 『한국문화연구』 11, 2006.

김성은, 「1930년대 조선여성교육의 사회적 성격」, 『이대사원』 29, 1996.

_____, 「일제시기 근대적 여성상과 교회 내 여성의 지위문제」, 『이화사학연구』 30, 2003.

_____, 「근대 서양여선교사의 조선인식과 여성교육관」, 이화여대한국근현대사연구실 편, 『한국근현대 대외관계사의 재조명』, 국학연구원, 2007.

_____, 「로제타 홀의 조선여의사 양성」, 『한국기독교와 역사』 27, 2007.

_____, 「구한말 일제시기 미북감리회의 여성의료기관」, 『이화사학연구』 35, 2007.

_____, 「1930년대 기독교 (지식)여성의 여성문제 인식과 해결방안」, 제2회 여성주의 인문학 연합학술대회 자료집 『종교와 여성』, 2008.4.26.

_____, 「『계서야담』을 통해본 19세기 조선지식인의 여성인식」, 『여성과 역사』 8, 2008.

_____, 「대한민국 임시정부와 여성들의 독립운동 : 1932~1945」, 『역사와 경계』 68, 2008.

_____, 「중경임시정부시기 중경한인교포사회의 생활상」, 『역사와 경계』 70, 2009.

_____, 「19세기 말~20세기 초 여성의 기독교 수용과 의식 및 생활 변화」, 『한국사상사학』 32, 2009.

_____, 「1920~30년대 여자미국유학생의 실태와 인식」, 『역사와 경계』 72, 2009.

_____, 「박인덕의 사회의식과 사회활동 : 1920년대 말~1930년대를 중심으로」, 『역사와 경계』 76, 2010.

_____, 「일제시기 고황경의 근대체험과 사회사업」, 『이화사학연구』 41, 2010.

_____, 「일제시기 고황경의 여성의식과 가정·사회·국가관」, 『한국사상사학』 36, 2010.

_____, 「일제시기 김활란의 여권의식과 여성교육론」, 『역사와 경계』 79, 2011.

_____, 「1930년대 황애시덕의 농촌사업과 여성운동」, 『한국기독교와 역사』 35, 2011.

_____, 「일제시기 박인덕의 세계인식 : 『세계일주기』(1941)를 중심으로」, 『여성과 역사』 15, 2011.

_____, 「1920년대 동맹휴학의 실태와 성격 : 선교회 여학교를 중심으로」, 『여성과 역사』 14, 2011.

_____, 「1930년대 임영신의 여성교육관과 중앙보육학교」, 『한국민족운동사연구』 71, 2012.

_____, 「신여성 하란사의 해외유학과 사회활동」, 『사총』 77, 2012.

_____, 「해방 후 임영신의 공직 진출과 활동 : 상공정책을 중심으로」, 『제55회

전국역사학대회 자료집 : 역사 속의 민주주의』, 2012.10.27.

_____, 「엘리스 아펜젤러(Alice R. Appenzeller)의 선교활동과 한국여성교육」, 『역사학연구』 48, 2012.

_____, 「1920~30년대 차미리사의 현실인식과 여자교육활동 : 부인야학강습소에서 덕성여자실업학교까지」, 『중앙사론』 36, 2012.

_____, 「최선화의 중국망명생활과 독립운동 : 『제시의 일기』를 중심으로」, 『숭실사학』 31, 2013.

_____, 「장선희의 삶과 활동 : 독립운동 및 技藝교육」, 『이화사학연구』 47. 2013.

_____, 「신여성 尹貞媛의 현실인식과 사회활동」, 『한국근현대사연구』 67, 2013.

_____, 「부산지역 언론의 독도 관련 보도 경향과 인식 : 이명박 대통령의 독도방문을 기점으로」, 『서강인문논총』 38, 2013.

_____, 「한말 일제시기 엘라수 와그너(Ellasue C. Wagner)의 한국여성교육과 사회복지사업」, 『한국기독교와 역사』 41, 2014.

_____, 「해방 후 임영신의 국제정세 인식과 대한민국 건국 외교활동」, 『한국근현대사연구』 70, 2014.

_____, 「한말 한국지식인과 양계초의 여성교육론 비교」, 『여성과 역사』 21, 2014.

_____, 「일제식민지시기 황신덕의 현실인식과 운동노선의 변화양상」, 『한국인물사연구』 23, 2015.

_____, 「신여성 방신영의 업적과 사회활동」, 『여성과 역사』 23, 2015.

_____, 「20세기 대구 여성의 삶과 일 : 섬유산업을 중심으로」, 제6회 여성주의 인문학 연합 학술대회 자료집 『일하는 여성 : 여성노동에 대한 여성주의 인문학의 성찰』, 2016.4.

_____, 「1950년대 이후 안용복에 대한 조명과 평가」, 『서강인문논총』 45, 2016.

_____, 「최은희의 한국여성사 서술과 역사인식」, 『한국근현대사연구』 77, 2016.

_____, 「1920~30년대 김활란의 민족문화 인식」, 『여성과 역사』 26, 2017.

_____, 「상해임정시기 여성 독립운동의 조직화와 특징」, 『여성과 역사』, 2018.

_____, 「대한민국애국부인회 이혜경의 삶과 독립운동」, 한국기독교역사학회 제374회 학술발표회, 2019.2.

_____, 「대안동 국채보상부인회와 경기지역 여성의 참여」, 국채보상운동기념관 개관 10주년 기념 및 대구사학회 제159회 발표회 자료집 『국채보상운동과 여성 참여』, (사)국채보상운동기념사업회·대구사학회, 2021.6.30.

_____, 「육영수의 양지회 조직과 사회활동」, 『대학교육연구』 3-1, 2021.

김욱동, 「박인덕의 『구월원숭이』 : 자서전을 넘어서」, 『로컬리티 인문학』 3, 2010.

김지화,「김활란과 박인덕을 중심으로 본 일제시대 기독교여성지식인의 '친일적' 맥락 연구」, 이화여대 여성학과 석사학위논문, 2005.

김형목,「안성여자야학회」,『한국독립운동사사전(운동·단체편 Ⅲ)』5, 독립기념관 한국독립운동사연구소, 2004.

_____,「조선여자교육협회」,『교육운동』-한국독립운동의역사 35, 한국독립운동사편찬위원회·독립기념관 한국독립운동사연구소, 2009.

김희곤,「북미유학생잡지《우라키》연구」,『경북사학』21, 1998.

노영희,「황신덕의 일본체험과 일본선각자들과의 지적 교류」,『인문과학연구』8, 2002.

문영주,「일제말기 관변잡지『家庭の友』(1936.12~1941.3)와 '새로운 부인'」,『역사문제연구』17, 2007.

박선미,「가정학이라는 근대적 지식의 획득 : 일제하 여자일본유학생을 중심으로」,『여성학논집』21-2, 2004.

박용옥,「1920년대 초 항일부녀단체 지도층 형성과 사상」,『역사학보』69, 1976.

_____,「차미리사의 미주에서의 국권회복운동」,『한국민족운동사연구』25, 2000.

배윤숙,「채핀부인의 생애와 여성신학 연구」, 감리교신학대 석사학위논문, 2006.

송연옥,「야마카와 기쿠에와 황신덕 : 제국 일본과 조선 여성 리더의 만남과 엇갈림」,『여성과 역사』15, 2011.

신남주,「1920년대 지식인 여성의 등장과 해외유학」,『여성과 역사』3, 2005.

신영숙,「일제시기 여성운동가의 생활과 활동양상 : 황애시덕·신덕 자매를 중심으로」,『한국여성학』13-1, 1997.

안형주,「차미리사 연구」,『인문과학연구』11, 2007.

예지숙,「일제시기 김활란의 여성론과 대일협력」, 서울대 국사학과 석사학위논문, 2004.

우미영,「서구체험을 통한 신여성의 자기 구성 방식 : 나혜석, 박인덕, 허정숙의 서양여행기를 중심으로」,『여성문학연구』12, 2004.

윤선자,「일제하 그리스도교의 여성관과 여성교육」,『한국근현대사연구』42, 2007.

윤혜영,「기독교 여성 민족 운동가 황애시덕에 관한 연구 : 일제시대를 중심으로」, 감리교신학대 석사학위논문, 1997.

이관영,「김신실의 생애와 한국체육에 끼친 공헌」, 연세대 석사학위논문, 1981.

이명숙,「교육자 우월 김활란 연구 : 1930년대를 중심으로」, 서울대 석사학위논문, 1985.

이배용,「김활란, 여성교육·여성 활동에 새 지평을 열다」,『한국사 시민강좌』43, 일조각, 2008.

_____, 「일제하 여성의 전문직 진출과 사회적 지위」, 『국사관논총』 8, 1999.

이소희, 「『9월 원숭이』에 나타난 자전적 서사 연구 : 신여성의 근대 체험을 중심으로」, 『미국학논집』 40-2, 2008.

이송희, 「1920년대 여성해방교육론에 관한 일고찰」, 『부산여대사학』 12, 1994.

이승만, 「승당 임영신의 교육사상 연구」, 중앙대 석사학위논문, 1987.

이재호, 「소벽 양우조의 생애와 독립운동」, 단국대석사학위논문, 2002.

이준식, 「대한민국임시정부와 여성 독립운동」, 『한국민족운동사연구』 61, 2009.

이춘란, 「미국감리교 조선선교부의 종교교육운동」, 『한국문화연구원논총』 23, 1974.

_____, 「한국에 있어서의 미국 선교의료활동(1884~1934)」, 『이대사원』 10, 1972.

이혜정, 「식민지시기 김활란의 삶과 활동」, 서울대 석사학위논문, 2004(「식민지 초기 기독교 여성교육」, 『교육사학연구』 16, 2006).

_____, 「일제시기 김활란의 일제협력 배경과 논리」, 『여성학논집』 21-2, 2004.

장규식, 「1920~1930년대 YMCA 농촌사업의 전개와 그 성격」, 『한국기독교와 역사』 4, 1995.

_____, 「개항기 개화지식인의 서구체험과 근대인식 : 미국유학생을 중심으로」, 『한국근현대사연구』 28, 2004.

_____, 「일제하 미국유학생의 근대지식 수용과 국민국가 구상」, 『한국근현대사연구』 34, 2005.

_____, 「일제하 미국유학생의 서구 근대체험과 미국문명 인식」, 『한국사연구』 133, 2006.

정병준, 「일제하 한국여성의 미국유학과 근대경험」, 『이화사학연구』 39, 2009.

정소영, 「김활란 : 한국여성교육의 선구자」, 『기독교교육논총』 3, 1998.

정재철, 「승당 임영신의 민족정신과 창학정신」, 『교육연구』 29, 1995.

조경원, 「우월 김활란의 교육사상 연구」, 『교육철학』 10, 1992.

조규태, 「1920년대 중반 재북경 창조파의 민족유일당운동」, 『한국민족운동사연구』 37, 2003.

지연숙, 「고황경의 삶에 대한 심리전기적 분석」, 연세대 석사학위논문, 2003.

차선혜, 「애국계몽운동기 윤효정의 정치활동과 그 사상」, 경희대 석사학위논문, 1994.

최기영, 「1910년대 변영만의 해외행적」, 『대동문화연구』 55, 2006.

_____, 「최광옥의 교육활동과 국권회복운동」, 『한국 근대문화와 민족운동』, 경인문화사, 2021.

최숙경·이배용·신영숙·안연선, 「한국여성사 정립을 위한 여성인물 유형연구 Ⅲ

3·1운동 이후부터 해방까지」, 『여성학논집』 10, 1993.

한규무, 「1930년대 한국 기독교회의 농촌지도자양성기관에 관한 일고찰」, 『한국 근현대사연구』 3, 1995.

한상권, 「일제강점기 차미리사의 민족교육운동」, 『한국독립운동사연구』 16, 2001.

＿＿＿, 「조선여자교육회의 전국순회 강연활동과 성격」, 『한국민족운동사연구』 43, 2005.

홍선표, 「일제하 미국유학연구」, 『국사관논총』 96, 2001.

홍인숙·정출헌, 「《대한자강회월보》의 운동성과 지향 연구 : 자강회 내부의 이질 적 그룹과 그 성격을 중심으로」, 『동양한문학연구』 30, 2010.

찾아보기

김성은

대구한의대학교 기초교양대학 교수로 재직하고 있다. 이화여자대학교 사학과에서 학사·석사학위를 받았으며, 서강대학교에서 한국사 전공으로 박사학위를 받았다. 한국여성사학회 총무이사, 『여성과 역사』 편집위원장, 한국근현대사학회 총무이사, 『한국근현대사연구』 편집위원, 독립기념관 한국독립운동사연구소 『한국독립운동사연구』 편집위원, 한국독립운동인명사전 편찬위원을 역임했다. 현재 한국기독교역사학회 이사, 부산여성문학인협회 출판국장, 영축문학회 집행위원장, 한국문인협회, 여기작가 회원으로 활동하고 있다.

주요 저서와 공저는 『아펜젤러, 한국 근대 여성 교육의 기틀을 다지다』(2011), 『김순애, 통일국가 수립을 위해 분투한 독립운동가』(2018), 『근대 한국 신여성의 성장과 미국유학』(2023), 『우리나라 여성들은 어떻게 살았을까 2』(공저, 1999), 『한국 근현대대외관계사의 재조명』(공저, 2007), 『여성의 역사를 찾아서』(공저, 2012), 『이명박 대통령의 독도 방문과 언론의 보도 경향』(공저, 2014), 『한국 근대 여성 63인의 초상』(공저, 2015), 『안용복 : 희생과 고난으로 독도를 지킨 조선의 백성』(공저, 2016), 『대한민국을 세운 위대한 감리교인』(공저, 2016), 『한국 근대 여성의 미주지역 이주와 유학』(공저, 2018), 『대구여성 독립운동 인물사』(공저, 2019), 『아펜젤러의 생애와 사상』(공저, 2019), 『새롭게 쓴 한국독립운동사 강의』(공저, 2020), 『부산의 맛, 문학으로 만나다』(공저, 2021), 『영축문학 3』(공저, 2021), 『영축문학 4』(공저, 2022), 『서울 사람을 웃고 울린 스포츠』(공저, 2022), 『부산의 노래, 문학을 만나다』(공저, 2023) 등이 있다.

대학원에 진학해 한국여성교육에 관심을 가지고 연구하기 시작했다. 박사과정을 이수하며 조선시대와 신여성을 이어주는 고리가 누구이며 무엇일까라는 문제의식에서 출발해 서양 여선교사들의 여성교육활동에 관심을 가지고 연구를 진행했다.

박사학위과정에서 1920~30년대 미국유학 여성 지식인을 연구하며 한국근대여성에 관한 논문을 다수 썼다. 근현대 여성과 여성단체의 사회활동, 독립운동, 민족운동, 생활사에 지속적인 관심을 가지고 글을 게재하고 있다.

한국 근대 여성지식인

2023년 08월 23일 초판 인쇄
2023년 08월 30일 초판 발행

지 은 이   김성은
발 행 인   한정희
발 행 처   경인문화사
편 집 부   김지선 유지혜 박지현 한주연 이다빈
마 케 팅   전병관 하재일 유인순
출판신고   제406-1973-000003호
주   소   경기도 파주시 회동길 445-1 경인빌딩 B동 4층
대표전화   031-955-9300   팩   스 031-955-9310
홈페이지   http://www.kyunginp.co.kr
이 메 일   kyungin@kyunginp.co.kr

ISBN 978-89-499-6744-8 93910
값 31,000원